中国旅游教育年度报告 2012

中国旅游协会旅游教育分会 ◎ 编写

旅游教育出版社
·北京·

策 划:李荣强
责任编辑:张 娟

图书在版编目(CIP)数据

中国旅游教育年度报告.2012/中国旅游协会旅游教育分会编写.—北京:旅游教育出版社,2012.11

ISBN 978 – 7 – 5637 – 2504 – 5

Ⅰ.①中… Ⅱ.①中… Ⅲ.①旅游教育—研究报告—中国—2012 Ⅳ.①F592

中国版本图书馆 CIP 数据核字(2012)第 246489 号

中国旅游教育年度报告2012

中国旅游协会旅游教育分会 编写

出版单位	旅游教育出版社
地 址	北京市朝阳区定福庄南里1号
邮 编	100024
发行电话	(010)65778403 65728372 65767462(传真)
E - mail	tepfx@163.com
印刷单位	北京科普瑞印刷有限责任公司
经销单位	新华书店
开 本	787mm×960mm 1/16
印 张	21.25
字 数	321千字
版 次	2012年11月第1版
印 次	2012年11月第1次印刷
定 价	45.00元

(图书如有装订差错请与发行部联系)

序

当前,我国旅游业正处于快速发展的黄金机遇期,处于转型升级的关键期,正向国民经济的战略性支柱产业和人民群众更加满意的现代服务业迈进。把旅游业建设成为国民经济战略性支柱产业和让人民群众更加满意的现代服务业,必须以旅游业发展需求为导向,树立人才是第一资源的理念,实施科教兴旅、人才强旅战略,坚持人才优先、引领发展的方针,按照《中国旅游业"十二五"人才发展规划》的要求,"必须加大旅游人才开发力度,确立旅游人才在旅游业发展中优先发展的战略地位,努力形成旅游人才竞争的比较优势,培养造就一支规模宏大、素质优良、结构合理、与旅游业发展相匹配的旅游人才队伍。"我国旅游业的快速发展和战略地位的提升对旅游教育和人才培养提出了更高的要求,这既是挑战,更是旅游教育发展和旅游人才队伍建设提升的难得机遇。

我国的旅游教育是紧紧伴随着国家旅游业的发展而不断发展的,尤其是《国务院关于加快发展旅游业的意见》下发以来,旅游产业的定位实现了历史性的突破,各地高度重视并大力发展旅游业,旅游教育也随之加快发展。据国家旅游局人事司今年上半年最新统计,全国设有旅游教育的院校已经有2208所,其中高等院校1115所,中等职业学校1093所,在校学生108万人,旅游院校专职教师4.5万人。2011年,全国旅游行业培训总量达到460万人次。旅游教育和培训工作的快速发展,适应了旅游业发展的需求,为国家旅游业的持续发展提供了人才保证和智力支持。同时,我们要清醒地看到,我国旅游教育和人才培养的总体水平与旅游业发展的需要和转型升级的要求相比还有较大的差距,存在着适应旅游发展需求的人才有效供给不足,人才结构不尽合理、整体素质偏低、区域分布不平衡,人才流失严重、人才培养有偏差、人才市场不完善等问题。为适应新时期旅游业发展的要求,加快和深化旅游教育教学与人才培养改革创新已经成为我们面临的紧迫任务。

近年来,我国旅游教育也在不断加大改革的力度,以便更好地为旅游业发展服务。如根据国务院学位委员会审议通过的旅游管理硕士专业学位设置方案,去年在全国56所高校开始了MTA的招生,以培养胜任现代旅游业实际工作的高层次应用型人才。今年已经完成了第二届的招生工作,生源质量和影响力不断提升。在本科专业建设方面,正在进行的本科专业目录修订将根据旅游发展的需要,增加新专业并通过专业目录调整使旅游专业得到进一步完善和加强。为推动旅游职业教育改革创新,去年成立了全国旅游职业教育教学指导委员会,以完善旅游职业教育体系,搭建多层次的校企合作平台,加快旅游职业人才培养。旅游职业院校坚持以服务为宗旨,就业为导向,面向社会、面向市场办学,坚持产学研合作,开展工学结合、校企合作,不断深化办学模式和人才培养模式的改革,培养了大批适应旅游业需要的应用型人才。旅游业的发展推动着高水平旅游院校的建设和设置调整,创办旅游大学已经列入某些省市的发展规划。旅游业的大发展需要旅游教育,也推动了旅游教育,旅游教育的大发展必将为旅游业发展提供有力的支撑和保证。

为我国旅游教育和人才培养服务,为旅游院校和培训机构服务是中国旅游协会旅游教育分会的基本职责。编撰中国旅游教育年度报告,既是教育分会的重要年度工作,也是服务的重要体现。在认真总结首期《中国旅游教育年度报告》的基础上,编委会重新修订了《中国旅游教育年度报告2012》大纲,在保持年度报告基本框架不变的基础上,对具体内容进行了调整和完善。年度总报告和分报告是年度报告的核心部分,为了保证研究和报告的延续性,要求报告的单位和负责人要固定下来,有条件的可以成立课题组,把研究报告与科研项目和课题结合起来。年度专题报告是年度报告的亮点,可以根据旅游业与旅游教育发展的需要和实践与理论的热点难点问题确定年度主题,使报告更具针对性和影响力。为了提高年度报告的质量,欢迎作者把现有旅游教育相关专题的研究成果提供给编委会,在年度报告上发表。希望旅游教育年度报告在大家的支持参与下,办成信息发布的平台、学习交流的平台、研究探讨的平台,更好地为旅游教育改革创新和人才培养质量的提高服务。

《中国旅游教育年度报告2012》得到了中国旅游协会的大力支持和指导。旅游教育分会秘书长唐志辉同志和秘书处的刘国琴、王婉女士承担了编委会的日常工作,副秘书长厉新建同志完成了年度报告大纲的修订、审稿编辑和总报告的编撰工作,付出了辛勤的劳动。尤其是年度报告的各位作者,以高度的事业心和责任感承担了报告的任务,以严谨的学术态度认真调研编撰,保证了年度报告如期完成。中国旅游院校五星联盟为年度报告的出版提供了经费支持,旅游教育出版社为年度报告的如期出版,给予了大力的支持和帮助。在此,我代表编委会向以上为《中国旅游教育年度报告2012》的出版做出贡献的单位和个人表示崇高的敬意和衷心的感谢!

段建国
2012年9月9日

第一部分 总报告

中国旅游教育发展总报告(2012) ·············· 中国旅游协会旅游教育分会　3

第二部分 中国旅游教育分报告

中国旅游研究生教育年度报告(2012) ·················· 田里　周运瑜　13
中国旅游本科教育年度报告(2012)
·················· 杨卫武　袁怡琴　王翠娟　李铸涛　36
中国旅游高职教育2011年度报告 ·········· 浙江旅游职业学院课题组　80
中国旅游中职教育年度报告(2012) ··············· 四川省旅游学校　94
中国旅游教育培训年度报告(2011) ······ 朱承强　陈维勇　曾琳　郑兰　112
中国旅游管理硕士(MTA)教育年度发展报告 ············ 姚延波　焦彦　149

第三部分 中国旅游教育专题报告

我国旅游信息化教育现状与改革初探
·················· 李京颐　陈文力　赵欢　黎巎　169
2011年我国旅行社发展创新与人才开发培养 ·········· 姚延波　李彬彬　188

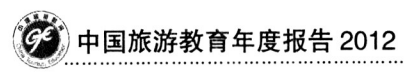

第四部分　中国旅游理论研究专题报告

国外邮轮旅游研究述评
　　——基于三大国际权威旅游学术期刊的文献分析 …… 姚延波　贾玥　213
中国文化软实力视域下旅游文化传播功能的实现与提升 ………… 焦彦　227
中国旅游电子商务发展与人才培养现状浅析与思考 ……………… 戴政　236
从符号学的视角看旅游文化景观的管理和营销
　　——以昆明市五华区为例 ……………………… 葛绪锋　张晓萍　253
旅游目的地形象的测量与分析
　　——以南京在华东区域内的比较性研究为例 ………… 曲颖　贾鸿雁　263
对旅游目的地社会化媒体营销行为的初步研究
　　——以新浪微博平台为例 ………………………………… 刘建军　278
旅游目的地形象定位方法体系探讨 ……………………………… 凌善金　293

第五部分　典型学校案例

世界旅游组织 TedQual 认证经验分享 ……………… 王瑾　邹统钎　303
国际酒店管理人才培养模式的创新与实践
　　——天津商业大学中美合作酒店管理项目的探索与实践
　　………………………………………………………………… 王文君　311
建设特色应用型旅游本科院校,打造四川旅游人才培养高地
　　——四川烹饪高等专科学校创建四川旅游学院之路
　　……………………………………………………… 黄维兵　邱萍　321
广东省旅游职业技术学校校企合作经验 ……… 冒超球　曾小力　331

第一部分
总报告

中国旅游教育发展总报告(2012)

中国旅游协会旅游教育分会[①]

一、中国旅游教育发展总体情况

(一)旅游院校概况

截至2011年年底,全国旅游院校(包括完全的旅游院校和设旅游相关院系或旅游相关专业的院校)共计2208所,其中高等院校1115所,中等职业学校1093所。

在1115所高等院校中,完全的旅游高等职业院校20余所,设旅游相关院(系)的普通高等院校和高等职业院校分别达到260余所和220余所,设旅游相关专业的普通高等院校和高等职业院校分别达到270余所和330余所。旅游高等院校数量超过50所的有江苏、广东、北京、山东、河南、四川、湖北、安徽、湖南、浙江等省市,其中江苏省超过100所,达到104所。

在1093所中等职业学校中,完全的旅游中等职业学校近150所,设旅游相关专业的中等职业学校940余所。四川、广东和云南3省旅游中等职业学校数量优势明显,分别为220所、165所和127所。

2011年,全国旅游院校旅游相关专业在校生共计108.33万人,同比减少0.27万人,其中高等院校在校生人数为59.98万人,同比增加0.38万人,中等职业学校在校生人数为48.34万人,同比减少0.66万人;108.33万在校生中,研究生在校生人数为0.69万人,本科生在校生人数为22.76万人,专科生在校生人数为36.54万人。

2011年,全国旅游院校旅游相关专业毕业生总数为31.92万人,其中高等旅游院校毕业生人数为15.97万人,占毕业生总人数的50.04%,中等旅游职业学校毕业生人数为15.95万人,占毕业生总人数的49.96%。

[①] 执笔人:厉新建,教授,北京第二外国语学院中国旅游经济研究中心主任。本报告受"国家特色专业——旅游管理"和"专业建设——新专业建设——酒店管理"专项经费支持。

2011年,全国旅游院校旅游相关专业招生总数为37.62万人,其中高等旅游院校招生数为19万人,占招生总数的50.51%,同比下降0.7万人,中等旅游职业学校招生数为18.62万人,占招生总数的49.49%,同比增加0.4万人。

(二)研究生教育

2011年底,旅游管理学术型硕士研究生招生院校达到151所。其中,北京市、上海市和辽宁省各10所,湖北、陕西两省各8所,山东、河南、广东和四川四省各7所,江苏、云南两省各6所,天津、重庆两市和河北、湖南、江西、黑龙江四省各5所,浙江、安徽、甘肃三省和广西、新疆两个自治区各4所,福建省、内蒙古自治区各3所,山西、吉林、贵州和青海四省各2所,海南省1所。

拥有旅游管理硕士专业学位正式招生的单位有56所。其中,北京、陕西、山东、湖北各4所,安徽、福建、广西、辽宁等各3所,浙江、天津、上海、云南、广东、重庆、黑龙江、江苏、江西、山西、四川等各2所,甘肃、河北、河南、湖南、新疆等各1所。另外,通过对2012年具有招收MTA(旅游管理硕士专业学位:Master of Tourism Administration)权限的高校与其招收学术型硕士生的数量对比可发现,学术型硕士生招生数量有下降趋势,并且MTA招收的硕士生数量往往多于学术型硕士生的数量。两者合计招生最多的是北京第二外国语学院,共计招学术型研究生32人、MTA38人。

2012年,拥有旅游教育博士点的高校(院所)共41所(含旅游管理专业博士点和与"旅游相关研究方向"的单位),分布在47家院系。其中,北京6所,上海、陕西各4所,辽宁、四川和湖北各3所,拥有2所的有天津、云南、江苏、福建、湖南和广东;拥有1所的有河北、浙江、安徽、山东、甘肃和重庆。涉及到管理学、理学、工学、农学和经济学等学科门类,其中,设在"旅游管理"、"企业管理"与"市场营销管理"下的高校(院、所)有25所、"自然地理学"、"人文地理学"、"生态地质学"和"第四纪地质学"下的12所、"环境科学"、"资源产业经济"和"工程经济与管理"下的4所、"森林经理学"、"森林游憩与公园管理"下的2所、"产业经济学"下的1所。

(三)本科教育

2011年,旅游高等院校在校生人数为59.98万人中,旅游管理专业在校生为31.19万,占52%。有440所本科院校开设有旅游管理专业。根据针对这些本科院校所进行的调查反馈情况(101份有效问卷)看,地方所属高校旅游专业在校生的比例最高,占79.21%,教育部直属高校占14.85%,中央部委直属高校占3.96%,省部共建高校占1.98%;在主要支撑学科方面,54.46%为管理学(工商管理),24.75%为地理学,10%为历史学。52.48%的高校认为生源质量变化不大,另有26.73%的高校认为生源质量不降反升,只有16%的高校认为生源质量有所下降。受访高校中,师生比为1:10的占30.69%、1:20的占44.55%、1:30的占15.84%、1:40的占8.91%,而国家对师生比的要求为1:18。近三年毕业生就业率平均在90%以上的占74%,但超过半数的受访院校的行业就业率在50%以下的;超过半数的受访院校的行业稳定就业率在30%以下,造成行业稳定就业率低的主要原因是行业薪资不高(74.26%)、行业发展空间有限(47.52%)。

(四)高职教育

根据教育部高职高专旅游管理类专业教学指导委员会等发布的资料显示,目前设置旅游大类专业(全国高职高专指导性专业目录中旅游大类)的高职高专院校(简称旅游类高职院校)共计1039所,其中设置旅游管理专业(含方向)的院校806所、设置酒店管理专业的院校574所、设置涉外旅游专业的院校144所、设置导游专业的院校117所、设置烹饪工艺与营养专业的院校81所、设置餐饮管理与服务专业的院校46所、景区开发与管理专业的院校43所、设置旅行社经营管理专业的院校40所。

从旅游类高职院校的地域分布来看,华东地区达到310所、华中地区186所、华北地区155所、西南地区133所、华南地区101所、东北地区82所、西北地区72所,其中又以湖北、河北和四川三省旅游高职院校数最多,分别为66所、61所、61所。

2011年,旅游类高职院校招生人数为134 624人,其中,旅游管理和酒店管理专业最多,分别占43.6%和38.84%,导游和烹饪工艺与营养专业各占近10%。从区域分布看,河南、安徽、湖北旅游招生人数最多,分别为10 888人、10 601人、10 190人。招生人数在100人以下的院校573所,100~300人的院校383所,300~500人的院校57所,500人以上的院校26所。

(五)中职教育

2011年,全国中等旅游职业学校在校生48.34万人、毕业生15.94万人,饭店服务与管理专业在校生14.44万人、毕业生4.91万人;旅行社服务与管理专业在校生11.65万人、毕业生4.12万人;烹饪专业在校生6.78万人、毕业生2.23万人;其他专业在校生15.46万人、毕业生4.68万人。另外,2011年全国中等旅游职业学校招生数为18.62万人,占招生总数的49.49%,与上年增长0.42万人。

2012年的专题调研显示,多数中等旅游职业学校已经构建"三段递进式"课程体系,突出了"素质、能力、技能"的培养目标;充分利用旅游实验室和校内外实习基地优化实践教学,着重培养应用型人才;成立了社会行业、职业领域中具有代表性和权威性的成员参与的教学指导委员会,通过与政府有关部门联合,把资格证书考试引进学校,组织学生参加相关技能比赛,提高职业技能。

(六)教育培训

2011年,全国旅游行业教育培训总量为435.65万人次,其中行业岗位培训量为402.94万人次,成人学历教育量为32.71万人次。435.65万人次教育培训中,旅游饭店职工教育培训量为271.29万人次,占培训总量的62.27%,同比下降0.6%;旅行社职工教育培训量为79.66万人次,同比增长10.95%;旅游景区(景点)职工教育培训量为63.13万人次,同比增长6.28%;旅游车船公司职工教育培训量为10.45万人次,同比下降12.92%;旅游行政部门职工教育培训量为4.11万人次,同比增加0.2%。

专题调研结果显示,尽管很多本专科院校都开设有旅游培训项目,但是相对于本、专科院校而言,旅游培训机构2011年开展的旅游行业培训项目的规模总量要大得多,大部分培训量都在1000人次以上,所占比例高达92.59%,很多甚至达到数万人次,500~1000人次的比例仅为7.41%。而2011年,专科院校旅游行业培训总量在1000人次以上仅38.09%,本科院校旅游行业培训总量在1000人次以上的仅占4.11%。

二、中国旅游教育发展中存在的主要问题

(一)旅游人才培养与社会需求有距离

国家旅游局的统计显示,截至2011年年底,全国高等旅游院校1115所(占全国普通高等学校的46.3%),旅游院校旅游相关专业毕业生总数达31.92万人(其中高等旅游院校毕业生数为15.97万人,占毕业生总数的50.04%,中等旅游职业学校毕业生数为15.95万人,占毕业生总数的49.96%)。面对庞大的毕业生数量,其就业状况引起了较为广泛的关注。因为从最近几年的情况看,与旅游企业普遍反映的招聘困难,尤其是高层次、复合型人才需求难以得到满足的问题并存的是旅游教育毕业生普遍存在行业就业率低、流失率高的现象。这种现象在本科教育层次表现得尤为突出。专题调研显示,近三年本科毕业生就业率平均在90%以上的占74%,但超过半数的受访院校的行业就业率在50%以下的,半数以上院校的学生毕业三年以上仍在旅游行业就业的行业稳定就业率低于30%。

旅游人才培养如何更好地满足行业的需求、旅游行业自身如何改善薪酬吸引力不足、如何在转型升级中改善旅游行业形象、如何用发展的眼光全面认识旅游行业等方面的问题都需要重新审视。

(二)旅游教育发展面临政策性瓶颈

在本科教育层面,主要反映在学科定位上。尽管旅游业已经被确定为国民经济战略性支柱产业,但在学科建设、学科定位上却没有得到相应的体现,旅游管理仍然处于工商管理学科下的二级学科,这与旅游管理的综合性、产业融合特性不相符,与旅游管理需要涉及经济、管理、历史、地理、文化、外交、信息技术等诸多领域的学科特性不相符。

在高职教育层面,主要反映在交叉定位带来的困惑和困难上。从层次定位看,旅游高等职业教育属于职业学校教育的最高层次——高等学校教育层次,又是高等学校的最低层次——高等专科学校层次。从类型定位看,旅游高等职业教育属于高等学校的特殊类别——职业学校类别。交叉定位的结果使得旅游高等职业教育既难以享受到国家大力发展职业教育的支持政策,也难以享受国家大力发展高等教育的支持政策。比如国家对职业教育的经费支持政策,包括学生资助政策、对职业学校的经费补贴政策、免费政策等,未惠及或未充分惠及高等职业教育。

(三)旅游教育教学的理念与模式亟待改善

在旅游教育发展过程中,有很多院校已经开始进行旅游教育模式创新探索,尤其是在与国外联合办学、订单式培养等方面取得了很多有益的经验,但与旅游业的实践发展、科技等外部环境变迁的速度相比,行业发展的新要求没有及时反映在旅游人才培养的教育教学中,教材陈旧、设备落后、理念传统、师资不足等问题依然不同程度的存在。

在师资方面,重理论、轻实践的现象较为普遍,重课题研究、轻实践问题的风气较为普遍;同时,在理论研究层面,真正的理论深度、创新程度以及与其他学科融合借鉴的力度等方面都还有很多欠缺;在人才培养模式、课程体系建设等方面大同小异,没有突出自身特色,没有形成紧密联系产业、行业与企业的体制、机制,缺少政产学研互动的活力,缺少专业教师进入行业、行业精英进入院校的规范、持续通道,这在一定程度上导致了高校培养的旅游人才普遍缺乏对实践问题的充分认识、欠缺实践操作能力,难以满足行业要求。

在学生层面,无论是综合性大学中的旅游教育还是高职中职旅游教育,都面临着高质量生源的严峻挑战。因为综合性大学存在着大类招生、大类培养的问题,而高职、中职旅游教育则面临着与本科院校招生竞争问题。在生源减少、生源质量有所下降的情况下,对如何更好地发挥旅游专业学生的聪明才智、创造力等方面还没有形成很好的经验。在传播知识的同时,如何培养学生的能力、如何提高学生的素质、如何挖掘学生的潜能方面,还有待进一步探索。另外,如何结合中国旅游发展实践、消化国外先进教育成果、交流旅游教育先进经验、形成中国特色的旅游教育整体创新,也是亟须深化研究的课题。

三、中国旅游教育的问题认识和未来发展

(一)正确认识低行业就业率等问题

低行业就业率、低行业稳定就业率的现象不可否认,但对于如何认识低行业就业率和低行业稳定就业率现象以及背后的原因、改善这种现象的对策,则很有必要进行深入思考。

第一,很多人认为低行业就业率、低行业稳定就业率在一定程度上说明我国目前的旅游院校教育、专业教育是失败的。而实际上,在毕业生自主择业的政策背景下,从来没有规定说旅游专业毕业的学生只能在旅游行业就业,也没有规定非旅游专业毕业的学生不能在旅游行业就业。因此,这只能说明旅游教育在一定意义上存在着教育资源浪费的问题,只有当旅游专业毕业的学生被排挤到比旅游行业差的行业中就业,或者旅游专业毕业生一毕业就面临非意愿性失业的时候,才能说旅游教育是失败的,如果旅游专业毕业生到比旅游行业薪酬待遇更好的行业中就业,不恰恰说明旅游教育的成功吗?我们要明确一点,那就是教育提供的不是最终的成品,而是一种能力和素质。旅游教育也是如此。

第二,多数分析指出,旅游专业毕业生行业就业率低的主要原因是行业薪酬水平低,并指出旅游行业的平均薪酬已降到全社会的平均线以下,在各行业薪酬排名中已连续三年进入倒数10名。这里恐怕有两点需要引起注意,其一,情况是否真的如此呢?笔者没有看到这份所谓的行业薪酬排名,倒是看到了一份2010年年中的薪酬行业TOP10排名,其中酒店/餐饮/物流类以税前5.76万位列第十;其二,这里所说的是旅游行业究竟指的是传统旅游业还是现代旅游业,传统上将旅游业大多局限于饭店、旅行社、景区等,而现在随着产业融合的深入,已经出现了很多新的旅游形态,如在线旅游电子商务、旅游规划/策划/咨询、旅游地产等,甚至著名的门户网站、电子商务平台等也开始涉足旅游业。在这种行业不断发展的过程中,如何衡量行业收入状况本身就是一个难题。

第三,旅游专业毕业生行业就业率低恰恰反映了旅游业综合性的特点,也顺应了当前产业融合的形势,反映了旅游行业的开放性。旅游行业需要人才、需要大学毕业生,但不一定只需要旅游专业的毕业生。我们认为,一个不具开放性境界的行业一定是一个无法长远发展的,旅游行业只有具有了这种行业开放的境界,才能在综合、融合的道路上走得更远。当然,我们也认为旅游行业应该为旅游专业教育提供良好的平台,一个不能为本专业毕业生提供就业机会的行业是

一个没有社会责任感、行业责任感的行业。更多的旅游企业应该改变目前这种希望毕业生来了就能用的"使用型组织"特性,更多地成为一个"学习型组织",为毕业生提供学习成长的机会,企业和员工之间只有能够相互给予,才能和谐共生,构成一个稳定的关系,否则高流动性在所难免。

第四,要提高旅游专业学生的行业就业率,需要动态地来认识旅游行业的范围,而不是一味地停留在饭店、旅行社、景区这些传统的旅游企业上,而要高度关注那些不断涌现的新型旅游企业,给学生多提供这样的企业用工信息。同时,需要旅游院校、旅游教育行业协会、旅游行业协会共同努力,构建一个旅游就业消息平台,更好地传递毕业、就业信息,需要旅游院校与旅游教育行业协会共同努力,开拓诸如联合国世界旅游组织、PATA(亚太旅游协会:Pacific Asia Travel Association)等国际性旅游组织的就业机会;增加面向学生的就业指导实效,真正为学生负责,避免走过场,同时增加学生旅游创业教育,推进旅游毕业生创业积极性。从旅游教育的角度看,也需要加强对学生的专业养成训练,包括在专业学习的初期阶段培养学生对行业的正确认知、行业成长的科学预期等。

(二)要强化专业教师与旅游实践的结合

2011年,全国旅游院校专职教师总数为4.5万人,其中高等旅游院校专职教师数为2.53万人,校均23人;中等旅游职业学校专职教师数为1.97万人,校均18人。据不完全统计,具有副高以上职称的专职教师数超过1万人,其中高校近8000人,中等职业学校2000余人。各省(区、市)旅游院校师资力量从数量上来看存在较大差异:高等旅游院校中,平均师生比为1:24,其中,天津、江苏、北京和安徽4省在校师生比高于1:40,海南、河南、辽宁、湖南、陕西和宁夏6省在校师生比高于1:30。中等旅游职业院校中,平均师生比为1:25,其中海南、广东、天津和重庆4省在校师生比高于1:40,特别是海南和广东,分别达到1:119和1:61,山东、江苏、甘肃和云南四省在校师生比高于1:30。从副高及以上职称占专业教师比重看,高校层面该比例平均值为31%,其中,超过50%的省市有北京、湖南、海南、西藏、陕西、青海等,中职层面该比例平均值为12%,其中超过40%的省市有北京、云南、青海等。

从上述数据看,一方面,需要尽快改善旅游专业教师的总量状况。旅游教育的师资比较匮乏,在某些省份的缺口还比较大,如果不尽快改善旅游教育的师生比状况,要想改善旅游教育的质量是很难的。另一方面,需要尽快改善旅游教育的职称结构,高质量的师资队伍是高质量的旅游教育的重要保障。

学生不能停留在象牙塔里,要认识社会、了解社会,而教师则是学生了解社会最重要的"眼睛"之一,学生要有应变能力,则教师不应该只教授现象性的知识,更要传授分析性的工具。因此要增强毕业生对社会的适应能力,培养毕业生辨识重要的事物与琐碎的事物、持久的事物与短暂的事物的能力,形成概念和解决问题的能力,就要进一步提高教师的素质,真正重视提高教师见识的重要性。教师既要有对旅游发展实践的"见"——现象性的认知,又有总结旅游发展实践、提炼旅游发展问题和理论的"识"——抽象性的知识。当然,这就要求旅游院校在当前教学考核、科研考核的同时,需要增加对教师社会服务活动的考核,因为社会服务活动正是教师参与实践的重要体现。

(三)旅游教育要有稳定的心性及前瞻性、开放性

现在很多院校都在强调培养复合型人才以对应社会需求。那么,旅游院校究竟应该培养复合型人才还是专业人才?表面上看,这并不是一个问题,好像各旅游院校早已经解决了这个问题。但实际上,我们需要清晰的认识到,未来社会发展的确需要人们掌握多种技能,但未来社会工作一定不是通过单兵作战而是通过分工合作的团队方式来完成的,不管这种合作具体采取什么样的形式。所以,一定要明确,对于院校教育来说,专业化是核心的,复合型是从属的。如何在强调复合型人才培养的同时,扎扎实实提高专业化能力,是摆在旅游教育面前的重要课题。

同时,旅游教育一定不能跟风,尤其是新业态不断出现的时候,更不能看到什么类型的旅游企业市场前景好就培养什么类型的旅游人才,否则要么是不顾师资力量强行上马,这是对学生、对教育的不负责任,要么就是等学生通过三年或四年的周期培养出来了,原来看好的行业风云变幻、风光不再,结果学生找不到就业机会。无论是哪个层次的旅游教育,一定要避免专业设置、培养方向设计等方面的随意性,高度重视教材建设的重要性,认认真真思考旅游发展和旅游教育的趋势,扎扎实实地完善旅游教育的培养方案、师资队伍、设施设备等基础条件,才是培养人才的正道。为了提高旅游教育及培训的质量,应该建立相应的评估机制。

另外,加强校企合作与国际交流是旅游院校培养高质量人才的重要途径,是学校生源竞争的重要资本及提升办学水平的重要途径。加强产学研合作,开拓校企合作的多种模式,打造旅游教育国际化的平台,是未来旅游教育发展的方向。我们也赞同旅游教育应该探索新的教育模式,包括鼓励院校寻求企业支持、探索校企合作订单培养,但旅游院校毕竟不是某个企业的院校、不等同于企业的内部大学,如何把握院校教育为全社会发展服务的根本宗旨、如何在教育创新的过程中切实保障学生的权益、如何在旅游教育上形成具有中国特色的创新等问题都值得进一步思考。

第二部分
中国旅游教育分报告

中国旅游研究生教育年度报告(2012)

田里　周运瑜[①]

前言

自从1990年浙江大学旅游管理学院设立我国第一个旅游经济硕士点(现为旅游管理专业硕士点)以来,我国旅游研究生教育已历经22年的发展(港澳台除外,下同)。从学位类别来看,我国旅游教育研究生可分为学术型学位研究生和专业学位研究生;从培养层次看,可分为硕士研究生和博士研究生,前者包括学术型硕士研究生和专业学位硕士研究生;从发展阶段看,可分为三个阶段:第一阶段,即20世纪90年代,是学术型硕士研究生发展阶段;第二阶段,21世纪前十年,即学术型硕士研究生和博士研究生共同发展阶段;第三阶段,2010年以后至现在,即学术型硕士研究生、专业学位硕士研究生和博士研究生三者共同发展阶段。

一、中国旅游研究生教育发展现状

(一)旅游管理专业(方向)研究生招生单位情况

1. 旅游管理专业学术型硕士研究生招生单位情况

1990年,浙江大学旅游管理学院设立了我国第一个旅游经济硕士点(现为旅游管理专业硕士点)。之后,旅游管理专业硕士点发展较为快速,1996年,我国有招收旅游管理专业硕士点权限的院校14所,1997年19所,2001年33所,2005年发展到75所,2010年有113所,2011年底又增加了38家,达到151家,增长情况具体见图1。其中,北京市、上海市和辽宁省各10所,湖北、陕西两省各8所,山东、河南、广东和四川四省各7所,江苏、云南两省各6所,天津、重庆两市和河北、湖南、江西、黑龙江四省各有5所,浙江、安徽、甘肃三省和广西、新疆两个自治区各4所,福建省、内蒙古自治区各3所,山西、吉林、贵州和青海四省各2所,

---

[①] 田里,教授,云南大学工商管理与旅游管理学院院长;周运瑜,云南大学工商管理与旅游管理学院2010级旅游管理专业博士研究生。

海南省 1 所。与 2010 年相比,各个省份都有所增加,原来没有旅游管理专业硕士点的省份如内蒙古自治区和青海省也榜上有名。各省、市具体招生单位和数量见表 1。

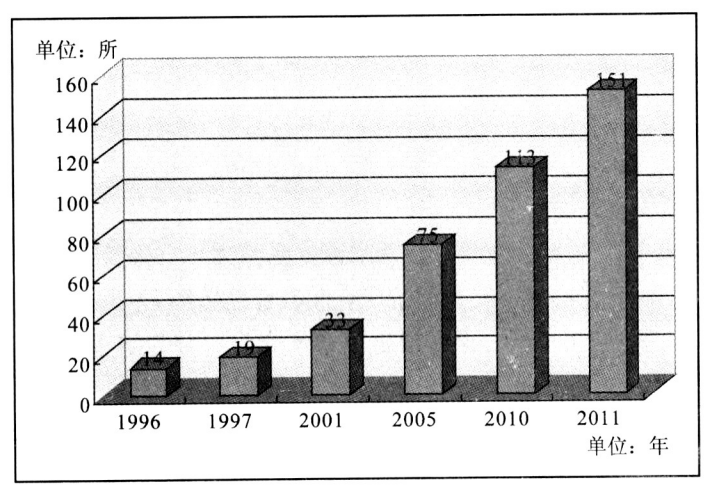

图 1 中国旅游管理专业硕士招生数量增长情况

资料来源:中国研究生招生信息网 2012 年旅游管理专业硕士研究生目录查询(http://yz.chsi.com.cn/zsml/queryAction.do),结合 2012 年部分高校硕士研究生招生专业目录,整理所得。

表 1 2011 年中国省(市)旅游管理专业硕士点招生权限单位名称

省(市)名称	高校(院所)名单	数量(所)
北京市	北京交通大学、北京工商大学、北京林业大学、首都师范大学、北京第二外国语学院、中央财经大学、北京物资学院、首都经济贸易大学、中央民族大学、中国社会科学院研究生院	10
天津市	南开大学、天津大学、天津工业大学、天津商业大学、天津财经大学	5
河北省	河北大学、石家庄经济学院、河北工业大学、燕山大学、河北经贸大学	5
山西省	山西大学、山西财经大学	2

续表

省(市)名称	高校(院所)名单	数量(所)
内蒙古自治区	内蒙古大学、内蒙古工业大学、内蒙古财经学院	3
辽宁省	辽宁大学、大连理工大学、沈阳工业大学、辽宁石油化工大学、沈阳农业大学、辽宁师范大学、沈阳师范大学、渤海大学、东北财经大学、沈阳大学	10
吉林省	延边大学、东北师范大学	2
黑龙江省	黑龙江大学、哈尔滨理工大学、东北农业大学、东北林业大学、哈尔滨商业大学	5
上海市	复旦大学、华东理工大学、上海海事大学、华东师范大学、上海师范大学、上海财经大学、上海对外贸易学院、上海大学、上海工程技术大学、上海社会科学院	10
江苏省	苏州大学、东南大学、南京农业大学、南京师范大学、南京财经大学、扬州大学	6
浙江省	浙江大学、杭州电子科技大学、浙江工商大学、宁波大学	4
安徽省	安徽大学、合肥工业大学、安徽师范大学、安徽财经大学	4
福建省	厦门大学、华侨大学、福建师范大学	3
江西省	南昌大学、江西农业大学、江西师范大学、江西财经大学、江西科师范学院	5
山东省	山东大学、中国海洋大学、山东轻工业学院、山东师范大学、山东经济学院、青岛大学、山东财政学院	7
河南省	华北水利水电学院、郑州大学、河南科技大学、中原工学院、河南大学、河南师范大学、河南财经政法大学	7
湖北省	武汉大学、中国地质大学(武汉)、武汉工业学院、华中师范大学、湖北大学、中南财经政法大学、中南民族大学、三峡大学	8

续表

省(市)名称	高校(院所)名单	数量(所)
湖南省	湘潭大学、湖南师范大学、湖南工业大学、湖南林业科技大学、吉首大学	5
广东省	中山大学、暨南大学、华南理工大学、华南师范大学、深圳大学、广东商学院、广州大学	7
广西壮族自治区	广西大学、桂林理工大学、广西师范大学、广西师范学院	4
海南省	海南大学	1
重庆市	重庆交通大学、西南大学、重庆师范大学、重庆理工大学、重庆工商大学	5
四川省	四川大学、成都理工大学、西南科技大学、西华大学、四川师范大学、西南财经大学、西南民族大学	7
贵州省	贵州大学、贵州财经学院	2
云南省	云南大学、昆明理工大学、西南林业大学、云南师范大学、云南财经大学、云南民族大学	6
陕西省	西北大学、西安科技大学、西安石油大学、陕西科技大学、长安大学、陕西师范大学、西安外国语大学、西安财经学院	8
甘肃省	兰州大学、西北师范大学、兰州商学院、甘肃政法学院	4
青海省	青海大学、青海民族大学	2
新疆维吾尔自治区	新疆大学、石河子大学、新疆师范大学、新疆财经大学	4

资料来源:中国研究生招生信息网 2012 年旅游管理专业硕士研究生目录查询(http://yz.chsi.com.cn/zsml/queryAction.do),结合 2012 年部分高校硕士研究生招生专业目录,整理所得.

2. 旅游管理硕士(MTA)招生情况

专业学位是高等学校为满足社会对高层次应用型人才日趋强烈的需求而建立起来的一种学位类型,它和学术学位一起构成现代高等教育学位体系不可缺少的两大组成部分。2009 年 3 月,为缓解大学生就业压力,教育部决定增招 5%的应届本科毕业生全日制攻读硕士专业学位,并计划到 2012 年,专业硕士将占据硕士研究生数量的30%，2015年，全日制专业硕士与学术型硕士各占50%。从旅游管理专业看，20世纪90年代初，我国就有了第一个旅游经济硕士点，而旅游管理硕士(MTA)直到2010年初才正式提上议事日程。在2010年《新增设金融硕士等19种硕士专业学位设置方案》里就有旅游管理硕士专业学位设置方案。根据《2010年新增硕士专业学位授权点名单》，我国首批拥有2011年旅游管理硕士专业学位正式招生的单位有56所，具体名单见表2。通过对2012年具有招收MTA权限的高校与其招收学术型硕士生的数量对比可发现，学术型硕士生招生数量有下降趋势，并且MTA招收的硕士生数量往往多于学术型硕士生的数量。具体情况见表3。

表2 2011年招收旅游管理硕士的院校名单

院校名称	所在省市	院校名称	所在省市
安徽大学	安徽省	江西财经大学	江西省
安徽师范大学	安徽省	辽宁师范大学	辽宁省
安徽财经大学	安徽省	沈阳师范大学	辽宁省
北京工商大学	北京市	东北财经大学	辽宁省
北京林业大学	北京市	山东大学	山东省
北京第二外国语学院	北京市	中国海洋大学	山东省
中国地质大学(北京)	北京市	山东师范大学	山东省
厦门大学	福建省	青岛大学	山东省
华侨大学	福建省	山西大学	山西省
福建师范大学	福建省	山西财经大学	山西省
西北师范大学	甘肃省	西北大学	陕西省
中山大学	广东省	长安大学	陕西省
暨南大学	广东省	陕西师范大学	陕西省
广西大学	广西壮族自治区	西安外国语大学	陕西省
桂林理工大学	广西壮族自治区	复旦大学	上海市
广西师范大学	广西壮族自治区	华东师范大学	上海市
燕山大学	河北省	四川大学	四川省

续表

院校名称	所在省市	院校名称	所在省市
河南大学	河南省	四川师范大学	四川省
东北林业大学	黑龙江省	西南财经大学	四川省
哈尔滨商业大学	黑龙江省	南开大学	天津市
武汉大学	湖北省	天津商业大学	天津市
中国地质大学(武汉)	湖北省	新疆大学	新疆维吾尔自治区
湖北大学	湖北省	云南大学	云南省
中南财经政法大学	湖北省	云南师范大学	云南省
湘潭大学	湖南省	浙江大学	浙江省
湖南师范大学	湖南省	浙江工商大学	浙江省
东南大学	江苏省	西南大学	重庆市
南京师范大学	江苏省	重庆师范大学	重庆市
南昌大学	江西省		

注:中国地质大学设有北京市与武汉市两个校区.

表3 2012年中国高校招收MTA学生与学术型学生数量对比情况

高校名称	拟招MTA学生数量(个)	拟招学术型硕士生数量(个)	高校名称	拟招MTA学生数量(个)	拟招学术型硕士生数量(个)
北京工商大学	5	5	北京林业大学	15	9
北京第二外国语学院	38	32	天津商业大学	5	5
燕山大学	5	15	山西大学	8	6
山西财经大学	20	15	东北财经大学	30	18
哈尔滨商业大学	10	10	复旦大学	20	4
华东师范大学	20	10	南京师范大学	5	4
浙江工商大学	5	25	安徽师范大学	25	10

续表

高校名称	拟招MTA学生数量(个)	拟招学术型硕士生数量(个)	高校名称	拟招MTA学生数量(个)	拟招学术型硕士生数量(个)
安徽财经大学	30	7	福建师范大学	8	5
中国海洋大学	30	28	山东师范大学	10	6
青岛大学	11	9	湘潭大学	30	-
暨南大学	40	10	桂林理工大学	40	
广西师范大学*	12	24	重庆师范大学	8	5
四川大学*	20	41	四川师范大学	5	10
西南财经大学	10	5	云南大学	15	12
西北师范大学*	15	18	新疆大学	25	-

资料来源:中国研究生招生信息网2012年旅游管理专业目录查询整理所得;

注:*表示该校有两个以上院系招收学术型硕士生;-表示该校未公布数量或笔者未获得统计数据。

3. 旅游管理专业(或与旅游相关方向)博士研究生招生单位情况

中山大学旅游学院2000年开始招收旅游管理专业博士生,可以说是我国招收旅游管理专业博士生最早的学校之一。根据中国研究生招生信息网博士专业目录查询,结合2012年各高校博士研究生招生专业目录得知,2012年,我国有旅游教育博士点培养高校(院所)41所(含旅游管理专业博士点和与"旅游相关研究方向"的单位),分布在47家院系,与2011年相比有所变化。其中,北京市6所,上海市、陕西省各4所,辽宁省、四川省和湖北省各3所,拥有2所的有天津市、云南省、江苏省、福建省、湖南省和广东省;拥有1所的有河北省、浙江省、安徽省、山东省、甘肃省和重庆市。具体高校(院所)名称见表4。

表4 中国旅游管理专业(或与旅游相关方向)高校(院所)博士点名单

省(市)名称	高校(院所)名称	数量(家)
北京市	北京交通大学、北京大学、北京林业大学、中国社会科学院、中国地质大学(北京)、北京师范大学	6
天津市	南开大学、天津大学	2

续表

省(市)名称	高校(院所)名称	数量(家)
河北省	燕山大学	1
辽宁省	大连理工大学、辽宁师范大学、东北财经大学	3
云南省	云南大学、昆明理工大学	2
上海市	复旦大学、华东师范大学、上海师范大学、上海财经大学	4
江苏省	南京师范大学、南京大学	2
浙江省	浙江大学	1
安徽省	安徽师范大学	1
福建省	厦门大学、华侨大学	2
山东省	中国海洋大学	1
湖北省	中国地质大学(武汉)、中南财经政法大学、武汉大学	3
广东省	中山大学、暨南大学	2
四川省	四川大学、西南交通大学、西南财经大学	3
陕西省	西北大学、西安建筑科技大学、长安大学、陕西师范大学	4
甘肃省	兰州大学	1
湖南省	中南林业科技大学、中南大学	2
重庆市	重庆大学	1

根据国务院学位办、教育部关于印发《学位授予和人才培养学科目录(2011年)》的通知(学位[2011]11号)和2011年发布的《学位授予和人才培养学科目录》,通过归纳可知,在我国旅游管理专业(或与旅游有关方向)博士招生院所中,涉及到管理学、理学、工学、农学和经济学等学科门类。在一级学科"工商管理"和"管理科学与工程"中,在二级学科"旅游管理"、"企业管理"与"市场营销管理"中设有与旅游研究相关方向的高校(院、所)有25所;在一级学科"地理学"和"地质学"中,在二级学科"自然地理学"、"人文地理学"、"生态地质学"和"第四纪地质学"中设有与旅游研究相关方向的高校有12所;在一级学科"风景园林

学"、"环境科学与工程"、"地质资源与地质工程"和"管理科学与工程"中,在二级学科"环境科学"、"资源产业经济"和"工程经济与管理"中设有旅游相关方向的高校有4所;在一级学科"林学"中,在二级学科"森林经理学"、"森林游憩与公园管理"中设有旅游相关方向的高校有2所;在一级学科"应用经济学"中,在二级学科"产业经济学"中设有旅游相关的方向的高校有1所。具体情况见表5。

表5　中国高校(院所)旅游管理(旅游相关方向)专业博士招生情况表

学科门类	一级学科	二级学科	研究方向	高校(院所)名单
管理学	工商管理,管理科学与工程	旅游管理,企业管理,市场营销管理	旅游经济运行与产业发展战略,旅游机制与公共管理,旅游规划与旅游目的地管理,城市发展与旅游经济,旅游与现代服务业,旅游发展理论研究、旅游市场营销,旅游营销、服务营销、品牌管理,旅游产业经济、旅游竞争力研究,旅游规划与旅游景区管理系统研究,旅游与区域经济发展,旅游开发与管理、服务管理,旅游发展决策管理,旅游经济与管理,旅游管理,旅游景区管理,旅游经济管理,旅游企业经营管理,旅游管理与文化,旅游资源管理,旅游企业与旅游产业研究,旅游目的地研究,旅游理论与市场,旅游开发与企业管理,旅游企业管理,区域旅游发展战略,旅游与宗教文化,旅游开发管理与区域经济战略,旅游与服务管理,旅游规划与管理,旅游与社会发展,旅游工程研究,旅游开发与管理研究,旅游规划与开发,旅游行为与组织研究,旅游开发与市场分析,旅游规划与数字旅游,旅游经济运行与危机管理,都市旅游与休闲,旅游资源开发与管理,旅游经济,旅游规划,旅游市场营销	北京交通大学、中国社会科学院、南开大学、天津大学、燕山大学、大连理工大学、东北财经大学、云南大学、复旦大学、上海财经大学、浙江大学、厦门大学、华侨大学、中国海洋大学、中山大学、暨南大学、四川大学、西南交通大学、西南财经大学、西北大学、陕西师范大学、重庆大学、中南财经政法大学、武汉大学、中南大学,共25所

续表

学科门类	一级学科	二级学科	研究方向	高校(院所)名单
理学	地理学,地质学	自然地理学,人文地理学,生态地质学,第四纪地质学	资源管理与区域(旅游)开发,旅游与城市游憩空间规划,旅游功能区规划与设计,旅游开发与管理,旅游发展与区域(景区)规划,旅游地理与旅游规划,旅游管理,生态旅游与景观地质学,区域发展与旅游规划,旅游地质与地质遗迹,地质旅游资源,旅游资源开发与管理,区域与旅游规划,旅游规划,文化与景观地理学,旅游区域效应与旅游规划,自然遗产评价	北京大学、辽宁师范大学、华东师范大学、南京师范大学、安徽师范大学、中国地质大学(北京)、中山大学、昆明理工大学、长安大学、兰州大学、北京师范大学、南京大学,共12所
工学	风景园林学,环境科学与工程,地质资源与地质工程,管理科学与工程	环境科学,资源产业经济,工程经济与管理	风景旅游规划设计与理论,可持续旅游与环境管理,生态与旅游经济,旅游规划与策划	北京林业大学、上海师范大学、中国地质大学(武汉)、西安建筑科技大学,共4所
农学	林学	森林经理学,森林游憩与公园管理	生态旅游 森林游憩 公园管理	北京林业大学、中南林业科技大学共2所
经济学	应用经济学	产业经济学	服务贸易与国际旅游经济	华东师范大学1所

注:有时一个高校里几个院系涉及到不同的学科门类、一级学科和二级学科.

(二)中国旅游教育研究生师资情况

通过中国研究生招生信息网2012年全国硕士研究生招生专业目录查询(http://yz.chsi.com.cn/zsml/queryAction.do)以及部分高校2012年硕士研究生招生专业目录查询得知,至2011底我国有151所高校(院所)具有旅游管理专业硕士招生权限,根据2012年硕士专业招生目录以及各院校公布的硕士导师名单看,截至2011年底我国约有1100多位硕士研究生导师,博士生导师约90位。博士生导师名单见表6。与上年相比,硕士研究生导师数量增多了,博士研究生导师数量却减少了。研究生导师的学科背景广泛,有地理学、管理学、经济学、生态学、历史学、文学、建筑学、地质学等。通过导师们的不懈努力,在旅游管理教师队伍中已有许多享受国务院特殊津贴的专家,有"国家级有突出贡献中青年专家"、"国家级教学名师",有入选为国家"百千万人才工程首批第一、二层次人选"者,有入选教育部"跨世纪优秀人才培养计划"者,有"全国高校青年教师奖"获得者,有"全国高校百佳青年教师"等。

表6 我国旅游管理专业(或与旅游相关方向)博士生导师情况表

序号	高校(院)名称	院系所	专业	博士生导师名单
1	北京交通大学	经济管理学院	旅游管理	张辉、石培华
2	北京大学	城市与环境学院	自然地理学	许学工、王仰麟、李双成
			人文地理学	吴必虎
3	北京林业大学	林学院	森林经理学	孙玉军
		园林学院	风景园林学	张玉钧
4	中国社会科学院	财政与贸易经济系	旅游管理	王诚庆、夏杰长
5	南开大学	旅游与服务学院	旅游管理	李天元、白长虹、徐虹
6	天津大学	管理与经济学部	旅游管理	赵黎明
7	燕山大学	经济管理学院	管理科学与工程	翁钢民
8	大连理工大学	工商管理学院	旅游管理	武春友、王尔大
9	辽宁师范大学	城市与环境学院	人文地理学	李悦铮
10	东北财经大学	不分院系所	旅游管理	卢昌崇、谢彦君
11	云南大学	工商管理与旅游管理学院	旅游管理	杨桂华、田卫民、罗明义、吕宛青、张晓萍
12	复旦大学	旅游学系	旅游管理	郭英之
13	华东师范大学	商学院	产业经济学	冯学钢
		资源与环境科学学院	人文地理学	汪宇明

续表

序号	高校(院)名称	院系所	专业	博士生导师名单
14	上海师范大学	旅游学院	环境科学	高峻
15	上海财经大学	国际工商管理学院	旅游管理	何建民、陶婷芳、全华
16	南京师范大学	地理科学学院	人文地理学	黄震方、陶卓民
17	浙江大学	管理学院	旅游管理	王婉飞、周玲强
18	安徽师范大学	国土资源与旅游学院	人文地理学	苏勤、陆林
19	厦门大学	旅游与酒店管理系	旅游管理	黄福才、林璧属、林德荣
20	华侨大学	旅游学院	旅游管理	郑向敏、戴斌(外聘)、骆克任
21	中国海洋大学	管理学院	旅游管理	张广海
22	中国地质大学(北京)	地球科学与资源学院	生态地质学	田明中、张建平、孙克勤、姜建军
23	中国地质大学(武汉)	经济管理学院	资源产业经济	李江风
24	中山大学	管理学院/地理科学与规划学院/旅游学院	旅游管理	刘静艳、谢礼珊、保继刚、徐红罡、孙九霞
24	中山大学	管理学院/地理科学与规划学院/旅游学院	人文地理学	刘静艳、谢礼珊、保继刚、徐红罡、孙九霞
25	暨南大学	管理学院	旅游管理	刘人怀、梁明珠
26	四川大学	历史文化学院/工商管理学院	旅游管理	王挺之、杨振之、揭筱纹、李蔚、毛道维
27	西南交通大学	经济管理学院	工商管理	王成璋
28	西南财经大学	工商管理学院	旅游管理	张梦
29	昆明理工大学	国土资源工程学院	旅游地质与地质遗迹	梁永宁
30	西北大学	经济管理学院	旅游管理	郝索、李树民、李同昇、张辉(外聘)、赵荣

续表

序号	高校(院)名称	院系所	专业	博士生导师名单
31	西安建筑科技大学	管理学院	工程经济与管理	张沛
32	长安大学	地球科学与资源学院	第四纪地质学	李勇、李佩成
33	陕西师范大学	旅游与环境学院	旅游管理	张辉(外聘)、李天顺、马耀峰、孙根年、吴必虎(外聘)
34	兰州大学	资源环境学院	人文地理学	陈兴鹏、牛叔文
35	中南林业科技大学	旅游学院	森林游憩与公园管理	钟永德
36	北京师范大学	地理学与遥感科学学院	人文地理学	吴殿廷、宋金平
37	重庆大学	经济与工商管理学院	旅游管理	蒲勇健
38	中南财经政法大学	工商管理学院	旅游管理	叶全良、刘德光
39	南京大学	地理与海洋科学学院	地理学	张捷
40	武汉大学	经济管理学院	企业管理/市场营销管理	齐子鹏、熊元斌
41	中南大学	商学院	工商管理	柳思维(外聘)

资料来源:中国研究生招生信息网2012年博士生招生专业目录查询及相关高校公布的2012年博士生招生专业目录查询整理所得。

(三)中国旅游管理专业研究生教育培养目标与培养方式

为比较全面地了解我国旅游专业研究生教育培养目标及其培养方式,本报告选取10所"985"高校、10所"211"高校和10所省(市)属重点高校作为样本来进行分析。

1.我国旅游专业研究生教育培养目标

通过比较分析30所高校旅游专业研究生培养方案,可基本确定我国旅游专业研究生教育培养目标大致可概括为:培养具有坚实的经济学、管理学的基础理论,掌握系统的旅游管理专业知识,能胜任旅游管理部门、旅游企业的经营管理工作,或到旅游研究部门或高等院校从事旅游教学和科研工作的高层次人才。10所"895"高校、"211"高校和省(市)属重点高校旅游专业研究生的培养目标分别见下表7,表8和表9。

表7　10所"985"高校旅游专业研究生教育培养目标

高校名称	培养目标
浙江大学	培养德才兼备的中高级旅游业管理人才、教育人才和科研人才。
中山大学	掌握坚实的旅游管理理论与系统的旅游管理专业知识,熟悉管理学、经济学、地理学、人类学和社会学等跨学科基础理论,在理论或实际应用上做出创造性成果的高级专门人才。
武汉大学	具有较强的开拓精神和应用能力的高层次工商管理人才。
四川大学	培养旅游管理专业高层次的教学科研、规划开发和旅游管理人才。
厦门大学	旨在培养具有旅游管理方面的基本理论和基本知识,具有开拓创新精神、良好的社会公德和职业道德的中高级管理人才。
中南大学	具有坚实的经济学、管理学基础和系统的旅游管理专门知识,能够胜任旅游管理部门、旅游企业的经营管理工作,也能适合在高等学校和科研机构从事教学和研究工作。
天津大学	培养能够从事旅游项目策划、市场研究、人力资源开发、公关推广等工作的高级管理人才。
山东大学	掌握旅游管理专业坚实的基础理论和系统的专业知识和熟练的专业技能,具有独立从事旅游领域的科学研究、教学工作或实际管理工作的能力的高层次专门人才。
兰州大学	培养适应市场经济需要的各类高素质工商管理人才。
南开大学	为经济建设和社会进步培养高层次专门人才。

表8　10所"211"高校旅游专业研究生教育培养目标

高校名称	培养目标
西南财经大学	培养具有高尚职业道德、较强创新精神和实践科研能力;同时具备扎实经济、管理理论基础和系统的旅游专业知识和技能,能适应21世纪社会经济迅猛发展需要的高素质国际通用旅游管理专门人才。

续表

高校名称	培养目标
南昌大学	培养从事旅游管理学科研究、企业经营管理、旅游资源开发、旅游产业规划、旅游高等教育、营销策划、机关文秘、人力资源管理等理论和实际工作的高级专门人才。
云南大学	在旅游管理学科领域内具有坚实宽广的基础理论和系统深入的专门知识,了解所研究领域国内外的发展动态,具有独立从事科学研究工作的能力,在理论或应用方面有创新性的成果。
西南大学	培养旅游管理理论、旅游规划、旅游开发与管理、旅游企业管理等方面从事教学、科研、管理等工作的德智体全面发展的高层次专门人才。
陕西师范大学	培养德、智、体、美全面发展,有社会主义觉悟和创新意识,适应社会主义市场经济需要、有人文地理专业知识技能的高等学校地理学科教师和科研人员,及各行业经济管理与应用的高级专门复合型人才。
新疆大学	培养能在旅游管理部门、旅游企业从事经营管理工作,也适合在高校和科研机构从事教学和研究工作的高层次人才。
上海财经大学	主要培养具有扎实的理论功底、全面的专业素养和丰富的实践经验的高级管理人才。
上海大学	培养具有扎实的经济学和管理学理论基础,系统掌握旅游管理方面的专业知识,能够胜任工商企业、旅游企业或其他企业以及事业单位、政府部门的相关管理工作,或学校和科研部门的教学、科研工作的高级专门人才。
北京交通大学	为旅游和国民经济各相关领域培养高层次的规划、设计、经营管理与决策人才。
北京林业大学	培养具有良好的道德品质和学术修养、身心健康、有较强业务能力,在旅游地管理、旅游规划及相关科学研究方面获得深入训练的复合型人才。

表9　10所省(市)属重点高校旅游专业研究生培养方案

高校名称	培养目标
北京第二外国语学院	具有坚实的经济学、管理学的基础理论,具有全面系统的旅游管理的专业知识,把握本学科、本专业的现状和发展趋势。具有严谨、求实的学风和独立从事科学研究的能力,具有学术创新能力,勇于提出自己独到的学术见解。

续表

高校名称	培养目标
上海师范大学	具有坚实的管理学、经济学和旅游管理专业基础理论素养及其他相关专业知识,能够胜任旅游管理部门、旅游企业的高级经营管理工作或在高等学校和科研机构从事教学和科研工作。
青岛大学	培养适应社会主义市场经济发展需要,德、智、体全面发展的高层次旅游管理人才。
燕山大学	具备坚实的经济、管理理论基础和系统的旅游管理专业知识;能胜任旅游管理部门、旅游企业的经营管理工作,也适合在高等院校、科研机构从事旅游教学和科研工作。
东北财经大学	培养德、智、体全面发展,品学兼优,具有创新意识和创业精神,能够适应21世纪经济和社会发展需要的高素质学术型和应用型人才。
新疆师范大学	培养具有管理学和经济学的相关基本理论知识,具有创新精神和实践能力的德智体全面发展的中高级经营管理及科研人才。
中南林业科技大学	具备系统的旅游管理学科理论,能到旅游企业、旅游行政管理部门担任高级经营管理和专业技术工作,或到旅游研究部门从事旅游研究工作,到旅游院校从事旅游管理的教学工作。
云南师范大学	培养具有深厚专业基础、较高思想品德,德才兼备的旅游管理高级专业人才。
西安外国语大学	培养具有坚实的经济学、管理学基础和系统的旅游管理专门知识,较为熟练地掌握一门外语,能阅读本专业的外文资料,具有独立分析和解决本学科理论和实际问题的能力,能在旅游管理部门和企业从事管理工作,也适合在高等院校及科研机构从事教学和研究的专门人才。
广西师范大学	培养具有扎实的管理学理论基础和系统的旅游管理专门知识与技能,胜任各级政府和研究机构中的旅游规划与战略研究、各类旅游企业的项目策划、产品开发、投资与经营管理工作,并能承担本专业的教学和科学研究工作的复合型、应用型高层次专门人才。

2.我国高校旅游管理专业研究生教育培养方式

本报告通过对一些具有招收旅游管理专业研究生授权点的高等院校的培养方案进行汇总分析,可以概略地知道目前我国高校旅游管理专业研究生教育培养的方式有以下途径:

(1)学术型硕士研究生主要采用课堂讲授(包括案例分析、课堂讨论)、学生自学和自我研究以及参加有关的社会实践活动等方式进行培养。课堂教学以培养分析问题、解决问题和创新能力为原则。采取指导教师负责制和导师组培养相结合的方式。

(2)专业学位硕士研究的培养采取系统的理论学习与实践教学相结合的方法,使研究生在掌握理论与专业知识的同时,能够掌握更多的实际工作的技能;通过运用团队学习、案例分析、现场研究、模拟训练等方法,培养研究生研究实践问题的意识和能力;通过实践教学,提高研究生的专业素养和就业创新能力。专业学位研究生的指导采取双导师制度,以校内导师指导为主,校外导师参与实践过程、项目研究、课程与论文等多个环节的指导工作。各培养单位可聘请不同领域的专家、学者和实践领域有丰富经验的专业人员,共同承担培养工作。建立多种形式的研究生实践基地,加大实践环节的学时数和学分比例;要有效地利用社会资源,合作建立联合培养基地,改革创新实践性教学模式。

(3)博士研究生的培养采取课程学习和科学研究相结合的方式,既重视课程学习,又要突出科研的重要性,在拓宽基础、加深专业知识、了解专业前沿的基础上,掌握开拓性、创造性的科学研究方法,培养并树立严谨的科学作风;导师培养与集体指导相结合,博士生的培养采取导师负责和博士生指导小组集体指导相结合的方式;突出个性化培养,博士生导师应根据本学科培养方案的要求,结合博士生的知识基础和特长,在博士生入学一个月内制订出博士生的个人培养计划,该计划应对研究方向、课程学习、学位论文和实践环节等要求和进度作出具体规定,并且本着厚基础、宽口径的培养原则,各专业应根据本专业博士研究生的知识结构,制定博士研究生文献阅读目录,通过阅读大量文献,拓宽知识面,提高理论水平。

(四)中国旅游管理专业研究生教育的专业设置与教材建设

1.中国旅游专业研究生教育的专业设置现状

目前,我国旅游高等教育从硕士研究生层面看,不管是学术型硕士研究生还是旅游管理硕士(MTA)都只设置一个"旅游管理"专业,前者研究方向设置过多过细,随意性大;后者一般都不分研究方向。而从2012年我国旅游管理专业或与旅游相关研究方向的博士研究生招生目录看,涉及到的一级学科有工商管理、管理科学与工程、地理学、地质学、风景园林学、环境科学与工程、地质资源与地质工程、林学、应用经济学等;二级学科有旅游管理、企业管理、市场营销管理、自然地理学、人文地理学、第四纪地质学、环境科学、资源产业经济、工程经济与管理、森林经理学、森林游憩与公园管理和产业经济学等。有些高校专业开设旅游研究方向体现了一些高校院系的特色,如北京林业大学的林学院的森林经理学专业开设生态旅游方向,风景园林学专业开设风景旅游规划设计与理论方向,华东师范大学商学院在产业经济学专业中开设服务贸易与国际旅游经济方向,上海师范大学在环境科学专业中开设可持续旅游与环境管理方向,南京师范大学地理科学学院的人文地理学专业开设旅游地理与旅游规划方向,安徽师范大学在人文地理学专业开设旅游地理方向,华侨大学在旅游管理专业开设旅游与宗教文化体现泉州宗教文化氛围,中国地质大学(北京)地球科学与资源学院的生态地质学专业开设生态旅游与景观地质学方向,昆明理工大学国土资源工程学院在地质资源与地质工程学专业开设旅游地质与地质遗迹方向,长安大学地球科学与资源学院第四纪地质学(二级学科)开设地质旅游资源研究方向,中南林业科技大学在森林游憩与公园管理专业开设森林游憩等都极具学科特色。

2. 中国旅游专业研究生教育的教材建设

高等学校教材是教学内容和教学方法的知识载体,是进行教学的基本工具,是深入教学改革、提高教学质量的重要保证。高质量的教材是培养合格人才的基本保证,我国旅游教育的教材也概莫能外。我国旅游专业研究生教育的教材建设主要表现在两个方面:一个是引进经典教材,主要是管理学、市场营销、研究方法与经济学方面的教材。如《管理学》、《市场营销原理》、《社会研究方法》、《经济学方法新论》以及《宏观经济学》、《微观经济学》等著作,这与我国旅游高等教育研究生培养目标相关。一个是自编教材,这主要是由研究生导师编著的教材。

目前,我国旅游高等教育教材建设呈现出了繁荣之势。从教材的系列与品种看,由原来的一个系列几十个品种发展并细化到若干系列上百个品种;从参与教材出版的出版社数量看也由原来的两三家发展到近百家,并出现了一些出版旅游教材的知名出版社,如中国旅游出版社、旅游教育出版社、高等教育出版社、南开大学出版社、云南大学出版社、四川大学出版社、厦门大学出版社、中山大学出版社、清华大学出版社以及中国人民大学出版社等。

二、中国旅游教育研究生教育问题分析

(一)旅游管理专业研究生教育布点过多且不尽合理

1. 学术型硕士研究生招生点分布情况

从我国151所具有旅游管理专业研究生招生单位布点看,东部地区有68所,相比上年增加了15所;中部地区有38所,相比上年增加了6所;西部地区有45所,相比上年增加了17所。三大地区中西部高校旅游管理硕士点增长最快,增

长率高达61%。三大地区高校旅游管理专业硕士点数量情况具体见图2。

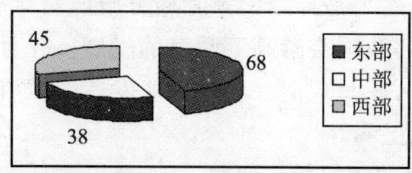

图2 我国旅游管理专业学术型硕士点分布情况

2. MTA招生点分布情况

从我国56所具有招收旅游管理硕士（MTA）权限的招生单位数量看，东部地区24家，中部地区和西部地区各占16家，东部地区高校所占比例达42%，中部和西部高校所占比例各为29%。三大地区MTA分布情况见图3。

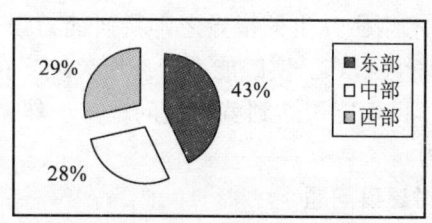

图3 我国MTA招生点数量情况

3. 博士点数量分布情况

2012年，我国有41所具有旅游管理（或与旅游相关研究方向）博士点招生权限的高校（或院所）。从这41所具有旅游管理（旅游方向）博士招生权的单位看，东部地区24所，中部地区6所，西部地区11所，东部地区高校所占比例高达59%。三大地区旅游管理专业（或与旅游相关研究方向）博士点招生单位分布情况见图4。

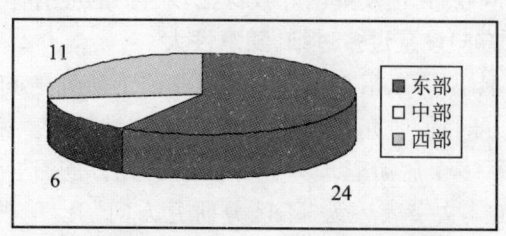

图4 我国旅游博士招生单位数量分布情况

从以上分析可以看出,我国旅游专业研究生教育资源布局的一个显著特点是布点过多,分布不均,后果是导致国家和地方政府每年有限的教育投资分散,形成重复投资,严重束缚我国旅游高等教育的发展。并且这些院校主要分布在发达省份(市)和东部沿海,呈现向一些旅游业发达的城市聚集的趋势(如北京、上海、西安、武汉、成都、昆明等)。

(二)旅游管理硕士(MTA)师资问题

根据MTA专业学位授权点基本条件说明,旅游管理硕士核心课程和重要必修课程的任课教师中,具有旅游研究经验或管理实践者所占的比例应不低于80%;必须聘有来自行业领域、有硕士或以上学位或具备同等学力的资深管理者担任兼职教师,所占比例不低于40%,形成双师型的师资队伍。目前,从中国研究生招生信息网2012年旅游管理专业硕士研究生招生目录中公布的内容来看,我国旅游教育中学术型硕士研究生的指导老师就是旅游管理硕士专业学位的指导老师。不可否认,学术型研究生的指导老师科研能力强,但是,很大一部分指导老师的旅游企业管理经验缺乏、实践能力会有所欠缺。在这种情况下,旅游管理硕士专业学位的培养目标能否达到就很成问题。当然,其他专业学位的硕士点师资也存在类似问题。

(三)旅游教育教材建设问题

教材建设问题主要表现在几个方面:一是教材内容滞后。国内外旅游业实务中提出的大量理论、技术和方法不能在教材中及时得到体现。绝大部分教材的内容滞后于旅游业发展步伐,加上有些教材内容更新步伐缓慢,这些都会影响旅游教育的质量。二是在旅游教育教材出版上,良莠混杂。目前的旅游教材市场,书目品种繁多,同一书名的教材有好多版本,步入书店会感到眼花缭绕,不知选择哪个出版社的教材为好。并且很多教材因为各种原因,不同教师编写的教材,内容大致相同,体现不出教材的特色和差异性。三是教材出版方面也存在问题。如印刷、装订技术落后,或在选用、管理等方面违反规定进行操作,好教材可能变成不好的教材,不能真正发挥出好教材在教学中的应有作用。

(四)旅游研究方向设置过多过细,随意性大

目前,我国有151所可以招收旅游管理专业硕士研究生的高等院校,但从各个院校开设的研究方向看,研究方向过多过细,随意性较大。粗略计算,我国151所高校中设置了五百多个旅游管理专业方面的研究方向,这还不包括一些高校没有设置研究方向(其文字表述为"不区分研究方向")。有些院校的研究方向设置体现了地域特色或专业特色,如北京第二外国语学院开设的会展与旅游营销研究,中国社会科学院研究生院开设的旅游产业与休闲经济,南开大学开设的

旅游地产与度假村管理、港口与邮轮旅游管理，沈阳师范大学开设的文化遗产旅游，东北师范大学开设的旅游教育等，但绝大部分高校设置的旅游研究方向实际上是一样的，只在名称上通过增减文字上相区别，有些随意。

（五）旅游管理专业研究生培养质量问题

旅游管理专业研究生的培养目标主要是面向研究、教育和社会公共领域，培养高校师资、理论研究人才、社会与环境管理等宏观管理人才以及部分高级经营管理人才。衡量高校培养出来的旅游管理专业研究生产品是否达标有几个试金石：院系对毕业生的评估（学习评估、实践能力评估和科研水平评估等）、就业情况（含就业率、就业单位的性质、就业单位的层次等）以及就业单位和社会的评价。但在旅游管理专业研究生的培养过程中，因为课程设置、教学内容、办学条件、师资结构等原因，培养出来的学生能否达到培养目标要求尚且存疑。实际上，许多高校旅游管理专业研究生的就业前景并不太好，据调查，近几年旅游管理专业研究生毕业后找工作越来越难，这恐怕与我国培养目标单一即主要侧重于学术型研究生有关。目前，毕业生主要就业意向一是教育单位，包括一般的二本院校（如今也越来越难进）、独立学院和职业学院；二是旅游规划（策划）公司；三是其他公司；四是考博。进入其他公司往往难以与工商管理硕士、市场营销专业硕士进行竞争。目前旅游专业学术型研究生招生规模已面临萎缩现状，这从一个侧面也反映了硕士研究生培养的质量问题。

三、提升中国旅游研究生教育水平的对策

（一）宏观调控高校旅游招生数量，建设若干所国内著名的旅游高校

我国可以招收旅游专业研究生的高校数量多且布点不平衡，建议国家宏观调控，适当缩减旅游管理专业招生方面的高校数量，可根据我国国内三大区域旅游人才需求量和六大旅游区域人才需求量进行适度调整，做到把有限的教育投资经费用到刀刃上。

另外，在国内不同的重点区域，选择办学历史悠久、师资力量较强的高等院校，加强它们与国际著名旅游院校的合作，增强办学特色，提升院校品牌，建设若干所国内著名的旅游高校，为行业培养一大批通晓国际规则、熟悉现代管理的高级人才。

（二）采取"走出去，引进来"方法，以提高MTA指导教师的行业实践能力

为提高旅游管理专业研究生教育水平，提高学生的行业实践能力，应该采取"走出去，引进来"的方法。"走出去"，即把一些教师送到国外或到本地旅游行业领军企业如旅行社、酒店、景区里面去挂职锻炼，增加教师的行业实战经验。

"引进来",即把旅游行业的领军人物聘任到学校担当 MTA 产业导师。在这个方面,有些高校已走在前面,如南开大学,已聘请天津市旅游局局长佘清文、天津旅游集团董事长张大为、天津滨海旅游区管委会主任陈黎明、北京中科景元城乡规划设计院院长石培华、中青旅控股股份有限公司副董事长尹幸福、国家会议中心总经理刘海莹、深圳华侨城股份有限公司副总裁姚军、港中旅酒店有限公司人力资源部总经理李永太和中油国际酒店管理有限公司暨阳光出行网总经理高天明等为 MTA 兼职导师。如北京第二外国语学院,已聘请张立军(中青旅总裁)、戴斌(中国旅游研究院院长)、安金明(北京旅游委员会副主任)、叶文智(天下凤凰文化传播有限公司董事长)、陈荣(中国国际旅行社总裁)、刘锋(著名旅游规划专家)、陆晓亮(杭州旅游集团总经理)等为产业导师。

(三)重视旅游教育教材质量建设

在旅游教育教材质量建设上,首先得明白旅游教育教材建设的意义:它对提高旅游教育质量、促进旅游高等教育事业的发展有着极其重要的作用。在旅游专业教材的建设上,要明白专业教材的建设必须适应教学改革的发展要求,必须建立在科学研究的基础上,必须符合研究生的培养目标。在实际操作中,第一,要建立科学的旅游管理专业教材评价和选用管理制度,让教材使用者和从事旅游工作的人来对教材做出评判,要重视他们的意见;第二,教材的建设要与时俱进,适应教学方式的变化。如在旅游管理硕士专业学位教材的建设上,多增加些现实的案例,建立案例数据库;第三,为确保教材建设的质量,应全面推行教材编写指标制度。制度可以包括教材选题指标和教材编写人员指标两方面。教材选题指标制度的原则可考虑为:选题通过申报、参与竞争、评议、择优批准的办法确定编者,重点教材选题通过立项、鉴定、验收的方式,成熟一本出版一本。教材编写人员指标制度的原则可以为:遴选本学科、本专业教学和科研能力强的教师作为主编、副主编,根据教材提纲搭配好编写组的人员。

(四)在体现院校专业建设特色的基础上,适度规范旅游研究方向

在我国 151 所旅游高等院校中,有不少高校设置了体现大学特色的研究方向,或学院专业建设的特色。如林业大学的生态旅游、森林游憩与公园管理,地质大学开设的生态旅游景观地质学方向,如地球科学与资源学院开设的地质旅游资源方向,建筑与城市规划学院开设的风景旅游区规划方向等。但大部分院校的旅游研究方向设置过多过细,有的专业方向其实一样,却在玩文字游戏,在同样的研究方向上增减一两个字。如旅游规划与开发,旅游开发与规划;如旅游企业管理,旅游企业经营管理、旅游企业经营与管理;如旅行社经营管理、旅行社经营与管理,等等。建议国务院学位办规范一些通称的研究方向。

(五)建立科学的评估指标体系以此衡量旅游专业办学质量

开展教育评估工作是深化教学改革,确保高等教育人才培养质量的重要环节,是国家教育主管部门对高等教育进行宏观管理、监控和指导的重要举措。评估高等教育质量优劣的方法主要是通过定量分析法来进行,因而建立一套科学的教育评估指标体系非常重要。旅游管理专业教育是国家高等教育的一个重要组成部分,也要开展旅游管理专业教育的评估工作。科学的旅游管理专业评估指标体系是测评一所高校旅游管理专业办学质量的主要依据。旅游管理专业教学质量的综合测评可从校内、社会两个不同的纬度建立指标体系。校内纬度包括学生的成长情况、教师的发展状况,社会纬度包括用人单位及社会的评价结果。学生的成长情况可细化为学生成绩、学习能力与潜力、科研水平与态度、思想道德素质、身体健康状况、学生毕业率和个性发展趋势;教师的发展状况指教师在教学过程中所实现的科研与教学能力上的变化,特指教师能给学生提供纵向科研机会与横向项目锻炼机会的能力以及科研服务教学的能力;用人单位及社会的评价结果包括毕业生的就业率、就业单位的性质(与从事旅游有无关系单位的比率)、用人单位的评价等。

(六)国家实行宏观调控,制定旅游专业教育教学的战略规划

国家进行宏观调控,制定旅游专业教育教学的战略规划是我国社会经济文化发展尤其是旅游业的发展的客观要求,是旅游高等教育自身发展的客观要求,也是应对高等教育全球发展大趋势的重要措施,更是各地区地方院校求得生存、办出专长、办出特色的必然选择。

规划思路可参照以下措施:地方院校在本科层次上主要招收并培养旅游管理学士专业学位学生,在研究生层次上只培养旅游管理硕士专业学位的学生;重点院校在本科层次上可招收两种学士学位的学生,但以专业学位为主,一般学士学位为辅,在研究生层次上,学术型研究生和专业学位研究生都可培养,但旅游管理硕士专业学位的招生规模应该大于学术型研究生规模。时机成熟时,根据重点高校办旅游管理硕士专业学位的水平,相应地国务院学位办出台相关政策授予部分高校招收旅游管理博士专业学位的招生权限,为旅游业培养尖端管理人才。

中国旅游本科教育年度报告(2012)[1]

杨卫武　袁怡琴　王翠娟　李铸涛[2]

一、研究内容和方法

(一)研究内容

本调查以"旅游专业本科院校发展的现状"为主要研究问题,研究内容涵盖学校基本情况、学生培养、师资情况、教学科研、校企合作、就业创业等。课题组力图在数据梳理汇总的基础上,呈现我国目前旅游本科院校发展的现状、存在的问题,并尝试性提出解决问题的策略,以期为中国旅游本科教育的改革和创新提供借鉴和参考。

(二)研究方法

1. 问卷调查法

本研究主要采用问卷调查法的方式进行,问卷发放集中在2012年2~4月期间。课题组向设有旅游专业的本科院校发放问卷400份,回收101份,回收率为25.25%,其中有效问卷101份(见附录二)。回收的问卷涵盖了全国不同地区、不同层次的旅游本科院校。问卷样本具有较高的代表性,基本可以反映我国本科院校旅游高等教育的现状。问卷回收后,运用Excel统计软件对调查结果进行了分析。

2. 内容分析法

课题组在问卷调查的基础上,运用一般的教育学原理和旅游人才培养的内在逻辑,对包括院校办学类型、培养目标、人才培养模式、课程设置、师资情况、国际交流、教学科研等方面进行了适度深化的分析。

---

[1]　杨卫武,上海师范大学旅游学院院长,上海旅游专科学校校长;袁怡琴,王翠娟,李铸涛,上海师范大学旅游学院教师。

[2]　感谢为本次报告提供资料和数据的院校、专家和学者。此次报告的数据主要源于调查问卷,由于问卷设计的水平所限,给问卷填写者增加了一些困难,部分问卷的数据也可能存在偏差和疏漏,请谅解。同时,如果各位有需要,我们有义务为您提供本次调查的相关数据。联系人:袁怡琴,电话:021-57126271,E-mail:sit_wb@shnu.edu.cn

3. 文献研究法

在问卷设计及数据分析时,课题组查阅了大量的文献资料,如:中国旅游人才发展研究院关于《中国旅游人才发展现状与趋势》的报告、中国高等教育学生信息网、国家旅游局官方网站、国家精品课程资源网等相关网站的资料,以及其他相关资料。这些研究成果和信息为本报告的撰写提供了重要的参考。

二、数据汇总

(一)院校数量、层次与规模①

截至2010年年底,全国高等旅游院校(包括完全的旅游院校和开设有旅游系或旅游专业的院校)共计967所,在校生人数共计59.6万,比上年增加9.8万人,增幅为19.61%,校均616人。从学历层次上看,2010年旅游类的研究生、本科生和高职高专生在校数分别占在校生总数的0.88%、38.14%及60.97%。2010年,普通本科、高职(专科)在校生达2231.8万人,旅游类学生占到2.67%,较往年有所提升。

在967所全国高等旅游院校(包括完全的旅游院校和开设有旅游系或旅游专业的院校)中,旅游院校数量在100所以上的省份有四川、云南、江苏、浙江和北京,其中四川最多,达到288所;旅游院校数量在50至100所的省份有广东、重庆、湖南、河南、湖北、辽宁、黑龙江、河北、福建、江西和安徽;旅游院校数量不足10所的省份有西藏、青海和宁夏。

根据目前查询到的数据,有440所本科院校开设旅游管理专业(见附录一)。各个省市开设旅游本科院校的数量情况见图1。

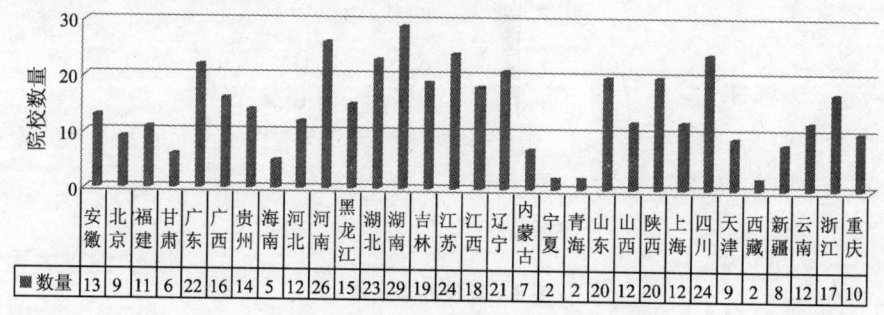

图1 各地区开设旅游类本科专业的院校数量

---

① 资料来源:全国普通高等学校专业库 http://gaokao.chsi.com.cn/sch/zyk/query.jsp;国家旅游局官方网站 http://www.cnta.gov.cn/

从地区分布看,全国各省(自治区、直辖市)均设有旅游院校,且继续呈现出旅游发达地区数量多、旅游欠发达地区数量少的特点。

(二)隶属情况与办学类型

1. 隶属情况

从回收的 101 份问卷情况来看,地方所属高校的比例最高,占 79.21%,教育部直属高校占 14.85%,中央部委直属高校占 3.96%,省部共建高校占 1.98%。详见图 2。

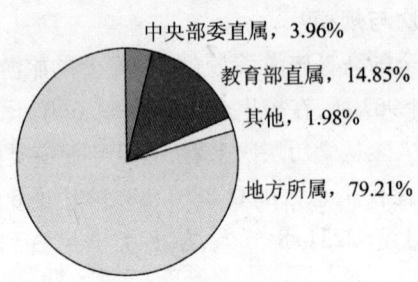

图 2 高校隶属情况

2. 办学类型

从办学类型上看,普通高校比例最高,占 96.04%,独立学院和民办的各占 1.98%,详见图 3。

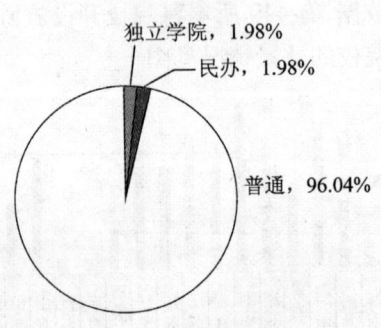

图 3 高校办学类型

(三)学生培养

1. 旅游专业分类

目前,本科层次的大旅游专业有四类,一是管理学门类工商管理类学科下的旅游管理专业;二是教育学门类职业技术教育类学科下的旅游管理与服务教育专业;三是管理学门类工商管理类学科下的酒店管理专业;四是管理学门类公共管理类学科下的会展经济与管理。(见表1)。

表1　本科层次的旅游专业

学历层次	门类	学科	专业
本科	管理学	工商管理类	旅游管理
	教育学	职业技术教育类	旅游管理与服务教育
	管理学	工商管理类	酒店管理
	管理学	公共管理类	会展经济与管理

资料来源:中国高等教育学生信息网 http://www.chsi.com.cn/

2. 人才培养目标

从学校的人才培养目标来看,超过半数的高校定位为培养应用型人才,另有42.57%的高校致力于培养复合型的旅游人才,培养研究型的仅占2.97%。这也符合旅游相关专业实践性很强的特点。

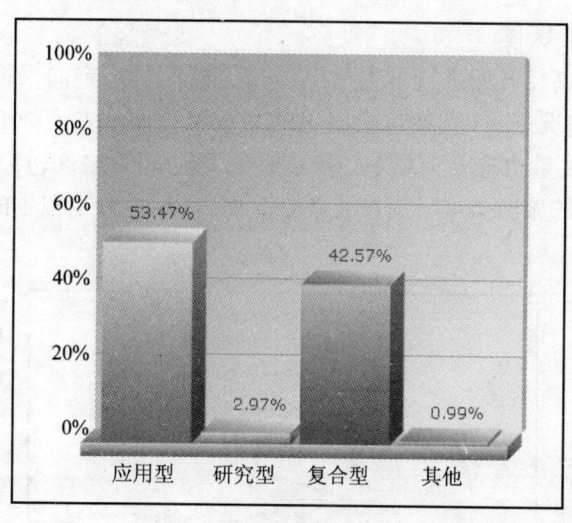

图4　高校的人才培养目标

3. 培养人才服务层次

从各个高校培养人才的服务层次上看,超过半数的高校立足全国,占55.45%,培养区域性和国际性人才的各占20%左右,详见图5。

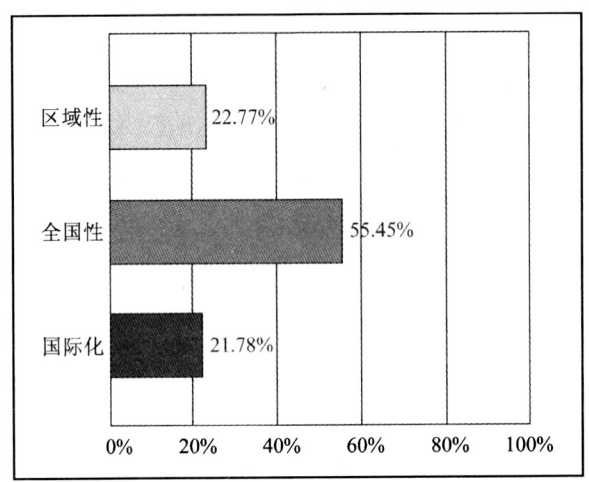

图5　高校培养人才的服务层次

4. 自主招生规模

近年,很多高校开始进行自主招生(包括推荐录取、定向录取和破格录取),从回收的问卷情况来看,开展自主招生的高校仅占两成左右,在这些高校中,自主招生的学生数量也非常有限,大部分都在1%~5%之间,详见图6。由此可见,对于大部分的旅游类本科高校或者专业而言,扩大自主招生的规模不失为招生的新途径。

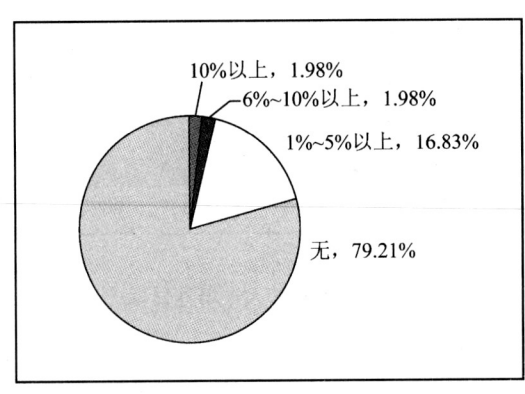

图6　高校自主招生规模

5. 生源质量

高校扩招导致的生源质量下降是目前部分高校面临的困难,但从我们回收的问卷情况来看,旅游类本科教育的生源质量并没有这方面的困扰,超过半数的高校认为生源质量变化不大,另有 26.73% 的高校认为生源质量不降反升,只有 16% 的高校认为生源质量有所下降,详见图7。这与旅游业的蓬勃发展不无关系,旅游业是朝阳产业,对考生具有一定的吸引力。

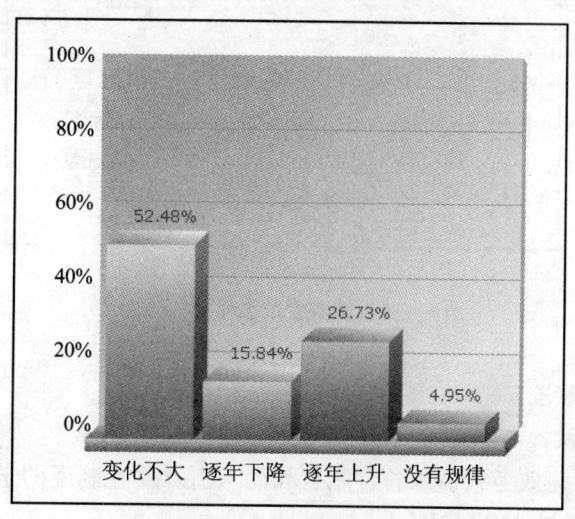

图7 高校旅游管理类本科专业的生源质量近五年来的主要趋势

6. 师生比

师生比是指某特定教育层次在指定年份中的学生人数与同年同一教育层次工作的教师人数之比,师生比在很大程度上影响教学质量。从调查数据来看,师生比为1∶10的占30.69%,师生比为1∶20的高校最多,占44.55%,有近9%的高校师生比为1∶40,国家对高校的建议师生比为1∶18,从调查结果上看,大部分的本科院校达到师生比标准,仍有约四分之一的院校在教师队伍建设方面跟不上扩招的速度。

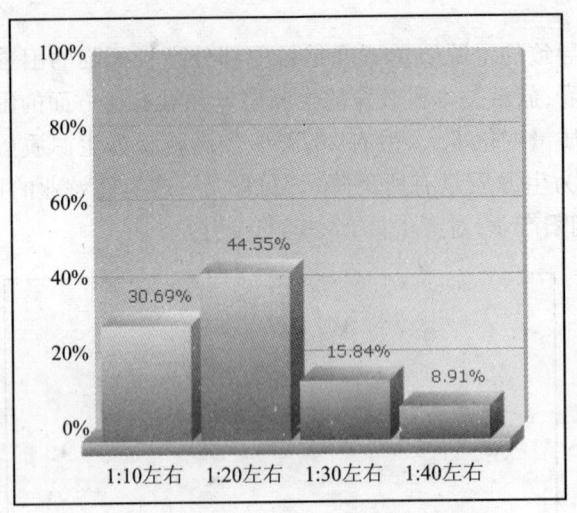

图8　高校旅游管理类专业的师生比

(四)师资状况

1. 绩效考核

从调查看,绩效考核引入薪金制度和尚未引入薪金制度的学校各占一半,目前已经运行成熟的占27.72%。

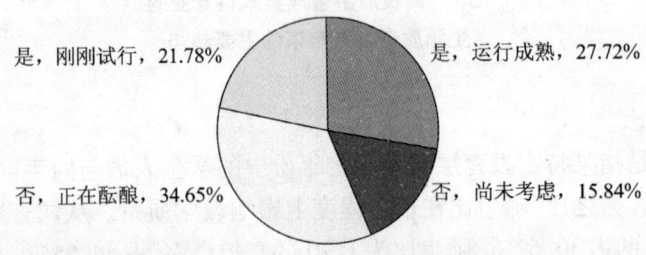

图9　薪金制度是否引入绩效考核

2. 教师培训经费与工资比

在调查中我们发现,教师教育培训的经费占职工工资总额1%以下的高达48.51%,这说明参与调研的高校在教师教育培训的投入普遍偏低,有待加强。

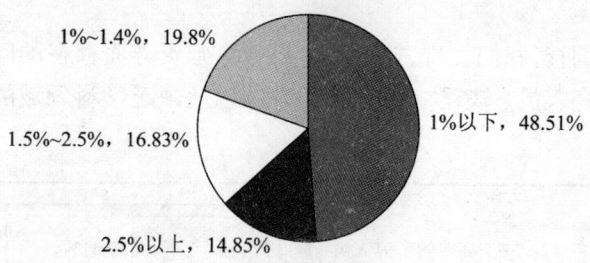

图 10　教师教育培训的经费约占职工工资总额的比重

3. 教师挂职锻炼

87%的高校对教师参加挂职锻炼的情况没有硬性规定,但大都持鼓励态度。旅游类专业作为实践性较强的学科,对教师的行业经验和实践能力要求比较高,行业挂职是提升教师这方面能力的重要途径,因此,我们建议学校加大这方面的力度,将教师参与行业挂职锻炼作为一项重要工作落实到位,从而提高教师的教学水平,提高教学质量。

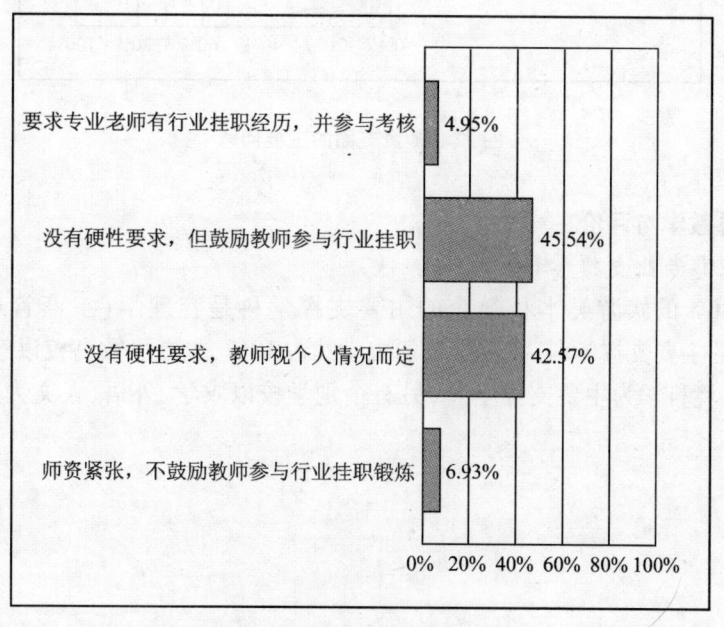

图 11　教师参加挂职锻炼的情况

4. 师资问题

通过本次调查,我们发现,旅游类本科教育师资方面存在的问题不少,其中,缺少高端的研究人员、缺乏"双师型"的教师以及缺乏学科领域的带头人是最主要的问题。

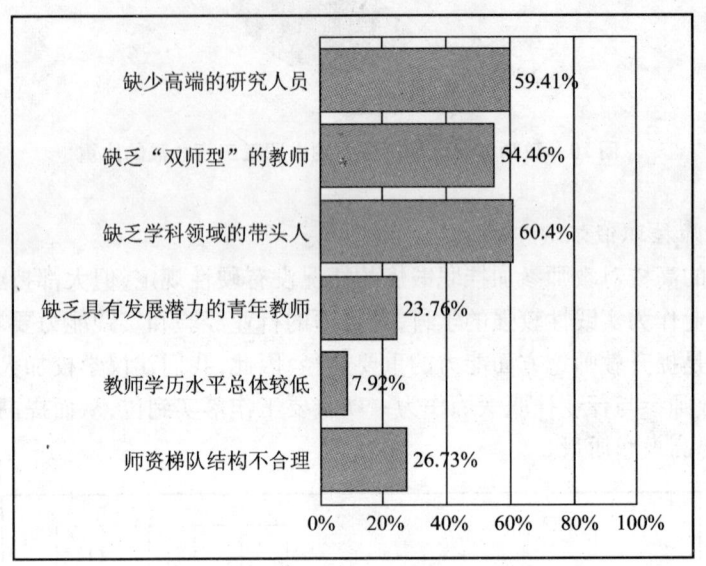

图12 师资方面的主要问题

(五)教学与评价

1. 旅游专业支撑学科

54.46%的旅游类本科教育的主要支撑学科是管理学(工商管理),另有24.75%的主要支撑学科为地理学,历史学约占10%,也有少数高校以经济学、社会学及环境科学为主要支撑学科,另有个别学校以农学、外语、人文为主要支撑学科。

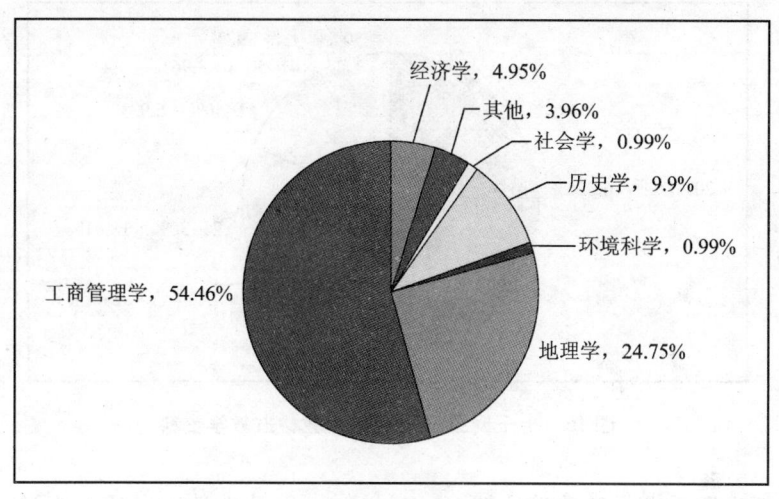

图13 旅游类本科教育的主要支撑学科

2. 教材、课程、教学计划与教学评价情况

在被调查高校中,使用自编教材或讲义不足总教学资料30%的高校占78.22%,使用电子网络(影像视听)教材不足总教学资料20%的高校占62.38%。这些数据表明,在校本教材编写和新技术手段的运用方面有较大的提升空间。

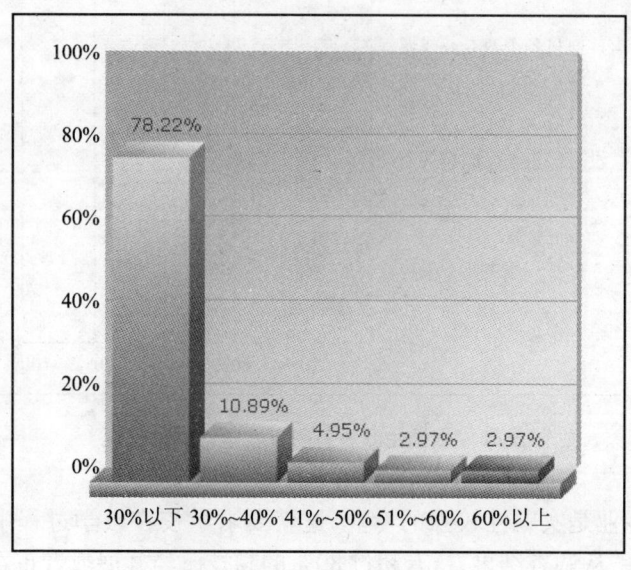

图14 使用自编教材或讲义

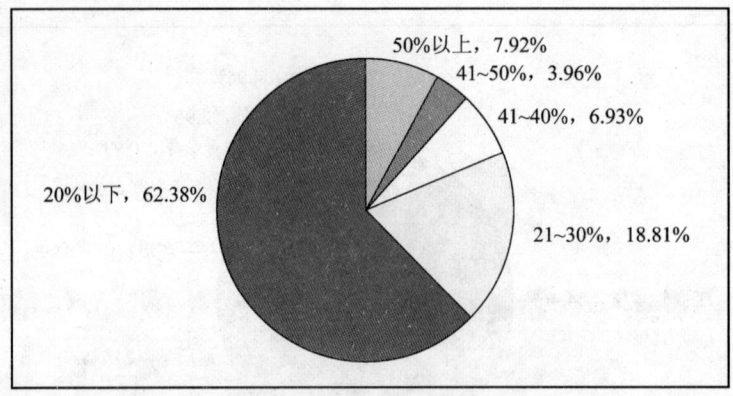

图15 电子网络(影像视听)教材占教学资料

根据生源质量制订教学计划,是因材施教,提升教学质量的重要举措,根据统计数据,约有半数的高校正在开展不同程度地尝试,四分之一的高校正在酝酿相关安排,但也有四分之一的高校完全没有这方面的打算。详见图16。

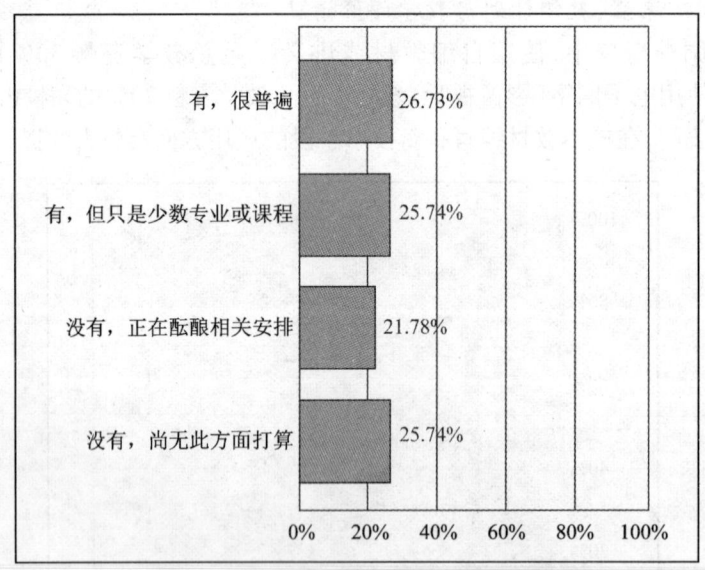

图16 根据生源质量制订教学计划的情况

旅游类专业是实践性较强的专业,这就要求学校在教学过程中加强与企事业单位的联系,从调查结果看,有超过80%的高校已经开展或者正在酝酿相关的安排,详见图17。

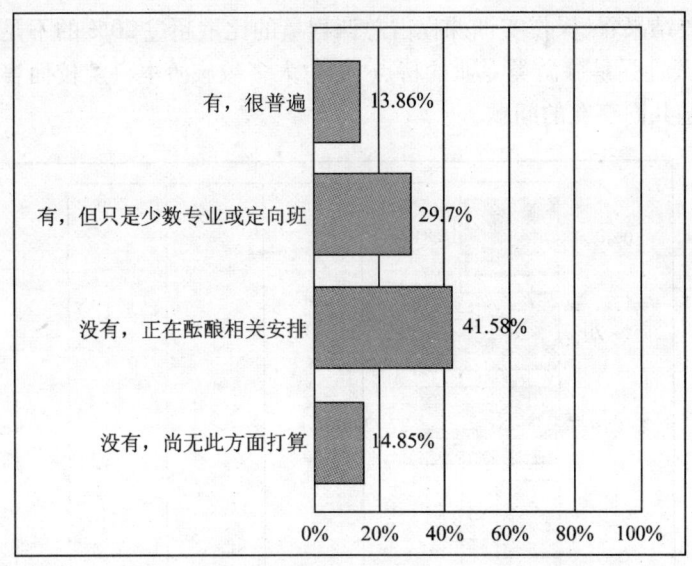

图17 与企事业单位共同制订教学计划情况

社会需求是学校办学的重要依据,从统计结果来看,旅游本科院校对社会相关需求的调研比较重视,九成院校会定期开展相关调研,其中超过半数的院校1~2年会开展调研,这也为学校的教学改革提供了重要的参考。详见图18。

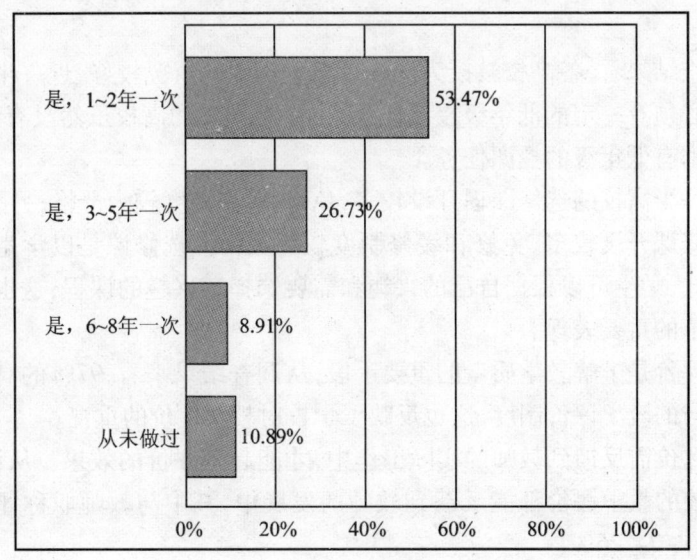

图18 高校开展社会相关需求的调研情况

从调查结果看,操作实训课程占总课程量的比重超过20%的不足一半,详见图19。实践性强是旅游类专业的特点,但对大多数旅游本科院校而言,课程的实操性不强是共同存在的问题。

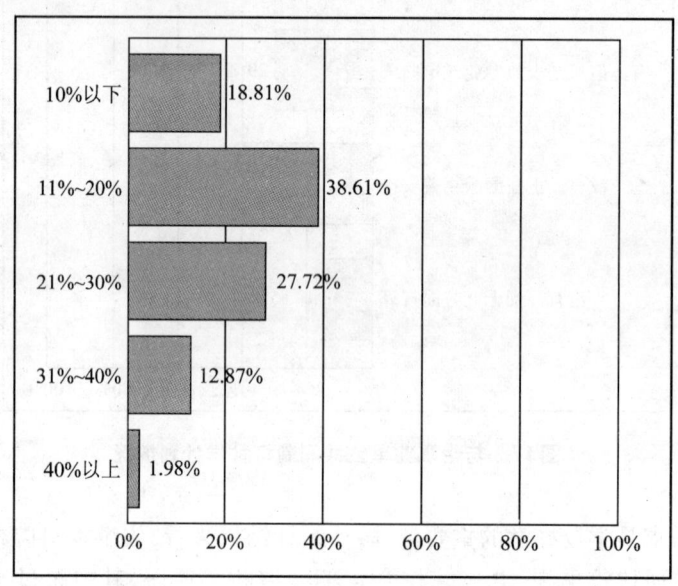

图19 操作实训课程占总课程量的比重

从调查结果看,各高校教授为低年级学生授课的情况较好,近一半高校明文规定教授必须有一定的低年级授课任务,还有近40%的高校虽然没有明确制度,但是教授都有低年级的授课任务。

超过一半高校的选修课程开设较多,免修、缓修制度较为严格;另有25.74%的高校选修课开设较多,免修和缓修制度较为灵活。选修课是以学生为本的课程开设方式,学生可以根据自己的兴趣和需要选择感兴趣的课程,这也是高校进行课程改革的重要表现。

教学评价是了解教学质量的重要手段,从调查结果来看,97%的高校都有师生共同参与的教学评价制度,这也反映了学校对教学评价的重视。

教学评价需反馈到教师的实际工作中,才能起到评价的效果。从调查看,几乎所有高校的教学评价都能反馈到教师的发展中,其中与教师职称评定相关的比例最高,占74.26%。

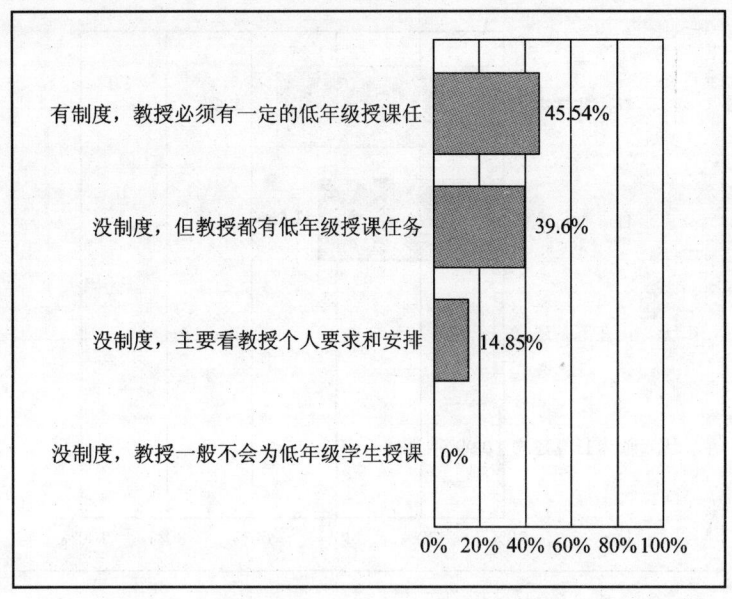

图20　教授为低年级学生授课的制度

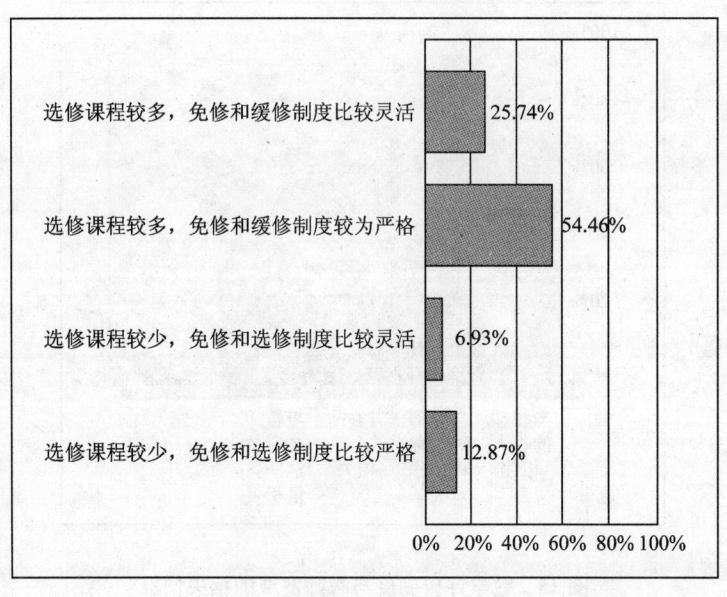

图21　选修、免修、缓修制度情况

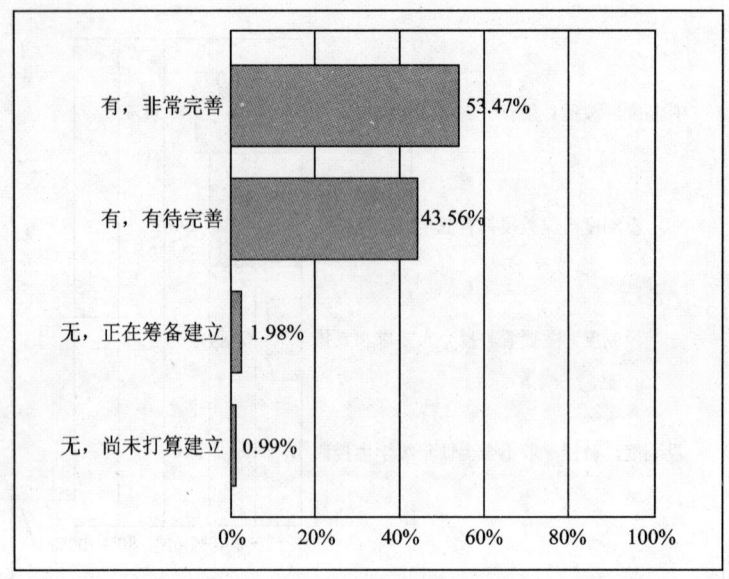

图22 师生参与的教学评价制度

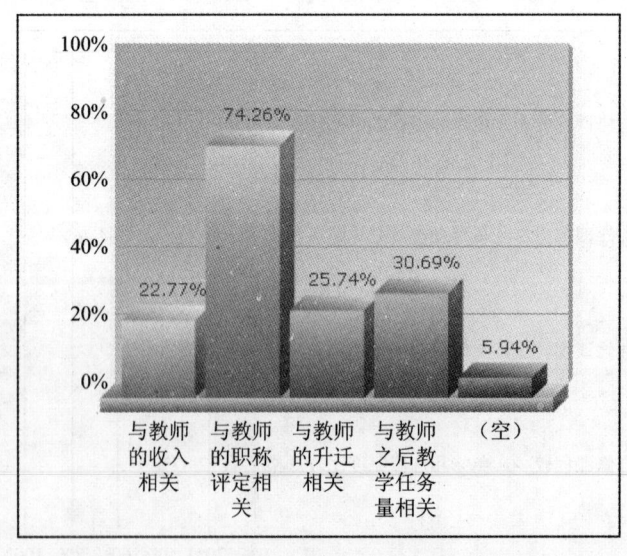

图23 教学评价制度与教师发展的相关情况

3. 旅游专业发展面临的问题

从调查结果看,旅游行业待遇低和学科地位低是目前旅游类专业发展存在的最大问题,另外,学生就业后流失率高,教学与行业脱节等问题也一定程度上制约旅游类专业的发展。因此,提高学科地位,改善学生的就业环境,加强教学实践是我们亟须解决的问题。

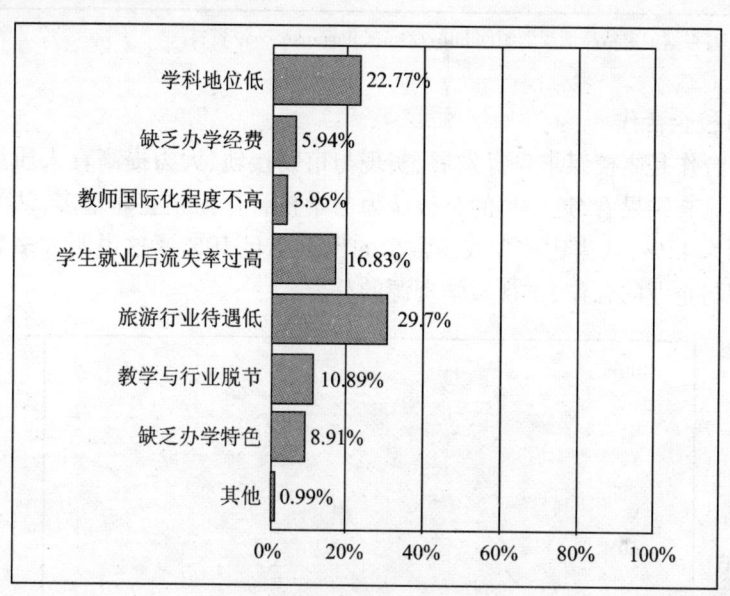

图24 旅游类专业发展存在的问题

4. 国家级精品课程

与2010年相比,旅游相关专业的国家级精品课程没有变化,仍然只有以下4门旅游管理专业国家级精品课程,酒店管理专业和会展管理专业没有国家级精品课程。

表2 旅游相关专业国家级精品课程

学校名称	主讲教师	课程名称
湖北大学	马勇	旅游规划与开发
云南大学	吕宛青	旅游经济学

续表

学校名称	主讲教师	课程名称
北京第二外国语学院	邹统钎	旅游景区经营与管理
中山大学	保继刚	旅游地理学

资料来源：根据国家精品课程资源网 http://www.jingpinke.com/资料。

（六）校企合作

校企合作是高校谋求自身发展、实现与市场接轨、大力提高育人质量的重要举措。从调查结果看，近一半的高校认为与学校合作的企业非常多，认为不够多的比例约为42%，认为比较少或非常少的比例不足10%。这说明大多数高校都比较重视与企业的合作，重视教学资源的整合。

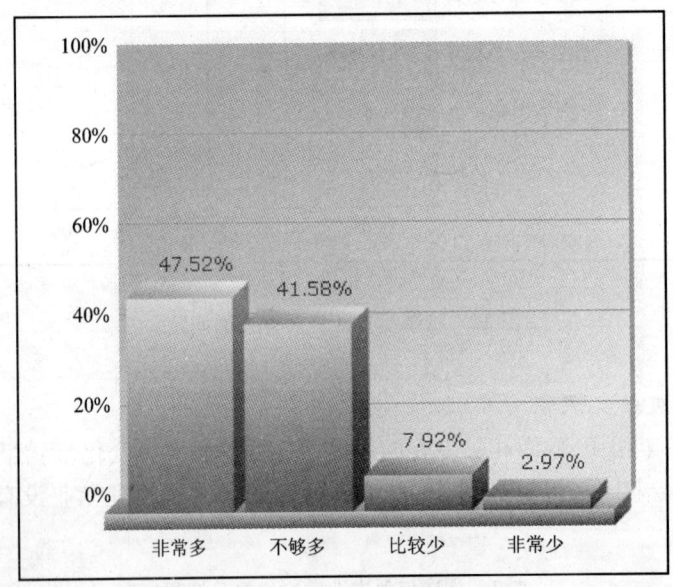

图25 与学校合作的企业数量情况

从调查看，学生顶岗实习是高校与企业合作的最主要形式，占86%；另外，学生就业基地、产研合作、教师挂职锻炼、学生兼职基地等也是高校较常采用的方式，均超过40%。详见图26。

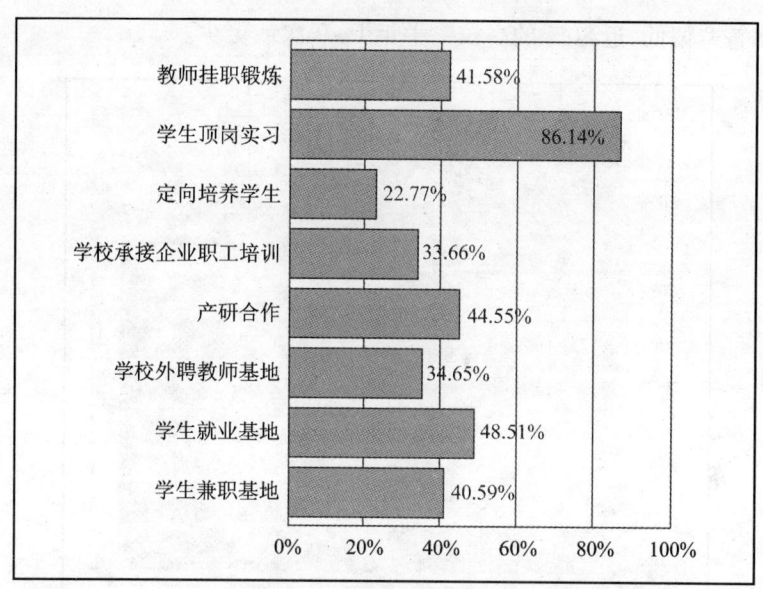

图26　与企业合作的方式

(七)国际办学

1. 留学生招收比例

超过一半的高校没有招收留学生,招收留学生的高校中,绝大部分比例也比较低。

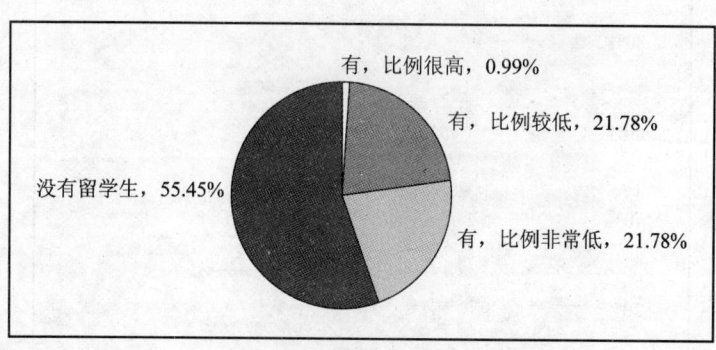

图27　招收留学生的比例

2. 教职工出国(境)访学考察频率及国(境)外学者、专家来校作报告的频率

超过70%的教师人均出国(境)考察的频率为四年一次或者更少,这说明高校在教师的对外交流方面力度有所欠缺;高校邀请国(境)外学者、专家来校作报

告的频率普遍偏低,近80%的高校一学年1~2次或更少。

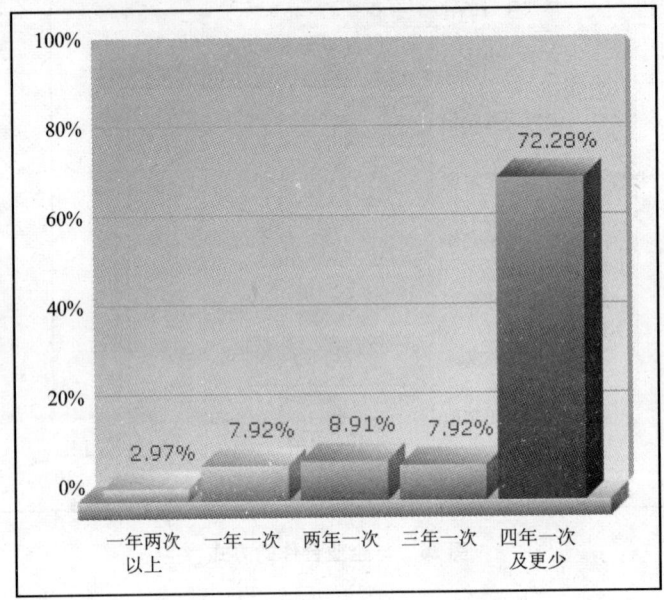

图28 教师人均出国(境)考察的频率

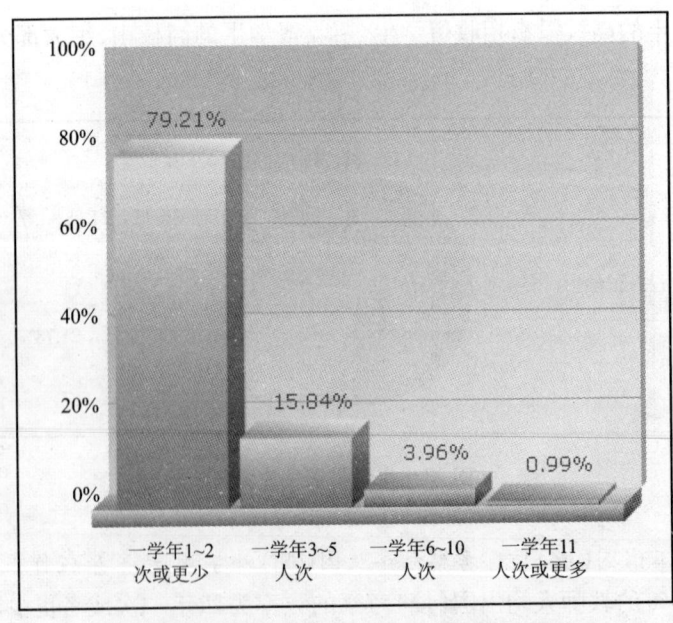

图29 邀请国(境)外学者、专家来校作报告的频率

3. 国际合作项目数量、出国(境)交流、学习、实习的学生比例及中外合作办学情况

超过76%的高校认为本校与国(境)外合作的项目数量少,只有不足5%认为学校与国(境)外合作的项目数量非常多。另外,近80%的高校出国(境)交流、学习、实习的学生在5%以下。目前,有中外合作办学项目的高校不到一半。这都说明目前国内开设旅游类本科专业的院校在国际办学方面还很薄弱,国际化水平有待进一步加强,各院校在日后办学过程中,要加强国际办学的力度,取长补短,开拓国际办学的新空间。

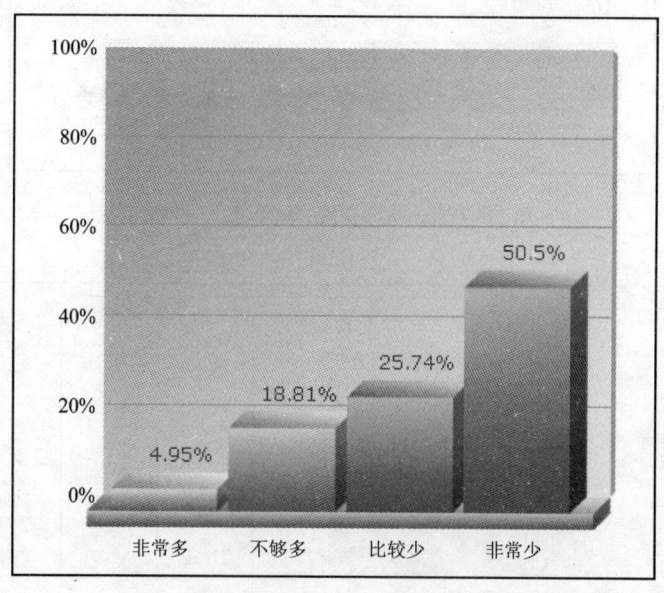

图30 与国(境)外合作的项目数量

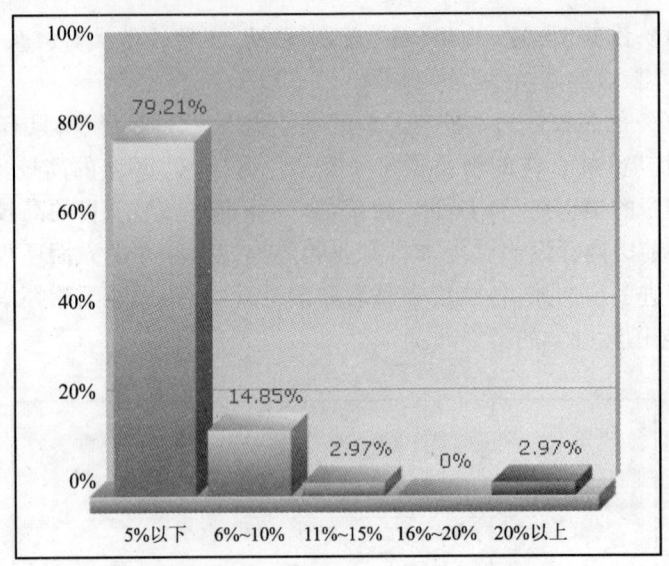

图31　出国(境)交流、学习、实习的学生

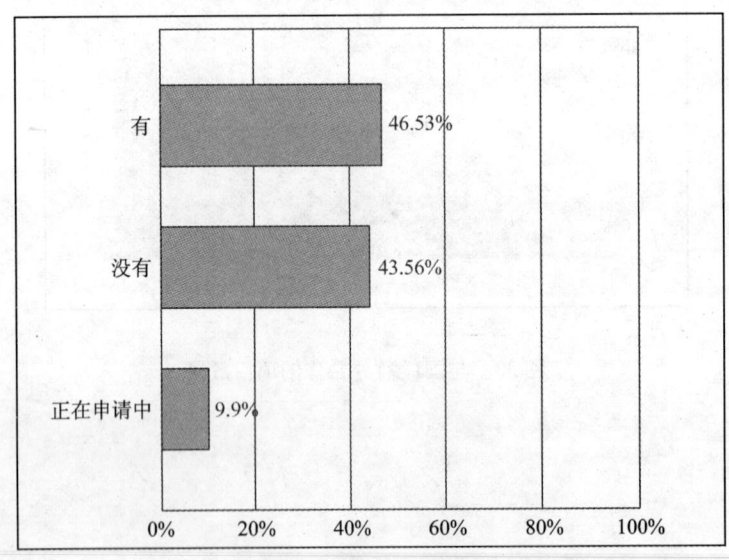

图32　中外合作办学项目

(八) 就业创业

1. 开设职业规划课程及校外实习情况

职业生涯规划课程是启发大学生职业生涯规划意识,实施就业指导的重要

平台,从调查结果看,目前各高校开设职业规划课的情况较好,超过8成的高校开设了必修课或选修课。

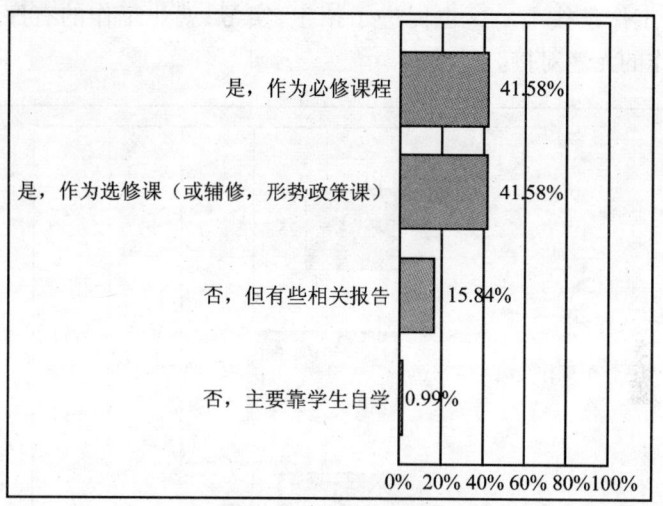

图33 开设职业规划课程

校外实习是学生运用理论知识的重要阵地,根据调查,学生校外实习时间为4~6个月的比例最高,为44.55%。3个月以下的和7~9个月的分别为21.78%,超过10个月的为10%。

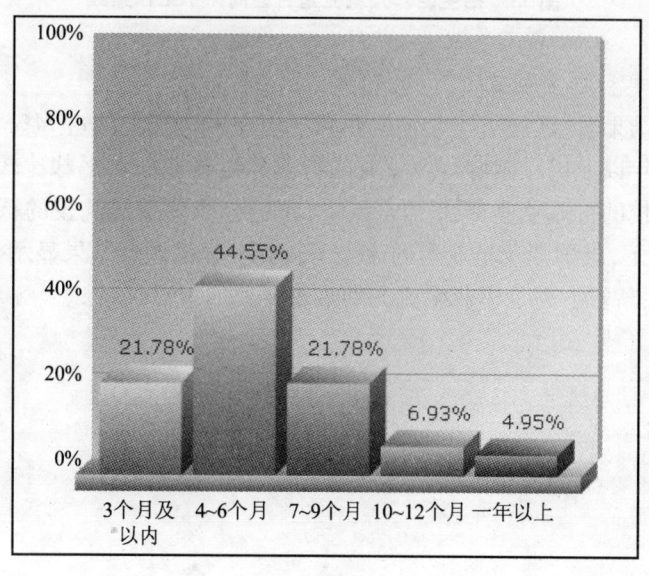

图34 学生人均校外实习时间

根据统计,目前74%的高校的招生、实习、就业工作不在同一个工作条线上,但41.58%的高校表示工作交流比较密切,另有25.74的高校招生、实习、就业工作在同一个工作条线上。这也促进了招生、实习、就业工作的有序开展以及实习、就业工作的无缝对接。

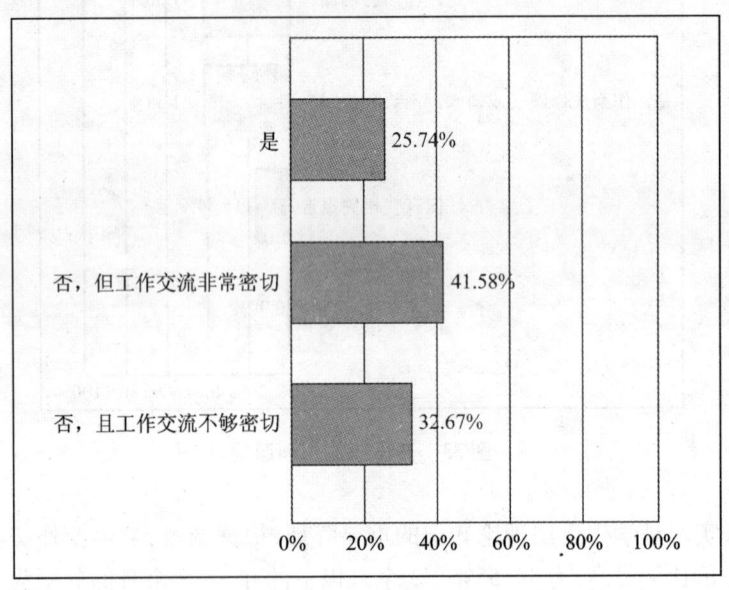

图35　招生、实习、就业是否在同一个工作条线

2.就业率和自主创业

从统计结果看,近三年毕业生就业率平均在90%以上的占74%,但行业就业率和毕业三年以上仍在旅游行业就业的行业稳定就业率水平却比较低。超过半数的受访院校的行业就业率在50%以下;超过半数的受访院校的行业稳定就业率在30%以下,旅游专业毕业生的流失率较高。根据调查结果显示,旅游行业的就职门槛低、薪资不高是毕业生流失的最重要原因。

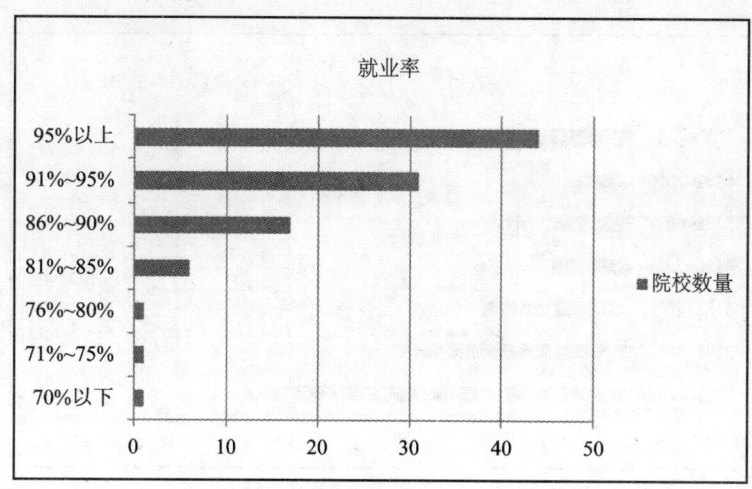

图36 就业率

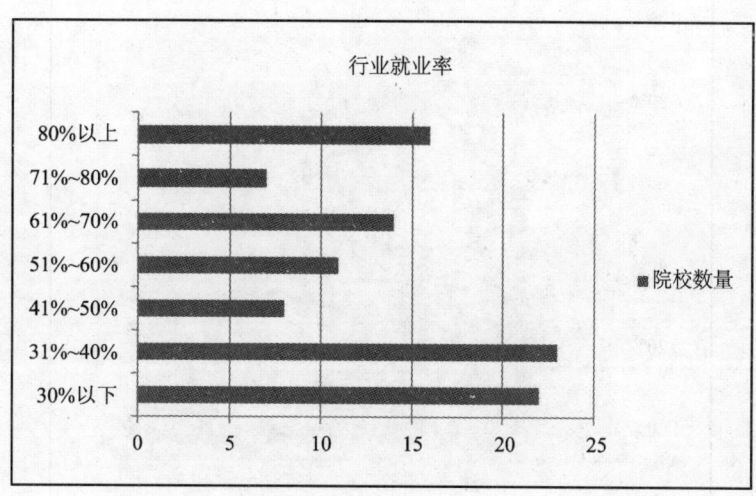

图37 行业就业率

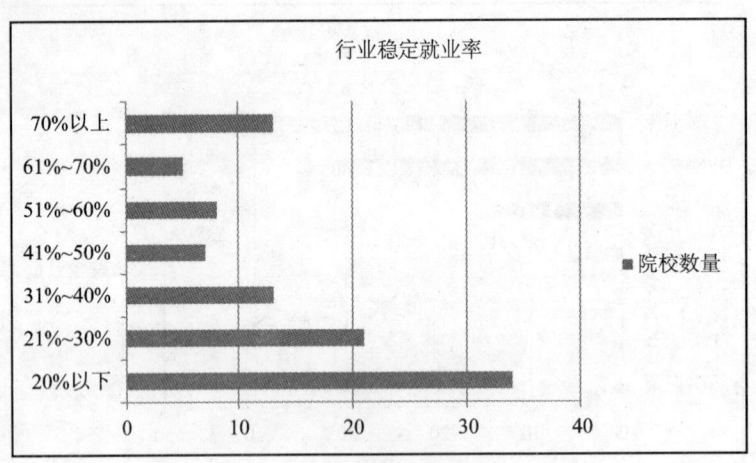

图38　行业稳定就业率

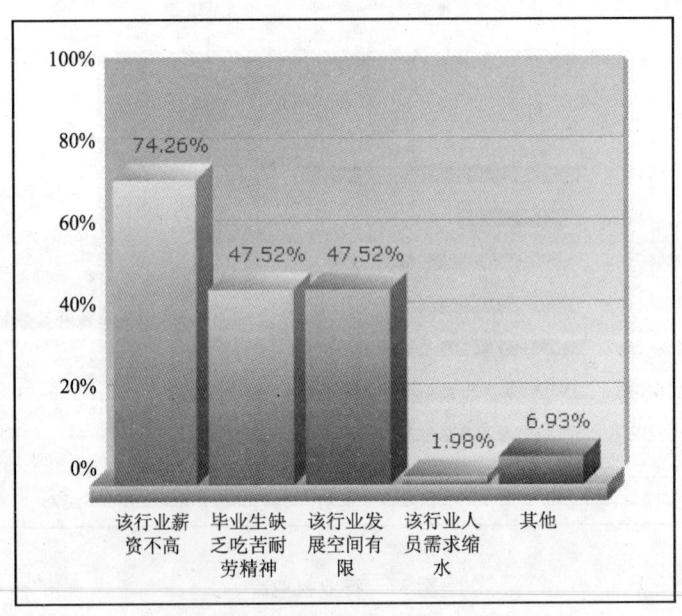

图39　影响旅游行业稳定就业率的因素

近三年的毕业生中自主创业的比例平均在5%以下的占86%，比例超过10%的仅为6%。从数据看，学生创业的比例较低，这需要各高校在日后就业指导的过程中,加强对学生创业指导的力度,切实贯彻落实党中央"以创业带动就业"的政策。

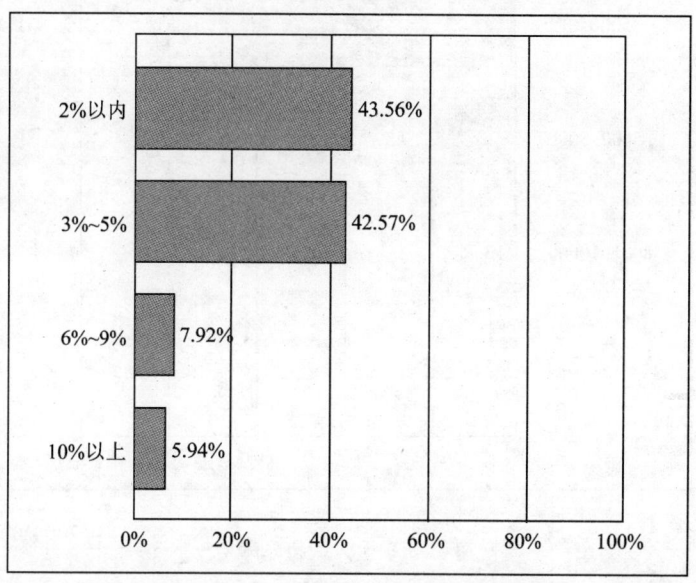

图40 三年的毕业生中自主创业情况

(九)办学经费

各高校的办学经费主要由学生学费、政府拨款以及自筹经费三部分组成。从调查看,70%的高校人均每年学费为5000元以下,5000~8000元的占20%;政府拨款在10万元以下的占47.52%,拨款超过100万的不足3%;77%的高校的自筹经费不足20万元,自筹经费的主要方式为自创经费,其次为校企合作。高达67%的高校认为教育经费不能满足办学需求,这也在一定程度上制约了专业的发展。

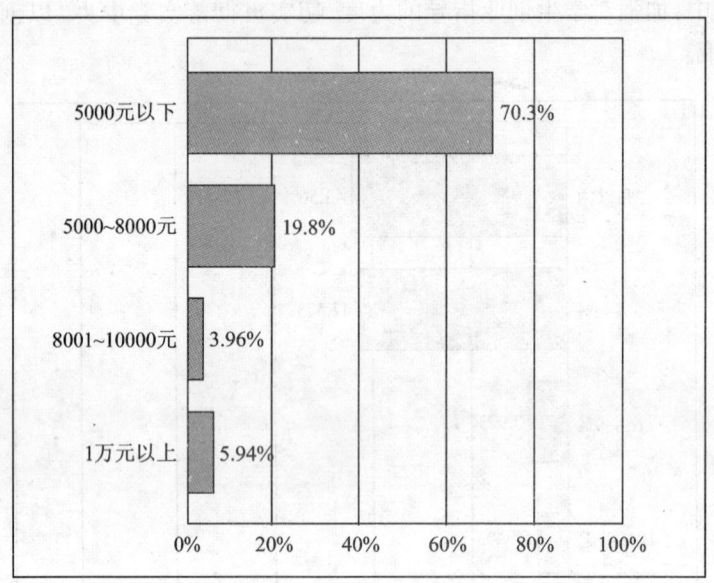

图41 学生人均每年学费

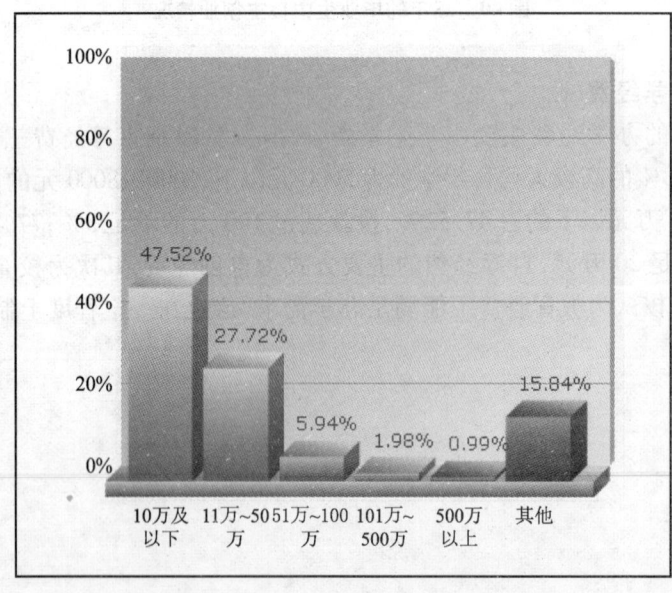

图42 政府每年拨款

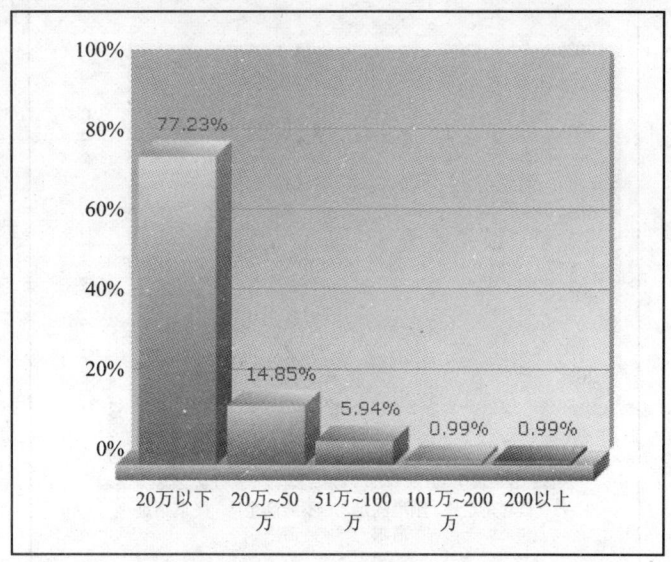

图 43　每年自筹经费

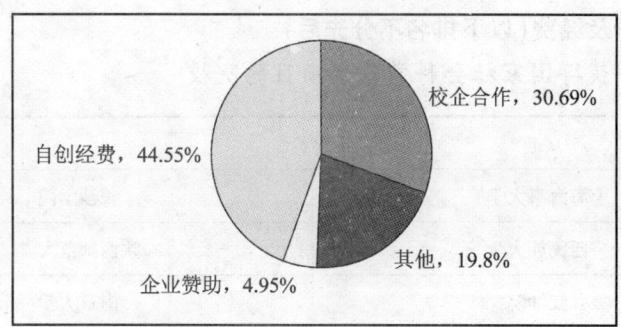

图 44　自筹经费来源

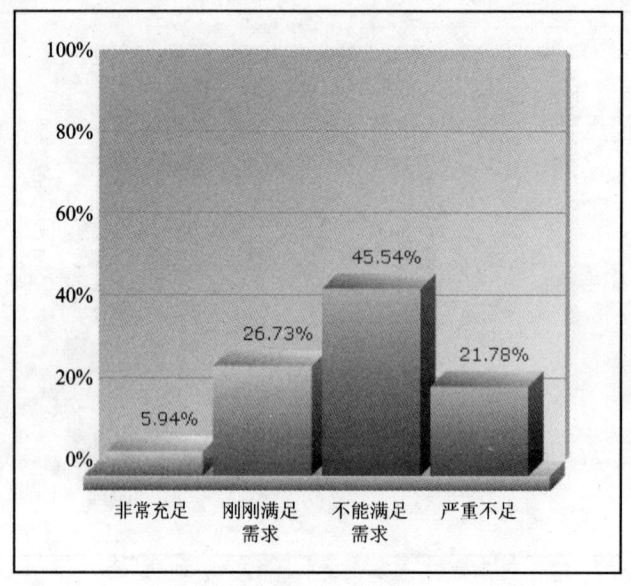

图45 教育经费是否满足办学需求

(十)科研及经费(以下排名不分先后)
1. 近三年获得国家社会科学基金项目的院校

学校名称	
上海海事大学	长沙学院
广西民族大学	陕西师范大学
九江学院	南京大学
河南财经政法大学	南阳师范学院
沈阳师范大学	新疆财经大学
西华师范大学	贵州大学
安徽财经大学	中南民族大学
南京财经大学	山西大学
湘潭大学	上海华东理工大学
广西师范大学	重庆交通大学

续表

学校名称	
安徽大学	河南大学
暨南大学	四川师范大学
南开大学	华东师范大学
宿州学院	西南林业大学
湖南商学院	黑龙江大学
成都理工大学	昆明学院
上海财经大学	重庆理工大学
西安文理学院	上海师范大学
南昌大学	西南民族大学
福建农林大学	云南大学
郑州大学	厦门大学
赣南师范学院	广西大学
莆田学院	兰州大学

2. 近三年获得过国家自然科学基金项目的院校

学校名称	
华南师范大学	南阳师范学院
扬州大学	新疆财经大学
东南大学	河南大学
华中师范大学	重庆理工大学
云南财经大学	华南农业大学
中央民族大学	江西财经大学
华南理工大学	西南林业大学
西北大学	厦门大学

续表

学校名称	
暨南大学	广西大学
南开大学	南京大学
南昌大学	黑龙江大学
福建农林大学	云南大学
赣南师范学院	陕西师范大学
莆田学院	兰州大学
长沙学院	上海师范大学

三、现状分析

(一)学生培养

调查结果显示,旅游本科教育以培养应用型人才和复合型人才为主,超过半数的院校将培养人才定位为全国性和地域性,仅有21.78%的院校把培养人才定位在国际化层面。在自主招生和师生比例这两项涉及学生培养的重要问题上,也存在着一定的不足,有自主招生权的院校仅占20.79%,且绝大多数院校自主招生的学生数不到5%。2004年颁布的《普通高等学校基本办学条件指标(试行)》规定,一般的普通高等生师比为1:18属于合格,调查结果显示仍有四分之一的院校师生比未达标。

(二)师资情况

旅游本科院校普遍存在教师年龄梯队不合理、"双师型"教师和行业挂职经历的教师缺乏等问题。在教师的管理措施方面,绩效考核制度还没有全面普及,调查显示,尚没有引入绩效考核制度的受访者占到50.49%,绩效考核制度有待推进。培训与进修对于教师的职业成长尤为重要,调查显示,有48.51%的院校教师教育培训的经费占职工工资总额的1%不到。受访院校普遍反映高端的研究人员、"双师型"的教师、学科领域的带头人比较缺乏。而数据显示,拥有高学历的教师比例并不低,这也说明了学历和能力之间不匹配的问题。

(三)教学科研

在教学方面,旅游本科教育在校本教材编写和新技术教学手段的运用方面仍有较大的提升空间,专业实训课程比例偏低,实训课占总课程量超过20%的院校不足一半;定期开展社会需求的调查,与行业相关企业合作办学如制订教学计划等情况尚未普遍实施,有部分学校从未开展社会需求的调研工作,教学与社会需求存在脱节情况;大多学校都已实施学分制教学管理方式,但学生在课程选择方面的权利和机会还不充分,旨在提高综合素养的课程比例不高。

(四)校企合作

调查显示,旅游本科院校普遍重视与旅游行业的联系、教学资源的整合及产学研合作。仍有52.48%的受访者认为目前的校企合作项目不够多、比较少或者非常少。校企合作形式呈现多样化,其中学生顶岗实习、学生就业基地和产研合作是最普遍的校企合作方式。

(五)就业创业

调查显示,就业工作受到旅游本科院校的普遍重视,超过8成的高校开设了必修课或选修课,积极开展就业指导工作;大部分院校的招生、实习和就业工作的衔接比较好,但仍有32.67%的院校招生、实习和就业工作在同一工作条线,且工作交流不密切。在就业率方面,74.25%的学校就业率在90%以上,但行业就业率和毕业三年以上仍在旅游行业就业的行业稳定就业率比较低。超过半数的受访高校的行业就业率平均在50%以下;超过半数的院校的行业稳定就业率平均在30%以下。旅游专业毕业生的行业流失率较高,一定程度上是对旅游教育资源的浪费和旅游行业的损失。经调查,74.26%的受访者认为行业吸引力不强的原因是该行业薪资不高,47.52%的受访者认为该行业发展空间有限。

(六)国际交流

学生来源的国际化是高等教育国际化的重要标准之一,据调查显示,仍有超过一半的旅游本科院校没有招收留学生,且招收留学生的院校绝大多数招收比例偏低或很低;旅游专业教师国际交流的力度不够,超过70%的教师人均出国(境)考察的频率为四年一次或者更少,邀请国(境)外学者、专家来校作报告的频率普遍偏低,近80%的高校一学年1~2次或更少。数据表明,目前我们旅游本科教育的国际化程度与旅游专业的特性和需求不相符,国际化程度亟待提高。

(七)关注热点分析

报告对调查问卷的开放性问题进行了梳理,开放性问题主要对我国旅游高等教育及人才培养中存在的问题以及近年来旅游高等教育的格局变化和未来发展趋势进行了调研,以下观点来自于问卷。

我国旅游高等教育及人才培养中存在的主要问题:

(1)学科地位不高。旅游业被定位为国家战略性支柱产业,旅游管理专业是一门综合性多学科专业,涉及经济、管理、历史、地理、文化等领域,在社会经济发展中的地位日益重要,但该专业的学科地位却没有得到相应的重视,学科建设也缺乏有力的支持。

(2)人才培养与社会需求有脱节现象。首先,旅游人才的培养在数量上没有满足旅游迅猛发展的要求;其次,旅游人才培养层次的设置没有遵循市场的需要;再次,高校培养的旅游人才普遍缺乏实践操作能力,难以满足行业要求。

(3)旅游教育教学的理念与模式较为落后。旅游业的发展非常迅速,尤其是在信息技术更新换代加速的今天,行业发展的新要求没有及时反映在旅游人才培养的教育教学中,教材陈旧、设备落后、理念传统等问题不同程度的存在。

(4)旅游从业人员的薪资待遇有待改善,行业的人力资源管理制度有待完善。旅游行业稳定就业率普遍偏低,人才流失严重,其中的重要原因是旅游从业人员的就职门槛低、薪资待遇低,职业生涯成长空间不够。

近年来我国旅游高等教育的格局及未来发展趋势:

(1)办学层次、办学类型多元化,国际化趋势增强。办学层次格局从大专、本科到研究生渐趋完备;研究型、应用型、复合型人才培养模式日趋完整。旅游教育与行业发展的联系日趋紧密,旅游教育将更多关注市场需求与企业需求,实践性教学普遍得到重视。随着中外交流的扩展和深入,旅游业的国际化和旅游教育的国际合作趋势加剧,海内外联合办学是旅游高等教育发展的新方向。

(2)旅游专业将进一步细化、专业化,同时向着多学科、跨学科方向发展。一方面,旅游专业必须更适应旅游市场细分,旅游专业将进一步细化、拓展,另一方面,多学科、跨学科的旅游教育理念日益深化,更注重综合性复合型人才的培养。

(3)生源减少、旅游教育学历层次低、行业要求高、就业困难等诸多因素进一步加剧了高校的生源争夺战,使旅游教育面临着前所未有的一系列困境。旅游高等院校的办学条件、教师素质参差不齐,马太效应日益严重,学生素质差距也日趋加大。

(4)旅游院校区域格局渐趋合理,高层次专业人才的现实就业空间有限,重点院校的旅游专业面临生存和发展危机。职业教育规模逐渐扩大,应用型教育得到认可,研究性大学规模缩小,格局向金字塔方向发展。

关于如何解决旅游高等教育发展的瓶颈问题,综合受访院校的观点,主要集中在以下几个方面:

(1)加强学科建设,提升学术地位。旅游管理类教师应着力提升自身教学能力,注重自身科研能力的建设,在重视专业实践能力锻炼的同时,加强理论水平的提升,以高水平的学术研究和理论建树为学科建设添砖加瓦。

(2) 合理设置人才培养层次。旅游业既需要高质量的一线服务人员,也需要高水平的行业管理人员,同时需要深层次的理论研究工作者,因此,高校应针对社会的需要合理设置人才培养层次,使专科、本科、研究生等学历层次的学生培养方案界限明显、目标明确。

(3) 专业设置及培养模式应与旅游市场对接。随着经济的发展和旅游行业的成熟,旅游业也不断涌现出新的领域,同时一些传统的旅游方式和内容将被淘汰,如何针对旅游业发展的现状和趋势不断更新专业设置,并在理论传授、教材编制、实训操作等环节不断创新发展,是旅游教育不断要面对的一个课题。

(4) 规范行业发展,保障员工权益。健全行业用人制度,保障旅游从业人员的休息及薪酬权益,不断提高旅游从业人员的社会地位和经济报酬,为他们提供职业生涯发展空间,吸引更多优秀人才长期稳定的从事旅游行业。

(5) 加强校企合作和国际交流。加强校企合作与国际交流是旅游院校培养旅游国际化应用型人才的重要途径,是学校生源竞争的重要资本及提升办学水平的重要途径。加强产学研合作,开拓校企合作的多种模式,打造旅游教育国际化的平台,是未来旅游教育发展的方向。

附录一　目前查询到的开设旅游本科专业的院校名单(共 440 个)

安徽省 (共13个)	安徽财经大学 安徽师范大学 巢湖学院 池州学院 合肥学院 黄山学院 宿州学院 皖西学院 滁州学院 安徽师范大学皖江学院 安庆师范学院 淮北师范大学 安徽财经大学商学院	北京市 (共9个)	北京第二外国语学院 北京交通大学 北京联合大学 北京林业大学 北京农学院 北京石油化工学院 首都师范大学 中华女子学院 北京城市学院

续表

福建省 （共11个）	福建农林大学 福建师范大学 华侨大学 集美大学 闽江学院 莆田学院 武夷学院 厦门大学 福建农林大学东方学院 厦门大学嘉庚学院 福建农林大学金山学院	贵州省 （共14个）	贵州财经学院 贵州大学 贵州民族学院 贵州师范大学 黔南民族师范学院 凯里学院 铜仁学院 遵义师范学院 贵州师范学院 贵州大学科技学院 贵州民族学院人文科技学院 安顺学院 贵州财经学院商务学院 贵州大学明德学院
广西壮族自治区 （共16个）	百色学院 桂林理工大学 广西财经学院 广西民族大学 广西师范大学 广西师范学院 钦州学院 梧州学院 广西大学 北京航空航天大学北海学院 贺州学院 广西大学行健文理学院 广西师范大学漓江学院 桂林理工大学博文管理学院 广西民族大学相思湖学院 广西民族师范学院	广东省 （共22个）	佛山科学技术学院 广东工业大学 广东商学院 广州大学 韩山师范学院 华南理工大学 华南农业大学 华南师范大学 惠州学院 暨南大学 嘉应学院 韶关学院 肇庆学院 中山大学 广东商学院华商学院 广东海洋大学寸金学院 吉林大学珠海学院 华南师范大学增城学院 中山大学南方学院 广东外语外贸大学南国商学院 广东海洋大学 中山大学新华学院

续表

甘肃省 (共6个)	河西学院 兰州商学院 西北民族大学 西北师范大学 兰州商学院长青学院 兰州商学院陇桥学院	河北省 (共12个)	邯郸学院 河北大学 河北经贸大学 河北农业大学 石家庄经济学院 石家庄学院 燕山大学 河北师范大学 河北科技师范学院 中国地质大学长城学院 燕山大学里仁学院 唐山师范学院
海南省 (共5个)	海南大学 海南师范大学 琼州学院 海口经济学院 海南大学三亚学院	青海省 (共2个)	青海大学 青海师范大学
黑龙江省 (共15个)	东北林业大学 哈尔滨理工大学 哈尔滨商业大学 哈尔滨师范大学 黑河学院 黑龙江大学 黑龙江工程学院 佳木斯大学 牡丹江师范学院 黑龙江省东方学院 黑龙江工程学院昆仑旅游学院 东北石油大学 哈尔滨德强商务学院 哈尔滨学院 大庆师范学院	浙江省 (共17个)	浙江外国语大学 湖州师范学院 宁波大学 浙江工商大学 浙江工业大学 浙江海洋学院 浙江师范大学 浙江树人大学 浙江农林大学 浙江农林大学天目学院 杭州师范大学钱江学院 浙江海洋学院东海科学技术学院 浙江大学城市学院 浙江师范大学行知学院 浙江工商大学杭州商学院 浙江工业大学之江学院 浙江大学宁波理工学院

续表

河南省 (共26个)	安阳师范学院 河南大学 河南科技大学 河南科技学院 河南理工大学 河南师范大学 河南农业大学 黄淮学院 洛阳师范学院 南阳师范学院 信阳师范学院 许昌学院 平顶山学院 郑州大学 郑州航空工业管理学院 河南城建学院 郑州科技学院 河南财经政法大学 河南科技学院新科学院 郑州华信学院 安阳师范学院人文管理学院 河南大学民生学院 河南师范大学新联学院 信阳师范学院华锐学院 河南理工大学万方科技学院 郑州升达经贸管理学院	湖南省 (共29个)	长沙学院 衡阳师范学院 湖南城市学院 湖南工程学院 湖南科技大学 湖南科技学院 湖南理工学院 湖南人文科技学院 湖南商学院 湖南师范大学 湖南文理学院 怀化学院 吉首大学 邵阳学院 湘潭大学 中南林业科技大学 湖南第一师范学院 湖南涉外经济学院 湖南文理学院芙蓉学院 衡阳师范学院南岳学院 吉首大学张家界学院 湘南学院 湘潭大学兴湘学院 湖南师范大学树达学院 中南林业科技大学涉外学院 湖南女子学院 湖南科技大学潇湘学院 湖南商学院北津学院 湖南工程学院应用技术学院
宁夏回族自治区 (共2个)	北方民族大学 宁夏大学	西藏自治区 (共2个)	西藏大学 西藏民族学院(西藏自治区所,校址在陕西省咸阳市)

续表

江苏省 （共24个）	金陵科技学院 南京财经大学 南京林业大学 南京农业大学 南京师范大学 南通大学 苏州大学 苏州科技学院 徐州师范大学 盐城工学院 盐城师范学院 扬州大学 三江大学 扬州大学广陵学院 江苏科技大学南徐学院 南京晓庄学院 徐州工程学院 江苏城市职业学院 徐州师范大学科文学院 无锡太湖学院 苏州大学应用技术学院 常熟理工学院 南京师范大学中北学院 江苏技术师范学院	湖北省 （共23个）	湖北大学 湖北经济学院 湖北汽车工业学院 华中师范大学 江汉大学 三峡大学 中国地质大学（武汉） 中南财经政法大学 中南民族大学 襄樊学院 湖北民族大学 三峡大学科技学院 武汉长江工商大学 黄冈师范学院 湖北民族学院科学学院 汉口学院 武汉科技大学中南分校 中国地质大学江城学院 湖北汽车工业学院科技学院 襄樊学院理工学院 湖北大学知行学院 江汉大学文理学院 武汉东湖学院
天津市 （共9个）	南开大学 天津财经大学 天津农学院 天津商业大学 天津师范大学 天津体育学院 天津商业大学宝德学院 天津师范大学津沽学院 天津外国语大学	内蒙古自治区 （共7个）	赤峰学院 呼伦贝尔学院 内蒙古财经学院 内蒙古大学 内蒙古民族大学 内蒙古师范大学 内蒙古师范大学鸿德学院

续表

辽宁省 （共21个）	鞍山师范学院 渤海大学 大连大学 大连海事大学 大连民族学院 大连外国语学院 东北财经大学 辽东学院 辽宁大学 辽宁科技大学 辽宁师范大学 沈阳大学 沈阳师范大学 沈阳体育学院 辽宁对外经贸学院 渤海大学文理学院 东北财经大学津桥商学院 辽宁师范大学海华学院 沈阳大学科技工程学院 沈阳航空航天大学 大连艺术学院	四川省 （共24个）	成都体育学院 四川外语学院 乐山师范学院 攀枝花学院 四川大学 四川理工学院 四川师范大学 西昌学院 西华师范大学 西南财经大学 西南民族大学 宜宾学院 成都理工大学 四川农业大学 成都信息工程学院 成都信息工程学院银杏酒店管理学院 四川大学锦江学院 西南财经大学天府学院 成都学院 四川师范大学文理学院 成都理工大学工程技术学院 四川大学锦城学院 绵阳师范学院 四川民族学院
新疆维吾尔族 自治区 （共8个）	石河子大学 塔里木大学 新疆财经大学 新疆大学 新疆农业大学 新疆师范大学 新疆大学科学技术学院 新疆农业大学科学技术学院	重庆市 （共10个）	重庆师范大学 重庆三峡学院 长江师范学院 西南大学 重庆工商大学 重庆交通大学 重庆理工大学 西南大学育才学院 重庆工商大学派斯学院 重庆师范大学涉外商贸学院

续表

陕西省 （共20个）	宝鸡文理学院 西安财经学院 西安科技大学 延安大学 长安大学 陕西理工学院 陕西师范大学 西安外国语大学 西安文理学院 咸阳师范学院 榆林学院 西安翻译学院 西安欧亚学院 西安外事学院 安康学院 渭南师范学院 西安科技大学高新学院 西安财经学院行知学院 西安培华学院 西京学院	山东省 （共20个）	济南大学 聊城大学 青岛大学 曲阜师范大学 山东财政学院 山东大学 山东经济学院 山东师范大学 泰山学院 泰山医学院 潍坊学院 中国海洋大学 山东师范大学历山学院 烟台南山学院 山东协和学院 山东女子学院 泰山学院 山东经济学院燕山学院 临沂大学 青岛恒星职业技术学院
山西省 （共12个）	长治学院 晋中学院 山西财经大学 山西大同大学 山西大学 山西师范大学 太原师范学院 沂州师范学院 运城学院 山西大学商务学院 山西工商学院 山西农业大学	上海市 （共12个）	东华大学 华东理工大学 上海海事大学 上海商学院 上海师范大学 华东师范大学 上海对外贸易学院 上海杉达大学 上海建桥学院 上海外国语大学贤达经济人文学院 上海师范大学天华学院 上海工程技术大学

续表

江西省 (共18个)	赣南师范学院 江西财经大学 江西科技师范学院 江西农业大学 江西师范大学 井冈山大学 九江学院 南昌大学 南昌工程学院 上饶师范学院 宜春学院 江西教育学院 东华理工大学长江学院 南昌大学科学技术学院 江西科技师范学院理工学院 江西财经大学现代经济管理学院 江西农业大学南昌商学院 江西蓝天学院	吉林省 (共19个)	北华大学 长春大学 长春师范学院 吉林农业大学 吉林师范大学 通化师范学院 延边大学 东北师范大学 吉林工商学院 吉林华侨外国语学院 东北师范大学人文学院 吉林农业大学发展学院 长春大学旅游学院 长春大学光华学院 吉林师范大学博达学院 吉林财经大学信息经济学院 白城师范学院 吉林财经大学 吉林工程技术师范学院
云南省 (共12个)	大理学院 昆明学院 玉溪师范学院 云南财经大学 云南大学 云南民族大学 云南师范大学 云南师范大学文理学院 云南大学旅游文化学院 云南大学滇池学院 云南师范大学商学院 西南林业大学		

附录二 回复问卷的旅游本科院校名单
（共 101 个）

安徽省	皖西学院 安徽农业大学经济管理学院 宿州学院 合肥学院 安徽大学 池州学院 黄山学院 安徽财经大学	湖北省	三峡大学 武汉工业学院 中南民族大学 华中师范大学 江汉大学
北京市	中央民族大学 北京第二外国语学院中瑞酒店管理学院 北京石油化工学院	湖南省	湖南商学院 长沙学院 衡阳师范学院 湘潭大学
福建省	莆田学院 武夷学院 厦门大学管理学院旅游与酒店管理系 福建农林大学 漳州师范学院	吉林省	吉林师范大学
甘肃省	兰州大学	江苏省	徐州工程学院 南京财经大学 南京大学 江苏师范大学 扬州大学 东南大学 南京晓庄学院

续表

广东省	华南农业大学 华南理工大学 华南师范大学 韩山师范学院 暨南大学	江西省	赣南师范学院 九江学院旅游学院 南昌大学旅游管理系 江西财经大学
广西壮族自治区	广西民族大学 广西大学 广西师范大学	辽宁省	沈阳航空航天大学 辽宁师范大学历史文化旅游学院 大连大学 沈阳师范大学 辽宁科技大学 沈阳大学
贵州省	贵州大学	内蒙古自治区	呼伦贝尔学院
河北省	石家庄学院	山东省	泰山医学院 济南大学
河南省	郑州大学 河南工程学院 河南财经政法大学 河南大学 南阳师范学院 信阳师范学院 安阳师范学院	山西省	山西大学 忻州师范学院
黑龙江省	哈尔滨理工大学 牡丹江师范学院 黑龙江大学	陕西省	咸阳师范学院 西北大学 西安外国语大学 西安文理学院 陕西师范大学

续表

上海市	上海财经大学 上海杉达学院 上海商学院 上海师范大学天华学院 上海海事大学 华东师范大学 上海师范大学 上海华东理工大学 上海对外贸易学院	云南省	西南林业大学 云南财经大学 云南大学工商管理与旅游管理学院 昆明学院旅游学院
四川省	西南民族大学 成都理工大学 四川师范大学历史文化与旅游学院 西华师范大学	浙江省	浙江海洋学院 杭州师范大学钱江学院
天津市	天津商业大学 TUC－FIU 合作学院 南开大学	重庆市	重庆第二师范学院(原重庆教育学院) 重庆交通大学 重庆理工大学 重庆三峡学院 西南大学
新疆维吾尔族自治区	新疆财经大学		

中国旅游高职教育 2011 年度报告

浙江旅游职业学院课题组[①]

本报告将主要梳理并研究 2011 年度中国旅游高等职业教育的发展情况，回顾过去，展望未来，为今后一个时期中国旅游高职教育的发展提供参考。

本文的主要资料来源是教育部高职高专旅游管理类专业教学指导委员会（以下简称：旅游教指委）公布的相关数据，以及对上海旅游高等专科学校等"五星联盟"旅游院校的问卷调查。

一、全国旅游类高等职业教育基本情况

（一）2011 年旅游类高职院校数量和分布

目前设置旅游大类专业（高职高专指导性专业目录中旅游大类）的高职高专院校（简称旅游类高职院校）共计 1039 所，其中设置有旅游管理专业（含方向）的院校有 806 所，占 43.5%；酒店管理 574 所，占 31.0%；涉外旅游专业 144 所，占 7.8%；导游专业 117 所，占 6.3%；烹饪工艺与营养专业 81 所，占 4.4%；餐饮管理与服务专业 46 所，占 2.5%；景区开发与管理专业 43 所，占 2.3%；旅行社经营管理专业 40 所，占 2.2%。

从旅游类高职院校的地域分布来看，湖北、河北和四川三省院校数最多，湖北有 66 所，河北和四川都有 61 所（详见表 1）。设有旅游类专业的院校遍布全国 31 个省市自治区，其中华东地区最多，达到 310 所；其次是华中和华北地区，旅游类高职院校数量分别达到了 186 所和 155 所；西南和华南地区的旅游类高职院校分别为 133 所和 101 所；东北地区有 82 所旅游类高职院校，西北地区有 72 所。

[①] 浙江旅游职业学院课题组成员：王昆欣、褚倍、李成军、邱宏亮，褚倍执笔。
王昆欣，教授，浙江旅游职业学院党委书记、院长，中国旅游协会教育分会副会长，主要研究方向：旅游教育，旅游学科基础研究；褚倍，女，副教授，浙江旅游职业学院教师，主要研究方向：旅游人力资源管理，管理沟通；李成军，副教授，浙江省旅游职业学院教务处副处长，浙江大学教育学博士研究生，主要研究方向：旅游教育，中国教育史；邱宏亮，讲师，浙江工商大学企业管理专业博士研究生，主要研究方向：营销与商务管理，旅游管理。

第二部分 中国旅游教育分报告

表1 国内旅游类高职院校数量统计

院校数(个)	省份分布
0~9	甘肃(9)、宁夏(6)、青海(6)、西藏(3)
10~19	北京(18)、海南(11)、吉林(19)、天津(13)、新疆(18)
20~29	贵州(21)、黑龙江(26)、内蒙古(28)、上海(25)、云南(25)、重庆(23)
30~39	福建(31)、广西(38)、辽宁(37)、山西(35)、陕西(32)、浙江(34)
40~49	—
50~59	安徽(52)、广东(52)、江苏(59)、江西(51)、山东(59)
60~69	河北(61)、河南(60)、湖北(66)、湖南(60)、四川(61)

资料来源：旅游教指委.

据人民网《2011年全国各省旅游总收入排行榜》中，旅游总收入的前10名为江苏、广东、浙江、山东、北京、上海、河南、四川、湖北、湖南[1]（不含港澳台）。而湖北、四川、河南、湖南、山东、江苏、广东7个省同时也是我国旅游类高职数量最多的10个省份。可见，旅游类高职院校的数量与旅游经济发展程度有较高的相关性。

(二)2011年旅游类高职院校招生人数及分布

旅游大类专业招生人数，河南、安徽、湖北名列三甲，分别为10 888人、10 601人、10 190人。按区域分布（表2）来看，华东以及华中地区招生人数最多，分别达到43 664人和28 185人，其次是华南和华北地区，招生人数分别达到17 515人和15 392人；西南地区招生14 969人，仅次于华北地区，东北地区与西北地区分别招生8 009人，6 887人。

表2 2011年各省旅游大类专业招生人数分布表

招生人数	省份
0~499	宁夏(368)、青海(425)、西藏(318)
500~999	北京(998)

---

[1] 人民网《2011年全国各省旅游总收入排行榜出炉》http://travel.people.com.cn/GB/16964715.html

续表

招生人数	省份
1000~1999	甘肃(1180)、黑龙江(1796)、吉林(1829)、内蒙古(1907)、天津(1162)、新疆(1754)
2000~2999	贵州(2497)、海南(2449)、上海(2308)、云南(2009)
3000~3999	福建(3604)、山西(3915)、陕西(3038)、重庆(3358)
4000~4999	辽宁(4383)
5000~5999	江西(5133)
6000~6999	广西(6050)、四川(6787)、浙江(6942)
7000~7999	河北(7420)、湖南(7107)、江苏(7878)、山东(7320)
8000~8999	—
9000~9999	广东(9010)
10 000~10 999	安徽(10 601)、河南(10 888)、湖北(10 190)

资料来源:旅游教指委.

从各招生规模来看(图1、图2),旅游大类各专业招生人数大多集中在200人以下,规模较小,招生人数在400人以上的高职院校不超过4%。

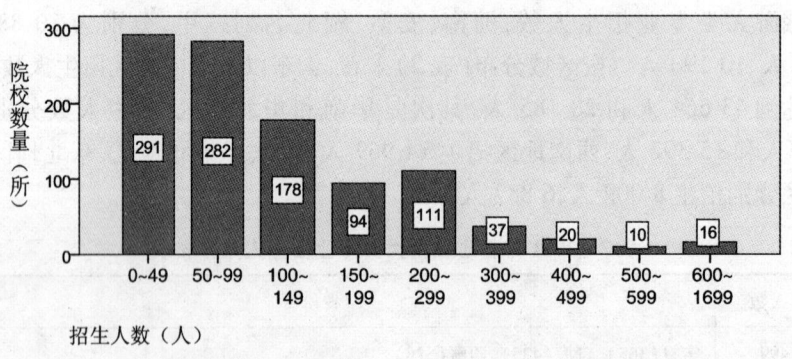

图1　2011年旅游大类各专业招生人数分布图

资料来源:旅游教指委.

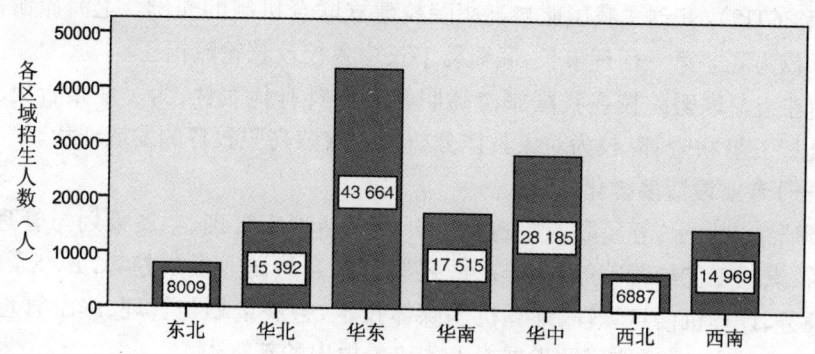

图2　2011年旅游大类各专业分区域招生人数统计图

资料来源:旅游教指委.

从旅游大类各专业招生人数来看(图3),旅游管理和酒店管理专业最多,分别占到43.6%和38.84%,导游和烹饪工艺与营养专业各占到近10%。

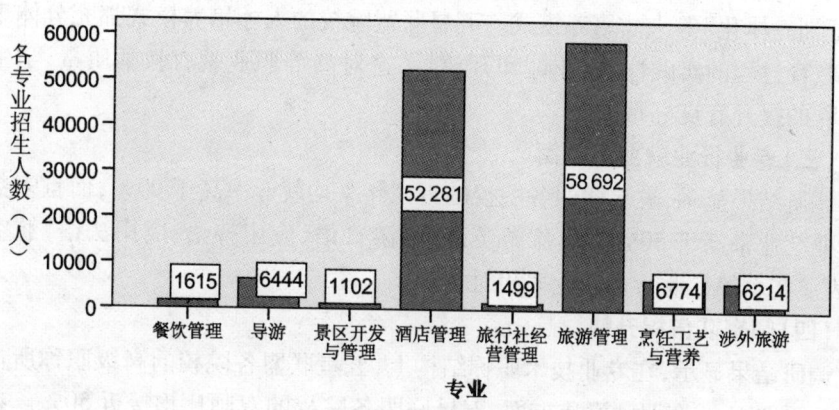

图3　2011年旅游大类各专业招生人数分布图

资料来源:旅游教指委.

二、旅游院校"五星联盟"的发展情况

为推动中国旅游高职院校之间的合作与交流,打造中国高等旅游职业教育的"常青藤联盟",2009年10月24日由山东旅游职业学院、南京旅游职业学院、浙江旅游职业学院、桂林旅游高等专科学校、上海旅游高等专科学校五所高等旅游职业院校组成"中国旅游院校五星联盟"(China Union Of Five Tourism Institutes,简称 CTI5),开创了我国旅游高职院校建立联合机制的先例。上海旅游高等专科学校为联盟第一任理事长,联盟秘书长由各校校长轮流担任。

由于五星联盟院校在我国旅游高职教育中具有代表性,为了使报告更具针对性,以"五星联盟"院校为对象具体分析研究旅游高职教育的发展现状。

(一) 专业设置多样化

调研结果显示,五星联盟院校除了开设包括酒店管理、会展策划与管理、涉外旅游、烹饪工艺与营养等专业以外,还紧密结合旅游业发展趋势,开办了旅游电子商务、计算机信息管理、计算机多媒体技术、会展策划与管理、旅游管理(高尔夫方向)等专业,适应行业发展对人才培养提出的新需求。

(二) 人才培养模式多元化

调研结果显示,五星联盟各院校主要采取了校企合作、工学结合的"订单式"模式以及专业项目化教学模式和专业理论与实践相结合等三种人才培养模式。五星联盟院校还注重通识教育与专业教育相结合的培养模式。浙江旅游职业学院采取了"分层递进式"人才培养模式、"学生主体、任务驱动"人才培养模式、"课证训一体化"等人才培养模式。五星联盟院校的人才培养模式都充分体现了职业教育过程的实践性、职业性和开放性,这对高等职业教育教学质量、学生职业素养的提升有良好帮助。

(三) 专业行业就业不平衡

调研结果显示,五星联盟各院校的近三年平均就业率高于90%,而且多数专业行业就业率高于50%。但旅游英语、旅游日语、应用韩语、应用法语、航空服务、表演艺术等专业行业就业率相对偏低。

(四) 师资队伍提升快

调研结果显示,在专业技术职称结构上,五星联盟各院校的高级职称所占比重均超过20%。在双师素质方面,五星联盟各院校的双师比均接近50%。在学历结构上,五星联盟各院校的硕士研究生及以上学历教师所占比重均超过40%。上海旅游高等专科学校的博士研究生所占比重超过13%,详见下表。

表3　五星联盟院校师资情况汇总表

学校	专业技术职称结构			双师素质(%)	学历结构		
	高级(%)	中级(%)	初级(%)		博士研究生(%)	硕士研究生(%)	大学本科(%)
山东旅游职业学院	21.97	35.87	35.43	70.85	1.79	51.57	43.50

续表

学校	专业技术职称结构			双师素质（%）	学历结构		
	高级（%）	中级（%）	初级（%）		博士研究生（%）	硕士研究生（%）	大学本科（%）
南京旅游职业学院	23.83	37.31	38.86	73.06	5.18	44.56	50.26
浙江旅游职业学院	29.9	59.8	1.4	81	3.9	38.5	56.5
桂林旅游高等专科学校	33.7	48	18.3	不详	1.4	40.2	55.1
上海旅游高等专科学校	22.6	57.1	20.2	48.8	13.1	55.4	29.2

资料来源：五星联盟院校。

在教学团队建设方面，也取得了显著成就，浙江旅游职业学院拥有国家级教学团队；上海旅游高等专科学校拥有国家级教学名师，其他院校也拥有多个省级教学团队和教学名师。

（五）科研实力得到提升

调研结果显示，获得省部级以上科研项目的院校有3所，分别是浙江旅游职业学院7项、桂林旅游高等专科学校8项、上海旅游高等专科学校5项。各院校厅局级科研项目较多，山东旅游职业学院18项、南京旅游职业学院7项、浙江旅游职业学院58项、桂林旅游高等专科学校21项、上海旅游高等专科学校8项。纵向课题经费桂林旅游高等专科学校最多，为134.1万元；横向课题方面，上海旅游高等专科学校课题数量最多，共30项；浙江旅游职业学院横向课题经费最多，共412万元。

（六）课程建设引领教学改革

精品课程是具有一流教师队伍、一流教学内容、一流教学方法、一流教材、一流教学管理等特点的示范性课程。精品课程建设是高等学校教学质量与教学改革工程的重要组成部分。各院校均能以提升学生竞争能力为重点，整合各类教学改革成果，逐渐建立校、省、国家三级精品课程体系。调研结果显示，共有4所院校拥有国家精品课程，五星联盟各院校都拥有省级精品课程。

表4 五星联盟院校精品课程一览表

学校	国家精品课程		省级精品课程（门数）
	门数	课程名称	
山东旅游职业学院	1	导游知识应用	7
南京旅游职业学院	0	-	3
浙江旅游职业学院	3	旅游资源评价与开发	19
		导游实务	
		景点导游	
桂林旅游高等专科学校	2	旅游概论	13
		旅游礼宾礼仪	
上海旅游高等专科学校	1	现代饭店管理	5

资料来源：五星联盟院校。

（七）国际化特色明显

中外合作办学是指通过引进国外优质教育资源，并消化吸收、利用创新，是我国高等教育实现跨越式发展的现实需要，也是高等旅游职业教育提升整体办学水平的重要途径。五星联盟院校采取灵活的办学模式，国际化特色明显，详见表5。浙江旅游职业学院、桂林旅游高等专科学校、上海旅游高等专科学校三所学校还招收留学生，山东旅游职业学院招收短期交换生。

表5 五星联盟院国际化办学项目表

学校	项目具体内容
南京旅游职业学院	中澳合作办学《酒店管理》专业 　　合作院校：澳大利亚威廉安格里斯学院
浙江旅游职业学院	1. 中澳合作酒店管理专业 　　合作院校：澳大利亚威廉安格里斯学院 2. 中澳合作旅游管理专业 　　合作院校：澳大利亚威廉安格里斯学院 3. 中韩合作应用韩语专业 　　合作院校：韩国顺天乡大学

续表

学校	项目具体内容
桂林旅游高等专科学校	1. 中加合作（酒店与旅游运营管理） 　　合作院校：加拿大公立乔治布朗学院 2. 中英合作（国际旅游商务管理） 　　合作院校：英国伯明翰大学、约克圣约翰大学 3. 中美合作（会计、市场营销） 　　合作院校：美国斯波坎佛斯学院 4. 中新合作（金融与证券、酒店管理） 　　合作院校：新加坡东亚管理学院
上海旅游高等专科学校	1. 新加坡东亚管理学院（EASB Institute of Management）"3+1.5"专升本合作项目 2. 韩国南首尔大学专升本项目（Namseoul University）"3+1.5"专升本合作项目

资料来源：五星联盟院校.

三、旅游高等职业教育发展特征

（一）院校间的合作更加紧密

21世纪的教育是创新的教育，要求高职院校勇于变革，不断创新，提升自身整体实力和竞争能力。其中加强合作是共享发展经验，促进共同发展的重要途径。旅游类高职院校合作主要有以下特点：其一，合作机制更加完善。目前我国已经形成以高职院校五星联盟为核心的旅游类高职院校合作机制，各方在办学思想和观念、管理体制、人才培养模式、教学制度、办学体制上，不断增加交流。其二，区域间的交流与合作日趋深化。如浙江旅游职业学院与西部院校云南旅游职业学院、三峡旅游职业技术学院、四川省旅游学校、陕西省旅游学校分别签署了合作协议，探索东部旅游院校与中西部旅游院校的合作。

（二）服务旅游经济作用更加凸现

国务院41号文件明确提出，要把旅游业建设成为国民经济的战略性支柱产业和人民群众更加满意的现代服务业。为了贯彻和落实41号文件精神，大部分省份结合本省特点都相继出台促进旅游业发展的相关政策。其中，进一步推进旅游教育与地方旅游经济建设的对接是贯彻落实41号文件、推进旅游业发展的重要举措。当前旅游高职教育服务地方旅游经济发展主要有以下方面：其一，设立了相关研究机构，一批旅游服务地方经济的智库开始形成。如中国旅游研究院在山东旅游职业学院设立旅游职业教育研究基地，在浙江旅游职业学院设立旅游标准化研究基地，极大地推动了旅游类高职院校参与旅游产业研究。其二，建立和完善了校政、校地合作机制。如浙江旅游职业学院成立发展理事会，创设产学合作工作站20个，建立起校地、校政合作机制。其三，旅游类高职院校参与旅游经济建设的作用有所提升。很多院校都承担了大量服务地方旅游业发展的企业人员培训、横向课题，等等，成为地方旅游经济发展的助推器。

（三）国际交流合作进一步推进

在高等教育国际化的大背景下，各院校加强了国际交流与合作，主要有以下成绩：其一，丰富了国际化办学的模式，如浙江旅游职业学院形成推进中韩直通车式、中澳引进学习式、中日交叉实习式、中阿实习就业式和中意定单培养式等5种不同中外合作办学机制。其二，拓展了国际合作领域。旅游院校与美国、俄罗斯、澳大利亚、西班牙、加拿大、日本、越南等多个国家30所高等院校和科研机构建立了学术合作与交流关系；积极主办、承办和参与国际学术会议，如举办"中俄旅游教育论坛"等活动，努力提升学校的国际知名度和影响力。

（四）校企合作机制更加完善

校企合作办学的体制机制建设是目前高等职业教育改革的"热点"，也是保证职业教育健康发展的必然要求。当前校企合作机制建设主要有以下成绩：其一，订单班模式得到普遍推广，已经成为旅游类高职院校的主打牌。订单班模式按照企业提出的人才培养目标和知识能力结构，修订教学计划，组织教学，有效促进了院校和企业人才培养的零距离接触，提升了学生实践能力。其二，校企合作层次有所提升。校企合作已经突破单一院校层面，发展到校企联盟层面，各省都相继成立了职教集团，依托大型旅游企业和旅游院校，组成校企联盟。其三，院校层面的校企合作日趋深化，如企业制学院等新的形式开始出现。

（五）"以赛促学、以赛促教"的实践教学机制更加完善

目前，旅游类高职院校"以赛促学、以赛促教"的机制得到完善。学生技能大赛是一种重要的实践教学方式，校际之间的比赛已经成为推动院校和学生重视实践技能的重要途径。如"全国职业院校旅游服务技能大赛"、"金牌导游技能大赛"、"挑战杯"创业创新大赛等，从项目规定、技术含量设备选择、标准制定、评委挑选等方面都做到了优中选优，有力地推动了职业教育的发展。特别是在山东旅游职业学院举办的第三届"全国旅游院校服务技能（饭店服务）大赛"，历时

3天,共有来自全国25个省(市、区)、152所院校的595名选手报名参赛,来自全国旅游院校、旅游及相关企业的代表260人报名观摩比赛,展示了各院校的风采,有力推动了全国旅游院校饭店服务技能教学水平的提升。

四、旅游高等职业教育遭遇发展瓶颈

(一)政策瓶颈

旅游高等职业教育如何定位?从层次定位看,旅游高等职业教育属于职业学校教育的最高层次——高等学校教育层次,又是高等学校的最低层次——高等专科学校层次。从类型定位看,旅游高等职业教育属于高等学校的特殊类别——职业学校类别。因此,旅游高等职业教育既应享受国家大力发展职业教育的支持政策,也应享受国家大力发展高等教育的支持政策。

但是,在实践中,全国和各地却存在政策措施的错位和不到位问题,严重影响了旅游高等职业教育的发展。特别是在经费政策方面,国家对职业教育的经费支持政策,包括学生资助政策、对职业学校的经费补贴政策、免费政策等,未惠及或未充分惠及高等职业教育。高等职业学校也未完全享受到国家鼓励高等教育发展的政策。

2009年4月,十一届全国人大常委会八次会议听取的《国务院关于职业教育改革与发展情况报告》指出:"中等职业学校学生受资助面达到90%。""高等职业院校学生享受国家奖学金、助学金和助学贷款,受资助面超过20%。"同是职业教育,高职学生的受资助面比中职学生少了70%。《国家中长期教育改革和发展规划纲要(2010~2020年)》提出:"逐步实行中等职业教育免费制度",并未提及高等职业教育。国务院2007年5月出台的《关于建立健全普通本科高校高等职业学校和中等职业学校家庭经济困难学生资助政策体系的意见》规定,对普通本科高校和高等职业学校,"国家助学金资助面平均约占全国普通本科高校和高等职业学校在校生总数的20%"。

教育部2011年8月最新出台的《关于推进高等职业教育改革创新引领职业教育科学发展的若干意见》提出:"逐步实行依据生均经费基本标准核定高等职业学校经费的制度","要将高等职业学校财政预算纳入高等学校系列,逐步推广将国家示范高等职业学校生均预算内拨款标准按本地区同类普通本科院校标准执行的做法。"高等职业教育的预算内拨款政策终于有机会与本科教育接轨,但时间上已经大大滞后,仍然是"逐步实行",而且仅仅针对国家示范高职院校。同时,省级政府对高等学校的经费支持政策和金融机构信贷支持政策也未惠及或未充分惠及高等职业学校。高等职业学校教育不是廉价教育,总体而言更强调实验、实训教学,成本不仅不低于普通本科高等学校教育,很多专业办学成本要明显高于普通本科高校同类专业。但是,目前国家和省级层面对高等职业教育实际存在的经费歧视政策,显然不利于高等职业教育的发展。

(二)生源瓶颈

从2011年开始,与大多数高职院校一样,旅游高职院校也开始出现生源危机,面临招不到较好生源和足够数量生源的困境。其主要原因,首先是中国高考生源总体供不应求。中国教育在线发布的《2011年高招调查报告》数据显示,在中国人口出生率和高等教育适龄人口下降的大背景下,全国高考报名人数在2008年达到历史最高峰的1050万人,之后开始全面下降,2011年降为933万人,3年降幅超过11%。同时,全国高校扩张潜力充分释放,招生计划逐步增长,全国高考录取率从2008年的57%迅速攀升至2011年的72.3%。其次是高职院校对考生吸引力差。"官本位"、"唯学历"思想根深蒂固,虽然高职毕业生社会急需、就业率高,但家长和考生对带有高职标签的专科层次的学历以及将来在生产服务基层和一线的工作定位并不认同。政策措施的错位和不到位,客观上带来了对高职的歧视效应,形成了社会公众对高职的偏见和错误认识。高职生和高职院校社会地位低、社会形象差,家长和考生宁愿上较弱的本科院校,也不选择读高职。这是人们主观上不愿认同,但在现实中真实存在的现象。再次是招生政策对高职院校十分不利。各地实行优先保证本科院校的政策,很多省份高校录取分提前批、本科一批、本科二批、本科三批、专科(高职)一批、专科(高职)二批6个批次,考生只要过了本科的最低分数线,便可有充分的机会上本科。到了大多数高职院校录取的最后批次,可选生源已十分紧俏,甚至有的高职院校第一志愿"零投档"。生源问题是高职院校的生命线,也是旅游高职院校发展面临的最大瓶颈。

(三)行业瓶颈

旅游行业就业和发展吸引力的弱势问题,是制约旅游高等职业教育发展的又一瓶颈。一是旅游行业从业人员特别是基层从业人员社会地位不高。旅游行业为服务行业,工作时间长、工作辛苦、标准要求高,并且不少人对旅游业存有偏见,认为旅游服务是"伺候人",不光彩、不体面,甚至认为在酒店工作人文环境不好,作为独生子女,家长、孩子都不情愿选择旅游业。二是旅游行业普遍薪酬较低。仅以饭店业为例,国家统计局对除农业外的13个行业的平均工资进行的比较分析显示,饭店的薪酬水平排名从1996年的居于前列已下滑到2007年的最后一名,而且与最高工资行业的差距逐年拉大。三是人们对旅游行业从业人员未来职业发展存有担忧。有人认为,旅游业是"吃青春饭",年龄大了,要二次择业;

认为旅游行业职务提升机会少、个人发展空间不大，等等。这些因素都直接或间接影响考生就读旅游高职院校，影响学生到旅游行业就业发展，从而制约旅游高等职业教育的健康快速发展。

（四）自身瓶颈

我国旅游高等职业教育发展历史较短、基础薄弱，投入严重不足、政策支持不到位，加之社会偏见影响，旅游高职院校自身面临的问题突出，也成为制约发展的瓶颈因素。主要有：人才培养模式、课程体系、培养方式等与旅游职业教育发达国家有很大差距，旅游高职教育特色不鲜明；双师型师资，特别是有丰富行业经验、较高专业水平的专业师资数量不足，且对此类师资的吸引力差，进入渠道不畅；实训条件差距大，不能满足实训教学需要。总之，旅游高职教育尚未形成鲜明定位和独特优势，无论是规模和质量，都还不能很好地适应旅游产业发展的需要。

目前，高等职业教育不能很好地适应经济社会发展需求，主要是四个方面的原因：一是高职院校专业设置与区域经济社会发展不相适应，面向市场的办学机制没有完全形成；二是紧密联系产业、行业与企业的体制、机制没有形成，缺少活力与生机；三是学生规模快速增长，"双师型"教师培养严重滞后；四是经费投入严重不足，财政生均经费拨款标准没有完全建立，专项建设资金得不到保证。这些问题，也同样符合旅游高职教育发展的实际。

五、旅游高等职业教育未来发展思考

人才是第一资源，是国家发展的战略资源。旅游业是现代经济发展的产物，也是典型的现代经济形态，发展旅游生产力必须遵循现代经济增长的一般规律，牢固树立人才是第一资源的思想。特别是旅游业先天具备劳动、知识双重密集的人力资源型产业的属性，更决定了人力资源始终应当是旅游业发展的第一资源。因此，2009年国务院出台《关于加快发展旅游业的意见》，根据把旅游业培育成国民经济的战略性支柱产业和人民群众更加满意的现代服务业的需要，明确提出"大力发展旅游职业教育"。这标志着"发展旅游职业教育"进入了国家旅游发展战略。

大力发展旅游高等职业教育，满足旅游业发展日益紧迫的人力资源需求，必须着力破解上述瓶颈制约因素。

第一，提高全社会对高等职业教育的认识。与本科院校相比，影响旅游高职院校生源的最大因素是"高职"教育性质。要通过正确的舆论导向和社会认知，提高高等职业教育的社会地位。官方舆论机构、各级政府、相关部门和高职院校要大力宣传高等职业教育在经济社会发展中的重要地位、高级技能人才在职业分层中的特殊定位以及职业发展方向、前景和潜力,引导家庭和考生消除对职业教育的偏见和错误认识,树立正确的"择学观",将"择学"与择业结合起来,脚踏实地,通过选择职业教育养成职业精神、职业素养和职业技能,成为合格的劳动者。

第二,调整提升高等职业教育结构。经过近些年超常规跨越式发展,我国高等教育迅速进入了大众化阶段,其中高职教育占据了"半壁江山"。按照发达国家的规律,目前我国经济社会发展需求量最大的是技术应用型人才,高等教育应适应这一需求,培养大量的应用型人才来调整结构、配置资源,构建由专科、本科、研究生三个层次组成并相互贯通的全系列高职教育体系。根据我国国情和经济社会发展需求,现阶段总体上要形成"一体两翼"的结构模式,即以专科层次的高职教育为主体,以本科层次和研究生层次的高职教育为两翼,按照需求优化配置专科层次的高职教育资源,适度发展研究生层次的高职教育。现有独立设置的高职院校,部分符合条件的可以升格为本科层次高职院校;部分可以并入应用型本科院校;部分继续进行专科层次高职教育。现有的以培养应用型人才为主的本科院校,要更加突出应用型特色,大力发展本科层次高职教育,适度发展研究生层次的高职教育。

第三,理顺对旅游高职教育的支持政策。要把多年来国家重视发展高等教育和职业教育的要求充分落实到具体的支持政策上。旅游高等职业教育既要享受高等教育的支持政策,更要享受职业教育的支持政策,也要享受旅游教育的支持政策。特别是在经费政策方面,要加大对旅游高职院校的投入。中央财政要重点倾斜支持高职院校,扩大对高职院校专项经费支持的覆盖面,中职学校享受的经费支持政策,也应尽快惠及旅游高职院校。省级财政要对旅游高职院校实行生均拨款办法,并与普通本科院校统一纳入财政预算系列,实行同等生均拨款标准。

第四,提升旅游行业就业吸引力。旅游主管部门、行业组织、旅游企业和旅游类高职院校,要大力宣传旅游行业就业优势、发展前景和工作环境,提高社会各方面对旅游业的认知度和美誉度。要在岗位调整、职务晋升、职称评定等方面,为旅游行业各类员工打通职业上升通道。旅游企业要提高和改善员工薪酬待遇水平。

第五,旅游高职院校要加快提升办学水平。要突出特色,增强实力,打造品牌,提高人才培养水平和质量,以内涵优势求生存、谋发展。要以最大限度地满足旅游产业发展需求为目标,走学历教育与非学历教育并举、"双轮驱动"、协调发展的路子。要大力发展长学制、以人力规划为基础、以全方位职业素质教育为目标、以学校为主要基地的学历教育,为旅游业发展提供优秀的应用型专门人才。同时,紧密结合市场需求和产业发展需要,大力开展社会培训和继续教育,既要为社会成员进入旅游业提供学习机会,又要为企业开展员工岗前培训、在职教育、转岗培训提供服务。

参考文献

[1] 宋德利.关于旅游高等职业教育发展瓶颈及对策的思考.中国旅游报,2011(11).

[2] 张海滨.构建福建高校人才高地.发展研究,2009(8):87-89.

[3] 杜江.在全国旅游饭店业发展暨五星级饭店质量提升工作会议上的讲话.2010(7).

[4] 辛文琦.职业技能大赛对高职教育的影响力.天津职业大学学报,2011,20(5):48-50.

中国旅游中职教育年度报告(2012)

四川省旅游学校[①]

"十一五"时期,我国旅游从业总人数达到7600万,其中,直接从业人数达到1350万,间接从业人数达到6250万;从业人员素质不断提升,具有大专及以上学历的旅游从业人员达到272万,占全国旅游直接从业人数总量的20.1%;人才结构不断优化,具有初、中、高级专业技术职务人员的比例更趋合理,达到62:27:11。

《中国旅游业"十二五"人才发展规划》预测,到2015年,我国旅游从业人员将达到1.149亿人,其中直接从业人员为1650万人,每年新增旅游就业60万人,间接从业人员为9750万人,年均增速8.65%,比2010年增长51.8%,中高级人才占从业人员比重进一步提高。到2015年,大专及以上学历旅游人才将达到347万人。从上述数字可以看出,旅游业的高速发展对旅游从业人员的需求越来越大,对人员素质的要求越来越高。以大专及以上学历旅游人才为例,"十二五"比"十一五"增长了75万人,这对旅游教育提出了更高的要求。

旅游业大发展离不开旅游人才的支撑。"十二五"是我国旅游业发展的黄金机遇期,对旅游人才的需求与日俱增,从旅游职业教育结构的发展需求来看,旅游中等职业教育在其中是不可忽略的重要部分。当前旅游中等职业学校的办学目标和人才培养模式如何?专业设置与教材建设情况怎样?中等职业学校师资队伍建设情况如何?成为需要引起关注与思考的问题。

自2011年12起,我们运用问卷调查、电话问询、文献收集的方法对全国25所中职院校进行了调查。调查共发放问卷350份,问卷覆盖上述办学目标、办学模式、专业设置、教材建设、师资队伍建设、校企合作、招生就业7个方面的具体内容。计收回问卷321份,回收率为91.71%。问卷收回后,经查核剔除废卷,有效问卷为314份,有效回收率为89.71%。下面就有效问卷中重点调查的内容进

[①] 课题组成员:蒋卫平、梁中正、马友惠、张徙。蒋卫平,高级讲师,四川省旅游学校党委书记、校长;梁中正,高级讲师,四川省旅游学校副校长;马友惠,女,高级讲师,四川省旅游学校科研主任;张徙,女,助理讲师,四川省旅游学校教师。

行研究分析。

一、办学目标与人才培养模式调查

(一)办学目标与人才培养模式的现状与特点

办学目标是现代旅游业的发展对旅游人才培养提出的新要求,经过近30年的探索,中等职业旅游管理专业人才培养应"以培养职业素质、职业能力、职业技能的应用型人才为目标,以校内模拟实验室为基础,以校企合作办学为重点,与职业资格证书考试相结合,提高学生的综合素质"。

在对所有职业学校的调查中,大部分职业学校已经在办学目标与人才培养上形成以下内容的转变。

1. 构建"三段递进式"课程体系,以"素质、能力、技能"培养为目标

旅游管理专业(职业教育)人才培养目标应以素质、技能、能力的培养为出发点和落脚点,基础理论以"必需、够用"为度,专业课程教学应加强针对性和实用性,强调职业技能培养,将相关理论课程融入实践课程,并按技能要求形成模块化组合,逐步构建"素质、能力、技能"三段递进式课程体系。第一学年开设的课程主要是培养学生的基本素质、基本能力和基本技能,第二学年开设的课程目的在于打造学生的专业素质、专业能力及专业技能,第三学年开设的课程重在强化学生的职业素质、职业能力和职业技能,通过教学实习、毕业考试等培养学生的职业技能。通过三年的培养,使旅游管理专业学生的从业综合能力和实务技能得以提升。

2. 充分利用旅游实验室和校内外实习基地优化实践教学,着重培养应用型人才

(1)旅游管理专业的特点是实践性强,在教学环节中加强实践教学。许多中等职业学校在突出实践教学环节方面进行了大胆尝试,实行"新三学期"的政策。第一个实践学期主要用于"思政课"社会实践及专业的认识实习,对所学专业有初步认识,为学生今后的学习确立明确的目标和努力方向;第二个实践学期主要用于专业见习与调研;第三个实践学期主要用于专业实践及岗位实习。实践学期共计18个月,能够使本专业的学生提前参加到实际的工作环境中去,提前了解并熟悉旅游相关岗位所需的业务知识,使学生的学习更具目的性和实用性。在每学期的授课中,加入实践内容,使理论与实务并举,强化实践教学。

(2)校内全仿真模拟实验室是培养学生实践动手能力的基础。旅游管理专业人才除具备基础理论知识外,还应具备应用能力,特别是酒店服务技能、导游

讲解能力、旅行社管理能力和旅游企业软件使用能力。实验室可以为这些能力和技能的培养提供空间和条件,也只有经过实验室的初步培训,学生将来才能更好地适应具体岗位。

(3)校内外实习基地是培养、提高学生职业能力的主要途径。职业能力培养不只是操作技能或者动手能力的培养,也包括知识的应用、技能的掌握、经验的积累、职业意识和习惯态度的养成以及职业创新等。旅游管理专业应充分挖掘资源,创造条件,保证学生在校期间利用课余时间参与旅游企业活动、培养职业能力,保证学生能够有大段的时间在旅游企业顶岗实习,充分地适应旅游企业工作环境,提高职业能力。

(4)产学结合,可以实现学校与企业的"双赢"目标。对学校来说,通过产学结合,既符合人才培养目标,又满足社会需求。通过合作教育,学生能力和素质得到提高,学生对行业和社会进行零距离接触,专业意识不断增强,专业技能和就业能力得到锻炼和提高;师资队伍建设也得到加强,培养了一批双师型教师;社会资源得到充分利用,降低了教学成本。企业无须付出前期培训费用,即可获得高质量、高素质的一线人员,提高了企业声誉;降低了用人风险和人工费用,提高了竞争能力和企业效益,也缓解了旅游旺季员工紧缺的压力。旅游管理专业应坚持以服务行业为宗旨,以学生就业为导向,主动适应地方蓬勃发展的旅游业对人才的迫切需要,加大人才培养模式的改革力度,与旅游企业紧密联系,实行校企合作办学。

(5)共建校外实训基地,为校企合作提供平台。学校一方面选派学生和教师到旅游企业参加工作实习,了解企业运行动态,更新师生的知识,提高师生运用知识解决实际问题的能力;另一方面从社会广泛邀请相关专业的教师到旅游职业学校任教,包括邀请旅游界的专家、企业家到学校举办讲座。实训基地对旅游专业人才的培养起着关键的作用,可以给学生提供真实的锻炼学习场所,把课堂传授间接知识为主的教育环境与直接获取实际经验和能力为主的就业环境有机结合起来。学校应与合作教育企业建立了相对稳定的契约合作关系,形成互惠互利、优势互补、共同发展的动力机制。

(6)建立教师专职服务机制。教师专职服务是指安排相应对口方向教师或带队老师在实训基地挂职,参与实习基地工作,承担实习基地相应课题研究,并负责实训学生的管理监督和实训成绩的鉴定。

3.成立社会行业、职业领域中具有代表性和权威性的成员参与的教学指导委员会

该会是对教学工作进行研究、咨询、指导和服务的专家组织,对教学建设、教

学改革、教学管理、教学研究与质量控制等方面提出建议和意见,为专业的建设发展决策提供科学分析和指导。

4. 与政府有关部门联合,把资格证书考试引进学校,组织学生参加相关技能比赛

在学校设置国家导游员资格证书考点,每年在校内与旅游局合作共同举办导游资格考试及考前培训,鼓励旅游管理专业学生早拿证、多拿证,早上岗、早就业,为学生就业创造有利的条件;同时,组织学生积极参加演讲比赛、模特大赛、导游员大赛、歌舞比赛等,促进个性特长充分发展,提高职业能力。

综上所述,以培养职业素质、职业能力、职业技能为目标,以校内模拟实验室为基础,以产学研合作办学为重点,与职业资格证书考试相结合,提高学生综合素质的旅游管理专业人才培养模式是现代旅游业发展对旅游人才培养提出的新要求,也适应了职业教育的内在要求。

(二)中职学校人才培养模式存在的问题

1. 教育教学理念有待提升

"以服务为宗旨,以就业为导向"的职业教育理念还没有深入人心,中职学校在办学定位、指导思想等方面目标不够明晰,办学理念囿于传统教育模式,存在着重理论轻技能、重知识传授轻能力应用的缺陷,教育教学观念相对陈旧,对人才培养没有考虑市场多元因素。

2. 人才培养目标有待明确

缺乏市场调研,没有主动跟踪市场需求的变化以及毕业生的就业去向,学校培养的毕业生与人才市场岗位标准脱节,学生技能训练与企业就业岗位需要难以对接,有的甚至能力素质弱化,没有按照不同专业制定不同的目标,人才培养目标总体不够明确。

3. 专业教学体系有待理顺

职业学校的专业设置,在专业大类框架不变的情况下,各分支专业每年都在按照市场需要、招生情况进行调整,但是专业课程设置、课时比例、教学内容以及教学大纲的调整往往滞后,专业教学体系条理性不强,没有体现专业特色。

4. 职业岗位能力有待提高

人才培养目标的定位缺乏对职业和岗位进行系统的分析,强调学科知识的传授,对实践性和应用性课程的重视不够,学生的生存能力、技术水平、创新能力不强,忽视非智力性因素的培育,学生人文素养较低,就业竞争力不强。

二、专业设置与教材建设调查

(一)旅游专业建设的现状与特点

随着我国社会经济的迅速发展,国内旅游业发展的如火如荼,职业学校的旅游专业也热门起来。中等旅游职业教育是以培养旅游业一线从业人员为主,兼顾初、中级管理岗位的职业教育。据有关资料显示,在2011年统计的全国1152所旅游院校中,开展旅游职业教育的学校(含中专、职高和技校)841所,占73%。但是,多年来,旅游职业教育主要围绕饭店服务与管理和汉语导游两大专业展开,教学中多注重行业规范教育和服务技能的掌握。随着形势的发展,这种教学在激烈的就业竞争中逐渐表现出明显的不理想现状。

1. 中等职业学校旅游专业传统的培养目标

培养拥护党的基本路线,适应生产、建设、管理、服务第一线需要的,德、智、体、美等方面全面发展,职业素质和人文素养良好,专业技术和技能较强,市场意识和创业精神较为突出,在相关旅游企业如旅行社、旅游饭店、旅游景区等第一线从事接待、导游、旅游服务与管理等工作的高等技术应用型专门人才。旅游学校毕业生主要面向的职业岗位为:旅游饭店前厅、客房、餐厅等部门服务与管理工作;旅游业行政管理部门工作;旅行社及导游业务与管理工作;景区景点讲解服务与管理工作。

2. 专业培养规格上,要求学生具备以下素质和能力

①旅游专业毕业生应具备的思想道德素质:坚持四项基本原则,热爱祖国、热爱中国共产党,努力学习马列主义、毛泽东思想、邓小平理论和"三个代表"重要思想;树立正确的世界观、人生观、价值观,具有良好的道德品质和文明行为习惯;②职业素质和人文素质:立足生产、建设、管理、服务第一线,脚踏实地,爱岗敬业,具有创新能力和创业精神;具备健康、高雅的审美情趣和正确的审美观点,个性鲜明、学有所长;有较强的法律意识,能自觉遵纪守法,善于与人合作。③身心素质:具有良好的生活习惯,爱好运动,具有健康的身体;具有良好的个性品质和抗挫能力、较强的心理调适能力,懂得自我保护。

3. 专业培养模式

为了实现以上培养目标,在课程体系安排上应贴近社会、贴近生产、贴近生活,实行"学校—企业—社会"相结合的培养机制,把综合素质和职业能力的培养贯穿于整个教学活动的始终。除了进行课堂教学外,还采用了实验室模拟教学、案例教学以及组织学生进行社会调查、安排学生到有关旅游企业实习等方式,提高学生的实践能力和实际操作水平。

4. 专业特色

专业具有国际视野，立足于国内旅游，以服务地方经济为宗旨，以"重技能、懂管理、宽知识、能创业"为专业特色，构建"文厚、技湛"型人才培养新模式。重在培养学生的综合应用能力和动手操作能力，实现旅行社、旅游饭店及景点景区三者相结合。

在我们的调查中发现，虽然如上所述，各职业学校高度重视专业建设，但目前职业学校旅游专业建设现状并不理想，许多问题还很突出。

（二）旅游中等职业学校专业建设存在的问题

随着我国社会主义市场经济建设的不断发展，以及我国加入世贸组织，对国内旅游业也提出了加快其服务水平和管理水平提高的客观要求，在这种情况下，为适应新形势的需求及时地进行专业调整是十分必要的。但是，从目前的情况看，职业学校旅游专业现状并不理想，主要表现在如下几方面：

1. 职业学校课程与高职大专课程重复

高职旅游专业课程的设置基本上是参照普通高校、普通专业的课程设置要求，按照通识课程、专业课程、实践课程的课程类别和结构比例设置的。大量的课程和中职（技工）院校课程设置重复，如《旅游学概论》、《旅游心理学》、《旅游经济学》、《旅游法规》、《饭店管理概论》、《旅行社管理概论》等。由于课程重复，会导致到高职大专继续深造的学生对高职的课堂教学兴趣不大，这种课程设置会为学生的后续发展留下隐患。

2. 专业教学范围过窄

对于职业教育的教学而言，应根据就业形势的变化，不断地调整其教学内容。但是，旅游专业课教师在实际的教学过程中，只是生硬的就本讲本，按"纲"授课。诚然，旅游专业课程建设的滞后是导致专业教学范围过窄的主因，但教师的教学工作是一项创造性的工作，教师有责任根据实际情况在教学中增添一些鲜活的时代内容。

3. 实践教学薄弱

在课程设置上，旅游专业的课程设置，也没有摆脱"重体系、轻技能、大而全、小而全"的思维模式。实施过程中重专业知识、技能的训练，忽视技能的常态化训练及人文素养、职业素质的培养。应用型课程的比例过小，学生的实践能力不强，在实际教学中，对实践技能的教学较少。由于理论知识不深，实践动手能力较差，导致学生"学"不精、"术"不专，这样，旅游专业学生的核心竞争力就很弱。

4. 教学无特色

教学模式、方法陈旧，课堂教学缺乏有效性。部分教师停留于按照传统的教学进度来完成任务,忽视学生的实际,忽视社会、行业发展对人才素质的要求,缺乏合理处理教材的意识和能力,教学远离学生与行业,教学效果低下。

目前的教学还是沿用人才培养的单一模式,没有向多样性与统一性相结合的模式转变;教学中过多地强调了"专业对口",没有向拓宽专业口径、强化各学科互相渗透、增强适应性转变;在课程建设上,过分重视单门课程功能,没有向同时重视课程整体功能转变。因此,这种无特色的教学很难适应社会需要、适应科技发展。

5. "双师型"教师短缺

就师资队伍而言,缺乏真正意义上的"双师型"师资队伍。近年来,学校旅游专业的教师在考证取证上有了一定突破,但拥有"双证型"的教师还是偏少,尤其是真正具有专业实践能力的"双师型"教师更加缺乏。在平常的教育教学工作中,教师忙于应付繁重的理论教学任务,难以顾及学生实践能力的培养,加之许多教师自身学历偏低,动手能力不强,在教学内容、教学方法和教学手段等方面难以达到职业技术教育的要求,还有相当比例的教师没有获得职业资格证书或未到企业生产一线进行专业实践,因此很难培养出适应就业市场需求、符合岗位要求的高技能人才。在这种情况下,旅游学校"双师型"教师队伍建设的薄弱状况显得尤为明显。

6. 专业设置的落后

当今社会科学技术飞速发展,旅游业变化迅速,职业岗位不断更新。因此,旅游教育专业设置必须"适应市场需求",与时俱进,及时调整,及时更新。只有这样,才能使旅游教育适应经济发展需要,保持职业教育的活力。但是,由于旅游专业设置的草率、盲目、没有根据形势变化及时作出必要的调整,这样就不仅没有培育名专业、名教师,而且难以保证教学质量,同时还造成了人、财、物的巨大浪费。

(三)对改进职业学校旅游专业建设的思考

1. 中职旅游专业教育教学改革和专业现代化建设必须内涵改革

旅游企业已经由传统的单一技能型人才需求向复合型、国际型的高素质人才需求转变,但是原有的专业设置造成受教育者知识和智力倾向的片面化,对于形成学生的职业能力有局限性,知识和技能也缺少必要的延展度,缺少不可复制的专业核心能力。

因此,以课程改革为载体推进中职旅游专业教育教学改革和专业现代化建设,成为必然的选择。课程改革就是要改变原来狭隘的专业结构,充分整合、优化原有内容,拓展延伸其他领域,彰显现代服务特色,提高企业竞争力。

职业学校旅游专业教学的不理想现状已经制约了其顺利发展,只有面对问题,探讨改变这种不理想现状的对策,才能使职业学校旅游院校走进一片和谐发展的全新天地。

2. 改进课程建设

首先,根据职业学校旅游专业的培养目标,为适应职业学校培养技能型、实用型人才的特点,确定主干课程。在课时数方面,把理论授课和实践授课有机结合在一起,使学生尽可能地把所学知识转化为基本技能。

其次,加大应用型课程的比例,提高学生的实践能力。旅游专业应增设新的反映现代专业思想和技术的课程,更新充实应用类课程的内容,保证应用学科教学的质量。与此同时,还要抓好专业实习环节,加强实习基地建设,与职业学校所在地的有关行业、部门建立稳定的合作关系。在这个过程中做好材料的积累工作,为形成有价值的教材并进而建设成有特色的课程积累材料。

最后,课程设置要体现特色,有特色的课程设置才会带来有特色的职业学校旅游专业教育。为此,首先应转变认识:要由人才培养的单一模式向多样性与统一性相结合的模式转变;从强调"专业对口"向拓宽专业口径、强化各学科互相渗透,增强适应性转变;从重视单门课程功能向同时重视课程整体功能转变。要使课程适应社会需要、适应科技发展、课程设置应当实现课程结构优化,体现地方特色和职教特色。

3. 通过教师队伍建设促进课程体系、内容和教学方法的优化

只有通过加强教师队伍建设,才能有力地促进课程体系、内容和教学方法的优化。因为教师本身即是一种活的课程资源,师资队伍建设更是专业建设的一个重要内容。

"双师型"教师队伍是职业教育的特色,也是职业教育的基本要求。为达到这个目标,首先要转变教师观念,使广大教师的教育理念从精英教育转向大众教育和职业教育。同时,有计划分期分批对教师进行职业学校教育理论和教学模式的培训。其次,组织教师对课程的体系、内容和教学方法进行探索改革,并加大经费的投入力度,纳入学校的科研管理体系。职业学校专业的课程体系、内容和教学方法的改革是职业学校生存和发展的生命线。教师是职业学校专业课程体系、内容和教学方法改革的主力军。

为了适应新形势下对"双师型"教师的需要,必须安排在编专业课教师到生产第一线进行专业实践训练。特别是缺乏专业实践经验的新教师,应到企业见习一年以上,其他教师则应要求每五年去企业轮训半年以上,或利用假期开展行业、专业社会调查,使教师队伍在总体上逐步满足"双师型"要求。

4. 建立教学质量监督机制

只有建立教学质量监督机制，才能通过对教学工作进行督促、评价、指导来改进职业学校旅游专业教学。监督机制应包括：①评价学校确立的人才培养目标、专业设置、教学计划、教学大纲、教材、课程设置是否准确合理。教学督导主要就这些带有全局性的问题进行调研，为学校领导提出评价意见和建议。②对教学全过程进行监督、评议、指导。包括教师备课、课堂教学、实践教学环节、毕业论文（设计）、教师评学、教师评教、考试等教学环节的监督、评议、指导。监督的目的是为了促进教师提高水平，督促各教学环节的管理，保证教学各项制度落实，使优良的教风早日形成。

5. 质量管理全程化

质量管理全程化主要指对学生各个方面、各个过程（包括毕业后）进行质量跟踪管理。为了达到质量管理全程化，首先要进行新生素质全面调研，每年新生都要进行基本素质调查，包括基本状态（学生来源、家庭状况等）、文化基础、基本素质、职业技能素质、个人兴趣爱好、欠缺与不足等，掌握这些有利于科学地制订有针对性的人才培养方案。其次，实施全过程人才培养。借鉴ISO9000国际质量标准的思想进行质量管理。不同年级、不同学期的班级都应有不同的质量目标与标准。按制定的目标与标准由各部门、各系认真组织实施，且全程监督管理。全程结束后根据对毕业生跟踪调查结果总结反思，再对质量标准提出新的修订意见，这样才能使质量不断提高。最后，坚持毕业生跟踪培养。通过用人单位对毕业生的评价，反馈学校专业设置和人才培养各项工作中取得的成绩与存在的问题，适时进行调整。

（四）教材建设情况

目前，我国旅游中等职业教育教材从课程的角度来看可分为文化课、专业课教材体系；从教材使用的物质载体角度可分为纸质媒体教材（一般包括用于教师的教科书、讲义、讲授提纲、教学参考书，用于学生的辅导材料、辅助教材等传统教材）、实物媒体教材、电子媒体教材体系；从教材的组织开发层次角度可分为国家课程教材、地方课程教材和校本教材，等等。

1. 教材建设总体分析

近20年来我国旅游中等职业教育教材建设情况，大致可分为两个阶段：第一个阶段，在20世纪90年代中期前，课程标准及教学模式受本科教育影响较重，教材建设以学科体系为主，基本为本科教材的压缩；理论偏深偏难，内容相对陈旧；实践教学不能与理论教学有机结合，且比例较小；教材品种较少，不能满足教学实际需要。第二个阶段，1999年第三次全国教育工作会议颁发的《中共中央国务院关于深化教育改革全面推进素质教育的决定》中,调整了职业学校的培养目标和基本学制,淡化了中专学校、职业高中、技工学校和成人中专四类学校的界限,淡化了培养"(技术)员与工(人)"的界限,为制订统一的中等职业学校(技工学校除外)的教学计划、课程教学大纲和编写统一教材打下了基础。

(1)国家规划教材及配套用书

在教材管理与教材建设方面,1998年年底,教育部启动了"面向21世纪教育振兴行动计划"。结合此项计划实施"面向21世纪职业教育课程改革和教材建设规划",教育部组织开发了83个重点建设专业教学指导方案、4种德育课、23种文化基础课及公共专业基础课教学大纲,并由此启动了国家规划教材建设工程。

国家规划教材建设历时3年,共有26家出版单位编辑出版了1100余种公共文化课、重点建设专业主干课程教材,同时组织开发了120余种多媒体课件、国家规划教材按照新的课程方案编写,建设了一批精品教材。

(2)教育部推荐教材及配套用书

20世纪90年代末期至21世纪初,面对"高校扩招"、"普高热"和传统的鄙薄职业教育观念的影响,中等职业学校招生出现连年下滑的局面。2002年,国务院召开全国职业教育工作会议,颁发了《国务院关于大力推进职业教育改革和发展的决定》,对职业教育改革和发展中一系列重大政策问题作出了规定,指出:"职业教育要增强专业的适用性,开发和编写体现新知识、新技术、新工艺和新方法的具有职业教育特色的课程和教材。"

国家规划教材、教育部推荐教材的使用,以及近千种引进版、新兴专业、五年制高职、农村劳动力转移培训等多种形式教材的出版,打破了以往职业教育教材同一课程方案、同一课程结构、同一课程内容、同一授课方式的局面,丰富了教材品种与形态,满足了教材多样化的需求。特别是竞争机制的引入,对丰富教材体系、提高教材质量发挥了一定作用。

(3)地方课程教材、校本教材、行业企业培训教材

我国经济处于快速发展时期,且东西部、南北方差异较大,地区经济的不平衡导致了对人才需求的差异。职业学校根据实际需要灵活安排设置课程、编写校本教材,能够快速跟随地方产业结构调整和技术升级。并且,适量地方课程教材、校本教材的开发与选用,对切实培养学生的实用技能发挥了一定的作用。行业企业针对职业资格标准与岗位技能要求,也开发了部分培训教材。

(4)教材的选用

从"以就业为导向职业教育课程和教材改革的研究与实践"课题组的《中等

职业教育教学改革现状的调查研究报告》分析可以看出，职业学校教材的选用是多种多样的。在德育、文化课教材方面，大多首选国家规划教材，除心理健康课程外，语文、数学选用国家规划教材的比率均为70%以上，英语也超过65%；其次是教育部推荐教材和省编教材。许多学校还开发了校本教材。

调查显示，大多数学校的德育课都选用国家规划教材。有一些学校选用省编和校本教材。

对专业课教材，有83%的学校选用了国家规划教材，42%的学校选用教育部推荐教材，还有15%的学校选用省编教材，21%的学校开发了校本教材。

对专业实践课教材，66%的学校选用了国家规划教材及配套教学用书，39%的学校选用了教育部推荐教材，16%的学校选用了省编教材，39%的学校开发了校本教材。

调查显示，当前职业学校需求最迫切的教学材料是职业技能实训指导方案，占76%；其他的需求比例分别是：实习实训指导书占66%，高质量的教科书占54%，教学参考书占27%，学习指导书占20%。

分析以上情况，对于德育课、文化课，一方面反映了国家意志和意识形态的内容；另一方面，这些课程的内容大多是人类文化知识的积淀与精华，具有一定的稳定性，在课程选择上应属于国家课程，因此教材的选用应以国家规划教材为主。

对于专业课教材，有相当一部分课程所涉及的内容是职业岗位（或岗位群）对人才所必备的共同基础知识和技能的基本要求，是毕业生一专多能与可持续发展的基础保证。对于这类"专业平台"课程的开发应由国家组织并归口管理，教材的组织也应是：在教育管理部门的统一组织下，以行业企业需求为出发点和指导，会同课程专家、行业企业专家、教学一线"双师型"骨干教师，辅以国家教材出版机构的全程参与，构建符合职业教育教学需求的国家规划教材。

实训类教材和教学指导用书，因其具有较大的灵活性和地方特色，可由学校根据自身的实际条件和区域发展状况自主开发与选择。在学校自主开发与选择过程中，应有较规范的开发方案，以保证自主开发教材的水平与质量。

2. 职业教育教材问题分析

经过多年的改革和有益的尝试，我国旅游中等职业教育的课程教材建设取得了令人瞩目的成就：功能化的文化课教材、综合性的大类平台教材、理论和实践一体化的专业教材、初步具有互动功能的数字文本教材时有出现。但从整体上来看，数量少且专业分布不平衡，质量优劣不齐且进展缓慢。概括起来尚存如下不足：

(1) 教材形式相对单一

教材作为实现教学目标的重要载体，以不同的物化形式呈现，也称教材形态，现有职业教育教材以纸质教材居多。随着信息技术的迅猛发展和现代教育技术的推广应用，传统的教材发生了巨大变化——从单本书到幻灯片、音像制品、电子出版物、网络出版等多种形式的出版，以致形成教学中的专业（课程）网站，构成支持教学环节的整体教学资源，使教材向真正意义上的多媒介、多形态、多用途的立体化方向发展。

(2) 教材结构相对滞后

第一，我国现行的职业教育教材主要按照学科体系组织编写。随着科学技术的日益发展，知识的总量也日益扩展，学科的分类越来越细，相应的课程的门数也越来越多，而且那些虽已独立门户的学科，若干原本都源于同一科目。其无论是交叉还是综合，均不可避免地出现教材重复建设的现象。

第二，综合化教材是在原有学科式教材的基础上进行编写的。目前的综合化教材，多数仅是形式上的综合，没有将专业理论与专业实践之间的界线完全打破，没有将教材的内容按照职业活动的要求编排，没有实现理论教学内容与实践教学内容的有机融合。因此，这种综合化教材无法实施案例教学、项目教学等，更无法满足学分制管理、进行自由选课的要求。

第三，模块式的课程标准为编写模块化教材提供了依据。分析模块化教材的建设现状，可以看出：很多模块化教材仅仅是按照课程自身内部的模块化分为基础模块、专业模块或必修模块、选修模块，而没有根据不同的理论课程与实践课程、活动课程与学科课程、文化课程与技术课程等来编写多种形式、多种类型的模块教材。特别是在教材结构设计方面，较少从学习者的心理结构的形成、发展的需求来进行一体化设计，更少考虑学习者的能力层次，特别是不能根据学生的认知规律以及技能形成的规律设计模块化教材。现有职业教育所谓知识能力结构的教材，形式上按模块化设计，章节名称将过去的"第一章"改为"模块一"，而实质上还是较多地强调按学科模式编排，强调逻辑结构，仍旧是以陈述性知识的获得为主；没有从结构上跳出学科体系的藩篱；在知识的选择、组合上，还没有较好地处理学科知识与现有学生认知心理的适应性，以及科学思想与科学方法的有效衔接。

(3) 教材内容以知识传授为主

现行的旅游职业教育教材主要围绕着知识的传授展开编写，而且这个知识仅仅是指狭义的知识，还很少包括技能培训的内容；主要解决"是什么"和"为什么"的问题，还缺少"做什么"和"怎么做"的内容。

(4) 教材主要由理论课教师编写

我国现行中等职业教育教材主要由理论课教师编写。由于现行的职业教育师资队伍建设没有明文规定理论课教师,特别是专业理论课教师一定要有企业实践的经历。因此,从总体上说,理论课教师普遍没有从事职业工作的经历,还较为缺乏实践经验,无法很好体现课程的目标,无法从教材的类型、内容、形式上进行整体规划。

3. 教材建设中亟待解决的问题

(1) 体现终身教育的理念

体现终身教育理念的教材建设,就要把教育作为一个整体加以设计,在终身教育的框架下开发职业教育教材,在职业教育的框架下开发职业教育学历教育和培训的教材,在职业教育学历教育和培训的框架下开发各个专业和各项证书的教材。

(2) 适应市场的变化

职业教育适应市场变化的最佳选择是构筑富有弹性的可组合的课程。这里所述的课程,既指大课程——学习的进程,教育计划的制订;又指小课程——具体的学程,一门一门的具体课程。可组合的课程是建立在对现有专业和现有课程进行标准化处理的基础之上的。

可组合的课程及其相应的教材由基本的标准单元模块构成,每一标准单元模块的课时数大致相同,标准单元模块又分为必修单元模块和选修单元模块两部分。每一标准单元模块是相对独立的,但和其他标准单元模块之间又是可以衔接和转换的,既可随时根据生产力发展状况增加新的标准单元模块和淘汰过时的标准单元模块,也可随时根据客户的需求对标准单元模块进行组合,又可根据客户的需求随时对标准单元模块的组合进行调整。虽然可组合的课程能够较好地处理教育稳定性,但劳动力市场的需求却处于动态变化过程之中。面对这种情况,可用必修单元模块、组合来保证教育的相对稳定,来保证某一专业的基本要求的实现;用选修单元模块组合适应劳动力市场的动态变化和学生的个性化,以满足企业和学生的不同需求。

(3) 文化课教材处理好基础性和应用性的关系

职业教育的一个显著特点就是它的应用性。为此,职业教育的文化课和普通教育的文化课还不尽相同,职业教育的文化课承担着双重的功能,它一方面要为学生人文素养的提升作出贡献;另一方面又要为学生专业课的学习提供支持。职业教育文化课应该是基础与应用的有机组合,两项作用都不能缺失。为此,建议职业教育的文化课由基础模块与应用模块两个基本模块组成。其中,基础模块主要为提升学生文化素养服务,不分专业,它的设计应与普通高中课程的衔接预留接口;应用模块主要为专业课的学习服务,因专业的不同而不同,它的设计应与高职课程的衔接预留接口。

(4)对于学科的再认识

职业教育需要学科,但是必须对现有的学科进行改造。职业学校中的一切教学组织,都是以课程为单位的,从教师的教、学生的学,一直到教学的管理,课程已成为学校教育的重要方式和标志。但是,在职业教育的专业教学领域,传统的学科有必要做出调整,应以技术学科或综合学科逐步地取代一般学科。这种变化完全是由职业教育的特征所决定的,职业教育的一个很重要的功能是使它的学生能够胜任企业的日常工作,而企业的日常工作需要有综合学科的支持。

(5)教材的编写队伍

教材当然主要应该由学校的教师来编写。但是我们认为:职业教育的教材应该是由职业教育的课程专家领衔,职业学校的教学专家、企业的技术专家共同参与的一个团队来编写。这样的团队是职业教育教材编写的一种较为理想的模式,在当前,有相当一部分专业教材不同程度地脱离实际情况,究其原因,就是缺少一个合理的教材编写队伍。

职业学校的专业教师有他们自身的长处,他们在专业方面有较高的理论造诣,但自身也有明显的不足,他们缺少企业的实践,对企业的了解往往是一知半解的。在这方面,企业一线的技术人员有着丰富的实践经验,他们可以帮助教师了解哪些专业知识和技能对于未来的员工是必不可少的。职业教育的课程专家则比较了解职业教育的规律,搭建合理的课程框架和教材结构,能够做好彼此之间的协调工作。

三、师资队伍状况调查

中等职业学校人才培养目标的实现依赖于教师,没有教师的质量,就没有教育的质量。如何解决教师队伍建设的问题,已成为中职学校发展的关键问题。中等职业教育作为职业教育的重要组成部分,承担着为社会开发劳动力资源、直接向社会输送实用型人才的重任,这就决定了中职教师队伍建设的重要性。尤其是专任教师队伍的建设,对中等职业教育的生存和发展起着至关重要的作用。

笔者对25所中职院校的教师队伍情况进行了调查。在调查过程中,着重对"双师型"教师的年龄、学历、职称、技能、来源等情况进行摸底访谈。在访谈对象的选择上,注重老、中、青兼顾,既有行政领导,也包括一线专业理、实教师;既包括接受过国外培训的经验丰富的老教师,也涵盖中青年骨干教师,还有新晋教师。

(一)旅游中等职业学校师资构成基本情况分析

调查结果显示,从职称结构看,具有初、中级职称的人数多,具有高级职称的人数较少。

从年龄结构看,专任教师中,31～40周岁的教师比例最高,占46%;其次是40周岁以上教师,占45%;30周岁以下的教师占9%。可见中、老年教师仍然是中职学校教师队伍的主力军。

从学历结构看,职业学校中低学历教师所占的比重还是个不小的数字,这是当前中等职业学校普遍面临的问题。教师学历与国家的要求尚有差距,我们还需进一步采取措施,提高实训教师的学历层次。

中职学校文化课教师比例偏高,占专任教师总数的54%,专业课教师和实习指导课教师比例偏低,只占46%。说明专业课教师和实习指导教师短缺。

在专任教师中只有2%是双师型教师,总体比例偏低。双师型教师是今后中职学校教师队伍建设中一项重要的任务。

从师资来源看,大部分来自其他专业教师改行旅游专业,有不少从语文、政治、历史、外语,甚至音乐、体育专业的教师,来源很杂。极少数来自职业技术师范院校或来自企事业单位的,也基本属于学校从相关企业引进高职称,或引进基本功扎实并有高超技能的技术骨干的专职教师。

(二)师资队伍建设存在的问题

1. 教师专业结构不合理

中等职业学校的教学不是让学生掌握高深的理论知识去解决深奥的理论和尖端科学问题,而是运用基本的理论和基本的操作技能去从事一线生产。所以,在教师的比例中,应当是文化课教师占较小的比例,专业课教师占大头。但我们调查的结果却是文化课教师较多,专业课教师较少,专业课与实习指导课专任教师比例尚不到50%,比例偏低,这就违背了职业学校的办学目标。专业课教师力量太过薄弱,直接影响学生专业技能的学习。

2. 教师的年龄结构不合理

中等职业学校的教师队伍建设必须考虑到年龄结构的问题,教师的年龄大体上应该有一个匀称的结构,才有利于学校的持续发展。从专任教师年龄结构可以看出,中等职业教育教师队伍中中老年占大多数,青年教师数量不足,出现头大尾小的现象。头大指的是中老年教师多,40周岁以上教师占了约总数的一半,尾小是指近几年教师队伍中的年轻教师严重不足,缺少新鲜血液,中职教师队伍存在年龄老化问题。

3. 教师的职称结构不合理

教师队伍的职称结构基本上能反映出教师总体的学术水平和教学工作能力,师资队伍在职称上要高、中、低相结合,并有合理的比例,这样才有利于保持师资队伍水平的稳定和提高,有利于青年教师的培养,从而带来教学管理和教学质量的稳定和提高。目前,中等职业学校师资队伍职称结构呈现倒 T 型,高级职称相对偏少,只占占22%,而初级职称的教师占了近一半。

4. 教学任务十分繁重

一般来讲,为保证教学质量,中职教师适宜的周工作量一般为 10～12 课时。而目前中等职业学校的专业课教师的周工作量普遍都是 16～18 课时,个别的每周 20 课时以上,有的甚至每周 24 课时。如此繁重的教学工作量,教师已没有时间批改作业、学习提高,更不用说去搞教科研了。再者不少学校大量聘用了外聘教师。这些外聘教师一般都是专业课教师,有的学校的外聘的教师数甚至超过了正式在编的教师数。

5. "双师型"教师紧缺

"双师型"教师是指具有中学一级以上职称,又具有某职业资格证书或在企事业工作多年的教师。很多职业学校专业课教师还达不到"双师型"教师要求。这种师资现状,必然影响职高的特色发展,也必然影响到职高为社会输送初、中级应用型技术人才的功能。

(三)加强师资队伍建设的对策建议

师资队伍的强弱是影响教学质量高低的主要因素,可以说职业教育成败的关键就在教师。目前,我国中等职业学校的师资队伍建设中还存在上述的诸多问题,这不能不引起我们的深思。我们认为,应当从以下几点来解决:

1. 政府加大对中等职业教育的投入

为了切实提升中等职业教育教学质量,建议各地教育主管部门和旅游行业主管局加大中等职业教育资金的投入。政府教育投资重点应该从基础设施为主的"硬件"建设转到"软件"建设上来。同时,尽可能从资金上给中等职业教育更多的支持,使学校有资本吸引各个行业的优秀人才到中等职业学校任教。作为学校本身,当然也不能完全依赖政府,而应该积极主动地与旅游企业联系,充分利用企业的高级技师和熟练工人等为学校培养人才,从而缓解师资的不足。学校也可以为企业培训提供教材和师资,或者向企业优先提供优秀毕业生,双方互惠互利。

2. 深化人事制度改革

进一步深化职业学校人事制度改革,提高师资队伍整体素质。各职业学校要结合自身和当地的实际情况,切实推进教职工全员聘用(任)和工资总额包干制度。聘任的时间长短和在聘期间的工资福利待遇则可由各学校自己决定。教师在聘任期内,如果出现严重错误等情况,可以随时对其解聘。同时,聘用制度按照公开、平等、竞争、择优的原则,引入竞争激励机制,建立起在什么岗位从事什么工作就享受什么样待遇的用人机制,体现多劳多得、优劳优薪,充分调动教师的积极性和创造性,促进学校各项事业的改革与发展。

3. 加大专业课教师的引进力度

结合课程结构调整和专业课程教学改革,增大专业课和实习指导课教师的引进力度。经过努力,使专业课和实习指导课教师在教师总量中的比例达到60%左右。要制定相应政策,广泛吸引和鼓励热心教育事业的企事业单位的工程技术人员到中等职业学校担任专职或兼职教师,专职教师的待遇同校内其他教师待遇,对兼职教师则可以灵活处理。在面向社会招考专业课教师时,取消"具有教师资格证"这一条件,增加"具有技师或工程师职称"的条件。引进教师的途径除由学校毕业直接任教这一主渠道外,教育行政管理部门也要转变观念,按照"规范制度,确保质量"的原则,扩大由企业引进教师的比例和数量。其重点是,通过改变教师来源结构,建设一支与生产实际密切联系的高素质的双师型教师队伍。

4. 加大双师型教师培养

建设"双师素质"教师队伍是职高师资队伍的特色,是提高教育质量办出职高特色的关键,也是培养初、中级技能人才的根本保证。因此,要采取有效的激励措施,加强校企、校际、教师之间的交流与合作,要建立符合中等职业教育特点的教师继续教育进修和企业实践制度,不断提高中等职业学校师资队伍的水平,切实加快"双师型"教师队伍建设步伐。

5. 对教师实施多层次、多渠道、多途径的培养

铺设教师发展的道路,搭建教师实现自我价值的平台。学校要千方百计为教师的发展铺设道路,为教师人生价值的实现搭建平台。

①加强培训,不断提高教师的业务水平。为教师外出学习培训提高提供机会。②聘请专家学者来校讲课讲学,以帮助教师增长新知识,开阔新视野。③为教师的工作排忧解难,创造良好的外部环境,使教师能够静心、全心投入教育教学,创造最佳教学业绩。④切实做好青年教师的培养与指导工作,采用"结对子、压担子、引路子"办法,使他们在教学岗位上学本领,练功夫,迅速成长,增强教师队伍后劲。⑤启动校级名师工程。各中等职业学校要建立健全校级骨干教师(名师)评选体系。要重点抓好骨干教师(名师)履职考核工作,真正发挥好骨干

教师(名师)在提高教育教学质量和教育改革中的专业引领和辐射带动作用。

  国家的兴旺发达,人才是关键。学校的发展,队伍建设是关键。只有一流的教师队伍,才会有一流的教学方法,只有一流的教学管理,才会有一流的教学质量。振兴中等职业教育的希望在教师,提高中等职业教育教学质量的重担落在教师身上,因此,建设一支具有良好政治业务素质、结构合理的、相对稳定的教师队伍,是我国中等职业教育改革和发展的关键所在。

中国旅游教育培训年度报告(2011)

朱承强　陈维勇　曾琳　郑兰[①]

一、研究内容和方法

受中国旅游行业协会教育分会委托，上海师范大学旅游学院组织了《中国旅游教育培训年度报告(2011)》课题组，以尽可能的客观、实证方式，编制了本年度报告，供各相关者参考。

(一)研究内容

本报告主要研究的是旅游专业本科院校、专科院校及社会培训中心开展旅游交易培训的情况，包括培训人次、培训形式、培训证书等，并力图在数据梳理汇总的基础上对中国旅游教育培训的整体现状进行分析。

(二)研究方法

1. 问卷调查法

本次研究的素材，主要采取问卷调查的方式，集中在2011年1月~12月期间，根据中国旅游教育分会提供的院校及旅游培训机构名单，向设有旅游专业的本科院校发放400份问卷，最后回收101份问卷(名单见附录1)，回收率为25.25%，有效问卷101份。向专科院校发放231份问卷并进行电话访问，最后回收119份问卷(名单见附录2)，回收率为51.52%，有效问卷119份。向旅游培训机构发放43份问卷并进行电话访问，最后回收33份问卷(名单见附录3)，回收率为76.74%，有效问卷33份。

有效问卷涵盖了全国不同地区、不同层次的旅游本科院校、专科院校和培训中心，问卷样本具有一定的代表性，因此本课题组认为回收问卷的数据基本可以

[①] 朱承强，教授，上海旅游专科学校副校长，上海师范大学旅游学院副院长；陈维勇，上海旅游专科学校/上海师范大学旅游学院继续教育学院院长，讲师；曾琳，上海旅游专科学校/上海师范大学旅游学院继续教育学院办主任，讲师；郑兰，上海师范大学旅游学院研究生。感谢为本次报告提供资料和数据的院校、机构和专家。此次报告的数据主要源于调查问卷，由于问卷设计的水平所限，给问卷填写者增加了一些困难，部分问卷的数据也可能存在偏差和疏漏，请谅解。同时，如果各位有需要，我们有义务为您提供本次调查的相关数据。联系人：曾琳　电话：021 - 57126279　E-mail：celine7559@126.com

反映我国旅游教育培训的现状。问卷回收后,采用 EXCEL 统计软件对问卷数据进行了分析。

2. 内容分析法

在此报告中,我们将收集到的问卷中的各项文字转化成数据资料,对包括培训教材、特色课程设置、师资情况等方面进行了适度深化的分析。

3. 文献研究法

本报告在使用问卷数据分析的同时,查阅和分析了如各省市培训中心,本、专科院校学校网站等相关网站的资料,以及国内外期刊资料等研究成果。

二、中国旅游教育培训行业现状分析

(一)我国旅游业的人才建设目标

1. 总体目标

根据《中国旅游业"十二五"人才发展规划》,到 2015 年,我国旅游人才发展的总体目标是:培养和造就一支素质良好、规模适当、结构较为合理、与旅游业发展相匹配的旅游人才队伍,旅游人才效能显著提高,旅游行业人才聚集能力显著提升,旅游人才竞争实力显著增强,为把我国建成世界旅游强国奠定人才基础。

2. 具体目标

《中国旅游业"十二五"人才发展规划》的具体目标:

——人才规模明显扩大。到 2015 年,旅游从业人员达到 11 490 万人,其中,直接从业人员为 1740 万人,间接从业人员为 9750 万人,年均增速 8.65%,比 2010 年增长 51.38%。旅游人才占从业人员的比重进一步提高。

——人才素质明显提升。到 2015 年,大专及以上学历旅游人才达到 347 万,中高级专业技术人才、中高级技能人才占直接从业人员的比重明显提高。旅游人才全员培训率逐年提升。旅游从业人员持证上岗率及职业化水平明显提升。

——人才结构明显优化。新业态人才占直接从业人才的比重明显上升。人才专业结构和岗位结构有效调整,区域分布日趋优化,人才紧缺程度有所缓解。

——人才发展环境明显改善。旅游人才发展体制机制创新取得突破性进展,旅游人才发展的领导体制、协同行政和宏观管理机制逐步完善,旅游人才开发体系基本形成,旅游人才工作的政策法治环境不断优化。旅游人才开发投入占旅游收入的比重逐年提升,有利于旅游人才发挥作用的制度环境和社会氛围基本形成。

——人才使用效能明显提高。以用为本的旅游人才发展机制建设取得显著成效,旅游人才全面发展、健康成长和旅游人才保值增值的制度体系逐步完善;旅游理论与技术创新、旅游战略规划、旅游产品研发在旅游产业发展中的基础作用和引导作用得到充分发挥;旅游人才引领旅游业发展的作用进一步凸显。

(二)旅游教育培训市场需求分析

"十二五"期间,伴随着旅游市场需求的多样化,将催生新型旅游业态和新型旅游服务方式的出现;旅游规模迅速发展,使得旅游产业内部分工更加明细,专业化程度更高,如下人才类型将出现大量需求:

1. 旅游企业经营人才队伍

(1)高层管理人才。随着旅游企业规模化和集团化发展,需要相当一批高层次经营人才,尤其是企业家和职业经理人才队伍。除了传统的酒店高管需求较大外,随着旅游景区的升级换代,将会出现一批景区管理公司,旅游景区高管尤其是新业态景区的高管将十分紧缺。未来对旅游企业高管的能力要求更高,尤其是在综合能力和创新性方面。

(2)旅游人力资源管理人才。随着旅游企业规模的扩大和集团化发展,人才开发和人力资源管理对企业的发展起着支撑作用,将会需要较大规模的旅游人力资源总监等高层次旅游人力资源管理人才。

(3)高级旅游营销人才。旅游市场营销和推广将是企业发展的命脉,营销总监和高级营销师在未来将非常走俏。

(4)会员制和俱乐部管理人才。随着游艇、邮轮和高尔夫等新型业态的出现以及文化娱乐业的繁荣,俱乐部会员管理需求更加突出,俱乐部管理将会有很大的前景。会员制不仅出现在新型业态之中,传统的航空旅行、酒店会员、高档餐饮会员制也不断出现,这方面的管理人才的需求也在不断扩大。

2. 旅游专业技术人才队伍

(1)高层次研究人才。随着未来旅游产业的快速增长,需要对旅游发展的各个领域进行深度研究,需要高水平的研究成果支撑和引领旅游业发展,这必然需要高层次研究人才。

(2)旅游专业师资。随着旅游业的快速发展,人才培养需求也将随之快速发展,各级旅游院校和培训机构的专业师资需求将会更加迫切。

(3)旅游资源开发的策划、规划和设计人才。旅游产业的发展、旅游资源的开发和项目建设,都离不开旅游开发策划、规划和设计人才,并且尤其需要高水平的策划人员。

(4)现代旅游科技人才。现代科技在旅游发展中的应用主要体现在旅游信息化、旅游电子商务和现代旅游装备制造业等领域。旅游信息化、旅游电子商务和旅游装备制造业的发展需要与之相适应的旅游工程技术人才。

(5)高级导游人才。随着旅游业的转型升级,对高素质导游人才的需求逐渐加大。随着入境旅游和出境旅游的快速发展,对于外向型导游领队需求也会加大,尤其是对小语种导游领队的需求。

(6) 现代旅游咨询人才。未来旅游企业的信息咨询、管理咨询和战略咨询等方面需要专业高级咨询人才。

3. 旅游服务技能人才队伍

未来需要重点培养一支高技能人才队伍,这些人才以提升职业素质和技能为核心,以宾馆饭店、旅行社、旅游景区等旅游企业一线服务人员为主。

4. 乡村旅游实用人才队伍

乡村旅游实用人才队伍,包括乡村旅游干部、经营户、从业者等,随着乡村旅游不断发展,对乡村旅游实用人才的需求量也将会不断加大。

(三) 旅游教育培训主体现状分析

1. 本科院校

根据中国旅游教育分会提供的 400 所本科院校名单,共发放问卷 400 份,收回 101 份。通过收回的 101 份问卷统计得出,开展旅游教育培训(旅游行业非学历培训项目)的院校有 73 所,所占比例为 72.28%,而未开展相关项目的院校为 28 所,比例为 27.72%。(见图 1)

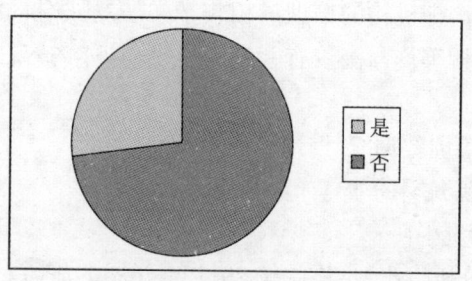

图 1　本科院校开展旅游教育培训的情况

2. 专科院校

在中国旅游教育分会提供的 231 所专科院校(包括高等和中等)名单中,完全的旅游专科院校数量为 70 所,其余的 161 所为开设有旅游系或旅游专业的专科院校。在名单中,除了没有宁夏回族自治区和青海省的院校名单外,其他的 29 个省市均或多或少地开设有旅游院校。根据我们的电话访问、官网查询和问卷调查,统计得出,开设行业培训项目(非学历)的专科院校有 149 所,占所有专科学校的比例为 64.50%,其中完全旅游院校有 58 所,比例为 82.86%,开设有旅游系或旅游专业的院校有 91 所,比例为 56.52%。(见图 2)

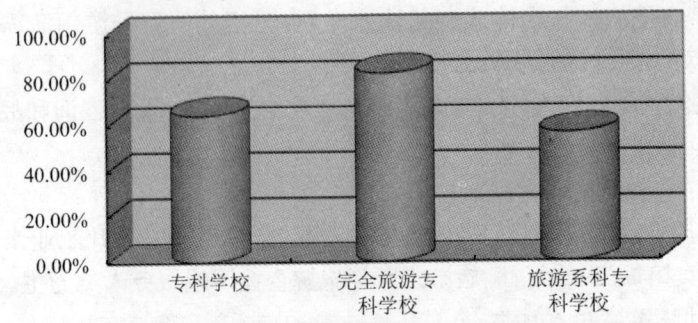

图 2 专科院校开展旅游教育培训的情况

3. 省市自治区培训机构

在中国旅游教育分会提供的 37 所省市自治区的旅游培训机构的名单中,包括了 25 个省级及地市级的培训机构,但没有囊括河北省、江西省、广东省、广西壮族自治区、贵州省以及陕西省 6 个省市自治区的培训机构,通过网上搜索的方式,我们获得了以上 6 个省市自治区培训机构的联系方式,通过电话访问也向他们收集了信息。共发放 43 份问卷,回收 33 份,回收率为 76.74%。

整体看来,旅游培训机构的培训量相较于本、专科学校,培训总量大、培训项目多,培训师资与教材等均与高校有一定的区别,具体内容在数据统计分析中都有体现。

(四)旅游教育培训数据统计分析

1. 本科院校数据统计分析

(1)培训总量情况

根据问卷统计分析得出,本科院校 2011 年开展的旅游行业培训项目的规模总量相对较小,其中培训总量在 200 以下的院校所占比例高达 67.12%,200~500 为 24.66%,500~1000 以及 1000 以上均仅占到 4.11%。(见图 3)

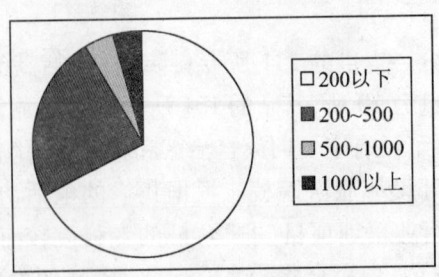

图 3 本科院校培训总量情况

(2)培训项目分布

在所调查的本科院校中,开设有旅游饭店培训项目的本科院校总量所占比例为61.64%,开设旅游景区培训项目的比例为52.05%,开设旅行社相关培训项目的比例为68.49%,开设旅游行政部门人员培训项目的比例为43.84%,开设除上述之外的其他一些培训项目的本科院校所占比例为34.25%。(见图4)

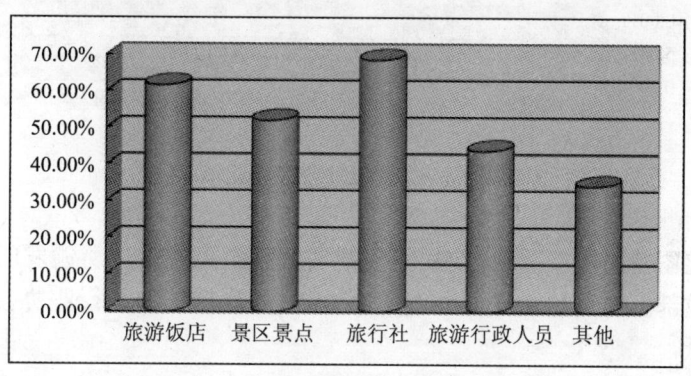

图4 本科院校培训项目分布情况

由上图可见,本科院校的培训项目比较均衡,其中旅行社管理和旅游饭店从业人员的培训比例相对较高。

(3)培训证书情况

关于培训后是否颁发相应的证书,据调查结果显示,颁发证书的本科院校所占比例为97.26%,其中,由国家旅游局颁发的证书比例为14.09%,由行业协会颁发的为9.86%,由省市地方行政部门颁发的比例高达35.21%,校级证书同样为35.21%,其他一些证书为5.63%。(见图5、图6)

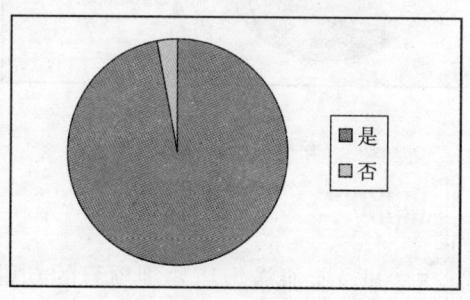

图5 本科院校培训证书颁发情况

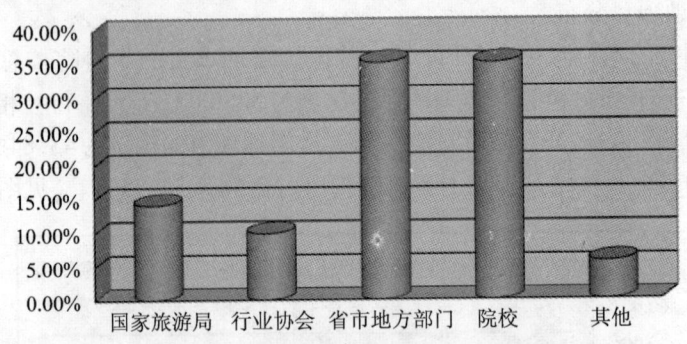

图6　本科院校证书颁发部门情况

通过上图我们可以看出,本科院校开展的旅游行业培训所颁发的证书中省市地方行政部门和院校级证书比例较高,而由国家旅游局和行业协会颁发的证书比例偏低。

2.专科院校数据统计分析

(1)培训总量情况

根据问卷统计分析得出,专科院校2011年开展的旅游行业培训项目的规模总量相对比例均衡,培训总量在200以下的院校所占比例为19.05%,200~500为14.29%,500~1000为28.57%,1000以上为38.09%。(见图7)

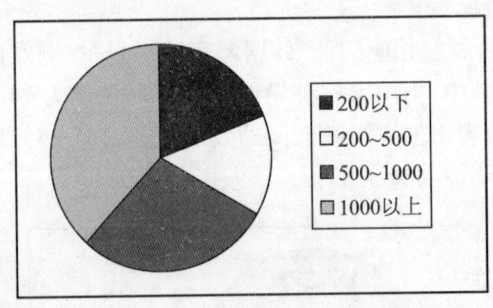

图7　专科院校培训总量情况

(2)培训项目分布

在调查的专科院校中,开设有旅游饭店培训项目的专科院校总量所占比例为85.71%,开设旅游景区培训项目的比例为47.62%,开设旅行社相关培训项目的比例为57.14%,开设旅游行政部门人员培训项目的比例为19.05%,开设除上述之外其他培训项目的比例为14.29%。(见图8)其他的培训项目包括茶艺、会展策划、乡村旅游经营管理以及家庭中西餐制作等一些培训。

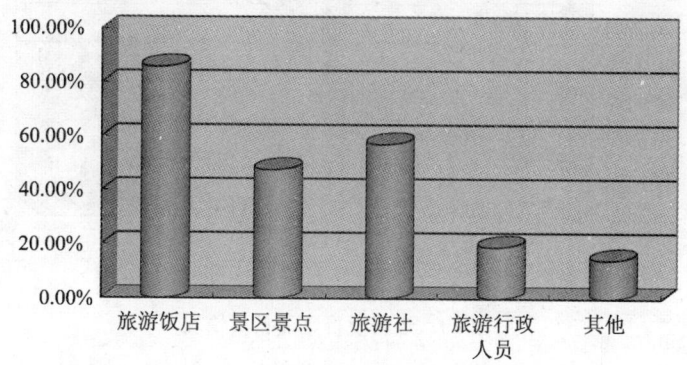

图8 专科院校培训项目分布情况

由上图可见,专科院校的培训项目分布不太均衡,旅游饭店和旅行社以及旅游景区景点工作人员的培训相对较高,这些均为比较传统的培训项目。总体来看,专科院校所开展的培训项目比较单一,根据调研结果显示,单所院校培训项目达到上述四项的比例仅为14.29%,达到三项的比例也仅为23.81%,达到两项的比例为33.33%,单独开展了其中一项的院校比例为28.57%。(见图9)

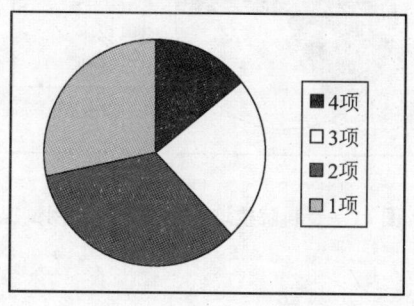

图9 专科院校同时开设培训项目的情况

(3)培训教材

据调研结果显示,专科院校在开展行业培训项目时所采用的教材主要包括出版教材、校本(自编)教材以及其他一些教材。其中,出版教材的使用占到了57.14%的比例,校本(自编)教材为57.14%,其他一些教材的使用比例为

9.52%。(见图10)

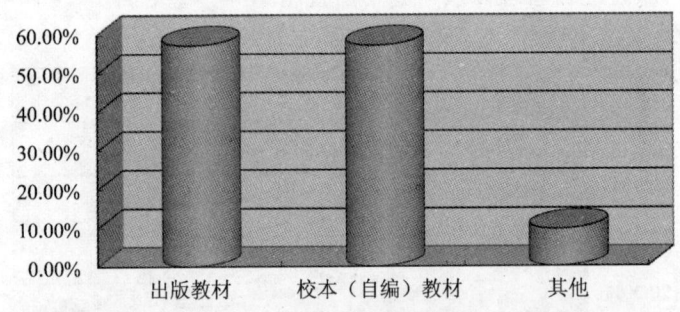

图10 专科院校培训教材情况

据调研显示,很多院校在选择教材时往往同时选择两种或多种教材,以便使培训学员获得更为全面的知识。其中,同时采用了出版教材和校本(自编)教材的院校占到了23.81%,单独采用出版教材的比例为33.33%,单独选择校本(自编)教材的比例为33.33%,仅仅采用其他一些教材的比例为9.52%。(见图11)

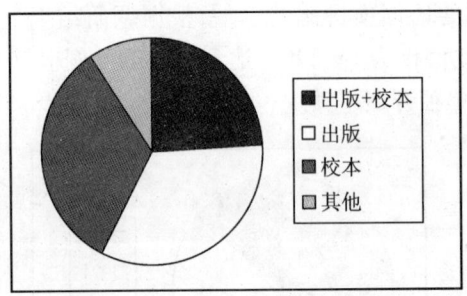

图11 专科院校培训教材同时选用情况

(4)特色课程设置

根据调研结果显示,在培训过程中开设有特色课程的专科院校所占比例仅为33.33%。(见图12)这些特色课程包括对地方特色文化的讲解,如安徽的旅游院校中开展的古皖文化,以及随着旅游业的发展出现的一些新兴旅游方式,如广州铁路职业技术学院开设的铁路旅游等。

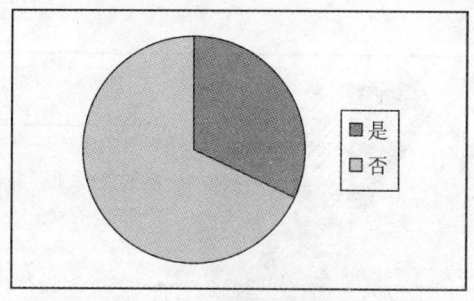

图 12 专科院校培训特色课程设置情况

(5) 培训形式

通过调研我们发现,2011年旅游行业培训过程中形式各异,但传统的课堂授课形式依然占据很高的比例,为95.24%,企业交流所占比例为57.14%,行业考察为33.33%,另外开展如实训以及在景区现场讲解等其他培训形式的专科院校也已经达到了28.57%的比例。(见图13)

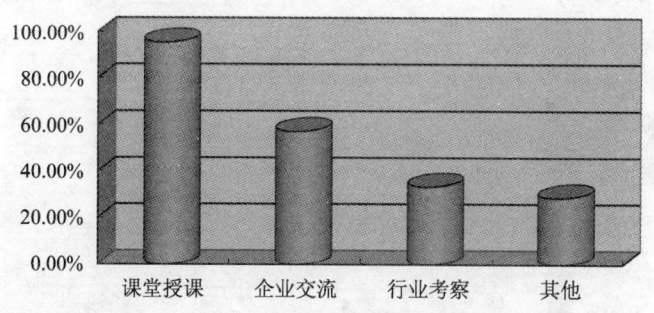

图 13 专科院校培训形式

一般专科院校在培训过程中会采取多种形式结合的培训方式。单独采取课堂授课这一方式的院校数量极少,仅占到了9.52%的比例。而课堂授课结合企业交流的比例为38.10%,课堂授课结合行业考察的比例为9.52%,课堂授课结合其他方式的比例为19.05%,课堂授课、企业交流与行业考察三者结合的比例为14.29%,四种方式都加以运用的比例为9.52%。(见图14)

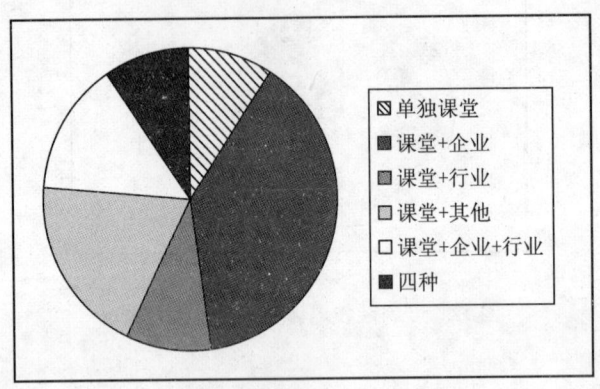

图 14 专科院校综合运用培训形式的情况

（6）师资情况

在师资方面，大部分专科院校的授课教师都是结合了本校教师、外聘教师和行业专家。本校教师的比例高达 95.24%，外聘教师占到 57.14%，行业专家的比例为 47.62%。（见图 15）

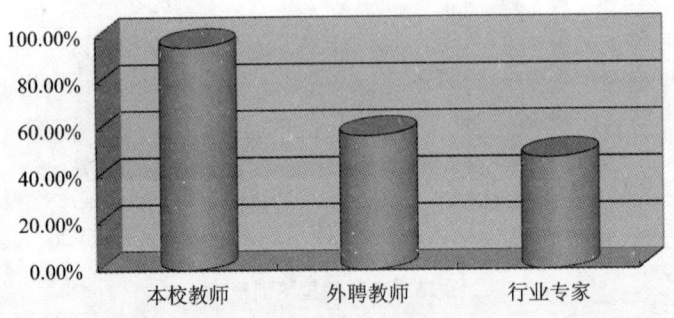

图 15 专科院校培训师资情况

其中，培训教师全部为本校教师的比例为 23.81%，本校教师与外聘教师相结合的比例为 28.57%，本校教师与行业专家结合的比例为 19.05%，外聘教师与行业专家结合的比例为 4.76%，三者相结合的比例为 23.81%（见图 16）。虽然师资 100% 为本校教师的比例不高，但是调研结果显示，即使是在本校教师同其他教师资源相结合的情况下，本校教师所占比例也都在 50% 以上，这也是院校在开展旅游培训项目的优势之一:雄厚的师资力量。

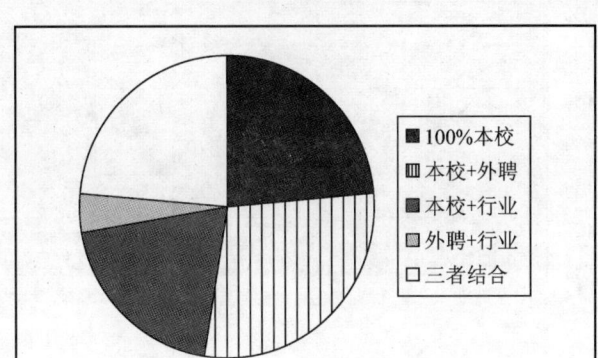

图16 专科院校培训师资情况

(7)培训证书情况

关于培训后是否颁发相应的证书,据调研显示,颁发证书的专科院校所占比例为80.95%,其中,由国家旅游局颁发的证书比例为11.76%,由行业协会颁发的为11.76%,由省市地方行政部门颁发的比例高达52.94%,校级证书为52.94%。(见图17、图18)

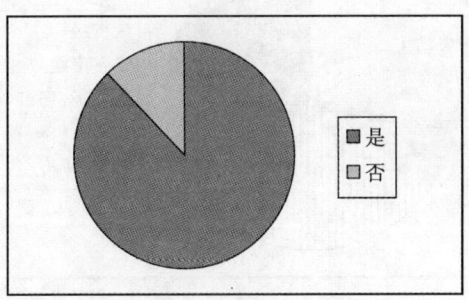

图17 专科院校培训证书颁发情况

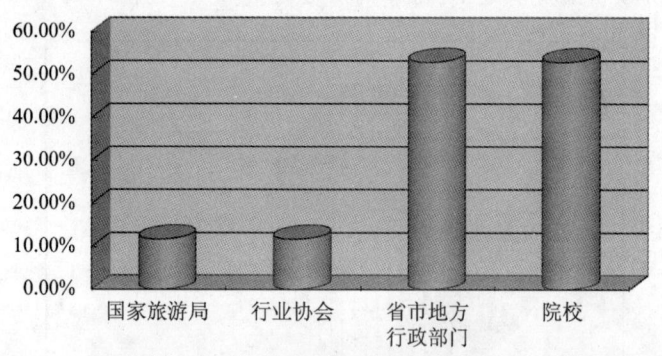

图18 专科院校培训证书颁发部门情况(1)

培训后仅颁发校级证书的院校比例为35.29%,仅颁发省市级证书的比例为29.41%,两者同时颁发的比例为5.89%。由国家旅游局和行业协会颁发证书的比例较低,国家旅游局证书结合省市级或校级证书的比例为11.76%,行业协会证书结合省市级或校级证书的比例为17.65%。(见图19)

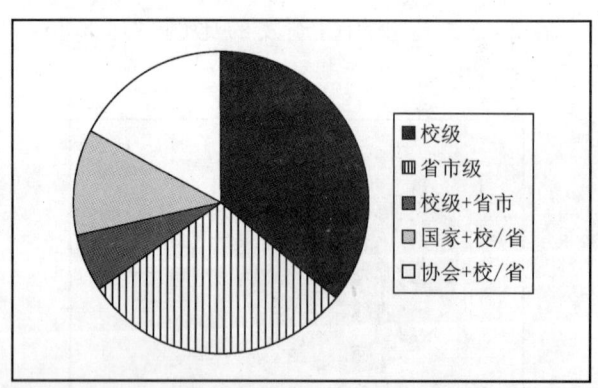

图19 专科院校培训证书颁发部门情况(2)

3. 旅游培训机构数据统计分析

(1)培训总量情况

根据问卷统计分析得出,旅游培训机构2011年开展的旅游行业培训项目的规模相对于本、专科院校总量较大,大部分培训量都在1000以上,所占比例高达92.59%,很多甚至达到数万人次,500~1000人次的比例仅为7.41%(见图20)。

旅游培训机构培训总量的庞大显示了培训中心的专业性。

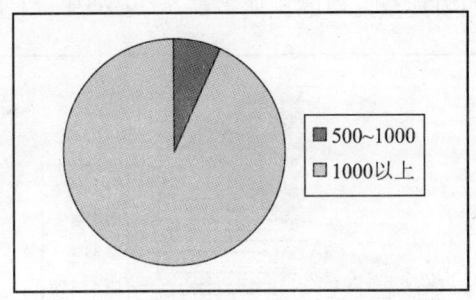

图20　旅游培训机构培训总量情况

（2）培训项目分布

在所调查的旅游培训机构中，开设有旅游饭店培训项目的机构总量所占比例为51.85%，开设旅游景区培训项目的比例为66.67%，开设旅行社相关培训项目的比例为74.07%，开设旅游行政部门人员培训项目的比例为48.15%，开设除上述之外的其他一些培训项目所占比例为40.74%（见图21）。其他的培训项目包括旅游咨询师、宴会服务师、旅游车船公司、外语培训以及温泉旅游管理与服务、乡村旅游管理与服务等一些专题培训。

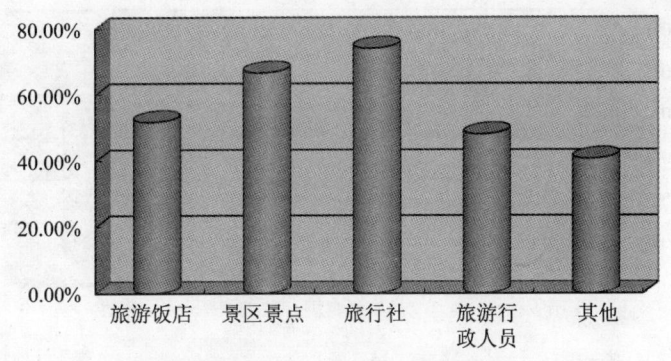

图21　旅游培训机构培训项目分布情况

由上图可见，旅游培训机构的培训项目分布比较均衡，相对于本、专科院校，各种培训项目的比例都比较高，这得益于旅游培训机构的专业性以及庞大的培训总量。同时，旅游培训机构在开展旅游培训时项目更加丰富，单独开展其中一项的机构比例仅为14.81%,同时开展上述两项的比例为25.93%,达到三项的比例为29.63%,达到四项甚至五项的比例也高达29.63%。(见图22)

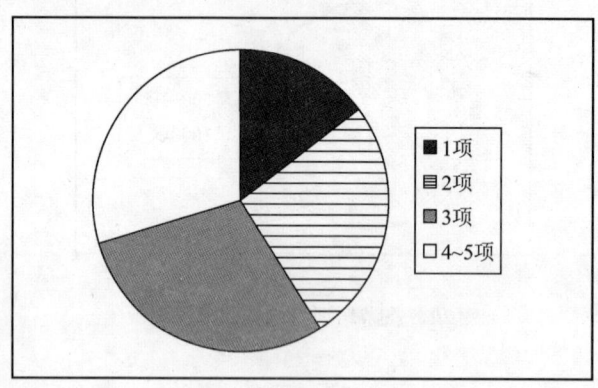

图22 培训机构同时开设培训项目的情况

(3)培训教材

据调研结果显示,旅游培训机构在开展行业培训项目时所采用出版教材的比例占到了51.85%,校本(自编)教材为40.74%,其他一些教材的使用比例为37.04%。(见图23)

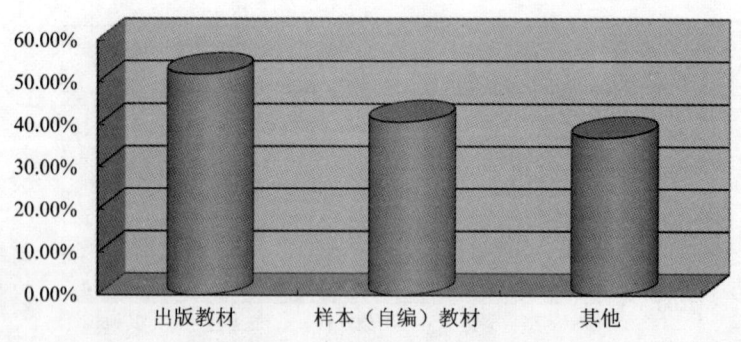

图23 旅游培训机构培训教材情况

旅游培训机构在选择教材时与院校培训稍有不同,单独采用出版教材的机构所占比例为25.93%,单独采用校本(自编)教材的比例为22.22%,而单独采用其他教材的比例也高达22.22%。据调研结果显示,其他教材包括旅游行政部门下达的文件,如新版星级酒店评定标准,旅游规范化操作的相关文件,以及旅游大事件及经典案例等。在培训过程中,也有部分机构选择了多种教材的结合,所占比例为29.63%,其中出版教材结合自编教材的比例为14.81%,出版教材结合其他教材的比例为11.11%,自编教材结合其他教材的比例为3.7%。(见图24)

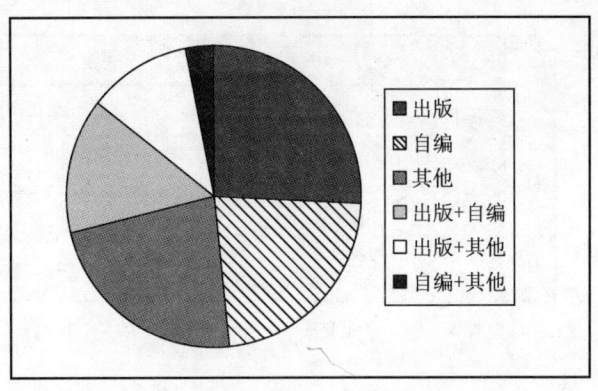

图24 旅游培训机构培训教材同时选用情况

(4)特色课程设置

根据调研结果显示,在培训过程中开设有特色课程的旅游培训机构所占比例为51.85%(见图25),如昆明市旅游培训中心开设的地方性特色文化课程,温州旅游培训中心开设的温州旅游百家讲坛以及对于危机事件的预防及处理的培训,如四川旅游培训中心开设的灾后旅游援助的相关培训。

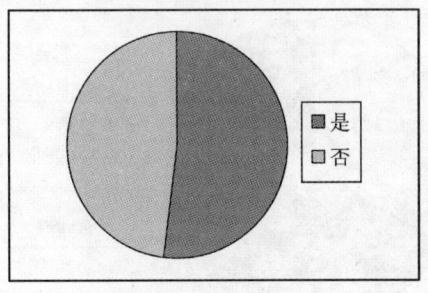

图25 旅游培训机构特色课程设置情况

(5)培训形式

通过调研我们发现,2011年旅游培训机构在培训过程中采用了多种培训方式结合的培训形式,课堂授课这一方式作为主要形式,所占比例为92.59%,同时辅以其他方式,如企业交流所占比例为44.44%,行业考察为40.74%,其他的培训形式为33.33%。(见图26)

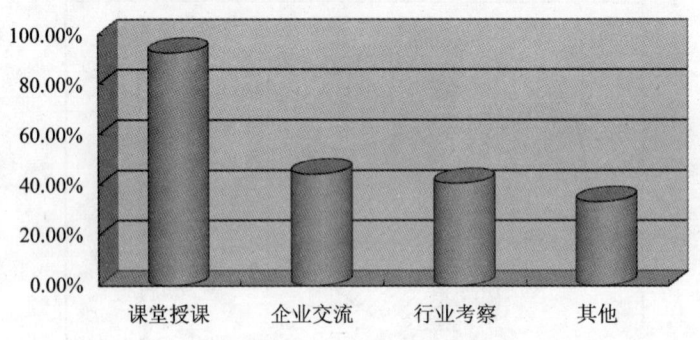

图26 旅游培训机构培训形式

相较于院校培训,旅游培训机构的培训形式更加注重多种方式的结合。单独采用课堂授课这一传统模式的比例仅为11.11%,课堂授课或结合企业交流或结合行业考察的比例为18.52%,而同时采用了课堂授课、企业交流、行业考察三种方式的比例占到了37.04%,采用其他方式结合课堂授课的比例也高达33.33%(见图27)。这里的其他方式更多的是指实训及实地操作。

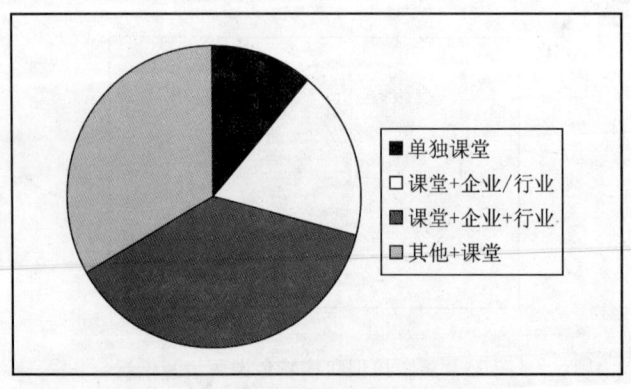

图27 旅游培训机构培训形式结合情况

(6)师资情况

在师资方面,大部分旅游培训机构的授课教师都是外聘教师,比例高达85.19%,同时由一些本机构教师和行业专家作为补充,其中,本机构教师的比例为33.33%,行业专家的比例为62.96%,其他一些教师比例为18.52%。(见图28)

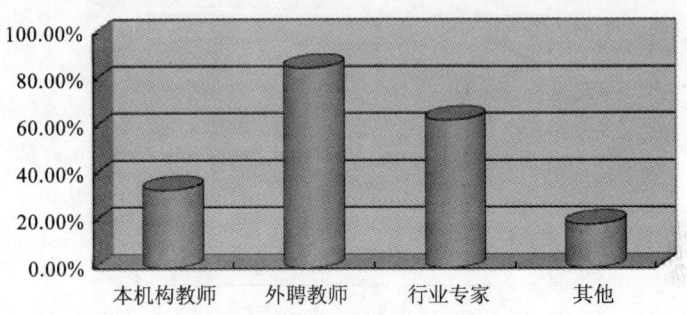

图28 旅游培训机构师资情况

与本专科院校培训中本校教师极高的比例相比,旅游培训机构由于缺少固有资源,师资大部分来自于外聘教师及行业专家。其中,100%为外聘教师的机构比例为14.81%,外聘教师结合行业专家的比例为37.04%,本校教师或结合外聘或结合行业专家的比例为18.53%,三者结合的比例为14.81%,而其他师资或结合外聘教师或结合行业专家的比例也为14.81%。(见图29)

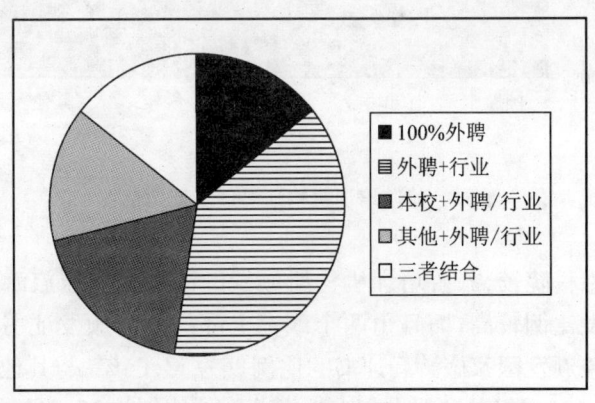

图29 旅游培训机构师资构成情况

(7) 培训证书情况

关于培训后是否颁发相应的证书,据调研显示,颁发证书的旅游培训机构所占比例高达 85.19%,其中,由国家旅游局颁发的证书比例为 47.83%,由行业协会颁发的比例为 13.04%,由省市地方行政部门颁发的比例高达 65.22%,校级证书为 17.39%,其他一些证书为 21.74%。(见图 30、图 31)

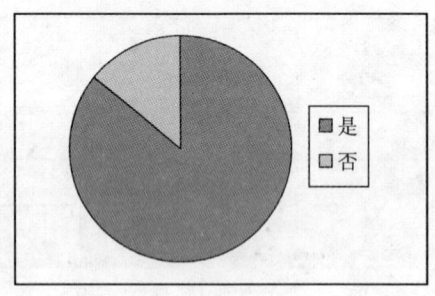

图 30　旅游培训机构颁发证书情况

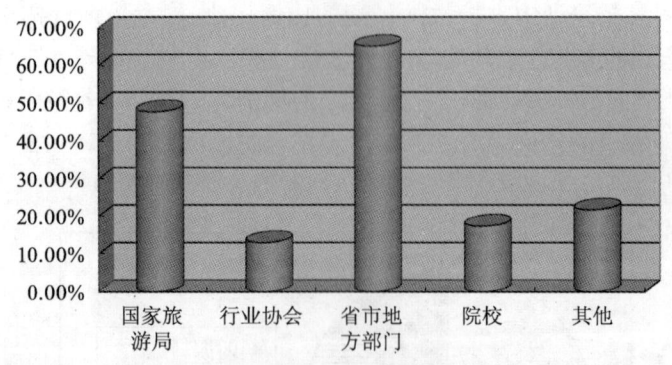

图 31　旅游培训机构证书颁发部门情况

相较于本专科院校,旅游培训机构所颁发的证书由国家旅游局和省市地方旅游部门的颁发比例较高,而且由两个或多个部门同时颁发证书的比例也相对较高。如仅单独颁发国家旅游局证书的比例仅为 13.04%,与其他部门同时颁发的比例则为 39.13%;仅单独颁发省市地方部门的比例为 21.74%,与其他部门同时颁发的比例为 43.48%。占有较低比例的校级证书则是由于旅游培训机构与本专科院校联合办学,同时颁发由院校认定的相关证书。

三、中国旅游教育培训调研数据分析

（一）旅游教育培训行业目前存在的问题

1. 旅游企业对培训的认识误区

有些经营者认为，培训虽然能够提高员工的专业知识、服务技能和服务意识。但真正让培训直接发挥效用，服务于工作，则必须通过员工的直接管理者加以管理。但他们并没有把培训作为管理的一个重要方法来认识。有些人甚至认为，培训就是上上课，讲讲注意事项，属于"老生常谈"。实际上，旅游人才培训更注重的是专业知识、技能、意识、语言及职业道德等综合素质的提高，更为重要的是服务、操作规范等各项标准的坚持。

2. 培训系统缺乏需求分析

从培训系统本身环节来看，很多培训机构对培训实施给予了更多关注，却很少关注培训需求分析。旅游人才培训体系中最容易忽视的是培训需求分析，这使培训预期目标的制定具有盲目性，直接影响了实施过程和培训效果。一个没有经过认真分析而做出的培训决策可能在开始就决定了它的失败，再好的培训者，再好的培训内容也达不到预期目标。这样的培训是对人员物力的浪费，也是培训成本的浪费。

3. 培训中教学讲课方法单一

旅游人才培训，是旅游企业管理，乃至整个旅游业管理中一项十分重要的工作。旅游业是"知识＋技能"的行业，作为旅游企业的员工，不但要有丰富的旅游管理知识、人文知识和其他知识，更要掌握旅游企业的技能、技巧，这样才能在实际的管理和服务中有精湛的服务技能和技巧。旅游人才培训，必须坚持理论联系实际的方向，才能达到以上培训的目的。但现在大部分培训，多是课堂上的理论教学，内容比较枯燥，培训者感到这种理论与实际管理相脱节的教学方法，对他们日常的管理工作，没有任何指导意义。所以，这种学习对他们来说可有可无，即使来学习的人，也觉得没学到什么东西，学习的积极性更无从谈起。

4. 教师队伍素质良莠不齐

"师者，传道授业解惑也。"教学过程中，教师是主体。教师的自身素质、知识程度、技能技巧，决定着培训教育的质量。一个好的教师能在教学中引经据典，触类旁通，给培训员工以心灵的净化，知识的启迪，实践的指导。而很多培训班多年来没有一支稳定的教师队伍，每次培训时，都在当地的旅游院校中，随便挑选几位教师。有的教师，具有扎实的理论功底，丰富的社会实践，讲起课来深入浅出，举一反三，理论联系实际"案例教学"，教学效果较好，受到培训者的好评。

而有的教师,虽然掌握一定的管理理论,但没有旅游企业管理的实践经验,加之涉世不深,无法理解旅游企业经营管理的艺术,讲课中只能照本宣科,失去了理论指导实践的意义,培训员工听起来感到陌生乏味,激发不了学习的热情。有的教师精通部门业务但缺乏专业的培训技术和技巧,而请进来的教师又常常并不了解旅游企业和培训者真正需要的是什么,甚至可能不了解旅游企业运作,培训内容的确有很大的主观性。

除此之外,教学培训中,缺乏检查监督机制,教学效果无人去考核,这样就造成教师上课无压力,培训员工学习无动力,学习培训成为一种形式,没有达到教育培训的目的。

5. 缺乏培训评估反馈

培训是手段而不是目的。培训虽不是直接通过营运获得效益,但培训可以减少73%左右的浪费。如何能将学习成果应用到实际工作中才是关键,培训理论将它称为培训的迁移问题。罗宾森(Robinson,1995)的研究表明,在培训中学习到的东西只有不到30%转化到了工作中。目前,手段培训的效果转化也是一个突出问题。一个完整的培训效果评估包括对学习过程和运用过程的评估,克帕特里(Kirkpatirck)把它划分为四个层次:反应层次(Reaction)、学习层次(Learning)、行为层次(Behavior)、结果层次(Results)。而目前大多是手段对培训的评估只停留在一、二层面,就是考试加课程评估表。许多手段认为行为层面和结果层面的评估操作劳师动众,不但费时、费力、费钱,而且培训的成本效益量化难度很大。其实,培训者的跟进评估虽然属于"培训过程之外的内容",但它比培训过程本身有着更重要的意义。培训机构如果没有对培训者进行跟踪管理,就会缺乏有效的、持续性的评估体系,无法收集反馈的有用信息,为其办班提供发展更新的依据。

(二)旅游人才培训的发展对策

1. 重视员工培训,提高核心竞争力

"终身教育"、"学习型组织"的提法和概念都表明,人力资源的开发和培训已经成为旅游企业增强自身竞争力的重要途径。通过培训可以增强员工对旅游企业决策的理解和执行能力,使员工掌握旅游企业的管理理念和先进的管理方法、技术,不断提高企业的市场竞争力。

加强对员工的培训,可以提高员工的专业技能与综合素质,极大的开发员工的潜能,最大限度地调动员工工作的积极性,不断提高员工的工作效率和工作质量。并且还可以从数量、质量、结构上为企业的经营与发展提供人员保障和人才储备,形成人力资源优势,确保企业的可持续发展,防止出现"将到用时方恨少"的情况。

旅游人才培训是一项重要的人力资源投资,同时也是一种有效的激励方式,例如:选送优秀员工去参加带有旅游性质的培训班,组织业绩突出的员工去外地参观著名企业,鼓励员工利用业余时间进修并报销学费,定期选拔优秀员工出国考察等,都对员工有巨大的激励作用。

2. 全面分析培训需求

培训需求分析既是制订培训计划的前提、又是评估培训效果的基础,主要从以下五个方面着手。一是组织分析,着重分析每个职能部门的组织结构和组织目标,确定其培训范围及重点。二是岗位分析,着重分析每个工作岗位的素质要求和绩效要求,确定其培训目标及内容。三是员工分析,着重分析每个现职员工的工作过程和工作结果,确定其培训方向及要求。四是绩效分析,着重分析每个部门、每个岗位、每个员工的实际绩效与目标绩效之间的差距,确定其潜在的或隐含的培训需求。五是需求评审,主要从以下四个方面进行:其一,与发展战略的关联程度,关联程度高的培训需求应优先满足;其二,对旅游企业运作的重要程度,重要程度高的培训需求应优先满足;其三,所涉及的员工人数,培训需求所涉及的员工人数越多越应当优先满足;其四,可预期的绩效提升,培训需求可预期的绩效提升幅度越大越应当优先满足。需求分析所确定的所有培训需求均应按轻重缓急排序,人力资源培训要使培训获得好的效果,培训方式的选择至关重要。因此,应结合其资源优势、员工特点及培训内容,合理选择所需的培训方式。旅游企业培训的对象主要是成年人,因此培训的主要方式不是简单的"你教我学",而是以交流、讨论、实习、讲演、个案分析等多种培训方式,采用启发与引导的手段,寓教于乐,效果将会大不一样。

3. 合理设计培训课程

培训内容和课程设计要有务实性和针对性。要"有的放矢",把握好培训的主题方向、要达到的目标,不能"漫无目的"地将所有项目一起上,在一定时期内,还需要主题明确、中心突出。在外企,课程设计还要注重东西方文化,因为两种文化背景的受训人员接受知识的背景和方式有很大的不同。在培训形式上要灵活、生动、活泼,易于为员工所接受,切忌形式主义、走过场;要紧密联系实际,形成双方的良性互动,避免单向的灌输。大多数上规模的旅游企业在职位说明书中都会列出该职位所需要的知识、技能和态度。所以,出于旅游企业需要的培训就要结合职位说明书来进行。

4. 要建立健全相适应的管理体系

要想高质量地抓好培训,就必须建立完整的培训管理系统,不是人管理培训,而是按制度开展培训。主要是要建立三个培训管理系统:一是培训保证系统。它由组织机构和人员、培训经费、培训政策与制度等几大要素组成。这是培训管理系统的组织和政策保证。二是培训支持系统。培训支持系统是培训管理系统的必要条件,它由管理者和教师两个要素组成。培训工作必须与旅游企业的经营发展战略、管理目标紧密结合,通过扎实的工作干出效果,决策层才会重视培训工作。教师是保证质量的关键,教师的选择至关重要,因此,应加强与有关培训机构的联系和沟通,主动了解新的培训动态,掌握师资力量及新的课程,不断扩大和利用培训资源。三是培训基础系统。培训基础系统由以下几个要素组成:培训规范,它包括管理规范、培训手册、培训计划与大纲、培训流程等,这些是开展培训工作最基本的要素。

5. 深入评估培训效果

培训效果可分为反应、知识、行为、成效四个递进的层次,旅游人才培训效果评估应从这四个方面入手。一是关注参训员工的反应,主要评估参训员工对培训的主题、内容、教材、教师、形式、进度、环境和设施等条件是否满意,评估方法有观察、面谈、意见征询、抽样调查等。二是测试参训员工的知识,主要评估参训员工是否掌握了培训所传授的原理、方法、技能、规程等,评估方法有书面考试、实地操作、写心得、谈体会等。三是考察参训员工的行为,主要评估参训员工返岗后工作行为是否有所变化、工作绩效是否有所提高,评估方法有行为观察、绩效考评、实测、访谈(访谈对象除本人及其主管外,还应包括相关的同事和客户)等。四是衡量培训项目的成效,主要评估培训项目是否有助于旅游企业业绩的提高,评估方法依旅游企业业绩评定、绩效考评的方法而定,但需注意定性评价与定量分析的有效结合。培训是旅游企业人力资源再生和增值的一条重要路径,在现代旅游企业的经营管理中具有独特的战略意义。旅游企业对人力资源的培训并不是采取强制性的制度化手段,而是要采取极其有效的方式,这样不仅可以极大地调动和培养员工的工作能力,充分发挥员工的主观能动作用,而且还能使部门的队伍素质整体提高,产生凝聚力,使培训更行之有效,并为旅游企业实现其战略目标提供持久的推动力。

(三)旅游教育市场发展趋势分析

1. 旅游教育培训将向战略化和终身化方向发展

旅游业的竞争是市场、质量、制度、管理等综合素质的竞争,归根到底是人才的竞争。培训作为人才培养的重要渠道,正越来越受到企业的重视,很多企业把其作为促进企业可持续发展和赢得市场竞争优势的一件大事来抓。更重要的是,地位的提升会使培训从资金、人员、机构等方面得到优先保证,培训政策也得以有效实施。再就是知识更新的周期越来越短,学习将成为时代发展的一个主题。培训将不会是一次性的,而是持续性的、终身性的。学习不仅是员工一种生存的手段,而且也是一种内在精神的需求,培训将成为员工生活的一部分,并在学习中不断寻找适宜于自己进步的有效途径和方法。

2. 旅游教育培训将向现代化和社会化方向发展

首先是培训理念现代化,即把培训当做是一种投资,培训不仅是解决目前的实际问题,还要着眼于长远发展;培训不仅促进企业发展,也要促进员工进步。其次是培训方法现代化,即在培训过程充分利用管理等领域的最新成果,采取灵活多样的培训方法。再次是培训手段现代化,即培训中大量运用高科技手段,打破培训时空限制,提高培训整体效益。社会发展对员工综合素质的要求越来越高,这使得旅游人才培训社会化的程度也会越来越高。

3. 旅游教育培训将向产业化和品牌化方向发展

随着培训需求的扩大,培训队伍的增多,市场化、产业化的方向越来越突出。随着培训竞争激烈化程度的提高,各个培训单位会不断推出精品课程和教师,在全国乃至全世界范围内配置培训资源,通过质量和特色树立培训品牌,以品牌来吸引客户。品牌将成为培训质量的象征,旅游企业根据品牌形象来选择培训单位将成为一种必然趋势。

(1)形成旅游培训品牌项目

旅游培训能够以自己的精品旅游培训项目为核心,滚动发展,形成特色明显的自有旅游培训项目品牌。如上海旅游高等专科学校与南京旅游职业学院多年来进一步依托行业和适应行业发展的要求,形成了包括饭店与餐饮服务类职业技能资格鉴定培训、全国旅游企业各层次管理人员岗位资格培训等较为完善的继续教育培训体系。

(2)把国外培训品牌移植到国内

对于国外的一些饭店、旅游类培训品牌,除了课程的汉化以外,课程体系一般不作比较大的改动,这是因为考虑到这些课程比较成熟,师资上也要经过总部的培训和考核,更要最大限度地保证国际化的培训质量。如北京第二外国语学院与美国饭店协会合作引进"美国饭店业协会(AH&LA)酒店管理专业课程培训项目"。这一培训进一步整合了国内外行业领先的优质教育资源,在培训中进行高等教育与职业教育国际化、现代化的探索以及跨文化、跨国界、跨行业高端培训的创新实践。

4. 旅游教育培训将向定制化和自主化方向发展

现在,旅游人才培训正在因时、因地、因人而不断发生变化,对培训提出了更高的要求,这就使得培训必须由"制式"向"应式"转变,即各种培训都要为特定的企业、特定的部门或特定的个人精心设计,课程安排和教师聘请也要针对特定需求。随着社会发展对人的重视,人本主义思想进一步强化,为适应竞争的需要,各个企业都会自觉地把培训作为促进经营发展的一种自主行为,都会主动寻求培训,从课程安排、教师聘请、专业提高等方面获得有关管理部门的支持。

旅游培训主体的鱼龙混杂严重影响了旅游培训市场的进一步发展。随着培训市场竞争的日趋激烈,培训机构普遍觉得生存压力加大,在这种情况下,谁能另辟蹊径,谁就能争取到新的商机。于是,旅游个性化培训渐成主流。旅游培训项目越来越个性化的趋势预示着:差异化竞争态势已经开始形成,培训市场细分天下的时代已经来临。就目前的发展态势观之,差异化竞争之路可以通过课程设置等手段来实现;以个性化课程的逐渐完善和教学质量的进一步提高,逐渐打破了旅游机构之间的同质化竞争格局;突出实战性,从课程的设计到培训过程,都尽量让其具有良好实用价值和针对性,更符合学员的个性化需求;建立"旅游培训超市"的概念,以市场需求为导向,注重培训者的个性化需求,注重课程的实用性与应用性,将成为旅游培训市场发展的主流方向,旅游培训市场的细分化格局也将日益明显。

5. 旅游培训项目综合化

与高校专业院系以行业精英人士为对象,以自身学科发展为导向,面向相关行业中高层人士开展高品位、相对专一的教育培训相比,旅游继续教育培训专门机构所从事的旅游培训更加注重知识整合,更加重视学科融合。其开展的旅游继续教育培训是以旅游职业发展为导向,旨在为旅游在职人员更新知识、提高素质、提升能力、谋求更好的工作岗位服务,其培训对象为大众型、实用型高层次人才。其培训项目更加注重旅游知识的整合、旅游学科的融合以及视角的新颖和理念的前沿,体现了鲜明的复合型、综合化特征。

附录1 本科院校参与调研名单

本科院校参与调研名单			
所在省市	序号	单 位 名 称	院校类别
北京市	1	北京第二外国语学院中瑞酒店管理学院	独立学院
	2	中央民族大学	普通
	3	北京石油化工学院	普通

续表

本科院校参与调研名单			
所在省市	序号	单位名称	院校类别
天津市	4	天津商业大学 TUC–FIU 合作学院	普通
	5	南开大学	普通
河北省	6	石家庄学院	普通
山西省	7	山西大学	普通
	8	忻州师范学院	普通
内蒙古自治区	9	呼伦贝尔学院—旅游管理与地理科学学院	普通
辽宁省	10	大连大学	普通
	11	沈阳师范大学	普通
	12	辽宁科技大学	普通
	13	沈阳大学	普通
	14	沈阳航空航天大学	普通
	15	辽宁师范大学历史文化旅游学院	普通
吉林省	16	吉林师范大学	普通
黑龙江省	17	牡丹江师范学院	普通
	18	哈尔滨理工大学	普通
	19	黑龙江大学	普通
上海市	20	上海华东理工大学	普通
	21	上海师范大学	普通
	22	上海对外贸易学院	普通
	23	上海财经大学	普通
	24	上海杉达学院	民办
	25	上海商学院	普通
	26	上海师范大学天华学院	民办
	27	上海海事大学	普通
	28	华东师范大学	普通

续表

本科院校参与调研名单			
所在省市	序号	单位名称	院校类别
江苏省	29	江苏师范大学	普通
	30	扬州大学	普通
	31	东南大学	普通
	32	南京晓庄学院	普通
	33	徐州工程学院	普通
	34	南京财经大学	普通
	35	南京大学	普通
浙江省	36	浙江海洋学院	普通
	37	杭州师范大学钱江学院	独立学院
安徽省	38	池州学院	普通
	39	黄山学院	普通
	40	安徽财经大学	普通
	41	皖西学院	普通
	42	安徽农业大学经济管理学院	普通
	43	宿州学院	普通
	44	合肥学院	普通
	45	安徽大学	普通
福建省	46	厦门大学管理学院旅游与酒店管理系	普通
	47	福建农林大学	普通
	48	漳州师范学院	普通
	49	莆田学院	普通
	50	武夷学院	普通

续表

本科院校参与调研名单			
所在省市	序号	单位名称	院校类别
江西省	51	九江学院旅游学院	普通
	52	南昌大学旅游管理系	普通
	53	江西财经大学	普通
	54	赣南师范学院	普通
山东省	55	泰山医学院	普通
	56	济南大学	普通
河南省	57	郑州大学	普通
	58	河南工程学院	普通
	59	河南财经政法大学	普通
	60	河南大学	普通
	61	南阳师范学院	普通
	62	信阳师范学院	普通
	63	安阳师范学院	普通
湖北省	64	华中师范大学	普通
	65	江汉大学	普通
	66	三峡大学	普通
	67	武汉工业学院	普通
	68	中南民族大学	普通
湖南省	69	湖南商学院	普通
	70	长沙学院	普通
	71	衡阳师范学院	普通
	72	湘潭大学	普通

续表

本科院校参与调研名单			
所在省市	序号	单位名称	院校类别
广东省	73	暨南大学	普通
	74	华南农业大学	普通
	75	华南理工大学	普通
	76	华南师范大学	普通
	77	韩山师范学院	普通
广西壮族自治区	78	广西民族大学	普通
	79	广西大学	普通
	80	广西师范大学	普通
重庆市	81	重庆交通大学	普通
	82	重庆理工大学	普通
	83	重庆三峡学院	普通
	84	西南大学	普通
	85	重庆第二师范学院（原重庆教育学院）	普通
四川省	86	四川师范大学历史文化与旅游学院	普通
	87	西华师范大学	普通
	88	西南民族大学	普通
	89	成都理工大学	普通
贵州省	90	贵州大学	普通
云南省	91	云南财经大学旅游学院	普通
	92	云南大学工商管理与旅游管理学院	普通
	93	昆明学院—旅游学院	普通
	94	西南林业大学	普通

续表

本科院校参与调研名单			
所在省市	序号	单位名称	院校类别
陕西省	95	陕西师范大学旅游与环境学院	普通
	96	咸阳师范学院	普通
	97	西北大学	普通
	98	西安外国语大学	普通
	99	西安文理学院	普通
甘肃省	100	兰州大学	普通
新疆维吾尔自治区	101	新疆财经大学	普通

附录2 专科院校参与调研名单

专科院校参与调研名单			
所在省市	序号	单位名称	院校类别
北京市	1	北京市振华旅游学校	中等
	2	北京财贸职业学院旅游系	高等
	3	北京市古城旅游职业学校	中等
	4	北京市昌平职业学校旅游管理系	中等
	5	丰台职业教育中心学校	中等
天津市	6	天津市旅游职业学校	中等
河北省	7	河北旅游职业学院	高等
	8	石家庄市旅游学校(石家庄市第三中学)	中等
	9	邯郸职业技术学院管理系	高等
	10	泊头职业学院	高等
	11	石家庄职业技术学院管理系	高等

续表

专科院校参与调研名单			
所在省市	序号	单 位 名 称	院校类别
山西省	12	山西旅游职业学院	高等
	13	山西省戏剧职业学院(旅游系)	高等
	14	长治市高级技工学校(长治技师学院)	中等
	15	太原旅游职业学院	高等
	16	临汾市旅游外事学校	中等
	17	山西职业技术学院(商贸旅游分院)	高等
内蒙古自治区	18	内蒙古民族高等专科学校公共管理系旅游管理专业	高等
辽宁省	19	沈阳机械工业职工大学	高等
	20	沈阳工业学院(原辽宁商务职业学院)	高等
	21	沈阳市旅游学校	中等
	22	沈阳市旅游翻译学校	中等
	23	辽宁辽阳第一中等职业技术学校	中等
	24	辽宁职业学院国际贸易系	高等
	25	辽宁林业职业技术学院旅游管理系	高等
吉林省	26	长春职业技术学院旅游分院	高等
	27	吉林商业高等专科学校餐旅管理系旅游管理专业	高等
黑龙江省	28	黑龙江省工商职业技术学院工商管理系旅游教研室	高等
	29	哈尔滨旅游职业学校	中等
	30	黑龙江旅游职业技术学院	高等
	31	大庆市外事服务职业高级中学	中等
	32	黑龙江省商务学校	高等

续表

专科院校参与调研名单			
所在省市	序号	单 位 名 称	院校类别
上海市	33	上海对外贸易学院国际商务旅游系	高等
	34	上海旅游高等专科学校(上海师范大学旅游学院)	高等
	35	上海市商贸旅游学校	中等
	36	上海市现代职业技术学校	中等
	37	上海市徐汇职业高级中学	中等
	38	上海市旅游服务职业技术学校	中等
	39	上海市商业学校	中等
	40	上海工商信息学校	中等
江苏省	41	无锡南祥职业技术学院	高等
	42	金陵旅馆管理干部学院	高等
	43	南京旅游职业学院	高等
	44	江苏省镇江市旅游学校	中等
	45	镇江高等专科学校旅游系(待定)	高等
	46	连云港市旅游学校	中等
	47	南通市旅游职业高级中学	中等
	48	明达职业技术学院(旅游系)	高等
	49	常州旅游商贸高等职业技术学校	高等
	50	江苏省泰州职业教育中心校	中等
	51	江苏省盐城第一职业高级中学(江苏省盐城市中等专业学校)	中等
	52	苏州市吴中区旅游职业学校	中等
	53	江苏财经职业技术学院工商管理系旅游管理教研室	高等

续表

专科院校参与调研名单			
所在省市	序号	单位名称	院校类别
浙江省	54	杭州市旅游职业学校	中等
	55	浙江旅游职业学院	高等
	56	宁波东钱湖旅游学校	中等
	57	安吉职业教育中心学校（安吉旅游外事学校）	中等
	58	宁波城市职业技术学院旅游学院	高等
	59	金华职业技术学院旅游与酒店管理学院	高等
	60	长兴县职业技术教育中心学校	中等
	61	浙江国际海运职业技术学院海洋旅游学院	高等
	62	台州科技职业学院人文艺术系	高等
	63	富阳市富春职业高级中学	中等
	64	舟山市普陀区职业技术教育中心	中等
	65	杭州科技职业技术学院旅游学院	高等
安徽省	66	马鞍山师范高等专科学校旅游与外语系	高等
	67	安徽工业经济职业技术学院旅游管理系	高等
	68	安徽天柱山旅游学校(潜山县职教中心)	中等
	69	淮南职业技术学院旅游与社区教育系	高等
	70	安徽省淮北市职业技术学院旅游系	高等
	71	安徽旅游学校（安徽省旅游培训中心）	中等
	72	安徽蚌埠第四职业高级中学(二十七中)	中等
	73	安徽华夏旅游学校	中等
	74	黄山旅游职业学校	中等
	75	安徽工商职业学院(旅游管理系)	高等
	76	安徽中澳科技职业学院管理系	高等

续表

专科院校参与调研名单			
所在省市	序号	单 位 名 称	院校类别
福建省	77	福建省福州旅游职业中专学校	中等
	78	漳州第二职业中专学校	中等
江西省	79	江西旅游商贸职业学院	高等
山东省	80	山东旅游职业学院	高等
	81	烟台旅游学校	中等
	82	济南第三职业中等专业学校（济南旅游学校）	中等
	83	日照职业技术学院旅游学院	高等
	84	山东省济南商贸学校旅游系	中等
	85	青岛酒店管理职业技术学院旅游与酒店管理学院	高等
	86	山东外贸职业学院经济管理系	高等
	87	烟台职业学院公共管理系	高等
河南省	88	开封市旅游学校	中等
	89	郑州商贸旅游职业学院	高等
	90	焦作市高级技工学校	中等
	91	郑州旅游职业学院	高等
湖北省	92	襄樊市旅游服务学校	中等
	93	湖北省旅游学校	中等
	94	湖北三峡旅游职业技术学院	高等
	95	黄冈科技职业学院经贸系	高等
湖南省	96	湖南商务职业技术学院	高等
	97	湖南省张家界航空工业职业技术学院	高等

续表

专科院校参与调研名单			
所在省市	序号	单位名称	院校类别
广东省	98	广东省旅游职业技术学校	中等
	99	广东中旅职业培训学校	其他
	100	广州市旅游商贸职业学校	中等
	101	开平市旅游职业高级中学(开平市第五中学)	中等
	102	广州铁路职业技术学院经济管理系	高等
广西壮族自治区	103	桂林旅游高等专科学校	高等
	104	南宁市第一职业技术学校	中等
	105	海南省海口旅游职业学校	中等
重庆市	106	重庆城市管理职业学院	高等
	107	重庆市旅游学校	中等
四川省	108	成都职业技术学院	高等
	109	四川省旅游学校	中等
	110	四川省绵阳旅游学校(绵阳市成人中等专业学校)	中等
贵州省	111	贵州省旅游学校	中等
云南省	112	云南旅游职业学院	中等
	113	云南科技信息职业学院	高等
西藏自治区	114	西藏职业技术学院旅游系	高等
陕西省	115	西安旅游培训学院	中等
	116	渭南市旅游学校	中等
	117	西安导游培训学院、西安导游礼仪职业学校	中等
甘肃省	118	甘肃工业职业技术学院旅游学院	高等
新疆维吾尔自治区	119	乌鲁木齐市职业中等专业学校	中等

附录3 旅游培训机构参与调研名单

旅游培训机构参与调研名单		
序号	单位名称	类别
1	北京市旅游业培训考试中心	培训
2	北京德利丰根教育文化发展有限公司	培训
3	国旅集团旅游劳务培训中心	培训
4	天津市旅游培训中心	培训
5	山西省旅游培训中心	培训
6	内蒙古自治区旅游培训中心	培训
7	黑龙江省旅游培训中心	培训
8	大庆市旅游培训中心	培训
9	上海市旅游培训中心	培训
10	无锡旅游教育培训中心有限公司	培训
11	浙江省旅游培训管理中心(省旅游服务中心)	培训
12	温州市旅游培训中心	培训
13	厦门旅游培训中心	培训
14	福建省旅游干部学校	培训
15	济宁市旅游培训中心	培训
16	湖北省旅游培训中心	培训
17	湖南省旅游培训中心	培训
18	湖南益阳市旅游局旅游人才培训中心	培训
19	海南省珠江旅游教育培训中心	培训
20	重庆市旅游教育培训中心	培训
21	四川省旅游培训中心	培训

续表

旅游培训机构参与调研名单		
序号	单位名称	类别
22	昆明市旅游培训中心	培训
23	青海省旅游教育培训中心	培训
24	甘肃省旅游培训中心	培训
25	宁夏旅游教育培训中心（宁夏旅游学校）	培训
26	辽宁省旅游教育中心	培训
27	长春市旅游培训中心	培训
28	河南焦作旅游局导服中心	培训
29	江苏省旅游培训中心	培训
30	山东省旅游培训中心	培训
31	沈阳市旅游局（培训中心）	
32	西藏自治区旅游局培训中心	
33	新疆旅游培训中心	培训

中国旅游管理硕士(MTA)教育年度发展报告

姚延波　焦彦[①]

MTA(Master of Tourism Administration)是指旅游管理硕士专业学位,于2010年9月作为专业硕士教育项目在我国被正式批准设置,成为我国旅游管理硕士研究生教育的一个重大转折点。MTA教育项目在我国的设置对我国旅游管理硕士研究生教育意义重大而深远,专业学位研究生教育是今后一个时期国家大力扶持和积极引导的发展重点,此举可以有效调整、优化旅游管理硕士研究生类型结构,推进旅游管理硕士研究生专业学位教育的培养模式和管理机制创新,最终达到提高旅游管理硕士专业学位人才培养质量,满足我国旅游产业巨大的人才需求缺口。

2011年是我国首届MTA研究生正式入学并系统接受MTA教育的开始,但是究竟应当采用何种培养规格与教育模式才能培养出合格的MTA人才,是所有MTA培养院校所面临的一个现实问题。本报告对2011年全国MTA教育项目的整体运行状况进行了归纳与分析;对MTA研究生的培养规格与教育模式进行了探讨;对MTA教指委及其秘书处的工作进行了总结;对未来MTA教育项目的可持续发展提出了意见和建议。

一、MTA教育项目的设置与启动

我国自1991年开始实行专业学位教育制度以来,经过十几年的建设,专业学位教育发展迅速,取得了显著成绩。到2009年,我国已设置了法律、教育、工商管理、公共管理硕士等19种专业学位,基本形成了以硕士学位为主,博士、硕士、学士三个学位层次并举的专业学位体系。然而,在信息化和全球化的国际环境下,我国经济社会不断快速发展,社会对高层次应用型人才的需求正在大幅增长,专业学位教育所具有的职业性、复合性、应用性的特征也逐渐地为社会各界所认识。而我国以培养学术型人才为导向的研究生教育体系远远不能满足社会

[①] 姚延波,副教授,南开大学旅游与服务学院,MTA中心副主任;焦彦,讲师,南开大学旅游与服务学院,MTA教指委秘书处联络人。

经济发展对应用型人才的需求,加强应用型人才培养已成为我国经济发展方式转变和产业结构调整的迫切需要,产业对高端应用型人才的需求与学校培养专门人才供给不足的矛盾在旅游业中更为凸显。根据联合国世界旅游组织(UNWTO)的预测,到2015年,中国将成为全球最大的旅游目的地国家,到2020年,中国将成为世界第四大国际旅游客源市场,从而迈入世界旅游强国的行列。建设世界旅游强国这一目标的实现,需要大批具有国际视野、全球经营意识、跨文化沟通能力的外向型、复合型、创新型高层次人才。国务院41号文件的发布,更是确立了旅游业的国家战略性支柱产业的地位,将旅游业从传统的业态提升到现代服务业,这就意味着旅游业将需要大批的适应旅游行业实际工作需要的高层次务实型的企业管理和行业管理的专门人才。

2009年是对我国专业学位教育有着重大转折和突破意义的一年,国家明确指出要积极、稳妥地实现我国硕士研究生教育从以培养学术型人才为主向以培养应用型人才为主的战略性转变,这一决策对专业学位的招生和培养工作具有重要的指导意义。在这种战略思想的指导下,为了解决各部门和行业对高层次应用型人才的迫切需求,2009年9月,国务院学位办发函,委托部分高等学校对拟新增设专业学位类别进行认真研究论证。旅游管理硕士专业学位是国家拟新增的专业学位类别之一,国务院学位办同时委托南开大学作为牵头单位对我国旅游管理硕士专业学位的设置进行研究论证。课题组依照国务院学位委员会《专业学位设置审批暂行办法》和国务院学位委员会、教育部《关于加强和改进专业学位教育工作的若干意见》,经深入调研并广泛征集产、学、研各方的见解,撰写了论证报告的初稿,并先后三次在南开大学召开全国性的论证会。来自中山大学、浙江大学、云南大学、东北财经大学、北京交通大学、武汉大学、国家旅游局和中国旅游协会教育分会及我国旅游业界的与会代表对初稿进行了反复研究与讨论,最后南开大学在充分吸收与会代表的修改意见后,完成了论证报告并上报给国务院学位办。2010年1月,国务院学位委员会第27次会议审批并通过了《专业学位教育发展总体方案》、《专业学位设置与授权审核办法》和《拟增设硕士专业学位设置方案》。2010年3月,国务院学位委员会下发金融硕士等19种新增专业学位设置方案,旅游管理硕士专业学位(MTA)作为专业硕士教育项目在我国被正式批准设置,成为我国旅游管理硕士研究生教育的一个重大转折点。2010年9月,旅游管理硕士专业学位(MTA)被国家列入2011年全国研究生统一招生计划,允许在全国24个省、直辖市和自治区的57个MTA授权点进行招生,至此,我国MTA教育项目在全国正式启动。

二、我国 MTA 教育项目招生状况

MTA 教育的招生对象是各种本科专业背景、毕业后有 3 年或 3 年以上工作经验的人员；获得国家承认的高职高专毕业学历后,有 5 年或 5 年以上工作经验,达到与大学本科毕业生同等学力的人员；已获硕士学位或博士学位并有 2 年或 2 年以上工作经验的人员。

MTA 教育的入学考试包括初试和复试。初试为专业学位研究生全国统一考试,考试科目有两门:英语二(或俄语或日语,统考外国语以外的其他语种,由单位自命题(100 分))和管理类联考综合能力(200 分),考试方式为笔试。复试由招生单位自主进行,考试科目通常包括思想政治理论、英语和综合素质面试等。

(一)2011 年全国 MTA 招生规模

1. 总体规模

2011 年,全国共有 53 所院校招生旅游管理硕士,其中 42 所院校于 2011 年 6 月 30 日前向 MTA 教指委秘书处提供了本校的招生数据,因此,本报告收录和分析了 42 所院校 2011 年的 MTA 招生情况。根据统计,全国 42 所 MTA 培养单位共招生 337 人,与计划招生 625 人有较大差距,虽然有部分培养单位达到甚至超过了招生计划,但是就全国整体情况来看,MTA 招生规模远没有达到计划和预期。而且,最后录取的 337 人中,第一志愿录取 222 人,从 MBA、MPA 等专业调剂录取 115 人,调剂录取人数占到了总录取数的 34%。

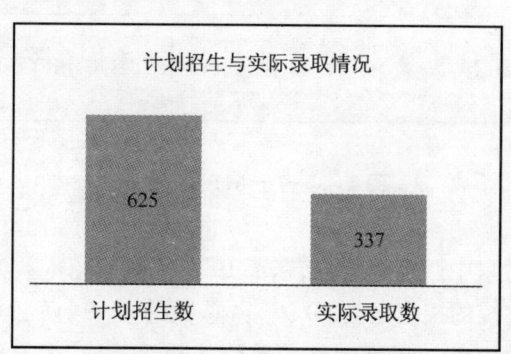

图 1　MTA 招生情况

2. 招生单位规模

从各培养单位的招生情况看,大部分院校的招生结果并不乐观。近 70% 的院校实际招生不足 10 人,其中有 4 所院校 2011 年招生数为 0,10 所院校招生不

到3人。实际招生数达到10人的院校不到30%(13所),实际招生数达到20人的占14%(7所)。2011年MTA招生人数最多的是桂林理工大学,招生39人。

表1　招生单位分类统计表(按录取人数)

招生规模	≥20人	≥10人,<20人	≥1人,<10人	0人
培养单位数量	6	7	25	4

3. 区域规模

从各省市的招生规模看,2011年MTA招生的地区差异比较显著。普遍来讲,东部各省市招生数量比中西部各省市要好,但是广西作为西部旅游大省,得益于桂林理工大学的全国最多招生人数,2011年招生人数最多。

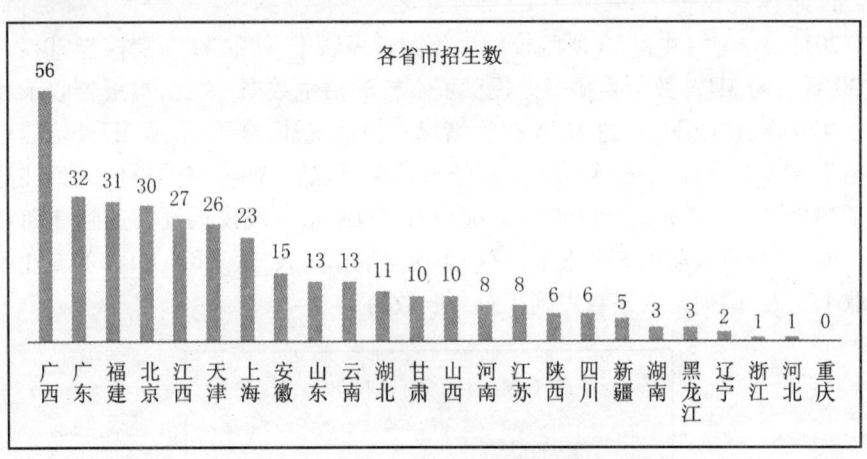

图2　各省市MTA招生数

根据国家线对东中西部的划分,东部19所院校的招生数为183人,占总数的54%,中部17所院校的招生数为70人,占总数的21%,西部6所院校的招生数为84人,占总数的25%。考虑到培养单位的数量差异,中部地区的招生结果最不乐观。

(二)MTA招生分数线

在收回统计数据的42所院校中,有6所院校实行自主划线,其余36所院校按国家线进行复试录取,其中,东部地区执行国家A线(45;90;165),中部为国家B线(40;80;155),西部为国家C线(35;70;145)。自主划线的院校中,东南大学和中山大学的分数线比国家A线略低,但是高于国家B线;四川大学的分数线与国家A线持平;南开大学、复旦大学、武汉大学的分数线略高于国家A线,其中武汉大学的分数线最高(60;120;180)。

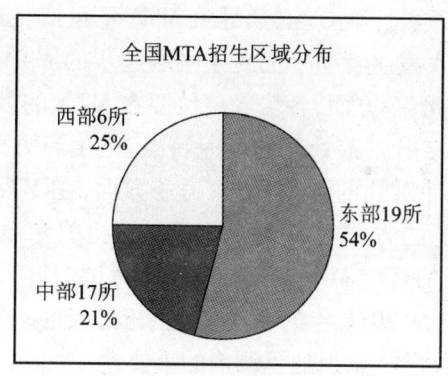

图3　MTA招生区域分布

(三)2011年MTA招生的影响因素分析

1. MTA的社会认知度和认可度

作为一个全新的专业硕士学位,社会对MTA总要有一个认识和了解的过程。由于是第一年招生,很多潜在生源并不知道MTA的存在,另有很多潜在生源虽然听说了MTA,但因无法判断MTA的实质价值和含金量,所以选择了观望和放弃的态度。基于这样的客观事实,面对2011年全国MTA招生普遍不乐观的状况,MTA各培养单位既要树立信心,又要加大MTA项目的宣传推广力度,同时认真做好第一届MTA学生的教学培养工作,力求快速有效地提高MTA的社会认可度。

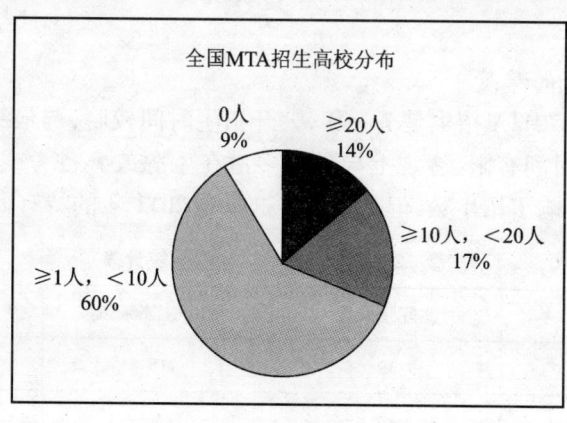

图4　MTA招生高校分布

2. 生源重叠专业的竞争

与 MBA 和 MPA 的生源相比,MTA 的生源主要局限于旅游行业内部,而 MBA 和 MPA 的生源则基本不受行业限制,因此 MTA 的潜在生源必然会与 MBA、MPA 的潜在生源发生部分重叠,这也就必然导致 MTA 不可避免地要面临与已经发展非常成熟的 MBA、MPA 发生竞争。而对于刚刚起步的 MTA 来讲,这种竞争态势就显得更具挑战。因此,一方面,各培养单位要在 MTA 的教学培养上下工夫,强化 MTA 的专业属性,突出旅游管理的行业特点,把生源方面不利的行业局限劣势变为培养目标更有针对性的竞争优势;另一方面,在 MTA 被社会认识和了解的发展初期,通过调剂的方式吸引 MBA、MPA 等相关专业的优质生源。目前,MTA 的入学考试采用的是与 MBA、MPA 一致的考试内容,这样的安排客观上有利于调剂工作的开展,从 2011 年的招生情况来看,调剂录取占到了最终招生数的 34%,说明很多院校已经意识到了调剂的重要性。

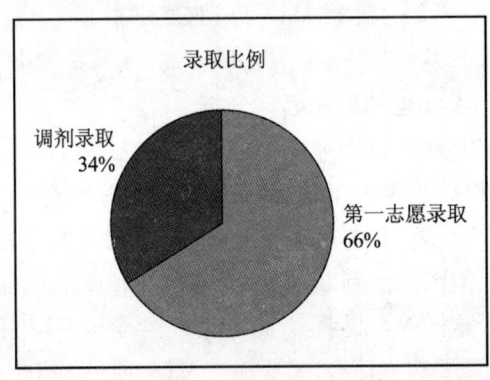

图 5 MTA 录取比例

3. 入学考试的难度

由于 2011 年 MTA 招生是头一年,公开招生时间较晚,与最终入学考试时间不足半年,备考时间有限,客观上导致很多潜在生源放弃备考或备考失败,从而在很大程度上影响了招生数,但是很显然这只是 2011 年的特有因素。

表 2 2011 年全国 MTA 招生统计表

学校名称	实际录取数	第一志愿录取	调剂录取
桂林理工大学	39	15	24
厦门大学	28	1	27

续表

学校名称	实际录取数	第一志愿录取	调剂录取
北京第二外国语学院	27	23	4
南开大学	25	17	8
江西财经大学	24	19	5
中山大学	20	14	6
复旦大学	16	16	0
云南大学	13	3	10
广西大学	12	1	11
暨南大学	12	11	1
西北师范大学	10	2	8
青岛大学	10	8	2
安徽师范大学	10	8	2
中南财经政法大学	9	9	0
河南大学	8	8	0
东南大学	8	8	0
山西财经大学	7	7	0
华东师范大学	7	5	2
安徽大学	5	3	2
新疆大学	5	5	0
广西师范大学	5	4	1
西安外国语大学	4	3	1
山西大学	3	3	0
华侨大学	3	3	0
哈尔滨商业大学	3	3	0
南昌大学	3	3	0

续表

学校名称	实际录取数	第一志愿录取	调剂录取
湘潭大学	3	3	0
西南财经大学	3	3	0
武汉大学	2	2	0
中国海洋大学	2	1	1
四川大学	2	2	0
辽宁师范大学	2	2	0
陕西师范大学	2	2	0
浙江工商大学	1	1	0
天津商业大学	1	1	0
燕山大学	1	1	0
四川师范大学	1	1	0
山东师范大学	1	1	0
东北林业大学	0	0	0
中国地质大学	0	0	0
西北大学	0	0	0
长安大学	0	0	0
总计	337	222	115
东北财经大学	—	—	—
沈阳师范大学	—	—	—
南京师范大学	—	—	—
安徽财经大学	—	—	—
福建师范大学	—	—	—
湖北大学	—	—	—
湖南师范大学	—	—	—

续表

学校名称	实际录取数	第一志愿录取	调剂录取
西南大学	-	-	-
重庆师范大学	-	-	-
云南师范大学	-	-	-
北京工商大学	-	-	-

注：数据由各培养单位于2011年6月30日前提供。

由于2011年各MTA培养院校招生情况不够理想，很多院校招生人数小于10人，难以形成规模，甚至不能形成一个授课班，因此很多院校为了扩大招生规模，采取了"先上车、后买票"的招生模式，即把在入学考试中落榜或有意愿报考MTA的潜在生源先招进来，学费照付，与2011级MTA研究生一同上课，这些学员来年可以参加入学考试，考试通过后成为正式学员，占用考试当年的入学名额，且所修课程的学分办理手续后可转换为MTA学分；若考试（一般可以连考三年或五年不等）没有通过，则完成全部课程修满学分后取得结业证书。这种招生模式被称作"SMTA"，其中S(special)代表特别的意思，北京第二外国语学院、安徽财经大学、华侨大学、厦门大学等都采用了这种招生模式。陕西师范大学则采用了与陕西曲江文化旅游集团合作共办SMTA的形式，主要生源来自于旅游集团内部。SMTA的招生模式虽然并没有从根本上解决全国MTA教育项目的招生困境，但是也体现出各培养单位对招生模式改革的积极探索精神。

至2012年5月中旬，2012级全国MTA招生工作也基本结束，据全国MTA教指委秘书处的初步统计，2012年全国共招收MTA研究生500名左右，比2011年增长了约48%，增长幅度较大。这也充分说明MTA教育项目的社会认知度在逐渐加大，潜在考生对MTA教育项目的关注与需求也在不断增长。随着各级旅游行业主管部门、全国MTA教指委、MTA培养院校及社会各方的积极努力，MTA教育项目的招生前景将会越来越广阔。

三、MTA教育项目培养规格与教育模式的探索

2011年9月，我国首届MTA研究生已经正式入学并接受系统的MTA教育，全国50多所院校都面临着采用何种方式开展教学与培养的问题。MTA教育项目是专业学位硕士研究生教育，与学术型学位处于同一层次，是针对社会特定职业领域的需要，为培养具有较强的专业能力和职业素养、能够创造性地从事实际

工作的高层次应用型专门人才而设置的一种学位类型。因此，专业学位应当具有不同于学术学位的相对独立的教育体系和教育模式，在教学方法、教学内容和培养方式等方面均应该有所不同。

为了更好地指导各 MTA 研究生培养单位开展教育教学工作，国务院学位办组织专家起草、修订了《旅游管理硕士专业学位研究生指导性培养方案》（后文简称《指导性培养方案》），并在 2011 级 MTA 研究生入学后正式颁布。《指导性培养方案》明确了 MTA 研究生的培养目标、培养方式和核心课程，为 MTA 研究生的培养指出了战略方向。此外，各 MTA 培养单位在一年来的教育与教学实践中，也在对上述问题进行探索。

（一）培养目标与基本要求

《指导性培养方案》对 MTA 的培养目标和基本要求都作了规定：

1. 培养目标

培养具有社会责任感、创业创新能力和旅游职业素养、具备国际化视野和战略思维能力、能够胜任现代旅游业与相关行业实际工作的高层次、应用型专门人才。

2. 基本要求

掌握马克思主义基本理论，具备良好的政治素养和职业道德；掌握旅游管理基本原理，具备从事旅游领域管理工作需要的基本知识、专业思维、实践能力与实施技巧；具备开放的国际化视野，能够引领特定行业某一领域的创新发展；具备旅游业及相关行业的管理技能，能够开发潜在资源，创造综合效益；具备前瞻性的战略思维能力，能够把握旅游业发展进程中出现的新现象，解决旅游运行中出现的关键问题。

上述培养目标和基本要求进一步明确了 MTA 教育应当与科学学位区分开来，坚持以旅游专业实践与应用为导向，重视实践与应用，培养能够胜任现代旅游业实际工作的复合型管理人才。

（二）培养方式与教学方法

结合《指导性培养方案》和一年来各 MTA 培养院校的教育与培养经验，MTA 的培养方式和教学方法可以体现在以下几个方面：

1. 合作培养

在培养方式上提倡高等院校与旅游产业部门、科研机构和相关企事业等单位联合培养，培养方式可灵活多样，这样不仅可以解决 MTA 教育应有的实用性问题，还可以使合作单位在 MTA 学生中挑选合适的人才，甚至根据自己单位的实际情况实行定制化培养，促进教育与产业的结合。

2. 采用开放式、国际化和多元化的师资配备

聘请国内外知名的、具有丰富教学经验与管理实践经验的教师为研究生授课。所聘请的教师不仅具有在旅游高等教育科研机构的学习和研究经历并拥有较高的学历，同时还应当具有为国内外一流旅游企业、政府及行业协会担任顾问或管理咨询的经验。还可聘请来自国内外知名旅游企业的领军人物、资深高管人员、旅游行政管理人员为研究生授课。这样才能保证 MTA 项目的教学与培养能够与国内外旅游行业的现状与发展密切相关，MTA 教育的培养目标才能顺利实现。

以南开大学为例，MTA 专业课教师不局限在南开大学校内，而是从国内外该领域最著名的专家学者中选择。例如，首门专业课旅游营销课程聘请了著名海外华人学者为学生授课。此外，在其他核心课程的教学过程中，也邀请了在国内旅游研究领域享有极高声誉的学者，我国旅游业界领军人物也走进课堂，为 MTA 学生授课。来自不同院校、不同风格的教师也为学生们提供了多种类型的学习体验，深受 MTA 学员的积极认可和广泛好评。

3."双师制"导师制度

MTA 教育项目宜采用"双师制"的导师制度，为每位学生配备两位分别来自学界和业界的导师，保证 MTA 学生理论知识与管理实践的紧密结合，突出旅游业关联性强、辐射面广和构成复杂的特点。

业界兼职导师不仅仅只是挂名，而是要真正承担起导师的责任与义务，要积极参与 MTA 院校教育教学改革实践，为 MTA 教育项目的发展献计献策；承担一定的 MTA 教学任务，如授课、专题讲座、案例库建设，或指导 MTA 学生开展调研实习、企业游学活动；与学术导师共同指导 MTA 学生完成毕业论文。MTA 院校可依据导师书面自评报告和学生评价意见，对业界兼职导师资格进行考核，决定是否续聘，并对优秀导师给予奖励。

4. 启发式与研讨式教学方法

MTA 教育在教学方式上应当坚持理论与实践相结合，突出旅游业关联性强、辐射面广和构成复杂的特点，可以在核心课程的基础上，融合不同的模块课程进行旅游管理能力和专业业务能力的培养。在教学过程中注重启发学生思维，将课程讲授、案例研讨、团队学习和专业见习与实习等多种方式相结合，旨在培养学生的思维能力及分析问题和解决问题的能力，培养过程突出旅游管理实践导向。

此外，还可以在教学中通过专题讲座、企业考察、商业计划、比赛和国内外游学等活动培养未来旅游业领袖应具备的国际视野、科学决策能力、领导力和社会

责任感。

南开大学 MTA 中心将游学的方式融入到教学活动中，2011 年 12 月，组织全体 2011 级学生赴河北省遵化阳光依水贵宾楼参加中国首届旅游融合化发展论坛及第三届中国旅游信息化发展论坛，将课堂搬到论坛。此次游学作为服务管理课程的一部分，要求学员根据前一次课程学习的服务管理基本知识、服务价值分析方法与工具，以本次论坛中发生的各类服务事件及亲身参与部分志愿者服务为依据，完成服务管理课程的学习及考核内容。学员凭借此次宝贵的学习与交流机会，可以拓展产业视野，接触业界精英与学界专家。同时，本次活动突出体现了南开大学 MTA 教育区别于传统专业硕士教育授课及考评模式的特点，为学员搭建更贴近于行业实际、面向于发展前沿的学习和实践机会。

5. 加强实践环节

对不同背景研究生的实习要有明确要求，并考核成绩；实习形式要根据研究生的实际情况做多种安排；结合中国旅游业发展实际中的案例进行教学，充分运用课堂讨论引导研究生进行创造性思考。

6. 成绩评定与考核方式

学习成绩应以考试（包括口试）、作业、课堂讨论、案例分析、专题报告、文献阅读等方面综合评定；应聘请实务部门有丰富实践经验的专家讲课或开设讲座；成立导师组，采取集体培养与导师个人负责相结合的指导方式；导师组应吸收旅游实务部门中具有高级专业技术职务或具有高级管理职位的人员参加。

四、MTA 全国教育指导委员会与秘书处工作情况

2011 年 3 月 18 日，国务院学位委员会、教育部、人力资源和社会保障部联合在京召开全国 29 个专业学位研究生教育指导委员会成立会议，教育部党组成员、部长助理林蕙青主持了会议。国务院及 20 余个部委有关领导出席会议，来自高校、行业和企业的 600 多位教指委委员参加了会议。教育部党组副书记、副部长杜玉波，人力资源和社会保障部副部长王晓初出席会议并代表三部委讲话。全国旅游管理硕士专业学位（MTA）教育指导委员会（下称"MTA 教指委"）作为 29 个专业学位教指委之一也获准成立。MTA 教指委成员是在有关单位推荐的基础上，由国务院学位委员会、教育部、人力资源和社会保障部选聘的。其中，国家旅游局副局长王志发被选聘为主任委员，南开大学旅游与服务学院教授李天元和国家旅游局人事司司长魏洪涛被选聘为副主任委员。南开大学旅游与服务学院院长白长虹被选聘为教指委秘书处秘书长。其他教指委委员则分别来自全国旅游产、学、研各界。南开大学被设为全国 MTA 教指委秘书处的挂靠单位，作

为教指委日常工作机构,主要职责是在秘书长的领导下,完成 MTA 教指委交办的各项工作。

3月18日下午,MTA 教指委召开了首次全体会议,会议由魏洪涛副主任委员主持。会议按照三部委的要求,对《全国专业学位研究生教育指导委员会章程》、《MTA 指导性培养方案》以及《MTA 教指委 2011 年度工作议程》等问题进行了热烈讨论。此外,会议重点围绕教育部专业学位研究生教育综合改革试点工作会议精神,就 MTA 教育如何以人为本、以质量为核心、以培养高层次应用型人才为目标、创新教育理念和模式等问题进行了探讨。最后,会议一致通过《全国专业学位研究生教育指导委员会章程》,并对《MTA 指导性培养方案》和《MTA 教指委 2011 年度工作议程》提出了修改意见。《MTA 指导性培养方案》将在广泛征求全国旅游管理各界专家意见的基础上进行反复修订后出台。各位委员一致认为,要贯彻教育部专业学位研究生教育综合改革试点工作会议精神,以培养高层次应用型人才为目标,大力对 MTA 教育理念和模式进行改革与创新,并进行试点工作。

2011 年,MTA 教指委在主任委员和副主任委员的领导下,圆满完成了 2011 年的工作计划,主要内容如下:

(一)2011 年教指委工作要点的落实

1. MTA 教育培养模式的改革创新

响应 MTA 教指委的倡导,几所 MTA 教指委委员所在院校先行先试,积极探索改革创新途径。南开大学 MTA 分别申报并获批了天津市教学培养改革试点项目和南开大学招生改革试点项目,力争在招生制度、培养模式、合作办学、专业共建等方面着力创新、有所突破。北京第二外国语学院、华侨大学、陕西师范大学率先开办了 SMTA。上述学校在招生制度和培养模式上的创新对全国 MTA 的创新发展起到了示范作用。

2. MTA 教育质量认证体系的考察

对于 2011 年工作要点中提出的推进 UNWTO 旅游教育质量认证计划,MTA 教指委秘书处首先利用在西班牙参加学术会议的机会对 UNWTO 的教育质量认证体系进行了考察,之后对中山大学、北京第二外国语学院等已获得相关国际认证的学校进行了考察与访谈,通过调研发现,UNWTO 的教育质量认证体系更适合旅游管理本科教育。MTA 教育作为一个全新的教育项目,全国需要尽快建立适宜的教育质量考评体系,并同时积极考察和引进适宜的国际教育质量认证,以指导并提升各培养院校的教育质量。

3. MTA 应用型人才培养路径的探索

经过半年的 MTA 教育实践,各院校进一步明确了产学研结合是培养高层次应用型人才的必要路径。根据《MTA 研究生指导性培养方案》的指导,部分院校在全国首届 MTA 学员第一学期的课程中已经聘请了国内外旅游业界精英承担部分教学工作,同时开始积极推行"双师制"的导师制度,聘请中国旅游产业界领军人物做兼职导师,并出台了一系列切实可行的课程教学与导师管理制度,还有的院校积极与旅游企业合作,成立 MTA 教学实践与人才培养基地。这些举措均受到了中国首届 MTA 学员的积极认可和广泛好评。

4. MTA 教指委自身的建设

根据《全国专业学位教育指导委员会工作规程》的要求,MTA 教指委秘书处确定了秘书处的组织机构、配备了专业的工作人员、设立了专门的办公地点,保障了教指委日常工作的有序进行。在国务院学位办和教指委领导的指导下,MTA 教指委确定了教指委工作规则和 2011 年工作要点。在广泛征求教指委员意见的基础上,秘书处制订并完善了全国 MTA 教育指导委员会网站的设计方案,目前网站已进入试运行阶段,力争为各培养院校提供一个有效沟通和交流的平台。

(二)教指委其他服务工作的开展

1. 促进全国 MTA 培养院校的沟通与交流

MTA 教指委秘书处与全国 57 所经教育部授权的 MTA 培养院校的相关负责人进行了联络,形成了详细的联络簿,并就 2011 年 MTA 招生情况、MTA 培养方案实施细则等问题与各培养院校进行了有效沟通。作为秘书处挂靠单位,南开大学在本年度与中山大学、北京第二外国语学院、厦门大学、山东大学等多所高校就 MTA 教育项目的发展进行沟通与交流。在纪念南开旅游教育 30 年活动之际,包括副主任委员李天元教授在内的多位教指委员就 MTA 未来的发展进行了重要的交流。

2. 统计与分析 2011 年全国 MTA 招生情况

秘书处通过邮件和电话等方式对全国 2011 年 MTA 的招生情况进行了统计和了解。在 2011 年实施招生的 53 所院校中,共有 45 所院校及时上报了数据,秘书处对相关数据进行了分析,形成了统计报告。根据统计,全国 45 所 MTA 培养单位共招生 337 人,人数远低于各院校的计划招生数(625 人),但是鉴于 MTA 是一个全新的教育项目,其社会认知度和认可度必然需要一个积累的过程。如何快速有效地提高 MTA 的社会认可度成为全国 MTA 培养院校未来几年内共同面临的重要课题。

3. 举办首届 MTA 师资培训班

秘书处于 2011 年 9 月 14～16 日举办了 MTA 核心课程《旅游目的地开发与管理》的师资培训班。此次培训邀请了旅游目的地开发与管理方面的国际权威专家、美国中佛罗里达大学罗森旅游酒店管理学院终身教授、副院长、博士生导师王有成博士来讲授。南开大学旅游与服务学院为培训提供了大力支持，不仅为培训提供了场地和全程服务，而且补足了培训费用的不足部分。作为全国 MTA 第一期师资培训班，本次培训得到了老师们的普遍好评，遗憾的是，由于举办时间正值新学期开始，很多院校的老师因为时间冲突未能参加。

4. 起草与完善《MTA 研究生指导性培养方案（试行）》

在国务院学位办的指导下，教指委起草并完善了《MTA 研究生指导性培养方案（征求意见稿）》，并最终形成了由国务院学位办审核通过的《MTA 研究生指导性培养方案（试行）》。在该指导性培养方案的指导下，各培养单位分别制定了自己的《MTA 研究生培养方案实施细则》，大部分培养单位已报秘书处备案。

五、2012 年工作要点

根据 MTA 教指委主任办公会议的部署，MTA 教指委拟于 2012 年度落实以下工作内容：

（一）确定 MTA 教育的人才定位，推进 MTA 教育的基础建设

MTA 作为一个全新的旅游教育项目，只有明确了其所培育的人才规格，才能够有的放矢地确定其招生范围、录取条件、课程设置等具体内容，也才能让未来的教育质量真正获得市场的检验、最终得到市场的认可。因此，MTA 教指委要组织专家讨论研究 MTA 教育的定位定向问题。围绕着既定的人才定位，教指委本年度要首先围绕教学模式和核心课程教学方案进行探讨。

（二）确定 MTA 教育质量评估指标，启动 MTA 教学质量评估工作

教育质量评估工作的开展不仅可以对各培养院校的 MTA 教育形成有效监督，而且更重要的是能够为各院校提高教学质量水平提供指导。质量评估指标是评估工作开展的基础，教指委要在本年度确立 MTA 教育质量评估指标，为日后 MTA 教育质量评估工作的开展奠定基础。

（三）推进 MTA 教育与职业资格认证的结合，提升 MTA 的市场认可度

MTA 教育面向的是高层次的应用型人才，这与业内部分职业资格认证的受众是一致的，而 MTA 教育与职业资格认证的最终目标都是为了提升旅游高层次人才的职业素养和管理能力，因此，如果能够将二者进行有效结合，不仅有利于彼此推进而且有利于全面提升旅游从业人员素质。因此，本年度教指委要研究探讨 MTA 教育与职业资格教育的结合方式和具体实施路径。

进入 2012 年，MTA 教指委已经开始着手进行计划中的第一项工作。2012 年 3 月 28 日上午，国家旅游局副局长、全国 MTA 教育指导委员会主任委员王志发，在南开大学主持召开 MTA 人才定位与培养模式专题调研会。

MTA 教指委主任委员、国家旅游局副局长王志发，MTA 教指委副主任委员、国家旅游局人事司司长魏洪涛，MTA 教指委副主任委员、南开大学教授李天元，MTA 教指委秘书长、南开大学教授白长虹、南开大学研究生院常务副院长李靖教授以及来自旅游业界的十位贵宾参加了本次研讨会。研讨会的主要任务是深入贯彻全国旅游工作会议和全国旅游人才工作会议精神，落实《中国旅游业"十二五"人才发展规划》，全面了解业界对旅游高端人才培养的需求，围绕 MTA 人才培养的规格、能力与素质要求，MTA 项目的创新性与前瞻性等问题展开研讨。研讨会上，业界来宾分别结合自身在旅游产业丰富的实战经验，围绕 MTA 人才定位及能力目标、培养方式、MTA 项目的课程设置、教学形式等几个议题发表了自己的看法。

王志发局长在研讨会上指出，现阶段旅游教育的学科地位、专业设置、办学规模和资源整合水平远远满足不了旅游业发展的需要。国务院学位办设立旅游管理硕士专业学位是对旅游业发展的巨大支持，因此必须把旅游管理硕士专业学位教育项目做精做好。王志发强调，旅游管理硕士专业学位作为全新的旅游教育项目，要进一步理清人才定位、培养模式等问题，在课程设置、教材建设上下工夫，处理好规范办学与特色办学的关系，为将来 MTA 教育质量获得市场认可奠定良好的基础。

六、相关意见和建议

（一）提升 MTA 教育项目的市场认可度

作为一个全新的教育项目，MTA 教育概念需要宣传、MTA 教育市场需要培育。国家旅游局、全国 MTA 教指委等全国性的专业组织要有意识、有计划地对 MTA 教育项目进行统一宣传和推广。

（二）启动 MTA 教学质量评估工作

MTA 市场认可度的提升不仅需要专业组织的宣传，更需要各培养单位自身口碑的建立，这就需要各培养单位注重 MTA 师资队伍的建设、课程的建设，提高 MTA 的教学质量。因此，在首届 MTA 学员业已入学、第二届 MTA 学员也即将入学的关键时期，建议 MTA 教指委尽快启动 MTA 教学质量评估工作。好的评估不仅会对各培养院校进行有效的监督，更重要的是能够为各院校提高教学质量提供指导。

(三)推进 MTA 教育与职业资格认证的结合

MTA 教育面向的是高层次的应用型人才,这与业内部分职业资格认证的受众是一致的。MTA 教育与职业资格认证的最终目标都是为了提升旅游高层次人才的职业素养和管理能力,如果能够将二者进行有效的结合,不仅有利于彼此推进而且有利于全面提升旅游从业人员素质。因此,建议借鉴国际旅游教育经验,将 MTA 教育与旅游职业资格教育相结合,研究探讨 MTA 教育与职业资格教育的结合方式和具体实施路径。

(四)推进全国 MTA 案例库的建设

案例教学对于以培养高层次应用型人才为目标的 MTA 教育来说是非常必要的,而案例教学的基础是大量真实生动的案例。建设全国 MTA 案例库就是要集全国 MTA 培养院校之力建立一个能够为全国 MTA 教师所共享的优质案例库,为全国 MTA 学员服务。MTA 教指委网站中专门设计了该板块,这也就为案例库的建立提供了有效的信息平台。建议 MTA 教指委能够推进该项工作,指导各培养单位积极开发经典案例。

第三部分
中国旅游教育专题报告

我国旅游信息化教育现状与改革初探

李京颐　陈文力　赵欢　黎巎①

　　旅游业的发展催生了信息技术的旅游应用需求,信息技术的发展又使得其不断渗透到旅游业的方方面面,双方的不断相互作用,促进了培养旅游与信息技术复合型人才的旅游信息化教育的发展。在2000年左右的旅游业快速发展期,旅游信息化教育开始起步。2009年,国务院发布了《关于加快发展旅游业的意见》(国发[2009]41号),将旅游业定位为"国民经济的战略性支柱产业和人民群众更加满意的现代服务业"。要构建现代旅游产业,使之成为现代服务业中的重要组成部分,需要以信息技术为核心,以产业融合和制度创新为两翼,重构旅游行业管理模式和旅游产业体系,实现旅游业建设成为现代服务业的质的跨越。旅游信息化教育由此进入了发展期,旅游本科教育中有关旅游信息化的相关课程逐步增多。

　　旅游业对信息技术带动旅游产业转变增长方式、产业升级的强劲需求引起了政府的高度重视,政府由此提出了旅游信息化应从传统办公自动化、旅游电子商务向更高一级阶段——"智慧旅游"发展。这一指导方针的提出引起了各地政府、旅游企业的高度重视,近几年,各种"智慧旅游"项目纷纷开始建设,有些已经取得了一定成效。旅游信息化教育对于旅游业的战略转型、旅游信息化在其中的重要作用至关重要,在紧接着的未来几年中,旅游信息化教育势必会进入一个快速发展期。

　　本文对我国旅游信息化教育的发展现状、我国旅游信息化教育改革的现状,以及我国旅游"十二五"规划对旅游信息化人才的需求与旅游信息化教育的相应对策三个方面进行分析,找准问题,理清思路,明确方向,以期与旅游教育工作者们共同探讨我国旅游信息化教育的发展问题,思考我国旅游信息化教育的改革方向。

---

　　①　李京颐,男,硕士,北京联合大学旅游学院旅游管理系副教授,主要研究方向:旅游信息化;陈文力,男,学士,北京联合大学旅游学院旅游管理系教授,主要研究方向:旅游信息化,弱势群体娱乐休闲;赵欢,女,硕士,北京联合大学旅游学院旅游管理系讲师,主要研究方向:旅游信息化;黎巎,女,博士,北京联合大学旅游学院旅游管理系,主要研究方向:旅游者游憩行为计算机仿真与旅游信息化。

一、我国旅游信息化教育发展现状

(一) 概况

截至2011年,我国国内开设旅游专业的院校已达千所左右,专业或专业方向设置主要集中在旅游管理、酒店管理、会展管理、旅游规划、旅行社管理、景区管理、休闲与餐饮管理等。本次我国旅游信息化教育发展现状调查从上千所已开设旅游专业的院校中精选出100所有代表性的院校作为调查样本,通过问卷调查、电话访谈、院校网站上的信息收集等手段,获得有效样本93个。有效样本中,985学校占12%,211学校占27%,普通学校占61%。样本的学校级别结构比例基本符合调查样本的要求。93所已开设旅游专业的院校级别结构的统计结果如图1所示。

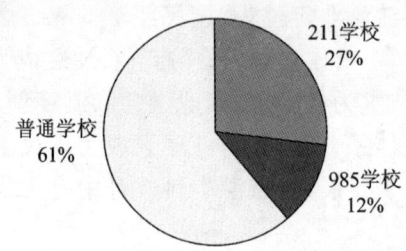

图1 93所已开设旅游专业的院校级别结构

随着信息技术的发展以及在旅游业中的应用,旅游产业出现了信息技术应用水平不断提高、服务模式不断创新、人才需求不断变化的趋势。旅游高等教育本应适应产业发展需求,加强信息技术的旅游应用教育。然而,根据我们对93所从事旅游高等教育学校的调查统计分析,开设旅游信息化专业的学校很少,开设旅游信息化相关课程的学校占总样本的34%(图2)。从总体来看,开设旅游信息化课程的学校偏少,不足50%,落后于旅游业对信息技术应用的需求,不能满足旅游业对旅游信息化应用人才需求的不断增长。

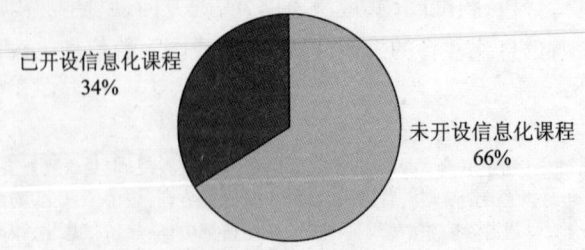

图2 开设旅游信息化相关课程学校所占比例

各院校开设的旅游信息化相关课程主要有多媒体技术及应用、计算机网络管理、数据库原理及应用、高级语言程序设计、C 语言程序设计、Visual Basic 语言程序设计、数据结构、Java 语言程序设计、旅游管理信息系统、电子商务、网络银行与支付、网络经济、网络营销、电子商务物流管理、电子商务信息安全与管理、旅游企业业务流程再造、酒店信息系统、旅行社信息系统、景区信息系统、Auto-CAD 绘图及应用、ASP 动态网页制作、计算机平面设计、计算机网页制作、旅游制图 CAD、遥感数字图像处理、三维虚拟场景软件、管理系统软件构造及应用、信息系统开发与管理、GIS 项目设计与开发、旅游地理信息系统等。开设信息化课程中各类课程所占比例如图 3 所示。

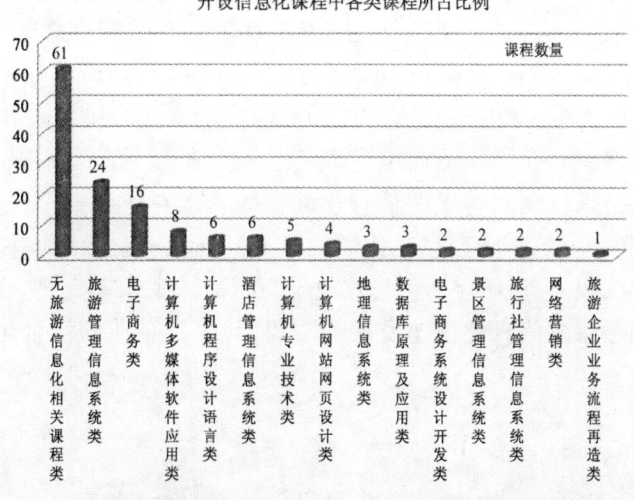

图 3　开设信息化课程中各类课程所占比例

为了支撑信息化的教学或者旅游信息化管理专业的发展,很多学校建立了相应的实验室。虽然这种情况表明了各个学校对于信息化教学的重视,但从软硬件投资的分配看,硬件投资占到了总投资的 78%,软件投资只占 22%(图 4),软硬投资比例不合理,重硬件轻软件的实际情况势必造成专业实验室与大学计算机基础实验室功能重复,专业教育性不强。进一步调查显示,我国高等旅游信息化教育所使用的软件多为模拟软件,除了北京联合大学旅游学院等少数学校外,很少使用旅游企业主流管理软件、实际软件开发平台软件、软件开发工具从事旅游教学和研究。这一情况表明我国高等旅游信息化教育总体上看与实际还有一定差距。

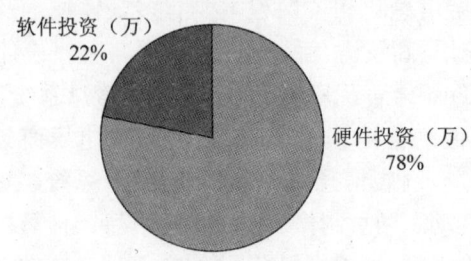

图 4 实验室软、硬件投资比例

在 93 个调查样本中,从事信息化教学的一线教师只占 1%,在开设旅游信息化课程的院校,旅游信息化教师也只占 6%。从事信息化教学的教师中正高级职称占 11%,副高级职称占 54%,中级职称占 35%。93 所旅游院校中信息化教师所占比例如图 5 所示,开设旅游信息化课程院校信息化教师所占比例如图 6 所示,从事信息化教学的职称结构如图 7 所示。教师是教学的基本保障,具备较高水平的师资队伍是我国高等旅游信息化教育的基础。从调查来看,信息化教师整体所占比例偏少,不利于信息化教学的开展。在信息化教师职称比例中正高级职称所占比例偏少,说明旅游信息化教学与科研缺少领军人物。因此,从师资角度还不能满足旅游信息化快速发展的需要,与旅游企业的信息化人才需求还有一定的差距。

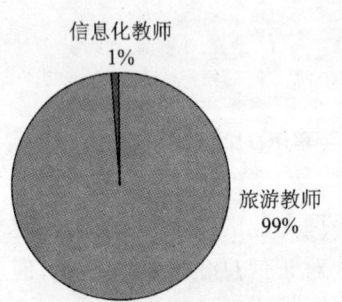

图 5 93 所旅游院校中信息化教师所占比例

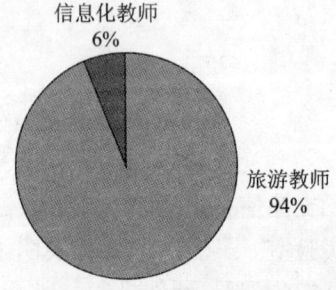

图 6 开设旅游信息化课程院校信息化教师所占比例

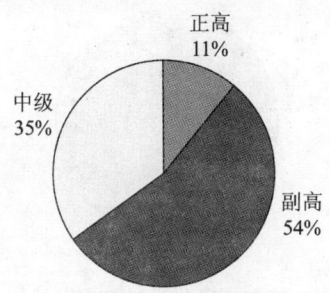

图7 从事信息化教学的职称结构

科研是推动旅游高等教育不断发展的基本动力。近些年来各院校对旅游信息化教学和理论的研究非常重视,编著了一定数量的专著和教材。旅游信息化书籍主要分为三大类,一是旅游电子商务,二是旅游管理信息化,三是旅游地理空间信息化。其中主要是旅游电子商务方面的著作,占总体的65%。各类旅游信息化书籍比例如图8所示。在各类旅游信息化书籍中,专著占50%以上,说明对旅游信息化研究比较重视,但旅游信息化教材偏少,制约了旅游信息化教学的开展(图9)。近年来,旅游信息化书籍的出版呈上升趋势,尤其是这两年更是呈快速上升的趋势。说明越来越多的教师开始重视旅游信息化的研究和教学工作(图10)。

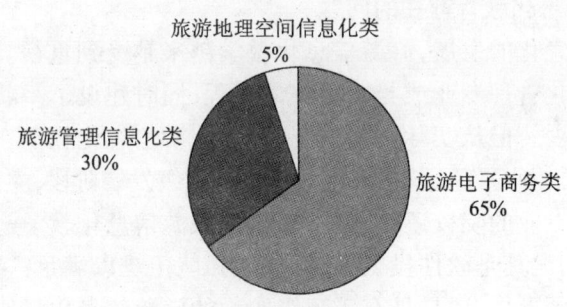

图8 各类旅游信息化书籍比例

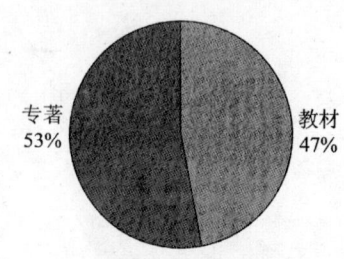

图9　旅游信息化教材与专著的比例

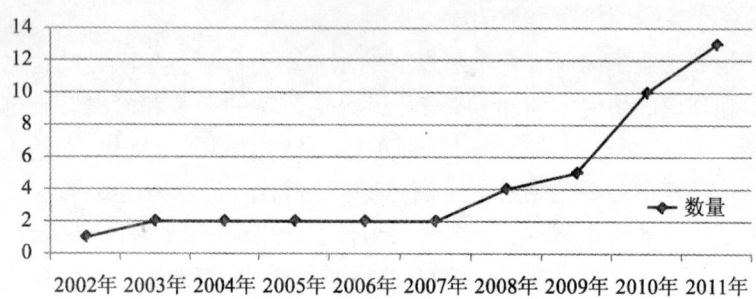

图10　旅游信息化类书籍出版趋势

（二）旅游信息化教育存在的问题

随着旅游信息化的发展,旅游信息化教学越来越受到重视。许多学校相继开设了旅游信息化管理专业或与此有关的课程,同时建设了一些相应的实验室以支持教学的开展。但从实际调查情况来看,旅游信息化教学在我国虽然有了一定的发展,但总体水平还比较低,还只是处于初级发展阶段,主要表现在：①开设信息化方向或专业的院校还比较少；②支撑旅游信息化教学与科研的实验室建设还比较落后,尤其是软件投入不足；③教师队伍难以满足需要,无论是从事信息化教学的教师人数,还是具有正高级职称的旅游信息化科研与教学的带头人都显得偏少；④教学体系还有待于不断探索；⑤教学所用的信息系统大多是模拟软件,与旅游企业实际应用的软件差距较大。然而,虽有各种不足,但发展旅游信息化教学,为旅游行业培养既懂业务,又懂信息技术的高素质复合型人才,已经成为众多旅游院校的共识。在未来几年,旅游信息化教学将成为旅游院校进行竞争的重要领域之一。

(三)案例:北京联合大学旅游学院的信息化教学与科研

旅游信息化是近些年旅游行业发展的一个明显特征,也是未来旅游行业发展的主要趋势。如何开展旅游信息化管理方面的教学和科研,成为旅游院校关注的主要问题。北京联合大学旅游学院较早地关注了这方面的动态,早在2000年就开展了旅游信息化管理的教学和研究工作,对高校开展旅游信息化教学进行了积极的探索。以下从教学计划、实验室建设、师资队伍和科研等方面给予简单的介绍,以供其他院校参考。

教学计划。从办学理念看,旅游信息化管理专业方向的目标是培养面向一线、具有创新思维和利用现代信息技术从事旅游商务活动能力的高级应用型复合人才。围绕这一目标,要求学生毕业时应具备使用信息技术的能力、经营管理的能力和良好的沟通能力。重点强调学生具有旅游信息化的运作能力和对旅游企业业务流程再造的能力。为了达到这一要求,四年学习期间主要安排如下课程:计算机基础类课程,如计算机软硬件知识类课程、面向对象设计类课程、C语言等;经营管理类课程,如经济、管理、财务等;营销类课程,如旅游电子商务、网络营销等;旅游信息化运作类课程,如旅游企业管理信息系统、旅游电子商务网站建设与维护等;旅游企业信息化建设类课程,如旅游企业信息资源规划、旅游企业业务流程重组、旅游企业信息化分析与设计等。除了理论教学以外,教学计划还安排了一定时数的实践教学,通过具体业务实践,采用产、学、研相结合的模式,培养学生动手能力,使其成为社会需要的复合型人才。

实验室建设。为了支撑旅游信息化教学和科研的发展,在北京市政府和联大领导的支持下,从2004年开始,北京联合大学旅游学院陆续投入1000多万元,建成了旅游管理信息化专业实验室和酒店管理信息化专业实验室。与一般重硬轻软不同,北京联合大学旅游学院的专业实验室的软件成为主要投资对象,投资数额占到总投资数额的大约80%,而硬件投资仅占大约20%,凸现了重软轻硬的建设理念。购买的软件主要是酒店、旅行社、景区使用的企业版软件,与旅游企业直接接轨。与一般单纯教学实验室不同,旅游学院的专业实验室不仅具备一般的教学功能,而且具备教学管理和支撑教学改革的功能,具备开展科研和研发的功能,以及支撑社会服务与横向合作的功能。专业实验室的建成,有力地支撑了旅游信息化专业的发展。

教师培养。由于各方面的原因,北京联合大学旅游学院的教师主要以讲授管理类课程为主,在开设旅游信息化管理专业之初,非常缺乏技术类教师,尤其缺乏既懂管理,又懂业务,还懂技术的复合型教师。为了改变这种状况,学校采取了送出去,请进来,干中学,学中干等多种方式对现有教师进行培训,经过短短几年时间,逐步锻造了一支具备教学、科研与开展社会服务的复合型的教师队伍,有力地支持了旅游信息化教学与科研的发展。

科研。旅游信息化教学发展的时间相对较短,很多方面的理论和方法均不成熟。因此,开展科研是推动旅游信息化教学深入发展的必要性工作。结合实际情况,围绕教学需求,教学团队经过多次探讨后认为,旅游业务流程再造理论的欠缺是影响旅游信息化教学和科研发展的主要因素,因此,团队集中力量开展了这方面的研究工作,经过几年的深入调研、细心梳理和多次的研讨,最终在2010年出版了专著《旅游企业业务流程再造》和教材《旅游业务流程原理与实务》两本书,为旅游信息化管理专业的发展奠定了坚实的基础。近年来,北京联合大学旅游学院的旅游信息化团队发表了多篇旅游信息化方面的论文并且承担了多项旅游信息化方面的课题。

二、旅游信息化教育的改革

(一)改革背景

在过去的时间中,旅游信息化教育虽然有了很大的发展,但与社会经济和旅游事业发展的要求相比还有很多不足。这一差距推动了旅游信息化教学不断地通过改革向深层次发展。具体来看,促进旅游信息化教育改革的因素主要有:

(1)人才市场需求。随着旅游事业的不断发展,旅游人才供需矛盾日益突出。以北京为例,根据《北京市旅游行业人才资源发展规划(2001~2010年)》提供的分析,预计2005年北京市旅游行业直接从业人员的总量目标达到45万人,2010年达到65万人,但实际年均供给只有7万人。此外,随着信息技术在旅游行业中的广泛运用,旅游业急需技术与业务相结合的复合型人才。但根据调查,在北京市旅游行业的中高层经营管理者中,受到大学本科教育以上的仅占23%,并且在总体中66.98%的人都没有系统学过工商管理的课程,特别是同时具备信息技术知识和旅游管理知识的人员几乎为零。很显然,人才现状远远不能满足现代旅游业市场竞争和旅游信息化发展的要求。

(2)教育错位。在最初的旅游信息化教学中存在的错位现象,客观上需要对其进行一定的改革。旅游信息化教学需要技术和业务两个方面的知识,但是在最初的旅游信息化教学中,由于业务背景不同,不同学校和不同教师往往过多地强调某一方面的知识的传授,忽略了这两方面的有效结合。结果造成培养的人才无法将这两方面的知识融会贯通,形成技术和业务的两张皮现象,这样的学生走到社会以后,无法适应社会发展的需要。

旅游信息化教育的错位现象和旅游业发展所存在的种种问题,反映了我们对旅游信息化发展内在规律认知的不足和缺失。改变这种现状的办法之一,就是要靠教育的改革。

(3)教学内容安排的不合理。在传统的旅游教学中,理论脱离实际是一个普遍现象。受此影响,新兴的旅游信息化教学同样普遍缺乏有关旅游行业业务的教育,导致旅游信息化管理专业的学生不能在学习期间深入理解和掌握现有的旅游信息系统,毕业后长期不能真正落地,难以实际、独立地从事旅游信息化管理工作,更谈不上有所创新。因此,补充有关旅游行业业务的学习内容,是办好旅游信息化管理专业的基础和前提,弥补这方面的不足,成为我国旅游信息化管理专业继续发展的重要工作。

(4)国际教育理念影响。对于如何开展旅游高等教育和旅游信息化教育,国外有许多值得借鉴的经验。改革开放以后,国内外教育交流日益频繁,国际上一些先进的教学理念和方法也被国内一些有识之士关注和引入。这些方法和理念的引入,推动了国内旅游信息化管理教育的改革。

在中国,旅游信息化教学的改革主要表现在两个方面:教学内容和教学模式。通过对这两方面进行改革,可以推动我国旅游信息化教学的发展。以下以北京联合大学旅游学院的旅游信息化教学为例进行介绍和分析。

(二)改革实践

由于历史和认知等方面的原因,我国旅游信息化教学存在着教学内容不合理和教学模式不科学等问题。从教学内容的安排看,不是过于偏重技术,就是过于偏重管理,缺乏技术与业务的有机联系,形成技术和业务管理两张皮现象,如何将技术和业务管理有机地结合起来,成为困扰旅游信息化教学持续发展的一个主要的问题;从教学模式看,传统的填鸭式教学难以满足学生的求知欲望,也无法使学生很好地掌握旅游信息化操作技能,无法使学生深入理解旅游行业业务管理的精髓,使得学生不能适应实际工作的需要。针对这两方面的问题,北京联合大学旅游学院进行了认真的研究和深入的改革。主要做了三方面的工作:首先,明确理念,科学定位;其次,调整结构,充实内容;第三,整体联动,改变模式。通过多方面改革,使得联大旅游学院的信息化管理教学收到了良好的效果。

1. 办学理念和办学定位

20世纪60年代初,在布鲁纳的教育思想指导下,美国掀起了一场声势浩大的教育改革运动。布鲁纳强调要重视学生学习的信心与主动精神。他指出,一门学科不仅是讲授专门的课题或技能,而是应该使学生弄清楚学科知识组成的基本结构,只有这样才有助于学生解决在课堂外所遇到的问题和事件。这一课程改革运动对现代教育的发展产生了深远的影响。在此背景下,产生了颇具影响力的PBL(基于问题的学习;Problem-based Learning)教学方法。

西方国家的教育,特别是科学教育,经历了从最初定位于传授科学知识,到提出掌握科学研究的方法和过程才有利于系统性地掌握科学知识结构,再到只有亲历科学探究过程才能提升学生的科学素养,这是人们对教育发展规律的认知过程。学生们只有在进行科学推理和批判思维时把过程和科学知识结合在一起,才有利于加深对科学的理解。正因为如此,美国国家研究委员会理事会1994年通过的《美国国家科学教育标准》将科学探究作为学科学的中心环节。

现代教育心理学的主流理论建构主义学派也强调知识是在主客观相互作用的活动之中建构起来的,如何缩小学校与现实生活之间的差距,实现学习广泛而灵活的迁移,是建构主义所关注的核心问题之一。

基于以上理论的学习和借鉴,北京联合大学旅游学院对旅游管理专业和旅游信息化专业的教学进行了深入的改革。通过研究,学校领导和教师一致认为旅游信息化专业的培养目标应该是技术与业务相结合的复合型人才,业务引导技术应该是基本的规律,业务学习应该是重要的内容,模块化教学应该是重要的方式。

2. 教学内容的调整与改革

2003年,北京联合大学旅游学院改革团队在制订旅游管理专业人才计划时,强调了以下几个方面的教学改革原则:

(1)教学改革的核心是专业核心课程群的构建;

(2)学生是课程学习的主体,要发挥学生的主动性;

(3)教师不是知识的灌输者,而应该成为教学的设计者和引导者;

(4)教学过程应该是一种开放的形式,即除了课堂教学讲授,还应该结合旅游业发展的现实,学生应该在掌握教师规定的基本知识基础上,深入社会进行直接的调查;

(5)教学的考核应该注重过程,而不是最终的结果。

2003版的旅游信息化管理专业人才培养方案,是根据北京联合大学应用性人才培养的办学定位,以及北京市旅游局2001~2010年旅游行业的人才规划要求,结合团队在1999年所作的一项《北京市旅游业中、高层管理者教育程度与经营素质及对教育培训需求的调研》的研究成果,以旅游企业信息化管理经营人才核心职业能力培养为主线,以综合职业素质养成为重要方面来设计的。

在四年的人才培养计划中,考虑到教育部将旅游管理专业归属于工商管理的现实,所以第一、二学年为基本知识和基本理论学习阶段;第三学年为学生核心能力培养阶段,试行专业模块课程(引入PBL教学方法加以改造)教学方式;第四学年为专业方向知识拓展和与社会建立广泛联系阶段,主要通过专业方向选修课、实习、做毕业论文来实现,该学期课程采取系列讲座、讲演等多样化方式进行,并聘请企事业单位、研究机构专家、国外的专家教授前来讲授相关课程和内容。

在以上改革思想指导下,旅游信息化管理专业的模块课程主要有以下课程组成:

《旅游企业业务流程再造》、《酒店管理信息系统》、《景区管理信息系统》、《旅行社管理信息系统》、《网络营销与策划》、《旅游企业收益分析》。

3. 新教学模式设计

教改放弃了学期制条状课程安排方式,采用块状集中教学方式,即:将课程分割为几个模块,每过一段时间完成一个教学模块,各门课程依次衔接。每门课程在教学活动中,根据本课程教学内容的特点,一般划分为4个教学单元(有些课程根据社会调查的需要,划分为更多或者较少的教学单元),设计出4周的教学任务。

每周的教学具体流程是:周一进行教师课程内容的讲授(主要包括理论框架、重点和难点,以及布置本周的学习任务);周二和周三安排学生以学习小组为单位进行自主学习(其中的教学环节有:查询有关资料、外出调查、完成汇报学习任务的PPT制作);周四学生以学习小组为单位,利用PPT向全班同学和教师进行汇报(其中教学环节有:讲演、提问、点评、学生和教师共同用专有的问卷打分给出本周的平时成绩)。四周的学习任务完成以后,最后学生以课程论文的方式完成这门课程的结课。

4. 考核方法改革

学校教改团队认为,学习效果的考核应该注重学生综合能力和教学过程的考评,不是简单考核学生的知识掌握和记忆理解能力,要让学生关注的是学习的本身及其内容,而不是关注考试。为综合评价学生各种不同能力的发展与成长程度,对于课堂平时学习考核和课程结业论文考核方式进行了综合改革。每门课程的考核成绩由三部分组成:平时成绩(包括作业、汇报、问卷统计等)、教师课堂对某个学生学习表现的个人评价,以及课程论文,各自比例分别为4:2:4。如此考核的初衷是要体现学生对学习过程的自我评价,而教师起到的是指导学习的作用。

(三)改革的成效

通过改革,北京联合大学旅游学院的教学取得了丰硕的成果,2008年,旅游管理专业课程PBL教学团队获得了北京教委授予的市级优秀创新团队的称号。

总结这次改革，主要成效表现在以下几方面：

第一，改变了传统的教学模式和方法。

传统教学模式主要满足了专业知识掌握和初步认知旅游行业业务的能力，而北京联合大学旅游学院的教学改革则注重综合训练学生的能力，主要有：

(1) 课程教学中实地的社会调查，训练了学生调查与分析现实问题的能力；

(2) 学习小组的合作学习，训练了学生的团队协作能力和组长的组织管理能力；

(3) 学生的合作学习和社会调查与被调查者的交往与沟通，训练了学生的人际协调与沟通的能力；

(4) 课堂的学习汇报与课程上的辩论，训练了学生的口头表达与概括的能力；

(5) 课程论文的写作，训练了学生书面表达与概括的能力；

(6) 通过实际操作和实践教学提高了运用各种旅游管理信息技术和系统的能力。

实际上，教育心理学家们对学生需要多方面能力的培养都有很明确的论述。PBL 教学改革的最主要成果就是教学模式和方式的改革，它符合国际现代教育发展的基本趋势。

第二，得到了学生和用人单位的认可。

为了更好地把握学生学习的情况和效果，在 2006 年 3 月和 2006 年 5 月，分别由北京联合大学旅游学院和旅游学院就业指导中心对参与第一轮课程教学改革实践的 48 位学生和对长期接收我院毕业生的用人单位进行了相关的调查。通过对比发现，无论是学生还是用人单位，都对教学改革进行了积极的肯定。

第三，社会的认可。

2006 年 10 月，在被学校党委和学校领导充分肯定的情况下，此项教学改革成为了北京联合大学本科教学的办学特色之一，成为了当年教育部本科教学质量评估时北京联合大学的亮点之一。

2006 年，此项教学改革被北京联合大学评为 2006 年度教学成果一等奖。旅游管理专业课程的 PBL 教学改革实践成为了全国教育科学"十五"规划国家级课题研究成果《应用性本科教育导论》一书中应用性本科教育教学法的典型案例。中国教育报和北京晚报在当年先后有所报道。

2008 年，旅游管理专业因此教学改革的成效获得了北京市教委批准的北京市级特色专业建设点，同年，旅游管理专业课程 PBL 教学团队获得市教委批准的北京市市级优秀教学团队。

2008年,北京联合大学旅游学院休闲与旅游管理系因此项教学改革的成效获得北京市旅游局和北京市人事局联合颁发的"首都旅游紫禁杯"。

2009年,此项教学改革的成果获得了教育部批准的第四批国家级特色专业建设点。

2011年,教学改革课程之一《旅游调查研究的方法与实践》的教材成为北京市精品教材。

这项教学改革结果,还引起了国内许多旅游院校(系)的高度重视,除了一些参与教学改革的教师已经完成了一些相关的教学研究论文以外,该项目的研究成果还发表在教育部的应用型高等教育研究的课题中。北京联合大学校级领导在国内的一些应用性教育学术研讨会上,多次介绍了该改革项目的情况。2007年6月,旅游学院院长被青岛大学旅游学院邀请到该校专门介绍了这一教学改革的情况,2007年11月,旅游管理专业的负责人宁泽群教授在教育部教学指导委员会旅游管理学科建设会议上介绍了这一教学改革的情况,引起与会者的高度重视。从2006年开始,先后有台湾朝阳科技大学休闲事业管理系、暨南大学旅游学院、青岛大学旅游学院、福建师范大学旅游学院、广州大学旅游学院、广东商学院旅游学院、合肥学院旅游系、江西财经大学旅游系、济南大学旅游学院、浙江农林大学旅游与健康学院等国内外有关院校专家学者前来考察,对本专业教学模式改革给予高度评价。合肥学院专门派遣一名专业教师于2006年12月到休闲与旅游管理系脱产学习一周。

三、旅游"十二五"发展与旅游信息化教育

(一)旅游"十二五"规划与人才需求

根据旅游"十二五"规划,到2015年规划期末,"旅游业初步建设成为国民经济的战略性支柱产业和人民群众更加满意的现代服务业,在扩内需、调结构、保增长、惠民生的战略中发挥更大功能;我国旅游业在世界旅游业格局占据更重要的地位,在国际旅游事务中的影响力进一步提高,建设世界旅游强国迈出坚实步伐。旅游服务质量明显提高,市场秩序明显好转,可持续发展能力明显增强,力争2020年我国旅游产业规模、质量、效益基本达到世界旅游强国水平。"

按照"规划"要求,到"十二五"规划期末,旅游消费将成为国民消费的热点和重要增长点,旅游业占国民经济的比重也将进一步上升。为此,我国将大力推动旅游信息化的发展。总体发展思路是,"围绕旅游业'十二五'总体发展战略,积极应对信息化为传统旅游产业带来的机遇与挑战。把深化信息应用作为主线,提升旅游信息化总体水平,充分发挥信息化对旅游产业发展的支撑与引领作

用;将组织实施重点示范工程作为抓手,分类指导、重点突破,显著提升旅游信息化应用深度;以制定和完善旅游信息化政策规范作为保障,形成激励旅游信息化发展的政策环境;为推动旅游产业综合竞争力全面提升、实现旅游产业总体战略目标提供有力支撑。"

"十二五"期间,旅游信息化建设将努力实现三大目标:信息服务的泛在化,市场运行的现代化和行业监管的精细化。

面对"十二五"期间的新形势,只有大力发展旅游教育、加快人才资源开发,才有可能开创旅游业发展的新局面。对于人才培养,"十二五"规划提出,在未来几年中,要以旅游产业发展需求为导向,实施"人才强旅,科教兴旅"战略,确立人才优先发展地位;建立新型的旅游人才培养与发展机制,全面提升旅游教育质量;加强旅游科研,尽快形成能够支撑和引导产业发展新要求的旅游基础理论和应用理论体系。在继续加强在职人员培训基础上,重点发展适应新业态发展需要的专业人才、可以引领旅游业发展的各类领军人才、旅游行政管理人才、旅游企业经营管理人才、旅游专业技术人才、高素质的导游人才、高技能人才和适应乡村旅游发展的实用人才等;对于旅游信息化人才的培养,中国旅游业"十二五"发展规划信息化专项规划提出,要"制定和完善旅游信息化人才的培养与引进政策;激励和引导有条件的高等院校建立旅游信息化相关专业,培养专业素质高、综合能力强、社会适应性强的人才;积极探索与高等院校的人才定向合作与培养模式,为各级旅游信息化机构输送高层次人才;积极推动以政府为主导、以企业为主体、以大学为人才培养基地、以研究机构为技术创新主要场所的旅游信息化'四位一体'创新体系建设;鼓励各级各类教育培训机构开展旅游行业从业人员的信息化知识和信息化技能培训。"

为了能够更好地实现人才发展战略,国家旅游局还专门制定了"中国旅游业'十二五'人才发展规划"。在这一规划中,将"十二五"期间我国旅游业人才发展的重点概括为以下五个方面:

(1)旅游行政管理人才;
(2)旅游企业经营管理人才;
(3)旅游专业技术人才;
(4)旅游高技能人才;
(5)乡村旅游实用人才。

这五个方面或多或少地都与信息化有关,因此也都与旅游信息化教育有关,通过人才培养,尤其是通过对于具备现代管理理念、掌握现代网络信息技术、熟知现代旅游业务的复合型人才的培养,可以更好地推动我国旅游业在"十二五"

期间得到发展。

(二)"十二五"期间的人才政策和主要工程

为了能够实现人才发展目标,政府将在"十二五"期间实施如下八个方面的重大政策:

(1)有利于旅游人才素质提升的培养政策。通过鼓励校企结合、校际合作、资源共享以及教育模式的改革等推动人才培训质量的不断提升。

(2)有利于改善旅游人才成长环境的职业发展政策。探索岗位培训、技能培训、学历教育与持证上岗、薪酬保险等制度相互衔接的有效机制,为人才成长提供激励。

(3)促进旅游业人才发展的宏观引导政策。由政府对旅游人才发展进行有效的规划、评估、引导、示范,促进旅游人才在总量和结构上达到供需平衡。

(4)有利于旅游人才合理流动配置的人才市场政策。落实各项人才政策,完善人才的市场化配置机制,健全人才市场服务体系。

(5)有利于旅游特殊人才发展的扶持政策。建立和实施弹性用人机制和柔性流动政策,吸引国际人才、专业技术人才特别是离退休老专家和老教师等优秀人才进入旅游行业。

(6)有利于促进优秀旅游人才脱颖而出的表彰奖励政策。落实国家荣誉制度,建立和完善各种荣誉表彰项目。将荣誉表彰与人才使用和薪酬待遇相结合,促进优秀人才脱颖而出。

(7)鼓励旅游企业优化人力资源管理机制的示范引导政策。搭建旅游人才发展咨询平台,建立旅游人力资源开发评估制度,支持旅游院校和旅游企业完善人才开发机制,推动旅游院校与旅游企业开展各种形式的联合与合作。

(8)实施有利于提升国际竞争力的人才国际化政策。通过引入和派出,加强旅游人才的国际交流,鼓励旅游院校与国外院校和各种国际组织之间开展各种形式的国际合作,充分利用国际资源为我国培养各种急需的高端旅游人才。

除此以外,政府还将推进如下有利于人才培养和成长的八项重要工程:

(1)旅游人才政策改革特区工程;

(2)旅游企业人才开发示范工程;

(3)旅游人才海鸥工程;

(4)旅游人才信息工程;

(5)旅游行业名家进课堂工程;

(6)旅游行政管理人才分类培训工程;

(7)旅游企业经营管理人才素质提升工程;

(8)西部旅游人才援助工程。

这些政策和工程的实施,将会极大提高我国旅游从业人员的素质,推动我国旅游人才事业的发展。

(三)旅游高等教育发展对策

根据《中国旅游业"十二五"发展规划纲要》、《中国旅游业"十二五"发展规划信息化专项规划》和《中国旅游业"十二五"人才发展规划》的精神要求,在"十二五"期间我国旅游人才的需求将呈现如下特点:

1. 需求数量持续增长

《中国旅游业"十二五"发展规划纲要》预计,到2015年,中国旅游业新增就业人数将达到1525万人,每年新增旅游就业约70万人。与持续增长的需求相比,人才培养存在差距。

2. 质量要求不断提高

随着旅游业国际化、现代化、规模化、集团化、信息化的发展,旅游人才的素质要求会越来越高,各种专业型、技能型、复合型人才需求会越来越多。

3. 人才需求多样化

随着旅游深入发展,所需人才将呈现多样化。既需要旅游行政管理的人才,也需要企业经营的人才;既需要一般专业技术的人才,也需要具备高技能的人才;既需要适应城镇旅游经营的人才,也需要适应农村旅游的实用人才。

4. 信息人才将呈现新的需求态势

国家旅游局信息化"十二五"专项规划提出信息化对于旅游业的发展具有四个主要方面的作用,推动旅游业转型升级、支撑旅游服务水平的提升、保障区域旅游的和谐发展、提供旅游业创新发展的动力。现代网络信息技术成为影响旅游业深入发展和不断变化的最主要因素,与急剧信息化的旅游业相适应,旅游信息化人才的需求将不断增加。

为了满足旅游行业对于人才的需求,尤其对于现代旅游业急需的信息化管理人才的需求,在"十二五"期间,旅游高等教育要以科教兴旅,人才强旅战略为指引,注重人才从单项、分散培养向系统和整体培养转变,通过不断改革来不断适应旅游业转型升级、新业态快速发展的需要,通过强化校企结合来适应产学研一体化发展的需要,通过科研与教学相结合来适应行业技术构成不断提高的需要,不断创新、锐意进取,不但要在培养数量上提供保障,而且要在培养的方向上进行调整,培养的质量上得到提高,为此,需要做好如下几项主要工作:

(1)调整专业设置,使专业设置与行业转型升级相适应

"十二五"期间,随着网络信息技术的应用以及社会经济的发展,旅游业会出

现明显的升级转型,呈现出各种与传统旅游不同的新业态。这种发展变化的趋势客观上要求高等教育不断调整自身的专业设置,以便培养各类实用人才。根据"十二五"规划精神和旅游行业实际发展情况,需要重点发展的方向有:旅游信息化管理、旅游行政管理、旅游专业技能、旅游综合管理、休闲管理等,其中旅游信息化管理将是未来发展的重中之重。

(2)调整教学内容,使理论与实际相联系

以往的旅游教学存在一个重要问题,就是理论与实际相脱离,教学与行业相脱离。学生在学校虽然可以学到很多管理的理论,但对旅游行业的了解却不多,尤其缺乏对旅游行业实际业务过程的了解。根据调查,国内只有个别进行旅游教学的学校开设了有关旅游业务等方面的课程。这种情况导致学生在就业后迟迟不能入行,也造成用人单位不得不对学生重新进行培训,既浪费了资源,也延迟了学生的成长。因此,改变以往教学内容,增加有关旅游实际业务方面的课程,使理论教学与实践教学相结合、技术培养和业务培养相结合、做事的教育和做人的教育相结合,这样才能适应新时期旅游行业发展的要求。

(3)开展实践教学,使理论教学与实践教学相互促进

旅游教育与行业发展紧密联系,实践要求很高。以往旅游教育的一个不足,在于实践教学大大落后于理论教学,学校往往过多地重视理论教学而忽视实践教学,以至于学生眼高手低,动手能力很差。改变这种现状的方法之一,就是要大力发展实践教学,通过实践教学与理论教学的结合与互动,促进学生全面发展,使学生的综合实践能力不断提高。

(4)积极开展科研,通过科研促进教学与行业发展

高校要与旅游企业、科研院所相结合,在专业建设、学科建设与人才建设相互融合的基础上,加强旅游基础理论和旅游业发展中的重大问题及热点、难点的研究,构造人才培养与行业发展的坚实基础。

人才是科研的基础,尤其是科研领军人才和关键岗位的优秀人才,是开展科学研究的重要保障。因此,健全分配激励机制,注重向科研关键岗位和优秀拔尖人才倾斜,营造人才可以发挥作用的良好环境,是开展科研工作的首要任务。

团队是科研的条件。现代科研工作的一个主要方式,是团队合作。一些难度系数大、涉及面广、复杂程度高的重大项目,只有通过一个团队甚至多个团队的有效合作才能更好地完成。因此,建设具有良好合作精神的科研团队,通过集体的力量来提升科学研究的综合实力,应该是"十二五"期间大专院校与科研院所注重的问题。

实验室是科研的保障。科学研究一靠大师,二靠高水平的实验室。通过多

年的努力,许多院校建立了各种各样的旅游实验室。但从功能上看,这些实验室更多是服务于教学,而支撑科研的能力明显不足。建设一批能够支撑教学与科研的高水平实验室,尤其是建设一批由现代网络信息技术支撑的实验室和用于旅游信息化研究的实验室,将是今后几年我国旅游高等教育研究的重点之一。

除此以外,还要不断优化人才发展环境,坚持走内涵式发展道路,通过不断的教学与科研模式改革,促进旅游人才结构调整,破解影响和制约旅游人才发展的体制机制难题,努力搭建各种人才发展平台,为把旅游业培育成国民经济的战略性支柱产业和人民群众更加满意的现代服务业提供人才保障。

四、发展旅游信息化教学需要思考的几个问题

"十二五"期间,旅游信息化管理人才的培养将是一项非常重要的工作,但如何做好这项工作,还有许多问题值得认真思考,主要有:

(1)理念与定位。培养什么样的人才,是开办旅游信息化管理专业、培养旅游信息化管理人才首先需要考虑的战略问题。战略方向选择错了,会使这项工作事倍功半,甚至劳而无功。要想在战略上不犯或少犯错误,需要从理论和实践两个方面提炼出科学的旅游信息化教学理念,这就要求教育者能对未来旅游信息化的本质和发展的方向以及发展的规律有一个正确的认识。只有基于正确的认知,才有可能确定合理的培养目标,才能培养出被行业所认可的人才。

(2)理论与实践。旅游信息化教学既要求有深厚的理论教学做基础,又要求有良好的操作实践与社会实践作拓展,它是一个理论性与实践性都很强的专业,二者不可偏废。但在具体教学实践中如何合理安排理论教学与实践教学的内容,如何妥善处理理论教学与实践教学的关系,是一个值得深思的问题。

(3)技术与业务。如何处理技术与业务的关系,是开展旅游信息化教学又一个值得思考的重要问题。由于旅游信息化教学既需要技术方面的知识,也需要行业业务方面的知识,这就需要技术和业务两方面的专业教师在教学与团队建设方面通力合作。然而,对于是由技术引导业务还是有业务引导技术的问题,出于专业背景不同的教师往往具有不同的倾向性。如何确定技术与业务在教学中的相互关系,如何协调不同专业背景教师在团队建设中的相互关系,往往是开设旅游信息化专业需要首先解决的棘手问题。

(4)教学与科研。旅游信息化教学是一个随着网络信息技术在旅游行业中的运用而发展起来的新兴专业方向,没有成熟的经验可以借鉴,也不存在成熟的教学体系可以遵循。因此,要办好这一专业,必须注意教学与科研相结合。通过教学不断发现需要研究的理论问题,反过来通过科研推动教学水平的提升,实现

教学与科研的相互支撑和良性互动。

  除此以外,诸如教学与行业的结合、教学模式的变动以及教学内容的安排等都是开设旅游信息化专业需要认真对待的问题。解决好这些问题,不仅需要进行理论上的思考和论证,更需要进行社会的调研,通过对旅游行业实际情况的了解,通过虚心向业内人士的咨询,才能找到科学合理并且切实可行的旅游信息化教学的发展之路。

2011 年我国旅行社发展创新与人才开发培养

姚延波 李彬彬①

一、我国旅行社产业整体运行状况分析

旅行社业作为旅游业的龙头,是连接旅游生产、服务等各个环节的纽带和沟通旅游生产、消费的桥梁。因此,促进我国旅行社行业持续健康发展,直接关系到将旅游业培育成为国民经济的战略性支柱产业和人民群众更加满意的现代服务业的进程。

2011 年是我国国民经济和社会发展"十二五"规划的开局之年,国民经济保持平稳较快发展,为旅游业的发展奠定了良好基础。同时,我国旅游产业战略地位更加明确,各地对旅游业的支持力度明显加大,基础建设不断加强,发展环境进一步优化。有利于行业发展的政策制度相继出台:《中国旅游业"十二五"发展规划纲要》明确了我国旅游业发展目标;《旅行社服务质量赔偿标准》进一步促进了市场秩序公平;《旅行社责任保险管理办法》完善了旅行社责任保险市场,保障旅游者、旅行社合法权益。市场环境方面,2011 年,日本、泰国出境游市场因自然灾害受挫,但国内旅游市场出现多个消费热点,京沪高铁开通,传统观光产品得到提升,红色旅游线路火热,休闲度假旅游迅速崛起,新兴业态快速涌现,在线旅游业务进一步增速。2012 年是实施"十二五"规划承上启下的重要一年,我国旅行社行业将面对更多机遇与挑战。从国际国内环境的未来发展趋势看,2012 年我国经济应该会继续保持平稳较快增长,国民人均收入增加,大众旅游将进一步深入发展;出境旅游产品选择更多、多国旅游签证更加简化,但主要客源国经济增速放缓,入境游增速减慢。宏观制度环境中革新较大的因素应该是旅游法规体系的进一步完整。市场需求方面将体现出以下特点:旅游休闲市场成为新的增长点,散客游、自助游常态化;旅游与文化的融合体验受重视,而信息技术将继

---

① 姚延波,南开大学旅游与服务学院副教授,MTA 中心副主任;李彬彬,天津商业大学宝德学院教师,本报告的第一至第三部分内容参考了姚延波主持的中国旅行社协会课题组《2011 - 2012 年中国旅行社业发展:分析与预测》。

续助推在线旅游市场。

(一) 我国旅行社业总体运行状况分析与预测

2011年是我国"十二五"规划的开局之年,我国旅行社业敏锐把握国内外旅游市场的需求变化,依据行业相关政策制度,融合信息技术进行改革创新,整体运行状况良好。2011年年底,全国旅行社总数为23 690家,同比增长3.98%①。通过表1可以看出,近五年我国旅行社数量一直在增长,但增速逐步放缓。在区域分布上,2011年我国旅行社数量最多的十个省份仍集中在东中部。2010年行业总资产增加,直接从业人员减少;全国旅行社营业收入、旅游业务营业收入、旅游业务毛利润均有增加。三大旅游市场状况良好,国内旅游和出境旅游保持快速增长,入境旅游基本持平(见表1)。

表1 2006~2011年旅行社产业规模指标及其变化

指标							变化率(%)				
	2006	2007	2008	2009	2010	2011	06/05	07/06	08/07	09/08	10/09	11/10
旅行社数量/个	18475	19720	20691	21649	22784	23690	9.67	6.74	4.92	4.63	5.24	3.98
总资产/亿元	484.80	517	521.86	585.96	666.14	–	15.63	6.64	0.94	12.28	13.68	–
负债/亿元	282.04	299.30	299.97	345.99	443.58	–	21.56	6.12	0.22	15.34	28.09	–
所有者权益/亿元	202.76	217.70	221.89	239.97	222.96	–	8.29	7.37	1.93	8.15	-7.09	–
固定资产/亿元	97.39	91.87	93.06	106.31	105.69	–	-1.81	-5.66	1.29	14.23	-0.58	–
流动资产/亿元	315.05	357.55	355.85	430.39	475.39	–	25.75	13.49	-0.48	20.95	10.55	–
其他类型资产/亿元	72.36	67.58	72.95	49.26	85.06	–	4.07	-6.61	7.95	-32.47	72.68	–
直接从业人数/万人	29.3318	30.7977	32.1655	34.0894	27.7262	–	17.85	4.99	4.44	5.98	-18.67	–

资料来源:根据2006~2008年全国旅行社年检通报、2009~2010年全国旅行社统计调查公报和2011年第四季度全国旅行社统计调查情况的公报数据整理。

---

① 国家旅游局监督管理司.国家旅游局关于2011年第四季度全国旅行社统计调查情况的公报[EB/OL] http://www.cnta.gov.cn/html/2012-3/2012-3-5-15-33-84756.html

2011年我国旅行社业还集中呈现如下新特点：

1. 在线旅游井喷发展

据艾瑞咨询预测,2011年中国在线预订市场交易规模预计将达1672.9亿元,较2010年的1037.4亿元增长61.3%；在线预订市场第三方在线代理商营收规模将达90.5亿元,相比2010年增长33.9%,且未来四年中国在线旅行预订市场规模将呈持续高增长态势。具体规模如图2所示。在线旅行预订市场交易规模高速增长,行业中也呈现多种新趋势,如2011年资本市场对在线旅游企业的投资热情高涨,艺龙、去哪儿网、驴妈妈、途牛、乐途、同程、蚂蜂窝、悠哉旅游网等先后都获得巨额投资。这些新兴旅游企业在资本的推动下借休闲度假、景区门票等业务,快速切入在线旅游市场。

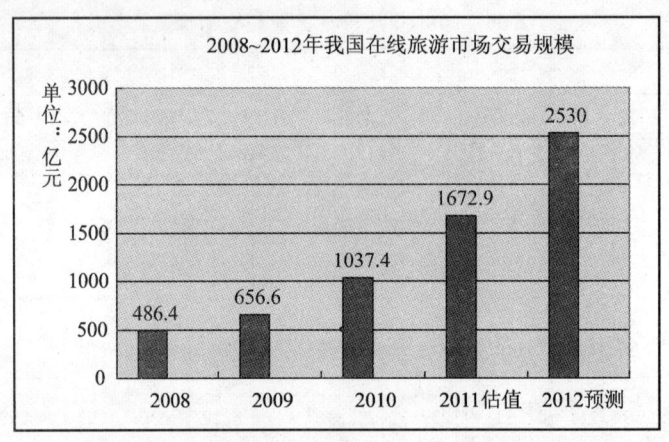

图1　2008～2012年我国在线旅游市场交易规模

注：市场交易规模指在线旅行服务提供商通过在线或者Call Center预订并交易成功的机票、酒店、度假等所有旅行产品的价值总额。包括上游供应商的网络直销和第三方在线代理商的网络分销。文中数据根据企业公开财报、行业访谈及艾瑞统计预测模型估值,仅供参考。

资料来源：艾瑞咨询集团 www.iresearch.com.cn

2. 整个产业结构持续优化：大型旅行社集团化优势显现,中小旅行社寻求差异经营

2011年,我国旅行社业中的龙头企业继续通过兼并、收购等资本运作方式进行集团化扩张,整合产业链的上下游资源,旅行社产业的市场份额和市场集中度较去年都有较大的提升。国有大型旅行社在2011年继续通过内部体制和商业

模式的变革来增加集团的核心竞争力。民营旅行社也在竞争中进行着转型和分化,除了春秋、广之旅等传统大社外,众信、凯撒、捷达、南湖、宝中等区域性的民营企业也开始整合资源、强强联合进行扩张壮大。在大型旅行社集团化、逐渐承担起旅游批发商的同时,我国中小旅行社也在竞争中进行着差异化定位、网络营销、以及品牌营销方面的尝试,通过产品品质及特色服务取得市场认可,进而获取效益。如:凯撒旅游的"欧洲旅游专家",北奥国际旅行社专长于自驾游市场,主打"全球自驾游"的产品,台州海峡旅游公司主做老年市场等,我国旅行社垂直分工体系的加速形成将促成旅行社业适度垄断、分层竞争的市场结构,从而出现各个领域的强势企业。

3. 旅行社业产品设计、营销策略不断创新

随着我国居民人均可支配收入的增加,加之假日制度的不断调整、交通的便捷度提高等因素的变化,我国居民的旅游消费需求被进一步激发。这种需求不仅是一种量变,还包括质的变化,即需求层次的丰富和个性化需求的出现。需求决定供给,不少触觉敏锐且反应迅速的旅行社基于这种需求的变化进行了一系列产品和营销策略的创新,对行业的发展起到了示范和引领作用。"神秘旅游"、"环游世界60天"、"候鸟游"纷纷出现。在营销策略上,以中国国旅集团为代表的传统旅行社紧追市场商业需求和信息技术环境,广泛运用包括微博在内的网络推广平台,例如香港中旅旗下的"芒果网"及其子品牌"青芒果网",通过与天涯社区、鸿星尔克、招商银行等机构的合作,不断拓展自己的生存与发展空间,除提供酒店、机票、旅游产品预订和旅游商城、电子地图和论坛等在线服务外,还在国内部分城市的大型酒店里设有芒果专柜、芒果楼层。除了在线宣传,不少旅行社也在尝试线下实体体验店的"体验营销"。

4. 诚信问题日益突出,地方旅行社诚信评价标准纷纷出台

国家旅游局在2010年开展的"旅游服务质量提升年"活动使我国旅游业在整体服务质量水平、旅游市场规范程度和产业转型升级等方面取得了可喜成绩。但目前代表着我国旅游服务质量水平的另一个关键问题——旅游企业诚信缺失的问题却仍然存在。2011年4月11日,国家旅游局通报了2010年引起关注影响较大的10件旅游案例,其中旅游企业诚信缺失是直接导致这10大案例的重要因素[1]。旅游企业包括旅行社、饭店住宿、旅游交通、景区景点和旅游购物商店等,目前均有不同程度地失信行为。其中旅行社是涉及面最广、产业联动最强、

---

[1] 国家旅游局.旅游局通报2010年引起关注影响较大10件旅游案例[EB/OL].http://www.gov.cn/gzdt/2011-04/11/content_1841538_2.htm

最具代表性的旅游企业,也是目前失信最集中、负面报道最多的旅游企业。以旅行社为代表的诚信缺失问题直接造成旅游者利益受损,阻碍旅游企业之间的合作与发展,影响整个行业的形象和声誉,进而不利于行业的发展壮大。如任其发展,必然会严重制约我国旅游业的发展速度和发展质量。基于此,目前由国家旅游局主办的中国旅游诚信网已经测试投入运行,在地方,针对旅行社诚信评定的标准纷纷出台。

2012年我国旅行社业将出现以下发展趋势:

(1)在线旅游业务持续快速发展,预订模式创新、休闲度假、垂直搜索将是发展亮点。2012年,机票酒店的预订体验将更加成熟和丰富,休闲度假服务质量将在多方努力下得到大幅提升,休闲度假成为人们出行的新选择。

(2)旅行社信息化建设加速,推动"智慧旅游"的发展。我国已经成为世界上互联网使用人数最多的国家,旅游活动作为人们生活方式的延伸,旅游业作为服务业的龙头产业,必然会因为信息技术发生革命性的变化而变革。2012年,智慧旅游将影响更多人旅游的方式。智慧旅游通过基于物联网、无线技术、定位和监控技术,实现信息的传递和实时交换,让游客的旅游过程更顺畅,提升旅游的舒适度和满意度,为游客带来更好的旅游安全保障和旅游品质保障。

(3)旅行社产品支付方式变革加快,"旅游金融体"成为行业发展趋势。旅游企业流动性好,现金流旺盛,旅游与金融相融合能更好地助推旅游业的发展壮大。美国运通"旅游+金融"的运作模式将逐渐在我国旅行社业变成现实。

(4)旅行社产品种类将更加丰富,销售渠道更加创新多样。我国目前已进入大众旅游时代,大部分旅游者虽然对价格敏感,但更重要的特征在于越来越追求个性和自主,不再满足于固定的线路安排,哪怕是高品质的安排,表现在旅游市场上就是游客需要更多、更丰富的选择。面对这一新的消费需求特征,整个旅游业的产业融合、新业态必将不断涌现。而随着我国在线旅游市场的扩大,3G通信时代和"云计算"等概念的普及化,旅游客源市场的终端已不仅是实体的门市部、邮政快递和人群聚集地的电子设备,甚至也不是呼叫中心和服务器,而是在每一个人的手上。这就意味着如果要占领市场,传统的营销渠道和策略必将融入科技创新。网站、短信、视频、博客、微博、手机软件、网络游戏等新兴媒体也将在旅行社销售渠道中所占比重逐渐增大。

(5)旅行社赴台湾、香港游业务将持续增长。全球最大的中文在线旅行网站去哪儿网通过研究2011年1月1日至8月1日期间,网站每月5106万庞大的旅游消费者的搜索资料发布了《中国内地游客赴港旅游及酒店预订趋势报告》,报告表明:香港、澳门、台湾仍是最受中国内地网民欢迎的旅游目的地,重复旅游的诱惑主要来自于无语言障碍、距离近、购物、美食等。自2011年6月内地开放台湾个人游起,台湾成为我国游客外出旅游的重要目的地①。

(6)品质旅游将继续成为旅行社竞争重点。资本运作、信息技术推动着整个旅行社行业日新月异地进步,但剥离技术和资本的面纱之后,旅行社业竞争的基石还是产品品质和服务质量。没有品质做前提的企业融合和创新只会是无本之木和无源之水,尤其是在旅游者旅游经历丰富、旅游品位更加挑剔、维权意识提升的今天。因此,2012年旅行社业的竞争重点将会是注重品质,提升服务质量。2012年初,中国旅行社协会对协会845家会员单位的问卷调查结果表明:518家旅行社2012年的战略发展重点为"注重品质、塑造品牌",比重高达61.3%。

(二)我国旅行社产业组织结构的现状与优化

旅行社的产业组织结构决定了旅行社产业内各企业之间的垄断与竞争关系,以及资源如何在各企业之间有效配置,在保护市场自由竞争的同时充分实现产业的规模经济性。一个合理的产业组织结构,在企业层面可以使大、中、小型旅行社企业合理分工与协作;在产业层面可以提升旅行社的产业竞争力,促进旅行社产业的转型升级;在宏观层面可以提高整体经济效益,促进经济社会的发展,增加社会总体福利。

从产业组织理论角度看,市场结构决定企业行为,企业行为决定市场绩效,同时,市场绩效和企业行为又反过来影响市场结构,最终达到一种均衡。总的来说,市场结构是决定企业行为和绩效的基础。目前,我国旅行社业呈现出过度竞争的产业组织结构特征,这种特征下的产业组织结构直接导致我国旅行社业总体竞争力的低下,无法在国际市场参与竞争,因此,改革与优化我国旅行社产业组织结构成为提升我国旅行社产业竞争力的必由之路。

1. 现阶段我国旅行社产业组织结构呈过度竞争

旅行社市场结构反映了旅行社业内企业的联系方式,是市场主体在规模、数量、市场份额等方面的各种关系以及由其决定的竞争形式。从本质上来看,市场结构是反映市场垄断与竞争关系的一个概念。其中用以反映市场结构特征的最重要的指标是产业集中度,从产业集中度能清晰地判断出一个产业的组织结构特点。

产业集中度(CR)是指某行业内排名前几位的大企业的销售额、产量、资产总额、职工人数、利润等占整个行业的份额。在实际应用中,通常用排名前4位

---

① 新华网.去哪儿网发布《中国内地游客赴港旅游及酒店预订趋势报告》[N].http://news.xinhua-net.com/it/2011-08/30/c_121934076.htm

或前 8 位企业的相关指标进行测定,例如 CR4 代表前 4 位企业所占的市场份额,CR8 则是指前 8 位企业所占的市场份额。这一指标表明行业内的资源或者利润等经济效益指标向某特定或者某几个特定企业集中的程度,集中度越高,证明少数几个大企业在行业中的市场权力越大,在产品价格、产量、研发技术、产品创新等方面的垄断性越强。

根据日本著名产业组织学家植草益的理论,市场结构可以根据产业集中度 CR8 划分为不同的类型,并由此判断出产业组织结构的特点。由于资料所限,我们无法获取我国旅行社排名前 4 位或前 8 位旅行社的营业额、产量、利润等相关数据,只能通过 2000~2006 年国家旅游局公布的年检报告中的相关数据,以国际百强社和国内百强社 CR100 的市场份额对我国旅行社产业集中度进行测算。选取我国旅行社业中排名前 100 位的国际旅行社作为样本,以旅游营业收入为指标对我国旅行社业的产业集中度进行测算,我国 2000~2006 年的 CR100 仅仅在 30%~35% 之间。表 2 中百强国内旅行社所代表的产业集中度则更低,2000 年至 2006 年的 CR100 最高仅为 6.28%。100 家旅行社的集中度尚且如此,如果换做 8 家旅行社的话,则集中度会更低,即使是前 8 家百强国际社,其 CR8 也应当小于 20%。对比植草益的垄断和竞争类型测定表,我们可以清楚地看出,我国旅行社业的市场结构属于典型的低集中度类型,整个产业具有过度竞争的特征。

表 2 全国百强国内旅行社营业收入份额变化(2000~2006 年)

年份	2000	2001	2002	2004	2005	2006
百强国内旅行社旅游业务营业收入(单位:亿元)	22.62	33.77	36.63	61.23	62.07	71.08
占全国旅行社旅游业务营业收入的比例(%)	5.10	6.00	5.40	6.28	5.80	5.24

资料来源:根据 2000~2006 年全国旅行社年检通报中的相关数据计算。2003 年"SARS"期间的数据被剔除。

以 2008 年为例,中国国际旅行社总社位居百强国际社排名第 1 名,但是其当年的市场份额仅占全国总量的 2.8%[1],以此数据进行简单推算,2008 年我国旅

---

[1] 参考自宝岛旅行网. 专访国旅总社 CEO 陈荣. http://www.twbd.ibicn.com/people/archive/201002/03458103614732 8923109. html

行社业的 CR4 应当不超过 10%，以此推算 CR8 更是小于 20%，属于低集中度的市场结构，整体产业组织结构呈现出过度竞争的特点。2009 年位居全国百强旅行社第 2 名和第 4 名的中国国际旅行社总社有限公司和中青旅控股股份有限公司，其旅游业务收入分别仅占全国旅行社营业收入总量的 2.07% 和 1.28%，加在一起仅为 3.35%。排名第 3 的旅行社的市场份额应当介于 2.07% 和 1.28% 之间，如果假设其为 2% 的话，2009 年我国排名第 2、3、4 名的旅行社所占的市场份额也仅仅是 5.35%。当然由于数据有限，这种计算仅仅是一个简单的估算，但是也充分说明我国产业组织结构的过度竞争特征。

2. 我国旅行社产业组织结构过度竞争的表现

根据日本学者小宫隆太郎的定义，过度竞争是指这样一种状态：某个产业由于进入的企业过多，已经使许多企业甚至全行业处于低利润甚至是负利润的状态，但是生产要素和企业仍无法从这个行业中退出，使全行业的低利润甚至负利润状态长期地持续下去。就我国旅行社业的具体情况来看，其产业组织结构的过度竞争特点充分体现在以下几点：

(1) 进入过度与退出限制并存：我国旅行社业的进入壁垒主要体现在政府对旅行社的进入规制方面。行政性进入壁垒的逐渐降低使得我国旅行社的数量急剧增长，近十年来年平均增长率在 10% 左右。这不仅使真正具有实力的旅行社进入了市场，同时也使得大量实力较差、专业化程度不高、没有达到最小经济规模的旅行社进入了市场。

(2) 产品研发能力差，产品差别不足：由于旅行社产品本身具有专利性差等特点，更加剧了整个行业研发能力缺乏的程度。其后果是导致我国旅行社产品同质化现象严重，许多产品的个性化特征不突出，产品无论是从创意理念、日程安排、游览内容、组织形式和服务质量方面，还是从广告宣传和营销策划方面，都极为相似。

(3) 行业价格竞争激烈，利润水平低下：在我国，由于旅行社退出壁垒低，旅行社企业进入过快过密，生产能力过剩，再加上产品差别不足与研发能力差，使得我国旅行社业价格竞争严重，零、负团费现象屡禁不止，市场秩序混乱，企业热衷于追逐短期利益，严重影响了我国旅行社业的社会形象和公信度，同时也导致全行业利润水平低下。表 3 中显示了我国旅行社 2004～2010 年的平均利润水平，从中可以看出，我国旅行社业的利润水平长期偏低，严重影响行业整体规模的扩大，导致行业的低水平运转。

表3 我国旅行社2004~2010年利润水平

年份	2004	2005	2006	2007	2008	2009	2010
净利润率(%)	0.30	0.11	0.41%	0.66%	0.51%	0.64	0.71%

资料来源:2004~2008年全国旅行社年检通报和2009~2010年全国旅行社统计调查公报.

(4)规模经济水平低下:处于过度竞争环境下的我国旅行社业,企业规模普遍较小,尤其能够达到最小经济规模水平的企业数量少、比重低,使那些未达到起始经济规模水平的旅行社成为行业内主要的产品供给者,导致行业内大企业不大,小企业不专,资源利用效率低,整个行业规模经济水平的低下。

3.优化我国旅行社产业组织结构的路径选择

一个良好的产业组织结构应当是一些经营业绩好的旅行社通过自身发展和购并,使旅行社规模越来越大,而那些效益差的旅行社要么退出行业,要么被其他旅行社购并,此时,产业集中度越来越高,旅行社的进入和退出壁垒也越来越大,旅行社之间的竞争也越来越有效,资源的配置效率变高,规模效应也逐步体现出来,一些大旅行社不愿意干或者干不了的一部分市场或业务会为中小旅行社提供生存的空间,形成大、中、小旅行社协同合作的组织结构,只有这样,我国旅行社产业组织才会逐渐走向成熟。因此,优化我国旅行社产业组织结构的路径选择就是:建立寡头垄断与中小旅行社并存的产业组织结构,实现过度竞争向有效竞争的转化。寡头垄断的优越性包括:

(1)提高产业集中度,促进资源合理配置。在寡头垄断的产业中,排名前几位的大企业的市场份额所占比例通常很高,因此会提高产业的集中度。一个产业的集中度越高,说明少数大企业对市场的控制力也就越强,市场的竞争是建立在主体实力相当基础上的几个寡占式大集团或企业之间的竞争,而不是众多中小企业的无序竞争。这些大企业之间的竞争超越了单纯的价格竞争的限制,而是在产品创新、产品质量、售后服务、广告促销、产品差别等多方面的竞争,因而竞争强度大,形式多,竞争效率高,提高了整个产业的竞争水平,有利于资源配置的优化。这种竞争可以有效地消除过度竞争状态下的恶性价格竞争、产业利润水平低下等弊端,有利于产业竞争力的大幅度提升。

(2)提高产业与企业规模经济效益。规模经济是指随着生产规模的扩大和产量的增长而出现的生产成本的降低。在寡头垄断产业中,一方面能促进产业内规模较大的企业内部的专业化分工与协作,降低生产成本,同时由于大批量采购和销售,有利于降低单位产品的成本和销售费用,促进企业规模的扩大;另一方面,可以从整体产业的角度提高企业与企业之间的协作关系,发挥产业链的整体优势。形成以大型企业为核心,众多中小企业实行专业化协作网络的产业组织形式,提升产业整体的协作能力,扩大产业整体规模。

(3)有利于企业技术创新和产品研发。寡头垄断型的产业使得有实力、有垄断地位的大型企业有更强的经济实力和动力开发新产品和新技术,这是因为大型企业可以利用自身的垄断地位,以产品成本等优势防止新技术与产品被其他企业迅速模仿。这对于旅行社这样的产品专利性较差的企业来说尤为重要。

(4)增强了进入壁垒,避免企业过度进入。判断一个产业是否具有竞争性的一个重要标准,就是进入该产业的壁垒是否很高,以至于扼制了新企业的进入。进入壁垒包括规模经济、最低资本需求量、产品差异和政府管制等。进入壁垒是一个产业重要的结构性特征,影响到产业的竞争程度和绩效,是构成市场结构的重要的决定性因素。在寡占市场上,产业集中度高,大企业拥有较大规模的顾客群,因而新进入企业很难与原有寡头企业竞争。

总之,有效竞争是我国旅行社产业组织结构的目标模式。具体来说,有效竞争在市场结构上表现为规模经济与竞争相兼容的寡头垄断型市场结构;在企业的组织结构上表现为以大企业为核心,众多中小企业实行专业化协作的分层竞争的企业组织形态;从市场行为来看,是一种在政府产业组织政策干预下的企业集团或股份公司之间的竞争与协调有机结合的市场行为;从市场效果看,企业集团间的竞争活力促使市场机制有效配置资源。[①]

二、我国旅行社企业发展创新和未来趋势

(一)我国旅行社企业整体发展创新状况分析

根据国家旅游局公布的 2011 年我国旅行社统计调查情况公报,相对于 2010 年,我国旅行社 2011 年国内旅游业务和出境旅游业务增长趋势明显,但入境旅游却表现出增长乏力,甚至在接待入境旅游人次方面出现负增长的情况,呈现出"两高一平"的格局(如图2、图3和图4所示)。2011 年,我国旅行社组织和接待国内外旅游者的相关指标与 2010 年同期相比,均有上升和提高。

---

① 王晓燕.中国产业组织优化的目标模式及实现路径选择.经济经纬,2002(5).

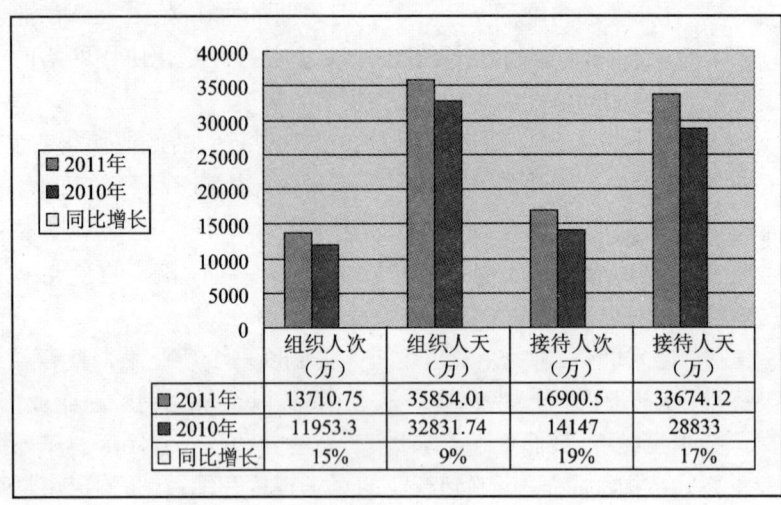

图2 2011年与2010年同期全国旅行社国内旅游业务经营指标比较（单位：万）

资料来源：根据2011年我国旅行社统计调查情况公报和2011年四个季度我国旅行社统计调查情况公报数据整理.

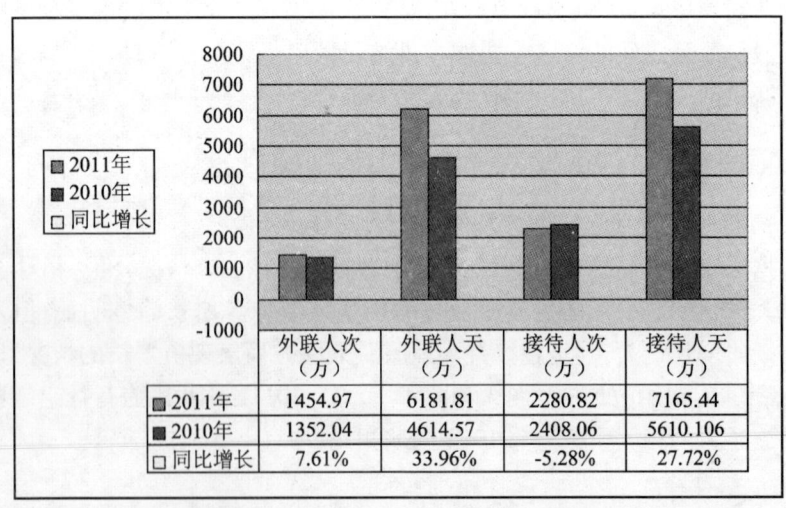

图3 2011年与2010年同期全国旅行社入境旅游业务经营指标比较（单位：万）

资料来源：根据2011年我国旅行社统计调查情况公报和2011年四个季度我国旅行社统计调查情况公报数据整理.

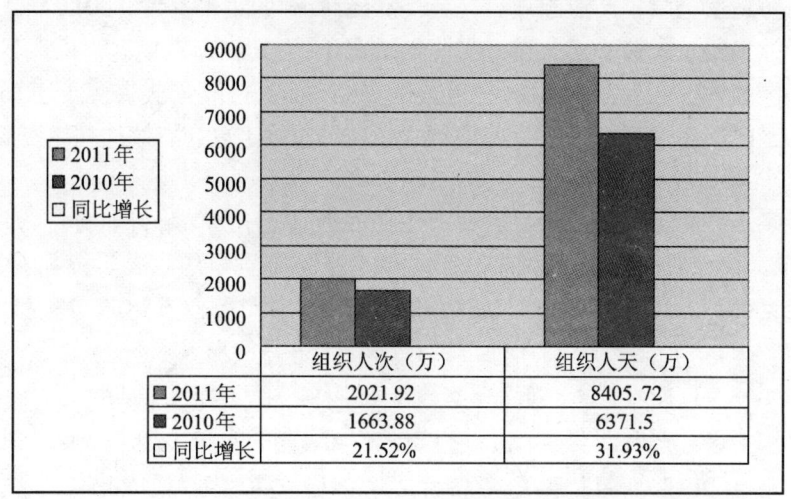

图4　2011年与2010年同期全国旅行社出境旅游业务经营指标比较（单位：万）

资料来源：根据2011年我国旅行社统计调查情况公报和2011年四个季度我国旅行社统计调查情况公报数据整理。

2011年国内旅游业发展方式呈现转型迹象。一是从市场需求来看，从政策刺激进入常态化发展阶段；二是从产业发展来看，从规模扩张走向内涵增长阶段；三是从区域旅游发展格局来看，虽然继续呈东部地区主导的非均衡格局，但中西部入境旅游发展与东部地区的差距呈现缩小态势。在此大背景下，国内不同规模和类型的旅行社结合自身的特点，通过分析市场需求，进行准确的市场定位，寻求新的发展机会，或以综合性全面的旅游业务服务于不同的类型、不同需求的旅游者，或以独特的细分化的旅游业务服务于特殊的旅游者群体。纵观2011年，不同类型、不同规模旅行社的业务经营和企业发展方面出现不同模式的创新。

1. 大型旅行社依托和强化其传统优势旅游业务，同时拓展和探索新业务领域和经营方式

2011年10月，被称为旅游业界"航空母舰"的港中旅集团与东莞寮步镇政府合作，设立区域总部，发展地接业务，利用自己在线路设计、营销网络等方面的优势吸引外地游客来东莞旅游；同时在密云南山房车小镇开始筹建全国最大的房车基地。作为广东旅游业的龙头企业，从2009年开始，广东中旅计划总投资128亿元，在珠三角、粤东、粤西三个区域分别规划建设佛山南海西岸、梅州客天下和湛江东海岛三个旅游产业园项目,以实现旅游资源的集聚开发。2011年4月,康辉旅行社集团正式接受河北鸿舟实业集团委托,为其管理秦皇岛祖山风景区,并负责外围营销。托管景区比起投资景区,旅行社在获取景区资源上更加便捷。托管的景区越多,旅行社的产品要素也愈加丰富,便于更为有效地利用资源。

2. 中型旅行社明确企业定位,不断创新产品和服务特色

多年来,我国旅行社行业发展中存在的企业定位模糊、行业分工不明等问题,造成大批旅行社在经营中效率低下、低水平价格竞争的状况。行业中的一些先知先觉者,尤其是规模中等的旅行社借鉴国际上旅游业发达的国家和地区旅行社的做法,找准企业的位置,通过创新旅游产品特色来寻求企业发展。如凯撒旅行社充分发挥海外优势,确立在欧洲旅游市场领域主导优势,成长为中国出境旅游市场独树一帜的商业品牌。2011年年底,凯撒率先推出网上客户评价体系,该体系通过"客户满意度评分"为游客参团提供参考,浏览者可以根据"评分"、"游客评价"等直观信息考量该旅游产品的优劣,为消费者提供参考,对提升服务质量和游客满意度具有积极意义。面对自驾游市场的良好发展态势,北奥国际旅行社敏锐地凭借旅游接待的经验,整合食住行游购娱等要素,在行业内率先推出了自驾旅游杂志和多条自驾线路。2011年,北奥国际在自驾市场上又迈出了新的步伐,2011年7月组织了11人穿越美国东西海岸及穿越加拿大东西海岸共计34天的自驾产品,8月,与目标汽车俱乐部合作推出穿越蒙古—俄罗斯—贝加尔湖—满洲里的自驾线路,共8辆车。

3. 小型旅行社或服务小众市场,或成为大中型旅行社的代理

随着我国旅行社垂直分工体系的加速形成,小型旅行社开始承担起零售和代理的角色。春秋国旅、凯撒旅游、康辉旅游等作为国内旅游批发商的龙头,在开拓其业务的过程中,与各地的小旅行社合作,这些小旅行社作为其收客点,自然而然地承担起了代理和零售的角色。国内包括像宝中旅游、旅游百事通等在打造其旅游集团的过程中,也推动了一大批旅游代理商和零售商的出现。1998年成立的浙江台州海峡旅游公司是一家只有二十多人的小社,但从2008年决定转型主做老年市场,如今已成为整个台州旅游市场的翘楚。其创新的定位,值得其他小型旅行社借鉴。

4. 在线旅游经营者加快向实体化业务领域渗透,同时完善网络业务

随着领先的在线旅游企业建立自己的旅行社和目的地接待体系,以及传统旅行社越来越多地建立自己的网络平台,网络平台与旅行社呈现相互融合的趋势。作为在线旅游的老大,携程旅行网于2011年12月24日,集合海内外70多家地接旅行社和旅游供应商,成立"携程旅游联盟",深化携程服务落地和服务标

准的统一;27日,携程在国内重要的目的地丽江成立了旅行社分公司;2012年1月10日,携程与成都达成休闲旅游战略合作;1月21日,携程重庆分公司成立,拓展西部地区的旅游市场。这些动作速度之快,投入之大都体现了完善旅行社业务和地面接待服务的用意,通过产品链的完善和线下服务的提升,打造一个覆盖旅行前、旅行中和旅行后的服务价值链。

在经营模式方面,2011年旅行社延续和强化其原有的模式,包括:覆盖旅游产业链上下游的全产业链综合体模式、"旅游+航空"的春秋模式、专业化出境旅游批发商的凯撒模式、连锁加盟经营方式的宝中旅游模式、"线上+线下"一站式服务的携程"在线旅行社"模式、"景点票务+网络营销"的自助游服务商的驴妈妈模式等,并且应用信息技术,结合市场变化发现机会,寻求突破。

在旅行社企业扩张方式方面,基本上延续固有的方式。预测2012年,旅行社的三大业务将延续2011年的趋势;在经营方式上针对不断增强的个性化需求和技术支持,旅行社服务模式呈多样化趋势;大型旅游集团将加快和推进整合资源的步伐,产业融合的趋势进一步加强;无线旅游的快速发展,将影响到传统旅行社和新业态旅游公司的经营。

(二)我国旅行社产品发展创新分析与预测

目前,我国旅行社产品主要针对大众观光市场,依赖资源、缺乏文化,个性化、舒适性明显不足,同质化现象依然严重,仍处于结构性供给不足的初级阶段。但随着我国居民的旅游消费需求的丰富和个性化日益突出,不少对市场敏锐且反应迅速的旅行社已经开始意识到产品创新的必要性和紧迫性,进行了一系列产品的创新,对行业的发展起到了一定的示范和引领作用,具体呈现以下特点:

1. 旅行社产品创新融入更多文化、个性等时尚因素

行业内一些具有前瞻性和实力的旅行社开始尝试在产品创新中融入更多的文化、个性等时尚要素。以荣膺2011年度"中国旅游业界奖"[①]最佳产品创新旅行社奖的凯撒旅游为例,该社在旅游产品中融入文化、历史、艺术、时尚等诸多元素,让旅游产品成为文化创意产业的重要组成部分,为消费者带来更深层次的收获。2011年,凯撒旅游深入挖掘旅游产品的文化内涵,陆续推出狂欢牛仔节—加拿大西海岸10日激情之旅、星夜急速—新加坡F1激情观战之旅等众多特色产品,市场反响热烈。

又如2011年芒果网推出的"神秘旅游"团,游客事先不知道具体行程,去哪

---

① "中国旅游业界奖"是我国旅游业界最全面和广泛认可的颁奖之一,2011年度评奖活动经过专家评审团的专业筛选和大众公开投票选出,投票阶段投票总数超过420万次。

里、玩什么、怎么玩、吃什么,所有这些都由芒果网来安排。整个过程新鲜、刺激、神秘,这种创新备受游客青睐,芒果网此举在国内尚属首创。

2. 基于某一主题的旅游产品线路创新

2011年,众信旅游推出针对肯尼亚动物大迁徙的特色升级旅游产品,正式启动游轮旅游暑假亲子主题、夏季海岛旅游包机产品、针对中老年朋友的高品质俄罗斯旅游产品。凯撒旅游也推出激情四射的"环游体验季"、温馨浪漫的"我的海外婚礼"、万人参与的"冲绳包机活动"等一个个精彩纷呈的主题旅游活动,不断引发出境旅游热潮。

相比凯撒旅游这样的大中型旅行社,中小旅行社产品创新的实力和范围相对有限,但一旦找到了适宜的市场并专注于该市场进行深度开发和产品创新,一样会大有作为。浙江台州市的海峡旅行社,全社共有24人,他们专注于老年市场,并且成立了一个联合体——中国老年旅游联合体,已经连续三年成功举办针对老年市场的"千人喜寿会"主题活动。

3. "自由行"、"顶级游"、"深度游"等各色旅行社产品的创新

随着经济收入的增加、旅游经验的丰富、旅游品位的提升,游客已从"走马观花型"重量不重质的旅游方式向深度体验、个性游的方式转变。2011年,中青旅持续研发特色新产品,推出夏威夷包机直飞产品、高端海岛游、迪拜超值奢玩、台湾自由行首发团、特色探险游等项目,得到客户认可。其中的"百变自由行"业务通过创新服务追求自由随意的散客市场,经过近三年的发展和积累,已经形成了"中青旅百变自由行=丰富的目的地服务+专业的旅游资讯+精选的酒店+可选的机票"的模式,突出了专业、安全、省心、便捷的独特优势。

2011年初,携程网联合香港"最佳旅行社"永安旅游、台湾领先的旅游网站易游网,两岸三地强强联合,首次推出华人旅游史上最顶级的旅游产品——为期两个月的"环游世界60天"顶级行程,首次参团的31名客人每人花费50万元,游览了大洋洲、南美洲、欧洲、中东、亚洲等地的13个国家和地区,体验了各大洲最具代表性的景点和最顶级的酒店,还成功进入南极洲和北极圈。在旅行社产品不断完善创新和旅游市场认知不断提升的共同作用下,"房车游"、"游轮度假"、"自驾游"等新型旅游度假方式所引发的新兴旅游产品也在2011年旅行社产品市场逐渐成长起来。

随着市场消费需求的升级,可以预测2012年,我国旅行社将越来越重视旅游产品创新,整个旅行社行业势必会呈现出"八仙过海、各显神通"的创新局面。具体行动上会表现在更加注重市场细分,如受能力所限,中小型旅行社倾向于选择适合自己的目标市场进行专项开发,集合自己的优势,在某一个细分市场领域

中成为专家和权威。在细分市场的基础上,再主题活化产品、注重通过文化提升品质。这就要求旅行社对目的地的旅游资源、文化、社会有更深刻的认识,从而对游客出游做出深入安排。

(三)我国旅行社营销渠道发展创新分析与预测

1. 传统销售渠道的强化和创新

随着市场环境的不断变化,我国旅行社的销售渠道也受到了一系列的挑战。但在旅行社销售渠道中,旅行社仍需要强化传统销售渠道,占领、巩固、开拓和创新传统的旅游市场。虽然越来越多的游客选择自助游的出行方式,通过网络预订相关产品和服务,但是,仍然有相当数量的游客通过传统的团队方式出游,而且在相当长的时间内不会选择网络预订。所以,国内的旅行社还是应该重视传统的销售渠道,维持、拓展旅游市场。

不少旅行社也在尝试实体体验店的"体验营销"。如众信旅游与南非旅游局联手打造国内首家"南非体验店":南非元素遍布门店的各个角落,门店门口悬挂着大幅南非照片,店内悬挂着游客在南非亲自拍摄的照片,在精心设置的"南非角"里摆放着游客亲手从南非买回来的特色纪念品,背景音乐是来自南非原始部落的鼓声,这一切都使进入体验店的游客从各个感官都沉浸在浓厚的南非文化中。此外,众信旅游还加盟万科社区——尚品市集,在万科不同的社区为业主带去精彩的旅游产品,让业主在专业旅游顾问精心的服务下现场选择旅游产品。

2. 基于信息技术的网络销售渠道的尝试与拓展

2011年6月,中国网民达到4.85亿的人数,位居全球第一。巨大的上网人数促使一大批旅游企业在做好传统营销工作的同时,纷纷自建网站,通过其网站进行网上直销,同时也会借助淘宝、同程网、团购网、移动12580等第三方网络和信息化销售平台,布局自己的销售渠道。总体而言,2011年,我国旅行社在营销领域方面网络营销表现活跃,对IM(即时通信)工具营销、数据库营销、搜索引擎营销、微博营销等新型网络营销方式旅行社也有涉足,而且营销效果明显。

预计2012年,旅行社在市场营销领域将会表现出热衷于网上开店、强化个性化服务、强调营销工作中线上线下的融合、整合各种营销资源进行营销活动、更多利用无线网络技术进行营销等发展趋势。建议旅游行政管理机构及相关部门和行业协会等加强对旅行社营销的监管,旅行社也要关注社会媒体、本地化营销和移动营销等网络营销的热点。

三、我国旅行社产业融合与新业态发展分析与预测

在中国旅游业高速发展的同时,旅游产品供给的同质化和旅游市场需求的

多元化之间的矛盾愈发紧张。中国旅游业也正从传统的"量变"向"质变"发展，从而刺激旅游业态向多元化发展。旅游业态、旅游新业态等课题正成为业内人士所关注的热点问题之一。旅游业是融合力最强的产业之一，旅游活动的综合性、多样性和旅游产品的组合性，决定了旅游业必须以一种开放的方式来发展。在这种开放式的发展过程中，旅游业几乎要和国民经济任何一个产业发生关联，从相关产业那里获得资源、能源、产品、设施、技术、装备、信息、服务等诸多方面的支持，依托相关产业的发展而发展。同时，旅游业作为一种新兴产业和处于快速发展过程中的产业，对相关产业的新技术、新产品、新服务的吸纳性很强。产业融合与业态创新已经成为当前我国旅游经济增长的重要动力，也是我国旅游产业转型升级的战略方向和重点任务。

旅行社产业融合就是旅行社产业在发展过程中与不同产业或旅行社产业内部不同行业之间的相互交叉、相互渗透，最终形成新的产业形态的动态发展过程。2011年，旅行社产业融合的主要方式有以下三种：

（一）高新技术向旅行社产业的渗透融合

即高新技术及其相关产业向旅行社产业渗透、融合，并形成不同于原先传统旅游产业的新的产业形态。如旅游电子商务、网络型旅游经营商等。

（二）旅行社产业与其他产业之间的延伸融合

即通过产业间的互补和延伸，实现产业间的融合，往往发生于旅行社产业链自然延伸的部分，是在旅游需求深入与发展的推动下形成的。这类融合通过赋予原有传统产业新的附加功能和更强的竞争力，形成融合型的旅行社产业新体系。这种融合更多地表现为旅行社产业向第一产业和第二产业的延伸和渗透，如观光农业、观光工业、旅游邮轮业、旅游地产业、休闲地产业、旅游装备制造业、旅游演艺业、旅游文化等产业形态和产品的出现等。

（三）产业内部的重组融合

重组融合主要发生在具有紧密联系的产业或同一产业内部不同行业之间，是指原本各自独立的产品或服务在同一服务集合下通过重组结为一体的整合过程。通过重组型融合而产生的产品或服务往往是不同于原有产品或服务的新型产品或服务。重组融合更多地表现为以信息技术为纽带的、产业链的上下游产业的重组融合，如旅游地接社与组团社的产业融合、旅行社与景区的产业融合、旅行商与住宿业的产业融合、旅游经营商与银行业的产业融合等。

预测2012年，旅行社在产业融合与新业态方面将表现出"创意+旅游"融合、旅行社与信息技术的融合、跨界的产业融合等趋势。

四、我国旅行社人才的开发培养

旅行社是劳动密集型和智力密集型企业,其核心业务是一项复杂的组织协调工作和人对人、面对面的服务工作。可以说,"人"是旅行社的核心,是整个企业的精髓和支柱,旅行社核心竞争力的强弱,归根到底取决于其员工队伍的素质,旅行社之间的竞争实质也是人才的竞争。面对当今散客化、多元化和信息化的大众旅游市场需求,充分运用信息技术和创新商业模式已成为旅行社业从传统走向现代的关键推动因素。而旅行社业规模不断扩张,产品和销售渠道的创新,产业的融合和新业态的演化,都必然需要更多高素质人才来支撑产业发展。注重并发挥人才、教育在旅行社业中的作用,方可加快我国旅行社业成为现代服务业,实现《中国旅游业"十二五"发展规划纲要》所提出的我国旅游业发展目标。

(一)我国旅行社人才现状与存在的问题

古人云:"得人者昌"、"人存政举"。中国旅行社的创办人陈光甫先生常说:"凡百事业,以人而兴,而新陈代谢,尤愿继起有人,俾可维持事业于永久。"数量充足的高素质从业人员是旅行社健康发展的根基和保证。但目前我国旅行社业人才状况存在以下问题:

1. 人才总体数量不足,人才供需缺口较大

以贵州省为例,《2011 年贵州省国民经济和社会发展统计公报——旅游业发展情况》数据表明:贵州省全年旅游总人数 17 019.36 万人次,比上年增长 31.8%;结合《2011 年贵州省导游 IC 卡数据统计表》信息,截至目前,贵州持有导游资格证的导游 10 663 人,持 IC 卡的在岗导游 8720 人。可见 2011 年贵州省内每 1 名在岗导游平均要游接待 1.95 万人次国内旅游者。十二五期间,贵州旅游业将迎来跨越式发展,预计到 2015 年,全省接待旅游者人次将达到 22 000 万人次,届时对旅行社人才的需求也将大幅度增加,因此,不论从现实的角度,还是未来 5 年贵州旅游的发展来看,旅行社人才总体数量表现为严重不足。

2. 高素质人才匮乏,现有人才专业结构不合理

2010 年年底,全国旅行社直接从业人员为 277 262 人,其中大专以上学历为 170 872 人,占 61.6%,但研究生及以上学历所占比重不高。仍以贵州省为例,初级导游占省内持导游资格证总人数的 97%,导游结构不合理,人才队伍素质不高等矛盾突出,适应不了贵州旅游业持续快速发展的需要。另外,旅行社行业从业人员专业结构不合理。旅游行业从业人员中,有相当一部分不是毕业于旅游相关专业,这就容易导致在经营管理理念上出现一些偏差,从而限制行业总体管理水平的提高。

3. 现有培训制度无法满足旅行社人才开发的客观要求

旅行社经理和导游资格证培训以"拿证"为主,人才开发流于形式,导游员业务素质提高缺乏制度上的保证。并且大部分旅行社不重视导游职称级别的申报工作,即使导游有高级职称,旅行社也不会给其特别的待遇,因此导游也没有申报高一级职称的积极性,人才开发水平的提升得不到保障。

4. 用于旅游人才开发的投入不足

在旅行社扩大规模集团化发展过程中,大量的资金用于基础设施的建设,对旅游人才开发培养、利用方面的投入没有引起足够重视,旅游人才开发处于被动从属地位。在人才培养方面,既缺乏对高级人才的培养,又不太注重应用人才的培养。

5. 旅游院校人才培养目标和旅游市场实际需求之间相互脱节

出现这种现象的主要原因有:一是旅游院校的人才定位与市场需求有偏差,许多旅游院校的培养目标是向社会培养和输送高素质高技能应用型旅游人才,而实际的情况并非如此,学生毕业后多数是眼高手低,操作能力、动手能力较差,这与旅游企业需要的上手快、业务熟的要求相去甚远。二是专业课程设置和企业需求脱节。多数旅游院校,尤其是旅游本科院校,专业课程的开设重视理论教学,忽视实践教学,导致学生毕业后很难适应工作,一大部分学生最后还是转行做其他行业。

据国家旅游局统计,中国目前有 2 万余家旅行社,有 1700 多所旅游院校,但从整体看,专业培养国际旅游发展趋势所需要的现代旅行社经营管理人才的旅游院校并不多,且旅行社领域的教学内容较多地偏向于一线操作部门的"导游服务"、"产品销售"等,研究重点偏重于国内旅游。事实上,随着中国加入 WTO,外资旅行社将对我国旅行社企业产生较大的冲击,以美国运通、英国 BTI 等为代表的现代旅行社将凭借其经营管理模式、客源、技术、资金等绝对优势进入中国市场,并在信息技术、市场营销、内部管理等方面取得竞争优势。在这样的背景下,旅游院校需要及时调整"旅行社经营管理"课程的教学重点,将消费者行为分析、客户关系管理、出境旅游知识、管理信息化、电子商务等与现代旅行社经营管理密切相关的知识进行系统地梳理,以便更好地体现这门课程的专业性和综合性。

(二)我国旅行社人才培养对策分析与建议

随着我国旅游业向着大众化、深入化、信息化的发展和竞争的加剧,旅行社业对人才也提出了更高和更新的要求。当前我国旅游企业的发展需要一大批掌握各种知识的复合型人才,以应对日益激烈的市场竞争和信息时代的迫切要求。知识型人才是那种"掌握和运用符号和概念,利用知识或信息工作的人",他们善于生产、创造、扩展和应用知识,为企业带来知识资本增值。在浙江省景区发展与人才培养论坛上,浙江省旅游职业学院旅游规划系主任周国忠表示:未来5年,浙江省最缺一专多能的导游,仅高等级景区、度假区的需求来看,缺口就达1000人以上。一专多能的导游,是指除具备一般导游的技能外,还拥有较强的外语能力、深厚的景区当地人文历史底蕴甚至营养学、地理学、植物学等专门知识的多功能人才。

旅行社人才的培养需要政府、企业、旅游院校和培训机构的共同努力,承担各自的责任、发挥相应的角色,具体可以从以下几个方面努力。

1. 制定旅行社业人才发展战略规划

各级政府和旅游相关行政管理部门应从宏观上制定适合本地区的旅行社人才发展战略规划,保证旅游人才总量与旅游业发展目标相适应,旅游人才结构与旅游产业结构相协调,旅游人才素质的提高与旅游业发展的要求相同步,努力实现旅游人才可持续开发与旅游业稳定增长的良性互动。

日前,厦门市旅游局发布《厦门市旅游业"十二五"人才发展规划纲要》(以下简称《纲要》),提出了"十二五"厦门旅游人才发展的指导思想、发展目标和战略部署;明确了旅游人才发展的主要任务、制度保障和措施。《纲要》指出,"十二五"期间,厦门市旅游人才开发的主要任务是扩大旅游人才队伍规模、改善旅游人才队伍结构、提高旅游人才队伍素质和完善旅游人才培养机制。力争到2015年底,全市旅游直接从业人员具有大专以上学历的人才比例提高到30%,研究生以上学历人才比例提高8%~10%,具有中级以上专业资格、技能证书以及职称的厦门旅游人才总数突破2万人,旅游人才在厦门旅游产业从业人员中的比例逐年递增。

2. 政府和企业加大旅行社人才开发和认证的投入与规范

国家和各级地方政府已经开始逐渐加大对旅行社人才开发的投入,未来仍需进一步深入。《厦门市旅游业"十二五"人才发展规划纲要》也明确提出加大旅游人力资源开发和人才队伍建设的投入,要求旅游行政主管部门和各企事业单位要保证人才经费支出,加大旅游人才开发力度。厦门市旅游行政主管部门每年从市旅游发展资金中提取约10%的额度作为旅游人才发展专项资金,用于旅游人才的培养、引进、奖励以及重点人才工程的实施,并按照一定比例逐年递增,确保厦门旅游人才队伍建设的经费投入。

国家旅游局从2009年已开始实施"名导进课堂"工程,在全国范围内选拔培养了一批高素质的导游培训名师,建立了国家级导游师资库和导游师资储备库,让导游名师走进旅游院校学生课堂、在职导游员培训课堂,全面提升导游队伍的综合素质和整体形象。从 2010 年始,贵州省对导游考试进行了改革,并组织实施了"导游进课堂"工程,下一步,还将继续加大对导游的培训力度,继续实施"导游进课堂"、"万名导游进网络"等工程,提升导游业务能力。

杭州市也开始旅行社人才发现计划、建立品质导游员队伍。他们要求旅行社对注册登记的专职导游人员,要按规定办理劳动聘任手续、签订劳动合同;小语种人才建设也被提上日程,对在杭旅行社引进小语种人才并签订 5 年以上劳动合同的将给予补贴。同时,杭州还将创新导游人员岗位认证模式,将导游人员纳入专业技术职务评聘体系。这些做法都值得借鉴和推广。

3. 旅行社推行现代化人才管理理念,加强综合创新性人才的培养

企业既应强调顾客为本,也应强调员工为本的"以人为本"管理理念,在顺应现代管理学中人性理论发展的趋势中,逐步向人性化的现代人才管理方式转变。在企业内部完善人才培训机制,通过培训、进修等形式,引导旅行社从业人员树立正确的职业生涯发展观,注重职业基本功的积累,树立终生学习理念,确保足够的升值空间。

此外,针对当前旅行社业信息化的深入化,旅行社应增加投入,培养既懂技术又精通旅游管理、旅游产品设计、旅游产品营销的综合性创新人才。提高旅行社工作人员对网络营销的重视程度和应用水平,鼓励员工学习计算机应用基础知识,使其熟练掌握操作技能,将计算机知识和旅游市场营销知识有机地结合起来,不断创新网络营销模式。对于那种需要投入大量人力而短期无法看到效益的较高层次的应用,要着眼长远利益,端正思想认识,提高员工的积极性。

4. 转变旅游教育发展理念,全面提升旅游教育质量

高校旅游相关专业的开设和建设要坚持以市场需求为导向,培养具有市场竞争力的专业人才。各院校要注重专业设置的细分化和特色化,建设适应区域旅行社发展需要的品牌专业集群。在具体教学中,旅游院校一方面要开展工学结合的教学模式,大力实施校企合作,另一方面,应努力推行双证书或多证书制度,使学生毕业后既能拿到毕业证,又能拿到与旅游相关的职业资格证和专业技能证等。

如浙江义乌工商职业技术学院导游专业根据对当地主要旅行社企业的深入调研,对该专业对应的岗位群所需要的职业能力以及构成这些能力的各项要素,进行了详细的论证。提炼出导游专业人才培养的核心知识和能力,制定了理论模块、实践模块、素质模块、创新创业模块等四大教学模块。本着高职的理论教学内容是以"必需与够用"为原则,该校还对理论教学课程进行了"大刀阔斧"的调整。比如,把获取导游职业资格证书的应考内容融进了日常课程的教学之中;

对《旅游文化》与《导游基础知识》课程进行了合理的整合与精简,删除了许多重复的内容;在《服务礼仪》课的教学中,融入了《思想修养》课的教学内容;在《体育》课中融入了《形体训练》课的内容;减少了一些辅助性课程的学时,以选修课或讲座的形式出现,这些做法提高了教学效率。同时,该专业对旅游业内的新知识保持着高度的敏感,及时更新内容,删除一些陈旧内容,开设了或拟开设《旅游安全》、《文物欣赏》等新课程。为了能适应新时期对导游能力的需求,该专业还开设了旅游摄影、音乐舞蹈等课程,鼓励学生考取驾照,选修其他一些生活实用类技能课程。

另外,旅游院校要加强产学研结合,积极与相关旅游企业建立多方面合作关系,让学生能够直接参与旅游企业的相关工作。专业教师要进行旅游市场调查并参与旅游企业开发、经营、管理和规划方面的科研课题,使旅游教学与市场需求之间能够及时反馈信息,从而培养出高素质应用型旅游人才。此外,各类旅游培训机构也需要逐步推进专业化、特色化、规范化改革,尽快形成分工明确、优势互补的旅行社培训体系。

参考文献

[1] World Tourism Organization. International tourism to reach one billion in 2012. 2012 - 01 - 16. [EB/OL] http://www.unwto.org/facts/menu.html

[2] 国家旅游局监督管理司.国家旅游局关于2011年第四季度全国旅行社统计调查情况的公报. [EB/OL] http://www.cnta.gov.cn/html/2012 - 3/2012 - 3 - 5 - 15 - 33 - 84756.html

[3] 国家旅游局.旅游局通报2010年引起关注影响较大10件旅游案例 [EB/OL]. http://www.gov.cn/gzdt/2011 - 04/11/content_1841538_2.htm

[4] 新华网.去哪儿网.中国内地游客赴港旅游及酒店预订趋势报告. [N]. http://news.xinhuanet.com/it/2011 - 08/30/c_121934076.htm

[5] 王晓燕.中国产业组织优化的目标模式及实现路径选择.经济经纬.2002(5).

[6] 福建厦门旅游业十五人才发展规划纲要发布实施. [EB/OL] http://www.lytpw.com/new/11913.html

[7] 林龙飞.论高校旅行社管理专业方向的课程体系优化.湖南财经高等专科学校学报,2008(8).

[8] 韩振华,何亚岚.基于应用型人才培养的"旅行社经营管理"课程教学.

高等工程教育研究,2010(增刊).

[9]傅琴琴.义乌市导游人才培养路径探究.机械职业教育,2012(5).

[10]赵纲.构建旅行社行业"互动型"校企合作人才培养模式的探讨.教育与职业,2011(2).

第四部分
中国旅游理论研究专题报告

国外邮轮旅游研究述评
——基于三大国际权威旅游学术期刊的文献分析

姚延波　贾玥[①]

一、引言

邮轮旅游出现于20世纪20年代，在60年代开始逐渐兴盛，自20世纪80年代以来，全球邮轮旅游人数以年均8.2%的速度稳步增长，其中在1996~2006年间，邮轮旅游人数年均增长9.3%，远高于国际旅游业的整体发展速度。几十年来，邮轮旅游一直是国际旅游业中增长最快的一项业务，其重要原因是邮轮旅游能为旅游目的地带来良好的经济效益，据世界旅游组织（UNWTO）统计，停靠港每接待一名邮轮游客所创造的平均收入高达1341美元。目前，北美地区是全球最大的邮轮旅游市场，但是随着亚洲经济实力的迅速增长，世界邮轮市场逐步东移亚太地区，亚洲邮轮市场呈现出了巨大的发展潜力，其中中国邮轮市场的快速发展尤其令人瞩目。2011年，内地共接待国际邮轮262艘次，国内外邮轮游客超过50万人次，从我国沿海城市出发的国际邮轮全年达到142艘次，与2010年同比增长49.5%。[②] 未来十年将是中国迈入世界领先经济体的关键时期，也是中国邮轮旅游产业化、规模化发展的黄金时期。如何利用这样一个良好的发展机遇，实现我国邮轮产业的规模效益，为国民经济发展做出贡献，是旅游学界与业界共同关注的一个热点问题。

我国邮轮旅游起步较晚，尚处于初级发展阶段，而国内的邮轮旅游研究也刚刚开始，还远远不够成熟与系统，相关研究成果较为匮乏，研究内容不够深入。本文旨在通过对1985~2012年以来刊登在《Annals of Tourism Research》、《Tourism Management》和《Journal of Travel Research》三大国际权威旅游学术期刊

[①] 姚延波，女，博士，副教授，南开大学旅游与服务学院，旅游学系副主任，MTA中心副主任，研究方向为旅游企业管理、公司治理；贾玥，女，硕士研究生，南开大学旅游与服务学院。

[②] 中国交通运输协会邮轮游艇分会，上海虹口区人民政府和上海国际航运研究中心.2011~2012中国邮轮发展报告[M].2012.

的相关文献进行梳理,探究邮轮旅游与邮轮产业的内在发展逻辑,为我国邮轮旅游研究以及邮轮产业发展提供启示与借鉴。

二、研究样本

(一)样本来源与分类

作者借助 Science Direct 和 Sage 外文数据库,锁定《Annals of Tourism Research》、《Tourism Management》以及《Journal of Travel Research》三大国际权威旅游学术期刊,分别以 cruise、cruising、cruise industry、cruise tourism、cruise ship、cruise line 等为检索词进行文献搜索,后在仔细阅读所获取文献的基础上进行筛选,最终共获得 1985~2012 年 28 年间与邮轮旅游研究直接相关的学术文献共计39 篇。

作者根据文献的研究内容对样本进行分类,发现样本文献的研究内容大体上集中在三个方面:一是从产业视角出发,对邮轮产业的产生、发展进程及产业带来的经济影响所进行的研究;二是从个体视角出发,对邮轮旅游者行为特点、模式等的研究;三是区域视角出发,以加勒比海地区为例对地区邮轮旅游的发展进行了研究;四是其他新型视角的相关研究。

(二)样本文献综述

1. 邮轮产业

39 篇样本文献中共有 7 篇对邮轮产业进行了研究。

(1)邮轮产业现状

样本文献中,在邮轮产业整体层面上,研究者大多首先立足产业现状进行分析研究,之后逐步深入地进行各分支领域的细化研究。Weaver[1] 在 2005 年指出,一直以来,麦当劳化的高效性、计量性、预见性、可控性和"理性的非理性"五大核心原则在邮轮旅游产业有所体现,然而随着邮轮旅游的风险以及后福特主义观念的出现,麦当劳化理论已经不足以支撑邮轮旅游产业的发展现状,理论化的探索能够提供一种更精细的方式来探究旅游与社会。Wie[2] 通过动态博弈模型分析了邮轮旅游产业寡头垄断的现状,并使用迭代算法获取数据,为邮轮舱位投资战略决策提供指引。Wie 认为邮轮产业是一个供不应求的产业,他运用动态博弈

---

[1] Adam Weaver. The mcdonaldization thesis and cruise tourism[J]. Annals of Tourism Research,2005,32(2):346-366.

[2] Byung - Wook Wie. A dynamic game model of strategic capacity investment in the cruise line industry[J]. Tourism Management,2005,26(2):203-217.

模型对处于寡头垄断的邮轮产业细分市场进行了分析,并提出可考虑改良博弈模型以便于为价格和邮轮容量投资进行决策。动态博弈模型的建立以及迭代算法的使用能够明确表明并分析寡头垄断中的动态行为,增强了研究的精确度,也为后人的研究提供了新的思路。Véronneau 和 Roy[1]则从供应链的视角对佛罗里达一家大型邮轮公司进行了一年的实地调研,提出了对于全球邮轮旅游供应链的一系列复杂问题的管理对策。作者认为供应链是为邮轮游客带来积极体验的重要推动力量,邮轮公司应选好供应商,重视采购环节以降低成本,并把握人为要素。这为不甚熟识供应链管理的员工带来了启示,对适用于供应链管理的其他服务领域同样具有实践性的指导意义。

从上述研究可以看出,邮轮产业在欧美国家已经发展成为一种成熟的产业,经过激烈的市场竞争和优胜劣汰呈现出寡头垄断的市场结构域态势,竞争手段已经逐渐从价格手段转向各种非价格手段,因此,邮轮旅游研究也进入到如何以更新、更有效的方法和技术创新使邮轮公司在激烈的竞争中获得优势。

(2)邮轮产业的经济影响

邮轮产业之所以在全球范围大规模发展,一个重要原因是其带来的巨大经济效益和大量的就业机会。关于邮轮旅游的首篇学术文献是 1985 年由 Mescon[2]等学者借助投入—产出模型对迈阿密港口邮轮旅游经济影响进行的研究。作者指出 1982 年邮轮旅游对于迈阿密 Dade 郡的总体经济影响达 5.46 亿美元,相关工作岗位达 21627 个。模型显示 1982 年邮轮旅游对 Dade 郡的地区生产总值贡献为 2.64 亿美元。Dwyer[3]也指出在邮轮旅游中经济的重要性,作者构建了一个经济影响评价体系模型以评估国家或地区支出与收益,并应用该模型对澳大利亚地区邮轮产业的经济影响进行了评价,同时指出,在分析邮轮产业的经济影响时不但要区分经济影响与净收益之间的关系,还要充分考虑游客对价格的敏感性,因为这也对地区经济产生重要影响。

(3)邮轮产业的未来发展

20 世纪 70 年代是邮轮旅游发展的重要转折点,80 年代,邮轮旅游成为旅游产业中发展最快的部分,邮轮产业所带来的经济影响和经济效益引人瞩目,因

---

① Simon Véronneau,Jacques Roy. Global service supply chains:An empirical study of current practices and challenges of a cruise line corporation[J]. Tourism Management,2009,30(1):128 – 139.

② Timothy S. Mescon,George S. Vozikis. The economic impact of tourism at the port of Miami[J]. Annals of Tourism Research,1985,12(4):515 – 528.

③ Larry Dwyer,Peter Forsyth. Economic significance of cruise tourism[J]. Annals of Tourism Research,1998,25(2):393 – 415.

此,在这一阶段学者们对于如何将邮轮产业的影响和效益长远地发挥,保证邮轮产业健康发展较为关注。Page[1]认为伴随着邮轮游客数量的大幅增加,应对游客的需求进行细分,以满足游客的不同需求,他认为主题邮轮、会议邮轮等形式都将分占一部分邮轮旅游市场,高客舱容量邮轮也将进一步满足邮轮旅游的季节性需要,并通过分析指出邮轮旅游产业的未来发展潜力巨大。Hobson[2]以美国邮轮产业为研究对象,分析邮轮旅游的增长结构,将邮轮旅游市场划分为四大层级:奢华市场、中层市场、大众市场和特殊市场,同时预测了20世纪90年代邮轮旅游将面临的问题及其原因,并对未来的发展趋势进行预测。Hobson认为未来亚太地区邮轮旅游将快速发展,并对美国造成威胁。从全球邮轮市场发展的现有状况来看,他的预测已经变成了现实。

2. 旅游者

随着产业的不断发展,越来越多的学者将对邮轮产业发展的关注转移到对邮轮游客行为的关注,并逐渐形成了一个研究热点。39篇样本文献中共有23篇文献对邮轮旅游者行为模式等进行了研究。

(1)出游动机与影响因素

在邮轮旅游过程中,首先涉及旅游者购前阶段的出游动机及影响因素的相关研究。Qu 和 Ping[3]运用罗吉斯回归分析对香港邮轮旅游者的出游影响因素以及重游意向进行了研究,他们通过对330名游客的结构访谈,建立绩效模型。调查结果显示,游客出游动机的主要影响因素是"逃离正常的生活"、"社交聚会"和"美丽的环境和风景"。影响重游意愿的主要因素是邮轮的住宿、餐饮和娱乐设施水平。

Hung 和 Petrick[4][5][6]自2010年起先后通过三篇文献对游客重游动机进行了循序渐进的研究。他们认为关于邮轮旅游者出游限制因素的研究较为匮乏,因

---

[1] Ken Page. The future of cruise shipping[J]. Tourism Management,1987,8(2):166-168.
[2] J.S. Perry Hobson. Analysis of the US cruise line industry[J]. Tourism Management,1993,14(6):453-462.
[3] Hailin Qu,Elsa Wong Yee Ping. A service performance model of Hong Kong cruise travelers' motivation factors and satisfaction[J]. Tourism Management,1999,20(2):237-244.
[4] Kam Hung,James F. Petrick. Developing a measurement scale for constrains to cruising[J]. Annals of Tourism Research,2010,37(1):206-228.
[5] Kam Hung,James F. Petrick. Why do you cruise? Exploring the motivations for taking cruise holidays,and the construction of a cruising motivation scale[J]. Tourism Management,2011,32(2):386-393.
[6] Kam Hung,James F. Petrick. Testing the effects of congruity,travel constraints,and self-eficacy on travel intentions:An alternative decision-making model[J]. Tourism Management,2012,33(4):855-867.

此通过建立模型展开实证分析,结果显示限制游客出行的主要因素是闲暇时间以及工作和学习任务繁重等。两位学者还借助动机模型对邮轮旅游者出游意向作了进一步研究,模型显示,动机、机会与能力是邮轮旅游者出游意向的主要影响因素。Hung 和 Petrick 长达三年的持续研究深入探析了邮轮旅游者重游意向的影响因素,是近年来关于邮轮旅游者行为的重要研究成果。

(2) 满意度与忠诚度

在邮轮旅游购买过程中后期,通过人际接触与服务感知,旅游者的满意度与忠诚度问题逐渐凸显。Teye[1] 等人以北美游客为研究对象,深入剖析了邮轮产品与服务传递对于游客满意度的影响。结果显示,总体上邮轮旅游者的满意度都满足或超过预期水平,其中对邮轮服务的满意度排在第一位,且关键产品或服务也能够使满意度达到最高,餐饮、康乐设施、员工服务水平都在较大程度上影响着游客的满意度,与个体相关的情感因素最易对游客满意度产生影响。作者建议未来研究可考虑在对比两条不同邮轮线路的服务满意度、邮轮顾客和酒店顾客的满意度等方面展开。上文中 Qu 和 Ping 的研究也表明,邮轮上的康乐设施以及儿童设施都对旅游者满意度有所影响。

Li[2] 从"投资模型"视角审视了旅游者邮轮旅游品牌的忠诚度影响因素,Li 基于社会心理学模型开展研究,认为游客对品牌的态度忠诚被质量因素所削弱,但被满意度和在该品牌的投入所加强。互联网追踪调查的数据结果与假设关系相符。据统计,满意度、质量和投入在态度忠诚中占74%。作者指出旅游者态度忠诚并不一定导致其行为忠诚,但并未对具体原因进行分析。该研究从投资模型的全新视角对邮轮旅游者忠诚度进行了研究,独具创新性,为后人研究提供了参考与借鉴。

邮轮管理者认为留住现有顾客比获取新顾客更加可行,然而有学者认为尚未有实证研究能够证实忠诚的顾客比新顾客更加节省成本,且必须充分考虑忠诚顾客与初次和多次到访游客间的差异,因此,Petrick[3] 希望通过多元方差分析找到最终结论。研究结果显示,忠诚顾客在未来更希望再次出游,且带来较好的口碑效应。对邮轮服务提供者而言,忠诚顾客体现出了更低的风险和更高的盈

---

[1] Victor B Teye, Denis Leclerc. Product and service delivery satisfaction among North American cruise passengers[J]. Tourism Management,1998,19(2):153 – 160.

[2] Xiang (Robert) Li, James F. Petrick. Examining the Antecedents of Brand Loyalty from an Investment Model Perspective[J]. Journal of Travel Research,2008,47:25 – 34.

[3] James F. Petrick. Are loyal visitors desired visitors? [J]. Tourism Management,2004,25(4):463 – 470.

利性,而非忠诚顾客则表现出了高价格敏感度,邮轮方往往需要更高的成本花费来达到这一部分顾客的满意。

(3)其他旅游者相关研究

除了出游动机、满意度、忠诚度等热点问题外,样本文献中还涉及了其他关于旅游者方面的研究。美国人类学家 Foster[①] 在 1986 年率先对于邮轮旅游者行为进行了研究,这也是可追溯到的最早的关于邮轮旅游者行为的研究。Foster 以南太平洋的一艘小型邮轮为研究对象,探索游客行为和交际方式。结合"短期社会"以及"邮轮文化"理论,作者发现与大型邮轮的游客不同,这些高龄的上层中产阶级游客在发展人际关系上较为谨慎。同年,Marti[②] 借助人口统计学、地理学和经济学理论,研究了小型邮轮的人口特征,发现其与大型邮轮人口特征差别较大。Todd M[③] 等人以美国缅因州巴尔港为例对游客重游意愿进行了实地调研,研究显示三分之一的受试者计划两年内重游该地,且居住地与港口距离是阻碍重游的因素之一,而家庭收入对于重游意向没有明显影响。Jaakson[④] 在墨西哥伊斯塔帕进行实地调研时发现邮轮游客的行为特点可分为四种类型,包括浏览购物型、餐饮休闲型、团体型和探索型,并且这些游客具有一定的活动范围界限。Jaakson 引入了"旅游罩"的新理论,运用传统观察法开展深入实际的调研,将定性与定量研究有机结合,也正是文章的亮点所在。此外,Henthorne[⑤] 针对 1500 名游客,展开了为期五年的研究,以测定牙买加邮轮旅游者的购买习惯和影响要素,通过调研发现,邮轮旅游者在港口的花费与停留时间年龄直接正相关,且邮轮服务人员的服务态度也直接影响旅游者的支出意愿。

通过对样本文献中关于旅游者行为的文献分析,本文归纳与整合出邮轮旅游者行为关系图(见图1)。毋庸置疑,国外学者对于邮轮旅游者的研究已经较为成熟,对于邮轮旅游者行为的相关研究已经形成了一套科学体系且较为深入,研究方法多样;虽然已有的研究角度还不够全面,例如邮轮旅游者的人口特征、

---

① George M. Foster. South seas cruise a case study of a short – lived society[J]. Annals of Tourism Research,1986,13(2):215 – 238.

② Bruce E. Mart. Cruising:Small-Vessel Population Characteristics[J]. Journal of Travel Reasearch,1986,24:25 – 28.

③ Todd M. Gabe,Colleen P. Lynch and James C. McConnon,Jr. Likelihood of Cruise Ship Passenger Return to a Visited Port:The Case of Bar Harbor,Maine[J]. Journal of Travel Research,2006,44:281

④ Reiner Jaakson. Beyond the tourist bubble? Cruiseship passengers in port[J]. Annals of Tourism Research,2004,31(1):44 – 60.

⑤ Tony L. Henthorne. An Analysis of Expenditures by Cruise Ship Passengers in Jamaica[J]. Journal of Travel Research,2000,38:246 – 250

人际接触等方面的研究尚有待进一步展开,但是已有成果为该课题的后续研究打下了坚实的理论基础。

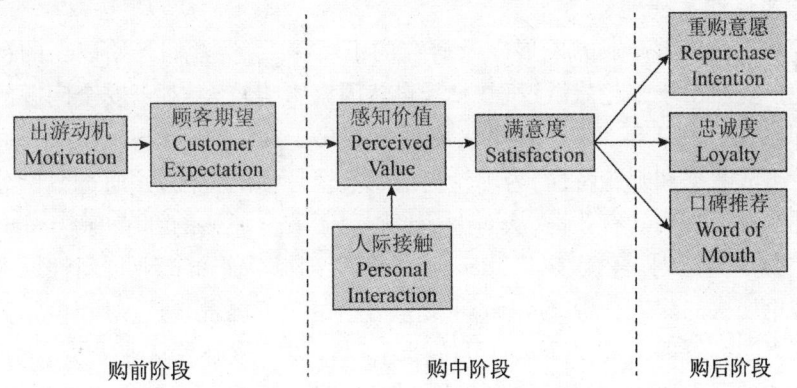

图 1　样本文献旅游者行为关系图

3. 加勒比海地区

28 年间,三大旅游期刊共有三篇文章重点研究加勒比海地区邮轮旅游产业的相关问题。加勒比海地区作为全球邮轮旅游的缩影,其邮轮旅游已成为世界全球化进程中的制高点,因此多年来一直备受学者关注,对该地区进行深入分析,有助于研究者进一步了解邮轮旅游发展进程、面临问题以及为世界其他地区的邮轮旅游发展提供对策建议。1987 年,Lawton 和 Butler[①] 尝试探索 1980 到 1986 年间加勒比海地区邮轮产业的发展历程。作为动态性产业,他们认为立法、外部经济因素、政策发展和市场转化是邮轮行业的主要影响因素。1990 年,随着世界邮轮旅游的发展,Hall 和 Braithwaite[②] 指出了加勒比海地区发展跨国合作伙伴关系的重要性。以该地区为目的地的邮轮数量已经远远超过中转船只,因此加勒比海地区政府需与跨国邮轮线路运营商合作,完善基础设施建设,为地区带来更大的经济收益。Wodd[③] 在 2000 年对于加勒比海地区在"海上全球化"背景下的发展矛盾与不可预测性进行了分析和研究,他认为加勒比海地区代表了区

[①]　L. J. Lawton, R. W. Butler. Cruise ship industry — patterns in the Caribbean 1880 – 1986[J]. Tourism Management, 1987, 8(4):329 – 343.

[②]　J. Anthony Hall, Ron Braithwaite. Caribbean cruise tourism: A business of transnational partnerships[J]. Tourism Management, 1990, 11(4):339 – 347.

[③]　Robert E Wood. Caribbean cruise tourism: globalization at sea[J]. Annals of Tourism Research, 2000, 27(2):345 – 370.

域全球化的持续性进程,且在全球劳动密集型产业中,邮轮船员可能是最多样化的,因此企业面临着如何招募和管理不同员工的问题。

4. 其他相关研究

随着邮轮旅游产业的发展以及研究的不断深入,学者们开始以新的视角审视邮轮产业。由于邮轮旅游过程中,受自然因素影响较大,对于安全问题的研究也随即出现。2004 年,Lois[1]等学者将研究聚焦于邮轮产业的安全评估,通过分析邮轮事故数据和邮轮特性,为邮轮提出了安全评估的方法,并通过案例分析进一步证明这一方法的有效性,从而进一步阐释了安全评估的细节内容,Marti[2]为邮轮旅游卫生计划提供了建议,Papathanassis[3]对邮轮旅游产业创新性地进行了基础理论层次的深入分析,Scherrer[4]则从导游的角度出发,通过对利益相关者的访谈探索游客管理实践与操作的可持续性。Larsen[5]以邮轮从业人员为切入点,立足员工的工作认知、组织承诺以及工作满意度,通过问卷调查的形式进行研究,了解从业者的工作意愿及影响因素。新兴领域的开拓性研究,充分说明旅游研究是为旅游产业服务的,研究热点与关注点始终是围绕着邮轮产业发展中的现实问题和焦点问题开展的。随着世界邮轮产业的不断发展、问题的不断出现,邮轮旅游研究的研究主题和视角出现将会更加多样化与丰富化。

(三) 样本文献分析

三大国际权威旅游学术期刊中的研究成果在旅游学术界颇具代表性和引领性,对其进行文献分析有助于我们充分了解国内外邮轮旅游研究的现状及趋势。由文献统计数据可以看出(见图 2),自 1985~2012 年 28 年来,关于邮轮旅游的学术研究整体上呈现出上升态势,特别是在 2000 年以后,随着世界经济及邮轮产业的发展,相关研究开始逐渐增多。其中,2004 年 2005 年和 2011 年三年达到高峰,三大期刊中每年该领域的研究成果在 5 篇左右,由此可见邮轮旅游产业的受关注程度正与日俱增。通过图 2 也可以发现,28 年来邮轮旅游的研究呈波浪

---

[1] P Lois, J Wang, A Wall, T Ruxton. Formal safety assessment of cruise ships[J]. Tourism Management, 2004, 25(1):93-109.

[2] Bruce E. Marti. The Cruise Ship Vessel Sanitation Program[J]. Journal of Travel Research, 1995, (33):29-38.

[3] Alexis Papathanassis, Insa Beckmann. Assessing the "poverty of cruise theory" hypothesis[J]. Annals of Tourism Research, 2011, 38(1):153-174.

[4] Pascal Scherrer, Amanda J. Smith, Ross K. Dowling. Visitor management practices and operational sustainability: Expedition cruising in the Kimberley, Australia[J]. Tourism Management, 2011, 32(5):1218-1222.

[5] Svein Larsen, Einar Marnburg, Torvald Qgaard. Working onboard—Job perception, organizational commitment and job satisfaction in the cruise sector[J]. Tourism Management, 2012, 33(3):592-597.

状发展,波动较大。以 2008~2009 年为例,邮轮旅游研究在这两年由高峰跌至谷底,重要原因之一是 2008~2009 年正处于全球金融危机时期,入境旅游的低迷影响了邮轮旅游的发展,与此相关的相关研究数量随之锐减。这也充分说明邮轮旅游的研究与邮轮产业的发展密不可分。

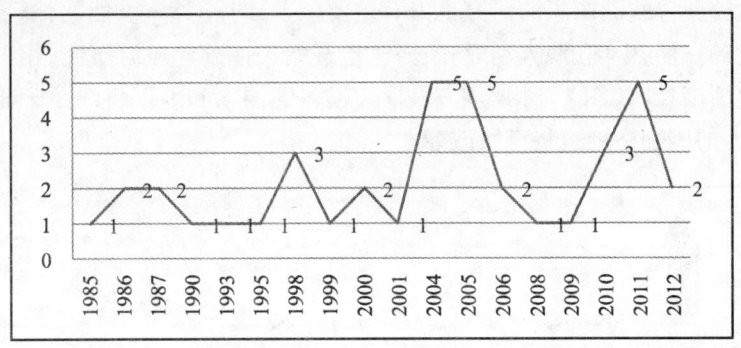

图 2 样本文献年份分布图

在研究内容上,关于邮轮产业、旅游者、加勒比地区以及其他内容的研究所占比例分别为 17.9%、59%、7.7% 和 15.4%,如图 3 所示。2000 年以后,邮轮旅游的相关研究开始逐渐增多,约占文献总数的 69.2%,这一时期研究内容主要集中在邮轮旅游者行为方面,文献数量占到总数的 48.7%,可见关于邮轮旅游的研究内容正随着产业的不断发展由不断细化,贴近产业发展的需求。近几年来,邮轮旅游研究的内容逐渐显示出多样化态势,涉及到邮轮基础理论、安全问题以及员工管理等新的研究视角。

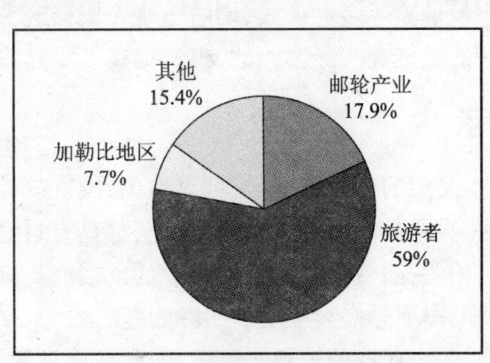

图 3 研究内容比例构成

从样本文献作者的国别来看(以第一作者国别计),目前在邮轮旅游产业研究领域,研究者的地区分布较为集中,欧美特别是北美国家仍占主导地位。其中,美国20篇,加拿大3篇,地处加勒比海北部的巴哈马1篇,占到文献总数的61.5%,显然比例较大,这也与全球邮轮业的发达程度相吻合。欧洲国家包括英国、德国、挪威等欧洲国家的研究也占有重要位置,约占18%。然而,随着亚太地区邮轮业的发展,中国、澳大利亚、新西兰也开始关注邮轮旅游研究,相关研究成果数量逐渐增长(如图4),相信未来,越来越多的国家和地区将涉足邮轮旅游研究,研究者的国别格局也将有所改变。

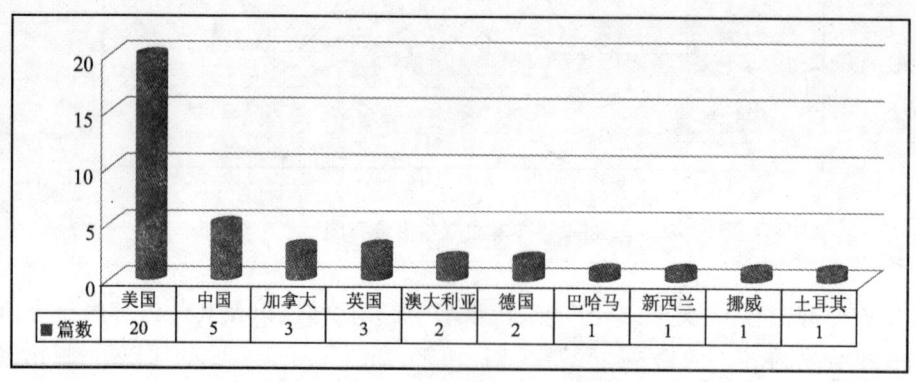

图4 样本文献作者国别统计图

在研究方法上,1998年以后,样本文献逐渐由定性研究转向定量研究,在1998年以后的33篇文献中,涉及定量研究的篇目占到72.7%,包括因子分析、方差分析、回归分析、假设检验等多种形式,同时重视个案研究和实证研究,在研究中通常辅以数据资料的验证和实际案例的支持,提高了研究的精准度与科学性。

三、结论与启示

根据对39篇样本文献的分析与探讨,可以看出,国外邮轮旅游研究的内容、进展、热点、研究方法、数量分布、作者分布等方面,都具有自身独有的特点,且与邮轮产业的发展密切相关,随着邮轮旅游与产业的发展而不断深入与完善,始终围绕着邮轮产业发展的需要和需要解决的实际问题。

目前,由于我国邮轮产业尚处于起步阶段,与邮轮旅游相关的研究成果也较为匮乏,研究成果数量有限,且大多集中在对产业发展潜力与政策支持方面的探讨,研究内容不够深入,研究方法以定性研究为主。因此,在今后的研究中,应借鉴国外邮轮旅游研究的经验与做法,将科学研究与邮轮产业密切联系在一起,既有助于国内邮轮旅游研究与国际接轨,提升我国在该领域的研究水平,更有助于我国邮轮产业的可持续发展。

参考文献

[1] CLIA. 2008 Cruise Market Profile Study[Z]. Cruise Lines International Association, New York.

[2] 中国交通运输协会邮轮游艇分会,上海虹口区人民政府和上海国际航运研究中心. 2011-2012 中国邮轮发展报告[M]. 2012.

[3] Adam Weaver. The mcdonaldization thesis and cruise tourism [J]. Annals of Tourism Research, 2005, 32(2).

[4] Byung-Wook Wie. A dynamic game model of strategic capacity investment in the cruise line industry[J]. Tourism Management, 2005, 26(2).

[5] Simon Véronneau, Jacques Roy. Global service supply chains: An empirical study of current practices and challenges of a cruise line corporation [J]. Tourism Management, 2009, 30(1).

[6] Timothy S. Mescon, George S. Vozikis. The economic impact of tourism at the port of Miami [J]. Annals of Tourism Research, 1985, 12(4).

[7] Larry Dwyer, Peter Forsyth. Economic significance of cruise tourism [J]. Annals of Tourism Research, 1998, 25(2).

[8] Ken Page. The future of cruise shipping[J]. Tourism Management, 1987, 8(2).

[9] J. S. Perry Hobson. Analysis of the US cruise line industry[J]. Tourism Management, 1993, 14(6).

[10] Hailin Qu, Elsa Wong Yee Ping. A service performance model of Hong Kong cruise travelers' motivation factors and satisfaction[J]. Tourism Management, 1999, 20(2).

[11] Kam Hung, James F. Petrick. Developing a measurement scale for constrains to cruising[J]. Annals of Tourism Research, 2010, 37(1).

[12] Kam Hung, James F. Petrick. Why do you cruise? Exploring the motivations for taking cruise holidays, and the construction of a cruising motivation scale[J]. Tourism Management, 2011, 32(2).

[13] Kam Hung, James F. Petrick. Testing the effects of congruity, travel constraints, and self – eficacy on travel intentions: An alternative decision-making model [J]. Tourism Management, 2012, 33(4).

[14] Victor B Teye, Denis Leclerc. Product and service delivery satisfaction among North American cruise passengers [J]. Tourism Management, 1998, 19(2).

[15] Xiang (Robert) Li, James F. Petrick. Examining the Antecedents of Brand Loyalty from an Investment Model Perspective [J]. Journal of Travel Research, 2008 (47).

[16] James F. Petrick. Are loyal visitors desired visitors? [J]. Tourism Management, 2004, 25(4).

[17] George M. Foster. South seas cruise a case study of a short-lived society [J]. Annals of Tourism Research, 1986, 13(2).

[18] Bruce E. Mart. Cruising: Small – Vessel Population Characteristics [J]. Journal of Travel Reasearch, 1986(24).

[19] Todd M. Gabe, Colleen P. Lynch and James C. McConnon, Jr. Likelihood of Cruise Ship Passenger Return to a Visited Port: The Case of Bar Harbor, Maine [J]. Journal of Travel Research, 2006(44).

[20] Reiner Jaakson. Beyond the tourist bubbleCruiseship passengers in port [J]. Annals of Tourism Research, 2004, 31(1).

[21] Tony L. Henthorne. An Analysis of Expenditures by Cruise Ship Passengers in Jamaica [J]. Journal of Travel Research, 2000(38).

[22] L. J. Lawton, R. W. Butler. Cruise ship industry — patterns in the Caribbean 1880 – 1986 [J]. Tourism Management, 1987, 8(4).

[23] J. Anthony Hall, Ron Braithwaite. Caribbean cruise tourism: A business of transnational partnerships [J]. Tourism Management, 1990, 11(4).

[24] Robert E Wood. Caribbean cruise tourism: globalization at sea [J]. Annals of Tourism Research, 2000, 27(2).

[25] P Lois, J Wang, A Wall, T Ruxton. Formal safety assessment of cruise ships [J]. Tourism Management, 2004, 25(1).

[26] Bruce E. Marti. The Cruise Ship Vessel Sanitation Program [J]. Journal of Travel Research, 1995(33).

[27] Alexis Papathanassis, Insa Beckmann. Assessing the "poverty of cruise theory" hypothesis [J]. Annals of Tourism Research, 2011, 38(1).

[28] Pascal Scherrer, Amanda J. Smith, Ross K. Dowling. Visitor management practices and operational sustainability: Expedition cruising in the Kimberley, Australia [J]. Tourism Management, 2011, 32(5).

[29] Svein Larsen, Einar Marnburg, Torvald Qgaard. Working onboard —Job perception, organizational commitment and job satisfaction in the cruise sector[J]. Tourism Management, 2012, 33(3).

[30] Alexis Papathanassis. Guest – to – guest interaction on board cruise ships: Exploring social dynamics and the role of situational factors[J]. Tourism Management, 2011(10).

[31] Ercan Sirakaya, James Petrick, Hwan – Suk Choi. The role of mood on tourism product evaluations[J]. Annals of Tourism Research, 2004, 31(3).

[32] Mark R. Testa, John M. Williams and Dale Pietrzak. The Development of the Cruise Line Job Satisfaction Questionnaire[J]. Journal of Travel Research, 1998 (36).

[33] Lynda De La Vina and Jamie Ford. Logistic Regression Analysis of Cruise Vacation Market Potential: Demographic and Trip Attribute Perception Factors[J]. Journal of Travel Research, 2001(39).

[34] James F. Petrick. The Roles of Quality, Value, and Satisfaction in Predicting Cruise Passengers' Behavioral Intentions[J]. Journal of Travel Research, 2004, (42).

[35] Careen Mackay Yarnal, Deborah Kerstetter. Casting Off: An Exploration of Cruise Ship Space, Group Tour Behavior, and Social Interaction[J]. Journal of Travel Research, 2005(43).

[36] James F. Petrick, Catherine Tonner, Christina Quinn. The Utilization of Critical Incident Technique to Examine Cruise Passengers' Repurchase Intentions[J]. Journal of Travel Research, 2006(44).

[37] Jue Huang, Cathy H. C. Hsu. The Impact of Customer – to – Customer Interaction on Cruise Experience and Vacation Satisfaction[J]. Journal of Travel Research, 2010(49).

[38] Sameer Hosany, Mark Witham. Dimensions of Cruisers' Experiences, Satisfaction, and Intention to Recommend[J]. Journal of Travel Research, 2010(49).

[39] Kam Hung, James F. Petrick. The Role of Self – and Functional Congruity in Cruising Intentions[J]. Journal of Travel Research, 2011(50).

[40]张言庆,马波,刘涛.国际邮轮旅游市场特征及中国展望[J].旅游论坛,2010,3(4).

[41]张言庆,寇敏,马波.境外邮轮旅游市场研究综述[J].旅游学刊,2012,27(2).

[42]张伟强,骆泽顺.国外邮轮旅游研究进展[J].湖南商学院学报(双月刊),2011,18(5).

[43]潘勤奋.国际邮轮经济发展模式及对我国的启示[J].科技和产业,2007,10(7).

[44]张言庆,马波,范英杰.邮轮旅游产业经济特征、发展趋势及对中国的启示[J].北京第二外国语学院学报,2010(7).

中国文化软实力视域下旅游文化传播功能的实现与提升

焦彦

一、引言

中国共产党十七大报告中明确提出"文化软实力"这一概念并强调:"当今时代,文化越来越成为民族凝聚力和创造力的重要源泉、越来越成为综合国力竞争的重要因素","要坚持社会主义先进文化前进方向,兴起社会主义文化建设新高潮,激发全民族文化创造活力,提高国家文化软实力",这说明"提高文化软实力"被提升到了国家战略的高度。"一个国家文化的影响力,不仅取决于其内容是否具有独特魅力,而且取决于是否具有先进的传播手段和强大的传播能力。特别是在当今信息社会,凡是传播手段先进、传播能力强大的国家,其文化理念和价值观念就能广为流传,就能掌握影响世界、影响人心的话语权。文化的传播能力已经成为国家文化软实力的决定性因素"①,尤其对于中国这样一个有着五千年文明史的文化大国来说,文化魅力一直骄人绽放,而相形之下其文化传播力则显得逊色,亟待提升。从客观效果上来看,旅游活动会产生文化体验,因此它具有天然的文化传播属性。以中国文化为传播的标的物,入境旅游所形成的外国人对中国文化的体验、出境旅游依托出境的中国人形成的外国人对中国文化的体验、国内旅游形成的国人自己对祖国文化的某种体验都会实现中国文化的传播。而且,因为这种文化传播来源于对文化的亲身体验,而非传播媒体所创造的"拟态环境"②,所以其传播内容更加真实可靠,对于国家来说,其文化传播效果更为可控。可见,天然的文化传播属性为旅游创造了提高国家文化软实力的条件,而时代的召唤让旅游有义务承担提高国家文化软实力的使命。

---

① 提高国家文化软实力[N]. 人民日报,2007-12-29.
② 按照20世纪20年代美国著名政论家李普曼的说法,所谓"拟态环境"并不是现实环境的"镜子"式的再现,而是传播媒介通过象征性事件或信息进行选择和加工、重新加以结构化之后向人们提示的环境。

二、相关研究回顾

(一)旅游文化传播的相关研究

国外有关旅游与文化关系的相关研究主要基于对旅游文化与文化旅游两个概念的界定。人类学家克蕾克(Craik,1992)认为"旅游文化主要是指一种过程,在这一过程中,旅游操作者及东道地人们生产或制造某种文化产品以此来吸引游客,即为旅游和游客而制作文化"。而根据旅游人类学者瓦伦史密斯的界定,文化旅游是指"为获取知识、增长见识、缅怀历史、了解一定文化、风土人情等目的所进行的旅游活动"。从"旅游文化""文化旅游"的这两个权威概念中不难发现,他们是分别从旅游目的地供给和旅游市场需求两个角度来说明旅游与文化的关系,而旅游文化传播功能的最终实现就依赖于供给与需求的完美贴合。

围绕旅游文化传播对已有相关研究进行归纳,国内研究基本沿袭国外研究的方向,已有研究主要集中在三个方面:①分析和论述旅游的文化传播功能(欧阳军,2003;田穗文、龙晓明,2003;赵飞羽、明庆忠、王波,2003;张晓萍,2006);②从游客角度探讨旅华国外游客跨文化旅游行为的特点(梁旺兵,2005;王素洁、胡瑞娟、李想,2010;陈楠,2011;冯捷蕴,2011),分析游客的人口统计学特征、决策可控因素、旅游动机、资源偏好、旅游活动内容等;③研究旅游对目的地社会文化的影响(李蕾蕾,2001;李星明等,2002;宋晓莲,2004),探讨旅游开发背景下目的地社会文化发生的变化。通过回顾文献发现,从文化传播的方向看,已有的研究主要探讨游客的旅游活动对目的地产生的文化传播,而很少涉及旅游活动以及与其相关的旅游目的地对游客的文化传播和影响。但是,在旅游目的地开发的相关研究中,以关注文化吸引力和增强文化体验效果为目标,一些研究涉及到了旅游目的地对游客的文化影响(张文建,2004;杨勇,2006),只可惜都局限于比较粗浅地、机械地满足游客的文化需求,而对文化本身的内涵未做充分探究,对旅游的文化传播功能缺乏深入涉及。本研究将以提升国家文化软实力为目的,从市场角度探讨提升旅游文化传播功能的可行性,基于文化体验规律研究提升旅游文化传播功能的供给路径。

(二)文化内涵的相关研究

根据克洛依伯和克拉克洪(1952)所提出的20世纪最有影响的文化定义,"文化是包括各种外显或内隐的行为模式,通过符号的运用使人们习得并传授,并构成了人类群体的显著成就;文化的基本核心是历史上经过选择的价值系统:文化既是人类活动的产物,又是限制人类进一步活动的因素"[①]。人类学家赫斯

---

① 彭吉象.艺术学概论.北京:北京大学出版社,1996:78.

科维茨则是这样定义文化的:"文化是人类环境的人造部分,它包括显露在外的、人们可以直接感知的所谓'显在文化'和不表现在外的由知识、态度、价值观等构成的所谓'隐在文化'"。可见,虽然在表现形式上,文化有"外显"和"内隐"之分,但从内涵来讲,实际是文化本质与文化的物质载体的差别。文化的本质是人类自己根据自身对宇宙真理的认知而建立起来的一套价值系统。而价值的表达,即文化本质的表达则需要借助某种载体,文化符号学者称其为"符号",确切地说是"符号形式"①。可以说,文化的每一个门类如哲学、文学、法律、绘画、音乐、自然科学等以及各个文化门类下的诸多子文化都有自己的符号系统,这些符号承载和传递的是文化的本质,构成文化的物质载体。文化的物质载体包括语言类和非语言类,非语言类的符号主要涉及几个方面:"文字典籍(如文学、电影、戏剧、绘画等),规制(人们在日常生活中遵循的社会组织各方面规定,如各种仪式:祭祀、祈雨等),以及器用(长城、金字塔、瓷器等)②。"

因此,虽然都可被冠以"文化"的名称,但是不同语境下其所指可能是有差别的。当然,从文化本身的体验规律来说,对物质载体的体验应该和对文化本质的体验是一脉相承的,因为文化本质的认知本身就需要相应的物质载体作为媒介,但是,这并不意味着人们对文化物质载体的体验一定能够导向对文化本质的体验,面对一个文化的物质载体,人们可能就理所当然地把载体与文化等同,并不探求它背后的文化本质,结果导致对物质载体本身以及物质载体所承载的文化本质的认知偏差和缺失。而此文化本质,即文化的精神价值恰恰是国家文化软实力的核心。

三、实现旅游文化传播功能的海外市场基础

(一)海外游客对中国文化需求旺盛

根据旅游研究者的研究共识和旅游消费行为的现实表现,文化的差异是吸引境外游客最具吸引力的资源,也是国内外旅游者在旅游消费行为上不同表现的根本原因。

根据国家旅游局 1994~2004 年对我国入境外国游客的抽样调查,外国游客感兴趣的旅游资源中,文物古迹、民俗风情、文化艺术三者相加之和超过山水风光。在梁旺斌(2004)对上海市外国游客的抽样调查中,入境外国游客中偏好文

---

① 美国著名哲学家皮尔斯认为,符号是由包括符号形体、符号对象和符号解释构成的三元关系。其中符号形体或称"所指"指符号的形式;符号对象即符号形体所表征的客观事物,体现的是实用价值;符号解释指符号形体所传达的意义,体现的是象征价值。
② 郑文东. 符号域:民族文化的载体. 中国俄语教学,2005,24(4):52-55.

物古迹和山水风光的人数最多。有60.8%的游客选择了文物古迹,48.7%的游客选择了山水风光。此外,分别有27.6%、22.0%的游客选择了饮食烹调、民俗风情,有20.4%和15.7%的游客选择了购物和文化艺术,而选择节庆活动和医疗保健的人较少,仅为7.1%和3.0%。对所希望参加的娱乐项目,69.1%的人选择了民俗文化类,31.3%选择了探险类,而选择体育、现代游乐类及其他的人数相对较少。根据李祗辉(2010)的研究,北京旅游目的地形象中欧美游客对北京丰富的历史文化资源印象最好。根据陈楠(2011)的研究,丰富的文化节庆活动以及悠久的历史文化是继交通便利、物价低廉外韩国游客到访中国的主要动机。另据美国南卡罗来纳大学李想教授(2008)对3263名美国成年休闲旅游者的调查和对20家美国旅行商的访谈发现,当被问及"为什么感兴趣到中国旅游"时,"中国文化"、"去看不同的东西"、"中国历史"是受访美国人最主要的回答。可见,中国文化对海外游客具有极高的吸引力。而且根据李想(2008)针对美国市场对中国与泰国、印度、日本的旅游竞争力进行比较,发现中国在文化/历史遗迹方面的吸引力最具竞争优势。

(二)海外游客深度体验中国文化的机会有限

根据中国旅行社协会发布的《中国入境旅游年度报告2011》,入境游客对中国印象最深的城市是北京和上海,印象最深的景点是长城、故宫和兵马俑,他们被吸引的原因包括自然风光、文化景观、热情友好的风俗、传统手工艺、文化艺术、便捷的交通等。不难发现,这些原因中,文化是非常重要的吸引要素,但这种文化吸引更多限于被文化载体本身的吸引,较少触及文化本质。尤其在目的地旅游业可控的对象范围内,海外游客对中国文化的体验主要局限于对中国文化中标志性文化载体本身的体验。相反,在目的地社会环境、民风民情这些旅游业不可控的文化体验内容方面,海外游客却可能获得触及文化本质的体验,因为游客非常容易地找到了相应的文化体验对象。

(三)矛盾分析

虽然游客的文化体验结果最终取决于游客本人,但是,目的地的文化体验对象对体验结果起着关键性的作用。尤其是在海外游客对中国文化充满兴趣的现实背景下,目的地到底能为游客提供什么样的文化体验对象在很大程度上决定了海外游客对中国文化的体验结果。因此,从目前海外游客在中国的文化体验来看,缺少的并不是游客的文化热情,而是目的地旅游业触及文化本质的体验对象的供给。而且,根据中国旅行社协会发布的《中国入境旅游年度报告2011》,我国入境旅游仍以观光为主,这就给国内各旅游目的地吸引海外游客重游增加了压力,面对此压力,文化体验对象的结构性缺失将愈加凸显。

四、实现旅游文化传播功能的国内市场基础

从国内旅游市场的发展来看,我国游客的旅游需求正从单一的观光旅游向观光、度假旅游相结合的方向发展,人们开始抛弃"赶场观光"、"不求甚解,只求到访"的疲劳旅游方式,越来越追求通过旅游获取新知与经历,获得身心放松。从国内度假旅游产品目前的供给情况来看,度假旅游产品基本都集中在海滨、乡野、自然风景名胜区等旅游目的地,它们使游客体验着与大自然最亲密的接触,享受着大自然给予的身心愉悦。虽然这种度假产品与国际旅游度假产品类型有极高的吻合度,但是,在中国这样一个文化厚重的目的地,在假期这样一个利于文化体验的时间,旅游度假与文化体验的分离不免让人感到遗憾。尤其在当下中国经济飞速发展、国民物质欲求膨胀、工作压力较大的社会背景下,如果能够以旅游度假这一大家喜欢的方式提供一种深度文化体验的机会,那么不仅对于游客来说能够真正实现身心的放松和精神文化层次的提升,而且对于国家来说,国民以自己最喜欢的方式所完成的对祖国文化的体验将最符合国民心理,从而实现最佳的文化传播效果。

五、实现与提升旅游文化传播功能的供给路径

要实现与提升旅游文化传播功能就要如图 1 所示,在旅游产品开发过程中围绕"旅游"与"文化"这两个关键词处理好下述几组关系:文化体验与旅游体验的关系、文化的本质与文化的物质载体之间的关系、文化的物质载体与旅游的体验载体之间的关系、文化本质内容中的不同价值要素之间的关系。

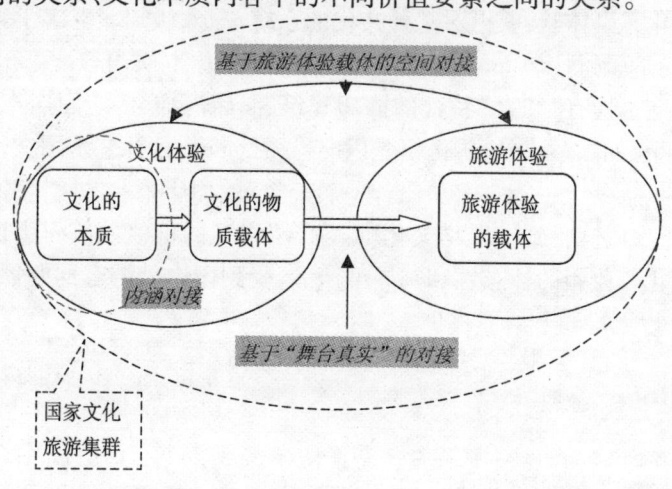

图1 实现与提升旅游文化传播功能的供给路径图

(一)依据体验规律对接文化体验与旅游体验

"整体旅游体验是由一系列的交易和行为体验组成的"[①],涉及对行、游、住、食、购、娱等诸多要素的全面体验。而这些要素基本上覆盖旅游中每个人的生活轨迹,如果基于旅游体验载体,文化体验与旅游体验实现全面对接,那么就意味着人们在旅游生活中将不知不觉地、持续地浸润在文化体验中,而且如果所有文化体验能实现一脉相承、紧密联系,那么,不同环节的体验将彼此强化,进而使游客获得对某种文化的深刻体验。因此,从目的地旅游业可控的对象来看,旅游目的地要以某种文化为主题,将该种文化体验全面覆盖到所有的旅游体验过程中,文化体验不再局限于旅游吸引物,而是以标志性文化吸引物为体验旗帜、以主题饭店为文化体验基地、以若干度假消费产品为体验精华的全方位文化体验。例如,都江堰政府全力打造的"中华道"项目,该项目以青城山为标志性文化吸引物,以青城仙馆为文化体验基地,以养疗、公益讲堂、三七体道修习课程、文化论坛为体验精华,为游客提供了对中华文化精髓进行全面体验的机会,可以预见这一项目不仅给顾客提供当下的独特文化体验,而且会对其日常生活方式产生影响。

(二)直指文化本质确定物质载体

脱离文化本质去体验文化的物质载体很容易使游客丢失文化的根基,进而扭曲对文化的认识。因此,为游客创造对某种文化的本质的体验始终应该是供给者行动的宗旨。任何物质载体的选择都要以参透文化的物质载体与本质的关系为前提,否则脱离文化本质的体验很难给顾客带来深刻的文化影响,并且围绕某种文化的本质可以辐射出若干物质载体,不同物质载体的体验可以使游客通过丰富的文化元素体验,获得对某种文化的系统、深入认知。坐落于青岛市齐鲁文化产业园的主题酒店 China 公社,以反映中国文化本质内容之一的"和合"文化为主题创造了具有"和合"特征的酒店建筑、酒店内饰、传统酒店产品、创新型文化体验产品(如国学讲堂、国医汇堂、和合书社 china 公社艺术团文化表演等),以及"一日一善、一天一上、一夜一省、一晨一赞"的酒店企业文化,使游客在这里多角度、多层次地体验到了中华文化中"和合"内涵的价值。该酒店目前已成为青岛齐鲁文化产业园的标志性和领导型产品,受到国内外游客的好评,全年平均入住率70%以上。

---

① Otto J E, Ritchie J R B. Exploring the quality of the service experience: a theoretical and empirical analysis. Advances in Services Marketing and Management, 1995(4): 37 – 61.

(三) 基于文化的"舞台真实性"构建体验载体

文化商品化是旅游文化传播过程中不可回避的现象。对于文化的商品化，人类学者提醒到"商品化是一把双刃剑，它可能导致两种结果，这两种结果会从相反的方向影响文化的吸引力：一是文化的商品化在一定程度上保护和展示了当地文化，另一种结果则是展现给旅游者的舞台化的或是商品化的文化都有其失真性"[1]。事实上，对于旅游业中文化商品化与文化真实性的关系问题，人类学家、民族学家一直有争议。但正如艾瑞克（Eric,1998）所言，文化的"商品化与真实性无须对立，因为两者是可以相互转化的"，这就要求，旅游目的地及各旅游企业在构建旅游体验载体时，要充分避免对文化的误传和破坏，要以"舞台真实"（MacCannell,1973）为标准，但并不排斥那些标明仿制身份、向顾客传递真实文化信息的"赝品"，坚决排斥的是那些向顾客传递错误文化信息的"低级赝品"。

(四) 依托中华文化的本质内容打造中国国家文化旅游集群

根据波特的定义，"集群（Clusters）是在既竞争又合作的特定区域内，彼此关联的公司、专业化供应商、服务供应商和相关产业的企业以及政府和其他相关机构（如大学、规则制定机构、智囊团、职业培训机构以及行业协会等）的地理聚集体"[2]。在2005年前后，我国各旅游大省纷纷提出打造"旅游产业集群"的口号，后来这一概念不仅在各省发展，而且逐渐在省际间不断拓展，意在提升特定地理空间内的旅游产品供给者在特定市场的竞争实力。从研究者的理论基础和旅游目的地的实际操作来看，"旅游集群"或"旅游产业集群"基本上都是围绕特定旅游目的地内的"核心旅游吸引物"、依据旅游供应链上各个相关企业及组织之间的纵向关系所形成的空间集聚。而从文化内涵的角度来讲，大部分目的地的核心旅游吸引物都属于物质载体层面，其他一切相关企业及组织都围绕此物质载体进行相关产品设计，这种情况下，因为最核心部分未强调相应的本质层面，文化的本质极易被忽略，充其量也只是成为物质载体的注脚。文化中最核心的内容反倒变成了注脚，文化的价值必然会受到削弱。因此，为了充分彰显中华文化的精华，使国内外游客真正感受中华文化的本质，我们应该依托中华文化的本质内容去打造国家文化的旅游集群，该集群要以中华文化的本质内容中的关键价值（如中和、贵柔、处下……）为核心吸引物，以国内外游客为目标市场，以增强中国作为旅游目的地的持续吸引力、传播中国文化精华为目标。该集群应从文化

---

[1] Laurie K roshus Medina. Commditizing Culture:Tourism and Maya Identity [J]. Annals of Tourism Research,2003,30(2):353-368.

[2] 郭峦. 旅游集群概念辨析[J]. 商业时代,2008(19):92-93.

开发角度引导旅游目的地的产品开发和建设,从文化体验角度引导国内外游客的文化识别与体验,在文化软实力目标下实现中华文化的有效传播。

参考文献

[1] 瓦伦·L·史密斯. 张晓萍等译. 东道主与游客——旅游人类学研究[M]. 昆明:云南大学出版社,2002.

[2] Xiang (Robert) Li. Examining the 'relative image' of tourism destinations: a case study[J]. Current Issues in Tourism,2011:1 - 17.

[3] Eric Cohen. Authenticity and commoditization in tourism[J]. Annals of tourism research,1998:15.

[4] 欧阳军. 跨文化旅游中文化相互作用的弹簧机制[J]. 人文地理,2003,18(1):35 - 39.

[5] 陈楠. 旅华韩国游客文化旅游动机特征分析——以北京市为例[J]. 资源科学,2011,33(5):881 - 888.

[6] 梁旺兵. 上海市外国游客跨文化旅游行为实证研究[J]. 社会科学家,2005,116(6):118 - 121.

[7] 王素洁,胡瑞娟,李想. 美国休闲对中国作为国际旅游目的地的评价:基于IPA方法[J]. 旅游学刊,2010,25(5):44 - 50.

[8] 田穗文,龙晓明. 旅游发展中的跨文化研究[J]. 经济与社会发展,2003,(7):30 - 34.

[9] 赵飞羽,明庆忠,王波. 游客对旅游地的跨文化传播之初探[J]. 云南地理环境研究,2003,15(2):50 - 53.

[10] 张文建. 上海都市旅游的跨文化体验与影响[J]. 上海师范大学学报(哲学社会科学版),2004,33(1):46 - 51.

[11] 宗晓莲. 国外旅游的社会文化影响研究进展[J]. 人文地理,2004,19(4):14 - 21.

[12] 冯捷蕴. 北京旅游目的地形象的感知——中西方旅游者博客的多为话语分析[J]. 旅游学刊,2011,26(9):19 - 28.

[13] 张文建. 上海都市旅游的跨文化体验与影响[J]. 上海师范大学学报,2004,33(1):46 - 51.

[14] 李祗辉. 基于游客认知的旅游目的地形象认知[J]. 江苏商论,2010,(1):61 - 62.

[15]李蕾蕾.跨文化传播及其对旅游目的地地方文化认同的影响[J].深圳大学学报,2000(2):95-100.

[16]李星明,等.旅游者对发展中国家的旅游地社会文化影响研究[J].华中师范大学学报,2002(2):254-256.

[17]简王华,等.桂西旅游资源特色及其旅游文化开发[J].地域研究与开发,2001(2):90-92.

[18]杨勇.旅游目的地竞争力框架中的"文化"因素分析:一个综述[J].旅游学刊,2006,12(21):35-42.

[19]何光暐.入境旅游者抽样调查资料[Z].北京:中国旅游出版社.

[20]戴斌,刘妍.旅游休闲市场与饭店的度假业态.中国饭店研究在线,2006(4):28.

[21]赵红梅.旅游业的文化商品化与文化真实性[J].云南大学学报,2003,35(5):132-136.

[22]张晓萍,等.从经济资本到文化资本和社会资本——对民族旅游文化商品化的再认识[J].旅游研究,2009,5(1):13-19.

[23]鲍金.文化商品化的两个层次[J].内蒙古大学学报,2008,4(34):133-136.

中国旅游电子商务发展与人才培养现状浅析与思考

戴政[①]

一、旅游信息化与旅游电子商务概论

(一)旅游信息化

作为国民经济的支柱产业之一的旅游产业,近些年呈现出强劲的发展态势,在国民经济中起着越来越重要的作用。随着经济的发展和人民思想观念的提升,旅游者逐渐从"被动旅游"向"主动旅游"转变,希望更多的了解旅游信息,更加自主地安排自己的旅游行程,追求个性化、多样化的旅游方式,对旅游信息的需求越来越高。

1. 概念界定

(1)信息化概念界定

信息化的概念起源于20世纪60年代的日本。我国学术界和政府对信息化的表述均作过较长时间的研究。林毅夫等(2003)认为"所谓信息化,是指建立在IT产业发展与IT在社会经济各部门扩散的基础之上,运用IT改造传统的经济、社会结构的过程"。在1997年召开的首届国家信息化工作会议上,将信息化的定义为:"信息化是指培养、发展以计算机为主的智能化工具为代表的新生产力,并使之造福于社会的历史过程。"根据2006~2020年国家信息化发展战略,信息化是充分利用信息技术,开发利用信息资源,促进信息交流和知识共享,提供经济增长质量,推动经济社会发展转型的历史进展。

(2)旅游信息化概念界定

旅游信息化是社会信息化的一部分,关于旅游信息化有两种分类方法。

狭义的旅游信息化是对景点、景区、饭店、旅行社、交通、气候等与地理位置和空间分布有关的旅游信息,通过技术手段进行采集、编辑、处理,转换成用文

[①] 戴政,去哪儿网(Qunar.com)副总裁,著名互联网营销专家。现任中国旅游协会休闲度假分会顾问,中国品牌经理人协会理事,《成功营销》媒体集团专家团成员,2012中国移动互联网M100风云人物。

字、数字、图形、图像、声音、动画等来表示的过程①。

广义的旅游信息化是指充分利用电子技术、信息技术、数据库技术和网络技术及现代传播媒介,对旅游有关的实体资源、信息资源、生产要素资源进行深层次的分配、组合、加工、收集、传播、销售,以促进传统旅游业向现代旅游业的转化,加快旅游业的发展,提高旅游业的生产效率②。

旅游信息化是数字旅游的基础阶段,它通过对信息技术的运用来改变传统的旅游生产、分配和消费机制,以信息化的发展来优化旅游经济的运作,实现旅游经济的快速增长③。

(3)旅游信息化发展现状

随着社会进步、科技发展和经济腾飞,人类正走进以信息技术为核心的信息时代。在当今信息时代的背景下,信息成为生产力发展的重要核心和国家战略资源,信息技术是当代先进生产力的代表。作为一类对信息和信息技术依赖性很强的产业,旅游业与信息化的结合可提高旅游产业的运行水平,增强旅游产业的竞争力。旅游信息化为旅游产业建设提供了技术支撑,是优化旅游软环境最直接的手段,利用信息技术可以改造和提升旅游产业质量,实现旅游经济的快速增长。

在全球经济一体化的今天,中国要由旅游大国变成旅游强国甚至使旅游业获得更大的发展,必须要提高旅游业的核心竞争力,而旅游信息化是必经之路。中国的旅游信息化建设起步较晚,基础亦相对薄弱,但随着中国旅游业的飞速发展和信息化本身的巨大优势,中国旅游信息化建设发展有后来居上的趋势。在中国旅游业飞速发展的过程中,旅游信息化已经成为重要的发展手段,这是中国旅游业与国际接轨、参与国际竞争的需要。

旅游信息化在我国的运用主要表现在四个方面:信息化管理系统的建设、旅游电子商务的运用、旅游目的地管理系统的建设以及地理信息系统。从产业角度来看,旅游产业信息化包括了旅游企业信息化、旅游信息服务、旅游电子商务、旅游整合营销、旅游电子政务等④。

中国的旅游信息化业务已经广泛开展。旅游企业是旅游信息内容的主要创造者和维护者,旅游企业的信息化是整个旅游信息化工作的根本。旅游电子政

---

① 吴思.旅游产业信息化创新的理论与实践研究[M].武汉:武汉大学出版社,2010:14.
② 吴思.旅游产业信息化创新的理论与实践研究[M].武汉:武汉大学出版社,2010:16.
③ 廖廓.我国旅游信息化研究综述[J].企业导报,2009,(2):47-48.
④ 张洪,张洁.旅游信息化建设研究综述[J].北方经贸,2011(10):123-126.

务是旅游信息化的保障,从目前旅游信息化的发展形势来看,以办公自动化为标志的现代化、信息化、网络化、数字化管理的旅游电子政务在国家旅游局机关已经全面开展。旅游行业是信息密集型的行业,旅游信息贯穿整个旅游的各个环节,旅游者从产生旅游需求到完成旅游的各个环节,都离不开对旅游信息的依赖,优质高效的旅游信息服务是旅游信息化工作中的关键。旅游电子商务相关的研究显示,将网络信息查询作为了解旅游信息主要渠道的网民比例已上升到66.7%以上。旅游网络营销的渠道主要可以通过搜索引擎、在线社区、门户类网站、专业旅游网站,和其他旅游者经常访问的生活消费类网站。旅游电子商务是旅游信息化的途径,在欧美发达国家,旅游电子商务的应用已经非常普遍,旅游电子商务所产生的价值占整个旅游市场总份额的60%以上。旅游电子商务是旅游信息化工作的重要组成部分,是旅游企业应用信息化技术实现盈利的重要途径。电子商务已成为信息时代旅游交易的新方式,出现了一大批具有相当实力的旅游信息网络企业[1][2]。

(4)旅游信息化对旅游业的发展意义

第一,旅游信息化对旅游产业体系有优化影响。信息技术可为以信息流为主导的旅游产业及其运行体系提供完整的解决方案,是对旅游产业结构的优化和系统的升级;以信息技术为推力,可大大改善旅游产业相关要素效能的发挥,优化旅游产业体系结构,提高旅游产业运行的效率;旅游产业构成的多元性,旅游产业体系的复杂性,使得旅游产业体系的优化有赖于信息技术所带来的流程优化和系统创新。

第二,旅游信息化为增强旅游产业的竞争力加码。信息化可极大地提高旅游产业的服务水平、经营水平和管理水平,增强旅游产业的竞争力;旅游信息化弥补了旅游业传统价值链中灵活性差、效率低下的不足,使价值链上的各环节之间联系更加通畅,促进了价值链动态化、虚拟化、网络化、全球化的发展,并且能够使一连串的相关企业更好地了解客户,为客户提供个性化的产品和服务,提高整个产业竞争力,为旅游价值链注入新的活力。

第三,旅游信息化可提高旅游企业的竞争力。①旅游信息化可优化旅游产品结构,信息技术可为客户提供个性化产品与服务,可满足旅游企业建立强大应用系统的需求,使企业在激烈的竞争环境中,成就新的竞争优势。信息化能使企业个性化的一对一服务模式得以真正实现,改变传统旅游服务的方式,改变旅游

---

[1] 李田,姚丽芬,邸明慧,李庆辰.中国旅游信息化发展战略研究[J].集体经济,2009(9):34-37.
[2] 王兆峰.信息化与旅游产业发展[J].商业研究,2011(3):114-120.

服务的增值化方向。②旅游信息化可提升企业的管理效率,信息技术的发展促使旅游管理理念、手段和方式都发生了根本性的变化;它可以提高劳动效率,使管理工作迅速、准确。③旅游信息可提高经营效益,旅游信息化在旅游信息收集、处理和使用的实践性上有着明显的优势,使旅游企业有效控制成本,特别是分销和促销成本;旅游相关企业通过网上交易或电子中介,大大减少了中介佣金成本。信息化能使旅游企业的功能根本变化,结算方式将更简便、快速等,降低了企业的经营成本,提高了旅游企业效益①。

第四,旅游信息化可优化旅游交易过程,有利于竞争有序旅游市场的形成。旅游产业社会化程度高、关联性强、依托和带动作用明显,信息技术的应用可优化旅游产品生产过程,提供旅游产业链不同主体之间信息沟通的质量和效率,从而使旅游产业的运行走向更高的层次和水平。信息化扩展了旅游消费传统渠道,改变了旅游者的旅游交易方式,促进了潜在的旅游消费者的数量,促使旅游市场在交易成本的变化、不同交易渠道成本的对比和各种力量的此消彼长中演化和发展;信息化创造了虚拟的市场空间,为旅游产业开拓了发展空间,有利于形成规模适度,竞争有序的旅游市场。

(二)旅游电子商务

1. 旅游电子商务概念界定

旅游信息化中最重要的一个方面就是旅游电子商务。一般认为,互联网的产生促成了旅游电子商务的产生,事实上,在20世纪60、70年代,航空公司和旅游饭店集团基于增值网络和电子数据交换技术构建的计算机预订系统可视为旅游电子商务的雏形。

旅游电子商务的概念始于20世纪90年代,最初是Ravi Kalakota提出的,由John Hagel进一步发展②。从目前的发展而言,学术界对于"旅游电子商务"的概念还没有一个完整统一的定义。

在国际上沿用较广的是世界旅游组织对旅游电子商务的定义,在《E-Business for Tourism》中指出:"旅游电子商务就是通过先进的信息技术手段改进旅游机构内部和对外的连通性。即改进旅游企业之间、旅游企业与供应商之间、旅游企业与旅游者之间的交流与交易,改进企业内部流程,增进知识共享"③。

---

① 王兆峰. 信息化与旅游产业发展[J]. 商业研究,2011(3):114-120.
② 覃建雄. 旅游电子商务研究进展与前瞻[J]. 成都理工大学学报(社会科学版),2004(1):66-70.
③ World Tourism Organization Business Council. E-Business for Tourism: Practical Guidelines for Destination and Business [M]. UNWTO Publications,2001.

综上所述,旅游电子商务可定义为:旅游电子商务是指通过先进的网络信息技术手段实现旅游商务活动各环节的电子化,包括通过网络发布、交流旅游基本信息和商务信息,以电子手段进行旅游宣传营销、开展旅游售前售后服务;通过网络查询、预订旅游产品并进行支付;也包括旅游企业内部流程的电子化及管理信息系统的应用等[①]。

2. 旅游电子商务的类型

旅游电子商务按照不同的标准,有多种分类方法。本文在此主要是按照交易形式的类型进行划分。

(1) B2B(Business – to – Business)交易形式

旅游业是一个由众多子行业构成、需要各子行业协调配合的综合性产业,吃、住、行、游、购、娱等各类旅游要素使得企业之间存在着复杂的代理、交易、合作关系。旅游企业之间通过网络信息技术手段实现相互之间的一对一或一对多的交易。

在旅游电子商务中,B2B交易形式主要包括以下几种情况:

①旅游企业之间的产品代理,如旅游代理商代售旅游批发商组织的旅游线路产品;

②组团社之间相互拼团,也就是当两家或多家组团旅行社经营同一条旅游线路,并且出团时间相近,而每家旅行社只拉到位数较少的客人时,旅行社在征得游客同意后可将客源合并,交给其中一家旅行社操作,以实现规模运作的成本降低;

③旅游地接社批量订购当地旅游饭店客房、景区门票;

④客源地组团社与目的地接社之间的委托、支付关系等。

旅游企业间的电子商务又分为两种。一种是非特定企业间的电子商务,它是在开放的网络中对每笔交易寻找最佳的合作伙伴;二是特定企业之间的电子商务,它是在过去一直有交易关系或者今后一定要继续进行交易的旅游企业之间,为了共同经济利益,共同进行设计、开发或全面进行市场和存量管理的信息网络,企业与交易伙伴间建立信息库数据共享、信息交换和单证传输。旅游业内最早涉足B2B的在线旅游网站就是同程网,为包括旅行社、酒店、景区、交通、票务代理等在内的旅游企业提供专业的交易、交流和信息化管理服务。

B2B电子商务的实现大大提高了旅游企业之间的信息共享和对接运作效率,从而提高了整个旅游业的运作效率。

---

① 杨路明,巫宁. 现代旅游电子商务教程[M]. 北京:电子工业出版社,2004:181 – 182.

(2) B2C(Business – to – Customer)交易模式

B2C 旅游电子商务交易模式，也就是电子旅游零售。交易时，旅游散客先通过网络获取旅游目的地信息，然后在网上自主设计旅游活动日程表，预定旅游饭店客房、车船机票等，或报名参加旅行团。旅游 B2C 电子商务方便旅游者远程搜寻、预订旅游产品，克服距离带来的信息不对称。通过旅游电子商务网站订房、订票，是当今世界应用最为广泛的电子商务形式之一。另外，旅游 B2C 电子商务还包括旅游企业对旅游者拍卖旅游产品，由旅游电子商务网站提供中介服务等。

旅游电子商务中属于 B2C 交易模式的企业有携程、艺龙等。B2C 电子商务方便旅游者查询、预订旅游产品，降低旅游成本，克服了时间、距离因素带来的信息错误，使游客通过旅游电子商务网站订房、订票，是当今世界应用最为广泛的电子商务形式之一。

(3) C2B(Customer – to – Business)交易模式

C2B 交易模式是由旅游者提出需求，然后由企业通过竞争满足旅游者的需求，或者是由旅游者通过网络结成群体与旅游企业讨价还价。

旅游 C2B 电子商务主要通过电子中间商(专业旅游网站、门户网站旅游频道)进行。这类电子中间商提供一个虚拟开放的网上中介市场，提供一个信息交互的平台。上网的旅游者可以直接发布需求信息，旅游企业查询后双方通过交流资源达成交易。

旅游 C2B 电子商务主要有两种形式。第一种形式是反向拍卖，是竞价拍卖的反向过程。由旅游者提供一个价格范围，求购某一旅游服务产品，由旅游企业出价，出价可以是公开的或是隐蔽的，旅游者将选择认为质量和价格都较为合适的旅游产品成交。去哪儿网的"越狱酒店"产品就是将酒店预定逆向定价的模式，该产品在推出时所打的口号就是"让消费者出价，酒店方竞单"，在这款越狱酒店模式中，消费者需要操作的步骤是：第一要选择一个城市，第二选择某一个区域，第三选择一个酒店星级，选定之后，消费者参考选定的日期段内的酒店价格，可以根据个人期望填进价格。当消费者出价以后，酒店根据自己能够承受的相对较低的价格，决定愿意接还是不愿意接。第二种形式是网上成团，即旅游者提出他设计的旅游线路，并在网上发布，吸引其他相同兴趣的旅游者，通过网络信息平台，使愿意按同一条线路出行的旅游者汇聚到一定数量，这时，他们再请旅行社安排行程，或直接预订饭店客房等旅游产品，这样可增加与旅游企业议价和得到优惠的能力，这种形式就是近两年发展起来的、较为火热的旅游团购。

(4) C2C(Consumer to Consumer)交易模式

C2C 就是利用专业网站提供的大型旅游电子商务平台，以免费或比较少的费用在网络平台上销售自己的旅游商品,从而给旅游者带来便宜的商品,因为网上销售旅游商品不需要租金,不受地域、时间的限制,所以销售对象可以是来自全国各地甚至全世界的旅游者。

(5)B2E(Business – to – Enterprise)交易模式

B2E 中的 E,指旅游企业与其有频繁业务联系,或提供商务旅行管理服务的非旅游类企业、机构、机关。大型企业因为经常需要处理大量公务出差、会议展览以及奖励旅游事务等,会选择和专业的旅行社合作,由这些企业提供专业的商务旅行预算和旅行方案咨询。还有一些企业会与特定的机票代理商、旅游饭店保持比较固定的业务关系,由此享受优惠价格等。

3. 旅游电子商务发展意义

(1)旅游电子商务可以消除旅游者异地旅游的不确定心理因素。

旅游产品不能移动,只可通过旅游者的亲身体验才能实现。对于异地旅游、消费,旅游消费者普遍都存在不确定心理,各种因素都能影响旅游者选择其目的地。旅游电子商务能在很大程度上消除旅游者对未知景点的疑虑。以旅游线路为对象来讲,旅游电子商务可以为旅游者提供所有出行线路的全面介绍,以及每条路线的报价、所含项目、服务质量等的介绍。

(2)电子商务是特别适宜旅游业的一种发展形势。

电子商务特别适合处理旅游业这样的远距离、多批次的小额交易。旅游是人的流动,而旅游电子商务较少涉及复杂、费力的物流配送问题,对企业的物流配送系统要求不高。因此,旅游电子商务在技术上最具有可行性,利用网络可以迅速整合各种资源,这非常适合于开发散客和小团体旅游市场。旅游电子商务客户可以通过网上结算的方式去直接付款,免去消费者携款到旅行社等办理各种手续的麻烦,并且可以使旅游产品迅速走向世界。

(3)旅游电子商务可以进行有效的产品宣传及营销。

旅游产品是无形的,旅游产品宣传及营销需要多种途径、多种方式来进行。互联网作为当今应用范围最为广泛的传统途径,可以收集大量的信息,其余旅游产品的结合使得旅游产品的宣传与营销方式得到了补充与发展。全新的网络宣传及营销模式、观念及策略,可以使得旅游产品的宣传及营销工作事半功倍。旅游电子网络对所有游客开放,无时间、空间及身份限制,同时还配有图像声响、样品展示以及文字介绍,吸引了众多游客前往,自行了解、选择确认路线,从而使得企业宣传工作做到实处。

(4)旅游电子商务提高了企业决策、经营的正确性和效率。

在当今信息化的时代里,掌握时间即是成功的一半。网络化旅游系统,可以在第一时间内获得、发布相关的旅游政策级的旅游信息,从而引导企业做出恰当的经营决策,提高企业经营的效率,使得旅游企业在同行中获得一定的竞争优势。

二、旅游电子商务人才培养现状

(一)旅游电子商务学科概括

旅游电子商务是一个新兴的交叉学科,与大学商学院中其他一些传统的、已经发展成熟的专业不同,目前的旅游电子商务无论是从理论研究上还是实践上都处于探索的阶段。高等院校通过在旅游管理专业中开设《旅游电子商务》课程,目的在于使学生更好地理解旅游电子商务的基础知识,掌握旅游电子商务的相关技术,更好地适应行业和社会发展需要,培养出既了解旅游专业知识又掌握旅游电子商务运作的复合型人才。

1. 旅游电子商务课程地位

旅游电子商务工作过程贯穿于旅游企业工作流程的全过程,是旅游企业工作流程的信息化体现。这就要求学生在修学完成旅游管理学等基本课程,了解和熟悉相关行业企业基本工作流程和工作过程后进入旅游电子商务课程的学习,要让学生既有行业企业工作过程的直观认识,又能通过本门课程的学习对旅游企业信息化管理和电子商务业务拓展有新的认识,提升学生对信息化管理的理解层次。

从课程的定位而言,旅游电子商务课程是旅游企业工作流程和管理过程的总结和升华,是学生进入旅游综合实训的前奏,为学生全面了解旅游服务和管理过程提供了良好的条件。

2. 旅游电子商务课程教育内容

《旅游电子商务》课程涉及理论教学和实践教学两部分内容。理论课程教学是实践课程教学的基础,实践课程教学是理论课程教学的升华,是现代信息技术赖以发展的重要实践环节。旅游电子商务的实践教学是用实践的形式来巩固知识、理解知识及综合运用知识的过程,同时也是以旅游电子商务相关理念、互联网络技术、旅游产业核心竞争力和创新力为主题,从旅游业应用角度出发,加强对学生行业应用能力的培养,使学生学会利用旅游电子商务的知识和技能去解决实际问题,进而培养学生自我学习能力的过程。

旅游电子商务实践教学包括三部分,即旅游企业信息化建设能力、旅游电子商务应用技能和旅游电子商务网络营销能力。

(1)旅游企业信息化建设能力。

旅游电子商务不仅是指通过网络发布旅游信息、进行宣传促销和电子交易，也包括旅游企业内部流程的电子化和管理信息系统的应用。旅游企业信息化建设能力要求学生能够撰写基本旅游网站建设方案和并掌握网站的建设流程。具体包括网站形象定位、网站信息表现形式和业务流程的制定等。通过这部分的学习可以培养学生网站建设的能力，更好地与专业的团队进行合作。

（2）旅游电子商务应用技能。

旅游电子商务应用技能是指学生对旅行社、旅游景点景区、酒店宾馆等企业电子商务运作的了解和学习。具体包括在线旅游服务商、目的地营销系统、渠道与电子分销系统的应用和学习。通过这部分的学习，可以使学生对旅游企业的电子商务应用形成一个完整的认识。

（3）旅游电子商务网络营销能力。

旅游电子商务网络营销能力是实践教学的核心部分，主要包括旅游网站的网络营销和旅游产品的网络营销。旅游网站的网络营销是指通过利用电子邮件、论坛、搜索引擎、博客等网络工具开展网络推广和宣传。旅游产品的网络营销是对旅游产品的展示、设计及营销策划等，通过这部分的学习可以培养学生更好地掌握网络营销的理论和技能。

旅游电子商务并不是旅游和电子商务的简单相加，而是旅游和电子商务的有效融合。这要求目前的高等院校加强认识，开设的课程要建立起"旅游 + 电子商务"的模式。这样可以促使学生在学习过程中能够将两者有机结合，使他们成为旅游行业中的旅游电子商务人才。

（二）旅游电子商务人才培养现状

目前，各类旅游专业类的培养中，旅游电子商务的教育培养并不是很理想，大部分的旅游电商类的学生对于旅游类的理论知识都有一定程度上的掌握，但是对于电子商务、计算机技术等的知识掌握就有了很大的折扣。

从目前的学科教育现状来看，设置旅游电子商务管理专业的院校也不是很多。在杨卫武教授等对2010年的中国旅游教育进行的调查研究中发现，在被调查院校中，开设旅游管理专业的院校数量达到129所，其中开设旅游管理与服务教育专业的院校11所，开设休闲体育专业的院校5所，开设酒店管理专业的院校53所，开设会展经济与管理专业的院校26所，开设旅游类的其他专业如旅游电子商务等有14所左右[①]。一直以来我国开设有旅游电子商务专业（方向）的中高

---

① 杨卫武,袁怡琴,王翠娟,朱佳,陈慧莎.2010年中国旅游本科教育年度报告[M].北京:旅游教育出版社.2011:42-82.

等院校非常少,虽然目前开设旅游电子商务课程的中高等院校的数量有所增加,但我国的旅游电子商务理论研究、人才培养、教育教学等都处于萌芽发展阶段。

在当前的人才培养中,旅游电子商务能力的培养,在高等院校中大部分是划分在计算机学科的领域内,在就业环境中有竞争优势的人才大部分是来自计算机专业的培养而非是旅游专业内的培养。结果就是计算机领域培养出来的学生对电子商务、计算机技术知识等都有很好的优势,但是对于旅游类的知识掌握就不能达到要求。

旅游电子商务作为一门实践性很强的学科,对于专业教师的行业实际操作经验要求是很高的。在旅游电子商务的实际教学中发现,旅游电子商务的教育严重缺乏"双师型"教师,旅游电子商务的师资队伍并不是很专业。在旅游电子商务专业的教育培养中有很大一部分比例的教师没有任何相关行业经验。与其他大部分旅游类教育培养相似,旅游电子商务教育的培养侧重于对基础知识、管理能力的培养,对于专业技能的培养则显得不足。

总体而言,在旅游电子商务的知识结构中,理论体系尚未完全成型,现存知识技能全部来自实践的总结,并在实践中不断更新。传统的教育培养方式在电商人才培养中碰到两个大的问题,一是没有完善的理论体系可以教授,二是教授贴近实践知识结构的师资匮乏,这也就导致教育体制教授的电商知识与企业实践和需求严重脱节。

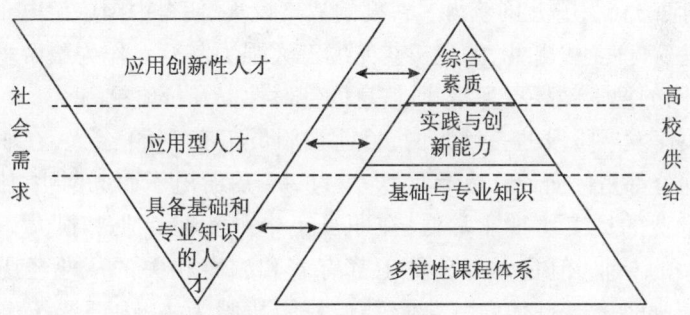

图1 电商人才中高校供给和社会需求的关系图

数据来源:www.100ec.cn

(三)旅游电子商务就业形式

旅游电子商务专业的就业统计数据尚未出现,本文从旅游类专业和电子商务专业的就业形势进行分析,从中探析与旅游电子商务相关的就业形势。

据中国高等教育学生信息网公布的情况显示,旅游本科毕业生 2005~2009

年的就业率在75%~80%,而旅游类专科学生就业率在80%~85%,略高于本科学生就业率。根据《麦可思研究》的《2009届大学毕业生工作与专业对口状况分析》,旅游类专业毕业生行业就业率在55%~65%。旅游专业行业稳定率总体明显偏低,只有10%的院校稳定就业率达到50%,而61.5%的院校稳定就业率低于30%,这也凸显了旅游行业人才流失非常严重。

电子商务市场处于快速发展中,但是仍处于粗放竞争阶段,所以该行业对有经验或能快速上手的电子商务人才需求极其旺盛。据《2012中国电子商务人才状况报告》的调查显示,企业对电子商务人员的需求旺盛,大部分企业都处于持续招聘状态,其中很重要的一部分原因是人才流失。根据中国电子商务研究中心的研究发现,电子商务企业对运营、技术、推广的工具性人才需求最为迫切。而作为利用互联网发展的行业,其招聘的主要渠道也都集中在网络渠道,此外,企业内部培养和培训提升也是非常重要的渠道。

现以去哪儿网分析目前旅游电子商务企业的人才状况。成立于2005年的去哪儿网,是我国起步最早的在线旅行垂直搜索网站,其搜索范围涵盖了产业上游的旅游产品供应商酒店、航空公司到产业下游大小旅游销售代理商,数据显示,截至2012年6月底,去哪儿网实时搜索超过400家机票和酒店代理商网站,搜索范围有覆盖全球的140000多家酒店、57000条机票航线、180000条度假线路、8500多个旅游景点、1亿份游记攻略,并且每日提供逾1860种旅游团购产品。2011年6月,去哪儿网获得了百度的战略投资,使得中国旅游电子商务企业形成了携程、百度+去哪儿、腾讯+艺龙的三大强力阵营。作为旅游垂直搜索引擎,去哪儿网的搜索结果更为精准,信息的针对性以及价值更高[1]。

处于快速发展阶段的去哪儿网,目前在职员工有1400余人,在职员工的专业比重大部分都是偏向计算机专业类,作为一个旅游电子商务网站,旅游类与市场营销类专业的员工比重非常低,在职员工中虽然在专业上很大一部分不是与旅游相关的专业,但是大部分员工都有着和旅游相关的从业经历。去哪儿网在进行招聘时主要是偏向社会招聘与校园招聘为主,内部选拔也占有一定的比重。

综上所述,旅游电子商务就业形势表现为:行业急速扩张,人才缺口巨大,需求人才偏全面性,就业状态表现为:就业率中等以上,但是稳定率不是很高。

---

[1] 赵亮,王忠伟,李洪娜.旅游电子商务运营及其发展趋势[J].改革与战略,2012,4(28):159-161.

三、旅游电子商务市场发展现状

(一)旅游电子商务市场现状

我国旅游电子商务起步较晚,基础薄弱。作为现代电子商务战略思想的倡导者——美国,早在1994年1月,就制订了国家信息基础设施计划,为美国发展电子商务制定了指导原则。而1994年,我国部分企业才刚开始涉足电子商务,旅游电子商务真正起步是要1997年,发展至今也不过十余年的时间。因此,我国旅游电子商务的发展不同于美国——有着良好的经济基础和先进的技术条件为支撑。但我国的旅游电子商务总体发展速度较快,前景广阔。综合调查统计数据显示:将上网查询作为了解旅游信息主要渠道的网民比例已达66.7%。其中,通过互联网预订过酒店的用户占70.2%、预订过机票的用户占70.7%、预定过度假产品的占20.3%。随着网上旅游相关业务的多元化,各网上旅行预订服务商推出的综合旅游产品,逐渐受到用户的青睐,并且还将有更多的网民使用网上旅行预订服务。2007年,中国在线旅游预订市场保持健康增长,市场规模达到25.5亿元人民币,较2006年增长65.4%[①]。

20世纪90年代中期以来,我国的电子商务在较短的时间内在各行业得到了广泛的应用。现今,电子商务在旅游业得到了快速的发展,并且旅游电子商务的发展前景也较为广阔。我国的旅游电子商务网站在经历了1997~2000年上半年的投资热潮和炒作式发展,2000年下半年和2001年的困境和冷静回归后,经过分化组合及经营策略再探索,已进入一个成熟稳健的发展时期。不少旅游企业依其自身的行业优势,利用信息网络技术构建具有中国特色的旅游电子商务平台,这对于中国旅游企业的进一步发展具有时代的意义。

目前,我国旅游电子商务的业务形态主要有以下几种:

(1)由旅游电子商务发展起来的、结合传统旅行社开展旅游业务的综合性企业,如携程网、同程网、艺龙网等。它们都是从网上订房、订票做起,发展成熟后再逐步开展旅游线路、服务等其他旅游产品的网上经营的典型旅游电子商务企业。

(2)以传统旅游企业为依托,将旅游业务逐渐信息化的综合性企业,如国旅在线等,尽管这些企业也是从网上经营的酒店和机票做起,但他们有强大的传统旅游资源、众多的旅游线路选择和价格上的优势,使线路预订业务成为企业的主要利润来源,同时还可以为游客提供个性化自助旅游等服务。

---

① 李田,姚丽芬,邸明慧,李庆辰.中国旅游信息化发展战略研究[J].集体经济,2009(9):34-37.

(3) 以提供单一的旅游产品为主的网站,如去哪儿、酷讯等,它们既有提供旅游咨询为主的旅游咨询网站,还有酒店、机票的网络直销平台等。

近些年来,我国开设的旅游网站经营的内容覆盖了旅游的六大要素,经营的模式既有 B2C,也有 B2B;并且内容的综合性也越来越强,丰富性也逐步增强。根据第三方统计机构 CNZZ 统计,到 2010 年第一季度,国内旅游网站站点数已经超过了 5 万家,这些站点为消费者提供了游、食、行、住、购、娱六大方面的网上资讯服务。

据中国旅游研究院 2011 年发布的《中国旅游电子商务发展报告》显示,2010 年中国旅游电子商务(基于互联网平台的在线旅游业交易)市场规模达到 2000 亿元人民币,占整体旅游收入份额将近 15% 的比重。在旅游市场持续扩容和信息技术广泛应用的双重推动下,不同模式、类型的旅游电子商务主体得以快速发展。从目前走势看,尽管旅游电子商务在局部领域显示了垄断竞争的迹象,但是总体而言,这一市场还未进入分层竞争与分类竞争的成熟阶段,而是更多地体现为对传统旅游市场份额的渗透。

根据中国旅游研究院的调查研究显示,中国旅游电子商务的发展呈现以下阶段特征:①产品和价格信息最受关注;②散客化趋势更加明显;③网络成为信息收集的主要渠道:互联网已成为当前绝大部分居民出游前了解相关信息的最主要渠道,亲朋好友对旅游目的地的评价也是居民出游的重要信息渠道。

此外,我国旅游电子企业主体数量持续增加,品牌认知度趋于集中。中国旅游研究院通过对 2011 年前两个季度公众对旅游电子商务企业的品牌认知情况的监测发现:携程、去哪儿和芒果网位居品牌认知度前三位,此外,公众对旅游电子商务企业品牌认识中,排名较高的还有同程网、艺龙网、乐途网、驴妈妈、途牛网、逸游天下、酷讯网、真旅网、到到网、遨游网、欣欣旅游网、51766 等。根据对 Alexa 最新数据的统计结果显示,2012 年 7 月份内,中国在线旅游网站覆盖数排名分别是:去哪儿网、酷讯旅游网、携程旅游网、艺龙旅行网、同程网、淘宝旅行网、欣欣旅游网、途牛旅游网、蚂蜂窝、芒果网、一起游、悠哉旅游网、旅评网、旅交汇、百度旅游。

目前,我国的旅游网站中处于第一位置的仍然是携程网,但是在酒店预订领域,腾讯参股的艺龙网已经取得了优势,而在机票搜索预订领域,百度控股的去哪儿网凭借着超过携程网的用户流量也在发起有力的冲击。

(二)旅游电子商务发展中的问题

1. 缺乏复合型人才

旅游电子商务的建设、运营和管理不仅涉及旅游业、网络和电子商务方面的技术和知识，同时还涉及市场营销和管理的专业知识。这就需要既懂旅游业务，又懂计算机的跨旅游复合型人才。然而实际上，这种复合型人才在旅游行业少之又少，根本不能满足旅游电子商务网站的需要，致使旅游电子商务网站不能顺利开展业务，从而影响其发展。

2. 旅游业各相关部门和企业对旅游电子商务战略认识不足

旅游电子商务最大的受益者是旅游企业，旅游企业利用网络优势，发展自己的特色品牌，弥补其在传统市场销售渠道有限、知名度低的缺陷，为自身发展赢得更为广泛的机会。但从目前来看，旅游网站商业信用体系还不是很健全，多数企业缺乏系统的供应链网，行业之间协作化低，使得旅游企业和旅游者之间依然存在着一定的"信息不对称"的现象，无法与消费者进行互动，建立良好的信用体系。此外，我国的旅游电子商务缺乏框架性的宏观法律政策的环境。

3. 网站模式类似

旅游网站主营的电子商务业务有机票、酒店、旅行团购预订三大项，每个旅游网站基本都是如此，产品与服务存在很大的相似性。因此旅游网站必须提供一种更好的服务、更好的产品，或寻求新的立足点与发展契机，或使销售额迅速地扩大，才有可能赢利，在没有明确的、更佳的发展模式时，旅游网站会对未来的发展比较迷茫。

4. 旅游电子商务网站缺乏信用保障

对于当前的旅游电商企业来说，安全性显得越来越重要，旅游电子商务网站的安全主要涉及游客信息的泄露和交易安全等，游客通过网站注册成为旅游企业会员的同时也将个人的部分信息留在了网站，旅游电商网站的安全性做得不到位会导致用户信息被泄露，引发当前用户及潜在用户对旅游企业的不信任；此外，旅游电商网站的安全性还会影响到用户支付信息的安全，这会使得用户不敢通过网络进行支付，既而也就阻碍了电子商务交易的完成。

四、旅游电子商务人才培养与发展的对策建议

（一）对于旅游电子商务人才培养的建议

旅游业要想真正实现旅游电子商务，旅游电商人才的培养是重要条件之一，因此，高校旅游专业需要制订出新的旅游人才培养计划，培养出既懂旅游专业知识，又通网络、计算机、适合当今社会发展需要的复合型人才。高校应使学生在学习旅游专业有关知识的同时，对现代旅游管理信息系统、旅游网站开发维护、网络应用等知识进行系统的学习，使学生的旅游电子商务知识逐步完善起来，更有利于以后的工作。

电子商务的中心是人,电子商务旅游市场将以知识、信息和人才来取代传统的以资本资源为中心的经济模式。旅游部门、旅游院校及企业应相互结合,用科学的理论来指导实践工作,培养出具有高素质复合型的人才。

①旅游管理部门应加强对电子商务工作人员的教育培训,采取讲座等形式对旅游相关人员进行统一的、有计划的旅游电子商务与旅游信息化的知识培训,要挑选旅游青年骨干力量到旅游高校和研究机构进行学习,努力造就一支高素质的旅游电子商务专业人才队伍。

②旅游企业既可依托高等旅游院校,对服务旅游电子商务工作的人员进行分期分批的培训,也可与旅游院校合作,根据企业需求定向培养旅游电子商务专业人才,解决企业急需人才的问题。同时,要积极创办旅游信息经济实体,鼓励兴办旅游信息开发研究的机构,加强高层次旅游电子商务才的培养。

③高校要积极根据旅游电子商务的需求,积极培养复合型的旅游电子商务专业人才,高校人才培养定位要准,要求学生不仅要掌握旅游相关知识,又要掌握先进的电子商务知识,具有较强的实践操作能力;同时,要积极与旅游企业联合,建立人才实践基地,培养实践性和创新性的信息化人才。

其中,首先要增强实践教学环节。旅游专业在旅游人才培养上更强调以市场为导向设计课程体系,研究课程内容,注重建立以"能力为中心"的培养模式,使课堂教学与实践教学相结合,进一步提高教学质量。在教学过程中可以模拟旅游企业的实际工作流程,将旅游企业对旅游企业、旅游企业对个人的操作过程和环节,通过角色转变清晰直观地表现出来,使学生在课堂上能够在仿真的环境中,很快掌握旅游电子商务的实际过程。还可以让学生以游客、旅游企业、银行、交通部门等不同身份在一个仿真环境中进行实际操作,使学生在完成各项具体工作的同时也可以建立起完整的知识框架:例如数据在各个应用系统是怎样产生的,在通讯网络中是怎样传送的,相关机构是如何协调工作的,等等。学生可以在网上一边操作,一边学习旅游电子商务方面的业务,增加学生学习的途径和方法。

此外,可以根据实际情况构建旅游电子商务实验室。由于不同的旅游企业的内部结构、管理体系不尽相同,现有的旅游管理系统软件费用极高,这些对于学生的使用并不方便。因此,实验室的建设对于旅游专业课程设置的开展、学生对课程的接收是非常重要的,也是解决学生实习实训的一个重要途径。在实验室里创建一个旅游电子商务的工作环境,安装一系列有关旅游电子商务方面的模拟教学软件,通过对教学模拟软件的操作,不但保证有关课程的教学和实施,并且可以很好提高的学生动手能力,增强学生的学习兴趣。学生还可以自建旅游网站,通过让学生自己开发、建设、维护使用旅游网站,促进网络知识的学习和培养。

(二)政府强化宏观调控,注重旅游电子商务的法律体系的强化

自1998年以来,我国相继出台了一系列的电子商务管理法规,但整体电子商务政策法律框架尚未建立,与旅游电子商务相关的法律法规基本处于空白。因此,政府要强化宏观调控功能,注重研究旅游电子商务的有关操作规范,加强相关法律体系的建设,使得旅游电子商务活动的开展有法可依,保证旅游电子商务的顺利运作,为企业开展电子商务创造良好的金融和法律环境。

(三)加快制定旅游电子商务行业标准,建立准入制度

(1)标准化是IT时代的特征之一,政府相关部门和行业协会要大力合作,发挥行业协会的民间组织作用,推动全国旅游资源的整合,加快旅游电子商务的标准体系建设,使旅游企业内部信息系统与旅游电子商务平台之间、旅游业与银行、海关、公安的信息系统之间能实现互联互通,建立一个全国范围的、完整的大旅游电子商务系统[①]。

(2)通过相关部门进行营业执照等的鉴定之后,再允许该企业建立电子商务网站,这样一方面保护了合法旅游电商企业经营的权利和权益另一方面也限制了一些不合法的提供旅游服务的团体及个人开展旅游电子商务,保障了旅游者的权益。

(四)建立不同的经营模式,开展个性化服务

(1)根据各自旅游网站的模式与规模,建立不同的经营模式。每一个旅游电子商务企业都应该结合其自身的条件走适合自己的发展模式。大型的旅游网站基于其规模大、知名度高、用户群庞大等特点,可立足旅游信息收集处理,向虚拟旅游交易市场转型,成为在线旅游中介商;小型旅游网站可根据其特色服务吸引特定的用户群,或立足地方旅游信息资源的开发利用,或成为地方性的旅游中介商,成为大型旅游网站的合作伙伴等,以便为消费者提供更周到的服务。

(2)因为服务业具有个性化、多元化、细化的特征,旅游电子商务面对的需求也是多元化和个性化的。开展适应各种需求的服务,是旅游电子商务生存和发展的必经之路。通过客户关系管理获得客户资料及有价值的市场信息,并以此为依据,设计出具有特色的旅游产品和服务,比如借助网络资源,通过让旅游者自己做主,设计旅游线路、制造旅游产品,满足消费者个性化、多元化的消费需求。

---

① 于锦华.中国旅游电子商务研究评述和展望[J].现代服务业,2009(4):38-40.

(五)提升创新发展的信息服务水平和管理水平

具有创新性的商业模式将会吸引更多的"跟进式竞争者",这些竞争者通过竞争创造更加迎合市场需求的创新策略,对创新者的优势地位发起挑战,这就需要创新者不仅要依托既有的核心竞争力,更要通过提升创新发展的信息服务水平和管理水平获取动态竞争力。在线旅游企业应及时了解和跟踪旅游服务的最新动向,对共性信息资源进行收集与整理,并通过高效、快捷的信息网络系统及时为客户服务。要注意的是,企业信息服务体系不只是简单地模拟传统管理方式,而是要对传统管理的业务流程进行再造,构建扎实的企业管理基础,建立良好的管理规范和流程,实行科学地管理,提高企业整体管理水平[①]。

---

① 陈默,张昊.在线旅游企业商业模式的创新研究[J].旅游经济,2012(2):177-178.

从符号学的视角看旅游文化景观的管理和营销
——以昆明市五华区为例

葛绪锋[①]　张晓萍

一、引言

　　人类学家曾说过,人类行为都是源自符号的使用,人是使用"符号"的动物。符号是一种以简单表示复杂、以具体表示抽象以及运载意义的工具。它是人类认知事物的媒介,是信息的外在形式和物质载体,它总是承载着一定的意义和内容。旅游是一种社会性的人类行为,旅游者所追求的是异域文化的符号。[②] 旅游是符号化的过程,旅游者通过旅游与客观世界互动,建构了丰富内涵的广义的旅游符号系统,通过符号的"生产"和"消费",旅游的主客体的内涵变得丰富,意义得到升华。

　　景观是一个符号传播的媒介,记载着一个地方民族的、历史的、社会文化的因素。旅游文化景观是旅游研究中的一个重要的概念,它具有明显的社会历史文化属性,而不仅仅是经济的、自然环境等层面的学科概念。但就目前关于旅游文化景观的管理和营销的研究来看,诸多研究取向将旅游文化景观的管理和营销单纯地利用经济学思想进行解读,而往往忽视了旅游文化景观管理和营销的社会学研究。旅游文化景观的管理和营销与其说是经济思想的运用,不如说是社会文化思想的整合,即"符号"的建构和解构的过程,基于此,本文从符号学的视角重新审视旅游文化景观的管理和营销,试图建构旅游文化景观的符号管理和营销系统,解释并厘清其中所发生的"符号"意义的"生产"和"消费"过程。使旅游的研究具有更深刻的理论意义和实践意义。

二、研究的基本范畴

(一)符号学与旅游文化景观

　　符号学是研究符号的科学,即"符号学是系统地研究语言符号和非语言符号

[①] 葛绪锋,男,山东省临沂人,云南大学 2011 级研究生,研究方向:旅游文化及旅游人类学,E-mail:zhugexufeng@sohu.com;张晓萍,女,云南省大理人,教授,博士生导师,研究方向:旅游人类学,E-mail:xpzhang21@sina.com。

[②] Culler,Jonathan. Semiotics of Tourism[J]. The American Journal of Semiotics,1981(11):127 – 130.

的学问"。① 现代符号学思想有两个源头：一个是瑞士语言学家索绪尔，另一个是美国逻辑学家皮尔斯。他们几乎是在同时期提出了"符号的科学"这一概念，被视为现代符号学的奠基人。索绪尔认为，符号（Sign）就是"能指（Signifier）"和"所指（Signified）"的结合体，"能指"是符号的形式，"所指"是符号的内容，也就是符号传达的思想情感或者意义。同时，另一符号学创始人皮尔斯则丰富了符号的含义，强调一个能指之所以能够和一个所指结合成为符号，就是因为两者存在着一个结合的关系，这个关系就是"意指（Signification）"，所谓意指就是能指和所指的结合方式或行为过程，即更深层次上的意义。② 符号学理论认为，人是符号的动物，人通过人化自然，赋予事物文化意义，又创造了符号，同时使用符号进行社会交往，创造新文化。可见，人的思维和行为都具有符号特征，符号成为人们认识世界和改造世界的媒介和工具。

旅游文化景观属于文化范畴的概念。旅游文化景观带有旅游目的地的民族、历史等文化色彩，它以符号为基础，通过符号的"能指"和"所指"功能表达着实体背后的意义。在当前旅游热潮中，旅游者在旅游过程中对于体验的要求不断提高，而旅游体验的满意程度直接关系到旅游文化景观的管理和营销成效。旅游者的旅游体验并不仅仅是对景观实物的感官感受，更多的是通过"符号"体验获得满足感。同时，旅游文化景观随着时间的推进，其传达的意义也在不断地变化，为能够达到旅游主体和客体的耦合，实现主客体的互动和利益的共享，有必要从符号学的角度来解读旅游文化景观。当前旅游者不再仅仅注重对旅游景观实体的消费体验，而更多地是想通过旅游景观"符号"意义的消费，体现旅游者本身的价值追求、审美追求，彰显个性特征、社会地位等。为迎合旅游者的符号消费，旅游经营管理者必须针对旅游文化景观进行"符号"的建构，通过符号的表征实践，赋予旅游文化景观一种"符号价值"，唤起旅游者对旅游景观"符号"的追求，将旅游者所追求的符号价值与旅游文化景观所表征的符号价值有机的对接，促进旅游活动的开展。

（二）符号学在旅游研究中的综述

1. 国外旅游符号问题的研究现状

早在20世纪70年代西方学术界就已经把符号学的理论、观点和方法引入了旅游学的研究当中，目前已取得了初步成果，为今后研究奠定了理论基础。1976

---

① Emest Stemberg. The Iconography of the Tourism Experience[J]. Annals of Tourism Research, 1997(4): 24.
② 黄华新,陈宗明.符号学导论[M].郑州:河南人民出版社,2004:6.

年迪恩·麦坎内尔(Dean MacCannell)率先提出旅游的符号意义。他在《旅游者：休闲阶层新论》一书中提到："全世界的旅游者都在阅读着风景文化，把它们看作符号系统"，他认为旅游者是对旅游吸引物系统的符号意义进行"解码"，并追求早已失去的真实意义的现代圣徒。① Culler发表了《旅游符号学》一文，他沿用了MacCannell的观点，把旅游者比喻为"符号军队"，认为旅游者在旅游过程中既在制造标志和景观之间的联系(一种建构意义的行为)，也在找寻标志和景观之间的联系(一种解读意义的行为)；旅游者寻找着真实的符号，可是他们找不到真实，却从大量的复制品中找到了快乐。② 纳尔逊·格雷本(Nelson Graburn)认为，研究旅游就是要分析它的符号内涵、文化意义。他在旅游符号学的研究方面达到了一个很高的高度，高屋建瓴地构建了旅游符号学的研究框架，因此他的观点对后人的影响是很深远的。③ 1990年，乌瑞(Urry)在《旅游者的目光：现代社会的休闲和旅游》中曾提出，旅游者看到的事物都是由符号组成的，它们都表征着其他某种事物。在旅游者的目光的凝视之下，一切景观都被赋予了符号的意义，一切景观都变成了文化景观。④ 除此之外，Brown认为旅游者通过对旅游目的地的选择来表现其社会角色和身份，因此旅游目的地就代表了其特定的符号体验。⑤ Copper认为旅游吸引物系统必须先被符号化才是值得体验的。⑥ Uzzell使用符号学的方法对旅游广告的研究说明，要使用恰当的符号系统来传递相应的旅游体验。他主张利用符号实现旅游地形象价值与意义在旅游者心目中的建构。⑦ Cohen也以美国迪士尼为例，说明游客们寻求的是一种符号的、象征意义的真实性，是社会建构的结果。⑧ 格林伍德(Greenwood)认为商品化的文化是虚假的，并成为对旅游者的"符号诱饵"，这会损坏传统文化，对旅游目的地文化传承是一种威胁："文化一旦商品化，其意义就会丧失"。科恩(Cohen)不同意"旅游会导致文化商品化"的观点，并以民间音乐人为例，指出他们已经在旅游者心中成为旅游地某种文化意义上的符号代表，提供给旅游者的文化产品为当地人

---

① Culler, Jonathan. Semiotics of Tourism[J]. The American Journal of Semiotics,1981(11):127-130.
② Dean MacCannell,张晓萍译.旅游者：休闲阶层新论[M].南宁：广西师范大学出版社,2008.
③ 谢彦君,彭丹.旅游、旅游体验和符号[J].旅游科学.2005,19(4):4-5.
④ Urry John. The Tourist Gaze:Leisure and Travel in Comtemporary Societies[M]. London,1990.
⑤ Brown. Tourism and Symbolic Consumption[A]. In: P. Johnson, B Thomas. Choice and Demand in Tourism[C]. London:Mansell,1992.57-71.
⑥ Cooper C. Tourism:Principles and Practice[M]. Harlow:Financial Times Prentice Hall,2008:736.
⑦ Uzzell D. An Alternative Structure List Approach to the Psychology of Tourism Marketing[J]. Annals of Tourism Research,1984,11(1):79-99.
⑧ Cohen E. A Phenomenology of Tourism[J]. Sociology,1979,13(2):179-201.

获得了新的内涵,而且原有的内涵未必丧失,它成为民族或文化身份的标志符号,也是在外来公众面前的一种自我展现方式。①

综上所述,国外旅游符号研究问题表现出以下特点:①内容集中在对符号意义解读方面,对研究旅游符号意义方面取得丰硕成果;但是相对来说缺乏对旅游符号营销的研究。用符号理论构建旅游符号营销应是学界努力的方向。②以理论研究为重点,缺少理论与案例实践的结合。应该很好地把理论与实践结合起来。③研究多从旅游者寻求符号的角度探讨,缺乏对旅游主体、媒介体以及客体的系统分析,没有突出符号的生产和消费过程。这也是本文的研究重点。

2. 国内旅游符号问题的研究现状

国内对符号相关理论在旅游中的研究很少,直到 2001 年才有了零星成果。王宁(2001)在其著作《消费社会学》中曾一般性地分析了消费的符号性和消费的文化意义,并提到旅游纪念品的符号功能和古代帝王建筑的符号象征性。② 何兰萍(2002)初步探讨了旅游的符号性,指出旅游是一种文化消费,是对历史事物的符号再现。③ 彭兆荣(2004)在《旅游人类学》中讨论了旅游景观的符号价值、旅游标志物符号系统、酒店的符号价值、艺术品符号、旅游景点的空间结构等问题,是国内首位系统地阐述旅游中的符号问题的学者。④ 李蕾蕾以深圳海滨为例,分析指出海滨旅游空间的社会建构,本质上是一个符号的意指过程。⑤ 邵兰借鉴符号互动理论对旅游形象进行了研究,指出符号互动理论在旅游形象确立中有着广阔的应用空间。马晓京指出商品是一种符号,分析了旅游纪念品的符号价值。⑥ 周常春、唐雪琼在介绍国外将符号学方法与内容分析法应用于旅游手册分析的研究成果的基础上,指出了以上 2 种方法在旅游手册研究中的应用前景。⑦ 陈素云建立了基于符号价值的市场细分模型,突破了以前市场细分中把消费者作为细分最小单位的局限。⑧ 谢彦君等认为旅游现象的内核是旅游体验,旅游体

---

① Cohen E. Authenticity and Commoditization in Tourism[J]. Annals of Tourism Research,1988,15(3):371-386.

② 王宁.消费社会学:一个分析的视角[M].北京:社会科学文献出版社,2001:127-143.

③ 何兰萍.大众旅游的社会学批判[J].社会,2002:10-12.

④ 彭兆荣.旅游人类学[M].北京:民族出版社,2004:181-224.

⑤ 李蕾蕾.深圳的海滨旅游开发与形象建构[J].特区理论与实践,2003(5):24-25.

⑥ 马晓京.旅游象征消费对云南石林旅游商品开发的启示[C].阿诗玛国际学术研讨会论文集,2004:501-520.

⑦ 周常春,唐雪琼.符号学方法和内容分析法在旅游手册研究中的应用[J].生态经济,2005(6):24-27.

⑧ 陈素云.基于符号价值的市场细分研究[D].武汉大学,2005.

验在本质上可以看成是旅游者对符号的解读,并梳理了国内案例,证明符号消费在旅游消费行为中客观存在。① 席建超等以 MacCannell 的符号吸引力为基础,对雍和宫景区的发展进行了实证分析。杨振之等运用符号学理论对旅游活动和旅游开发的全过程进行了全面的审视,指出了符号化旅游是解决旅游符号化的一把钥匙。②

综上所述,国内旅游符号问题研究表现出的特点体现在以下几个方面:①研究处于初级阶段,研究内容较为单一,②缺乏系统性;符号学理论在旅游中的研究范围和领域需要进一步的拓展和深化。缺乏对符号的深入解读,研究成果较为笼统;③符号研究缺乏对整个旅游系统的实践指导,理论研究相对滞后。

三、旅游文化景观的内涵:"符号"意义

(一)旅游文化景观的内涵

基于符号学理论视角,旅游文化景观涉及"符号"的意义,是在一定的历史时期内,经由符号的"能指"和"所指"功能而形成的被旅游目的地社群、旅游企业、政府部门以及旅游者群体共同影响的、独立于个人经验之外而持续存在耦合的,并且能够满足旅游者"符号"体验的需要和旅游目的地"符号"营销推广,在自然景观之上叠加人类活动的结果而形成的文化景观,是一种具有社会意义的概念系统。对其内涵的理解可以概括为以下几点:

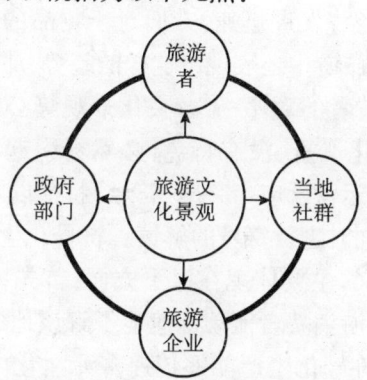

图1 旅游文化景观内涵解析

---

① 谢彦君,彭丹. 旅游、旅游体验和符号[J]. 旅游科学. 2005,19(4):4-5.
② 席建超,葛全胜,成升魁,刘浩龙. 符号吸引理论与旅游资源发展模式的实证分析——以雍和宫为例[J]. 资源科学,2006(3):115-118.

首先,旅游文化景观在形成的过程中,伴随着符号意义的形成,但是其符号意义从来不是固定的、不可改变的。强调旅游活动的实践性是非常重要的,正是旅游活动中的参与者,不断赋予了文化景观新的意义。同时,意义的形成并不仅仅是个体性的,它是不同文化群体所构建的多层意义。另外,在不同历史时期,新层次的意义会随着旅游参与者社会互动得以产生,并得以交流,从而呈现一种螺旋式的意义循环。①

其次,旅游文化景观符号意义的生产、交流、理解和消费,涉及两个密切相关的过程:第一个过程涉及旅游者主体赋予旅游文化景观以符号意义;第二个过程涉及旅游文化景观符号意义的共享与传播。正是通过这两个过程,旅游文化景观的符号意义得以建构和解构。

再次,旅游文化景观的符号意义不是自然形成的,其意义的背后蕴含着人类智慧的结晶。旅游者在旅游中不断追寻各种符号及符号意义,旅游景观所在地相关者(政府部门、旅游企业、当地社群)也正是通过符号象征实践,赋予旅游文化景观民族的、历史的、社会的、生态的意义。

(二)旅游文化景观的"符号"生产

旅游文化景观的"符号"生产本质上是旅游相关者对旅游文化景观的自然和人文要素的符号意指过程、编码过程和神圣化过程。旅游文化景观并不仅仅是一个具有独特地理空间结构的单元,它还反映着人与环境、游客与景观、人与人之间的关系。当前社会经济发展迅速,人们对于物品的要求不仅仅是满足于其实用价值,旅游消费者在旅游中还表现出这样的趋势,那就是对"符号"价值的强烈追求。为满足旅游消费者的意愿,旅游文化景观势必走向"符号化"的生产过程。当前旅游产品同质化严重、没有特色,必然会引起旅游者的审美疲劳。所以,旅游文化景观的建构运营就应当突出"符号"特征以及其象征意义,让旅游者在接触旅游文化景观的同时进行符号的解读。符号化生产对于旅游文化景观的运作具有非常重要的意义,主要体现在以下方面:首先,易于树立旅游文化景观属地的旅游形象,使得旅游消费者能动迅速地了解该地的旅游特色,更好地推进旅游产品的营销;其次,符号化生产能够传递多元文化内涵,满足不同文化层次的旅游消费者,利于旅游目的地开拓多元销售渠道和提供特色个性旅游产品;再次,旅游文化景观的"符号"生产,通过符号传达旅游文化景观特殊象征意义,能够唤起人们的文化觉醒,更好地推动旅游文化景观在开发利用过程中的积极

---

① 刘建峰,王桂玉,张晓萍.基于表征视角的旅游目的地形象内涵及其建构过程解析——以丽江古城为例[J].旅游学刊,2009(3):49-50.

保护。

(三)旅游文化景观的"符号"消费

现代消费社会已经不仅仅是一个产品和物的世界,它已经成为一个符号的王国。消费者在选购商品时,已由传统的对商品的实用性(即物的价值)的关注,逐步转移到更多地关注商品的符号象征意义。同样,对于旅游消费者也不例外,旅游也是一种符号消费形式。旅游者在对旅游文化景观体验的过程中既制造符号和旅游文化景观之间的联系,又在找寻符号与旅游文化景观之间的联系,有意义的旅行乃是一种系统的符号操作行为。体验是主体对生命的价值与意义的感性把握。旅游者观赏旅游文化景观并不仅仅是视觉感官的满足,而更重要的是通过旅游文化景观"符号"意义的消费达到民族感情、文化模式、思想价值观念等的认同,引起群体的共鸣,促进精神上的愉悦,达到人与人之间的和谐——共睦态。同时就单一旅游者来讲,通过"符号"解读,不仅能够获得审美享受和增长见识,而且能够发现自我、认识自我、表现自我和实现自我。另外,旅游文化景观作为一种符号被消费,体现着旅游消费者的个人品位、生活风格、审美情趣、价值观念、社会地位和社会认同等。

四、旅游文化景观的管理和营销:符号化运作

(一)旅游文化景观的符号营造

符号是一种不可视物体的可视标记,它是对不可言说物体的一种类推,超越了现实关系及话语权力,体现并提供了情感与思想。昆明作为首批国家历史文化名城持续发挥着名城的效应。昆明市老城区(五华区)作为历史文化名城的重要组成部分有必要加强构建景观符号,彰显景观符号的象征意义。文化景观的符号建构应该通过专家评价测定以及政府的政策、制度安排等途径确立景观的"标志",并通过各种途径对外宣传,确立景观的"标志",使旅游文化景观有别于一般意义的景观,进而建立"标志"与特定"意义"之间的关联性;通过场景再现和舞台设计等方式创设情境、营造旅游氛围扩大旅游文化景观的市场感召力,满足旅游消费者的"符号"追求。[①] 同时,深度挖掘旅游地表征的符号价值,文化是生产符号价值的原材料,旅游文化景观的文化内核具有真实性的符号价值;充分调查旅游者所追求的符号价值,找出旅游者所追求的符号价值,对旅游者关注的文化象征意义、身份地位、价值观念等方面进行微观细化,深入开展旅游文化景

---

① 董培海,施江义,李伟.关于旅游产品符号价值的解读[J].北京第二外国语学院学报,2010(9):36.

观的符号建设。

当前为了更好地展现昆明"春城"的历史沧桑、多彩文化,让人们更多地了解、认知春城自然、人文、民族、历史、生态面貌,笔者认为挖掘"春城"旅游景观的符号价值,满足旅游者的符号追求成为符号化运作的首要任务。昆明市五华区是春城老城区的主要区域,包括许多的旅游文化景观,例如学校教育文化遗址、历史文化名人故居、古街古巷古寺庙建筑等,它们共同见证了昆明城市的历史沧桑和文化变迁的轨迹。但是这并没有受到春城以外人们的注意。可以通过专家对五华区旅游文化景观资源的评审,找到最能代表历史文化名城昆明的文化景观,作为春城的符号象征。比如,让旅游者参观学校教育文化遗址,把旅游者带入峥嵘岁月的年代,让旅游者身临其境,体验那时的西南联大精神:刚毅坚卓、爱国精神、自由与民主、团结精神、苦干实干,并把这种精神上升到符号表征,把它作为鼓舞人们奋斗的精神支柱。另外,昆明市政府部门应该把旅游文化景观的符号构建运作上升到一定的战略高度。当前,城市营销为每个大中小城市推崇,他们在不断地宣传自己的城市形象,因此,昆明作为历史文化名城,政府部门也应该顺应时代的发展,通过制定相关旅游政策、法律安排确立景观"标志",树立春城旅游形象,从而提升春城旅游的吸引力。消费社会中,意指文化获得了全面的胜利,一切事物都脱离了实体意义和规范问题,进入到文化领域,以不断发生转化的文化记号形式融入到人们的生活中。通过展现由昆明旅游文化景观构建的符号象征意义——人与自然和谐共生、多彩文化精神底蕴等,可以让旅游者获得现实中无法获得的渴望、愉悦、惊喜与幻想,加深旅游者对春城昆明的印象。

(二)旅游文化景观符号整合

人们若是前往某一旅游地进行游览参观,他们所要看的并不是这个区域,而是这一地域上的一系列组合要素。[①] 虽然每个单一的旅游文化景观都是一个单独景观符号,但它需要一个信息从(Markers)共同指涉的对象,即各个符号信息聚拢在一起构成旅游文化景观所在的区域符号特征,否则这样一个符号信息对旅游者而言就毫无意义,因此,信息与信息从所指涉的目标应该同时赋予一个旅游景物以意义,通过要素的组合形成特有的旅游文化景观符号意义,更好地表达旅游文化景观所在地的自然与人文底蕴。

春城昆明老城区(五华区)成为当地人们陶冶情趣的快乐大本营。西南联大旧址、一二一革命遗址孕育着爱国精神,朱德故居、闻一多故居等历史名人住所传承着奋进角逐的坚毅精神,圆通寺、大德寺等蕴含着深厚的佛教文化,圆通山、

---

① 龚锐.旅游人类学教程[M].北京:旅游教育出版社,2011:130.

五华山、翠湖公园彰显着人文色彩,见证着城市的沧桑和文化变迁的轨迹……旅游者来到昆明市五华区观看到的并不是五华区,而是西南联大旧址、一二一革命遗址、名人故居、圆通古寺、翠湖公园等,正是这一系列的要素整合成了叫做昆明五华区的地方,从而让旅游者切实看到、认知到什么叫昆明五华区。把分散的历史文化遗产整合成一个规模较大的整体,它所产生的景观符号价值意义要远远超过分散个体所产生的符号效应的总和;把一个片区内的资源整合,更便于对资源的统一开发、建设、管理和保护;通过资源要素整合,能够使得旅游文化景观按照特色形成"符号"表征,提升符号品牌效应,能够更充分的展现景观符号的价值,满足旅游者对旅游"符号"象征意义的追求。

(三)旅游文化景观的符号化营销

符号营销应符号消费而产生,旨在某种产品与意义之间建立特定的联系,以意义上的差异性作为区别企业产品与其他同类产品的基本手段,同时借助意义对满足消费者心理和精神需求的作用来实现对消费欲望的刺激,从而促进产品的销售。① 旅游商品在被作为一个符号进行消费时,是按照其所代表的社会地位和权力以及其他社会人文因素来计价的,旅游商品作为符号能够提供声望,并且表现消费者的个性、特征、品位等。基于符号价值进行符号化营销,运用符号学理论研究旅游产品的营销传播活动,寻找旅游产品中可见(能指)部分与不可见(意义)部分的联系,并且找到实现旅游产品的"能指"与"所指"有效联结的途径。

笔者认为应该从以下方面推进昆明五华区旅游文化景观的符号营销:①与历史事件相结合。人们对旅游的消费往往是对旅游文化景观背后历史场景的消费。在昆明市五华区充满着很多的历史故事,这里是革命的圣地,是多元文化共融的地方,通过将旅游符号与历史事件链接,再现历史的、文化的、民族的、生态的旅游胜地,让游客了解昆明,认识昆明五华区,使其更有利于在满足旅游者追求符号基础上实现昆明市旅游的跨越式发展。②通过传媒平台,进行符号渗透。当今社会,传媒在宣传促销方面发挥作用越来越大。通过广告可以将旅游商品代表的某种特定含义展现出来,或者让旅游消费者在观光游览、体验融入时候,联想到旅游文化景观代表的符号意义。② 因此,对于昆明五华区景观符号的营销,应该利用种种手段,充分调动旅游者所关注的文化意义、目标价值、观念意

---

① 戚海峰.符号营销[M].上海:上海财经出版社,2006:10.
② 马晓京.旅游象征消费对云南石林旅游商品开发的启示[C].阿诗玛国际学术研讨会论文集,2004:501-520.

识、理想等旅游文化景观价值，千方百计地为旅游者提供实用的、情感的、心理的等多方面的感受，努力把五华区文化景观的文化、审美、自我实现等精神价值融为一体，在广告宣传中注重品格与人性化意义（个性、爱护、忠诚、责任）、社会意义（关系、地位、价值、贡献、声望）以及历史民族国家意义（民族风格、多元文化、爱国精神）的传播。③充分利用旅游消费者的文化倾向。旅游产品营销者应该利用旅游消费者形成的文化倾向，使其与旅游文化景观的符号联系起来，以文化作为舞台，把旅游文化景观的符号意义渗透到旅游者内心，驱动旅游者的符号消费。例如，昆明五华区每年在圆通山举行樱花文化旅游节，实现旅游符号与春城滇文化的互动，针对不同类型的旅游消费者营造差异性的文化氛围，满足不同旅游消费群体的符号追求。

五、结语

旅游文化景观的管理和营销是一系列社会文化思想的整合过程，是"符号"的建构和解构的过程，从符号的视角理解旅游目的地的管理和营销，有其特定的时代与社会背景。在后现代社会，人们不再疲于工作与挣钱，他们开始逐渐追逐精神上的、自我价值上的更高目标，他们在追寻着旅游文化景观所蕴含的符号象征价值，他们在强力地追逐体验旅游带来的符号意义。旅游文化景观的魔力和神圣性被整个社会旅游人员所唤起，反映着一种群体的集体意识的投射。正是社会群体旅游消费者强烈的"符号"追逐，使得旅游文化景观所在地及时迅速地"闻嗅"到旅游者的这一追求，同时也在不断地设法进行针对旅游者的旅游"符号"生产，最终实现旅游文化景观的管理和营销。本论文以昆明市五华区的旅游文化景观资源作为案例，并希望通过对该案例进行的分析，加深读者对旅游文化景观的符号化管理和营销的理解，树立良好的城市"符号"文化立体形象，更好地推动昆明市旅游的跨越式发展。

旅游目的地形象的测量与分析
——以南京在华东区域内的比较性研究为例

曲颖　贾鸿雁[①]

一、引言

旅游目的地产品的无形和难以在购买前尝试的特性使得形象成为各目的地之间主要的竞争工具[②]。此外，大量理论和实证依据都支持目的地形象对旅游者决策制定的重要影响作用[③]。因此，在实践中各目的地都将塑造一个积极的、有吸引力的形象作为自身营销的核心目标。然而，任何目的地形象的塑造策略都应以对其现有形象的了解作为基础。有效的目的地形象测量和分析可提供关于目的地现有形象在满足游客需要上的优、劣势以及与竞争对手相比较的相对定位等丰富信息，从而可对未来形象管理和策划的方向形成启发。本文就旨在在上述方面做出一定的研究努力，以南京作为案例目的地，综合应用重要性—表现分析法和对应分析法对南京现有旅游者的目的地形象感知情况从不同角度进行了考查，以期能对国内在研究相关问题的视角和方法使用上提供一些借鉴。

自 20 世纪 70 年代以来，目的地形象成为国际旅游研究领域最炙手可热的话题之一，形成了丰硕的研究成果[④]。尽管至今人们对这一概念的定义尚未达成一致认识[⑤]，在具体用法上也多有不同[⑥]，但绝大多数国外学者都是从旅游者心理活

[①] 曲颖，女，吉林通化人，博士，讲师，东南大学人文学院旅游学系教师，主要研究方向：旅游市场营销和旅游消费者行为；贾鸿雁，女，河北邯郸人，博士，副教授，东南大学人文学院旅游系教师，主要研究方向：文化遗产旅游和旅游史。

[②] Cai L P. Cooperative Branding for Rural Destinations [J]. Annals of Tourism Research, 2002, 29(3): 720 – 742.

[③] Tasci A A, Gartner W C, Cavusgil S T. Conceptualization and Operationalization of Destination Image [J]. Journal of Hospitality and Tourism Research, 2007, 31(2): 194 – 223.

[④] Pike S. Destination Image Analysis—a Review of 142 Papers from 1973 to 2000 [J]. Tourism Management, 2002, 23(5): 541 – 549.

[⑤] Gallarza M G, Saura I G, Garcia H C. Destination Image towards a Conceptual Framework [J]. Annals of Tourism Research, 2002, 29(1): 56 – 78.

[⑥] Jenkins O H. Understanding and Measuring Tourist Destination Images [J]. International Journal of Tourism Research, 1999, 1(1): 1 – 15.

动的角度来对其进行界定的。例如被引述最多的 Crompton 定义:"形象是一个人对目的地信念、想法和印象的总和"①。在目的地形象的构成成分上,大多数学者都支持一个"认知—情感"的二维结构,其中认知形象(cognitive image)指关于一个目的地的知识和信念,而情感形象(affective image)代表对一个目的地的感觉或情感反应②。Gartner 在此基础上又补充了表征行为倾向的意动形象(conative image)③。在众多界定之中,Echtner 和 Ritchie 为理解和测量目的地形象提供了一种较为独特的视角,他们认为目的地形象应该通过属性—整体链、功能—心理链和共同性—独特性链三个维度来进行描述④。在目的地形象的理论建构方面,国外学者还重点阐释了其形成过程。Gunn 最初将目的地形象划分为机制形象(organic image)和诱导形象(induced image)两类,前者指旅游者没有实地访问时对目的地的印象,后者指通过促销材料或实地访问所形成的目的地形象⑤。Fakeye 和 Crompton 应用这一理论又将目的地形象细分为机制、诱导和复合(complex)三类⑥。机制形象的界定同上,而诱导和复合形象则分别用来专指旅游者通过促销材料和根据现实访问经历所形成的形象。Gartner 系统总结了目的地形象形成的影响媒介,将其进一步划分为以下八类:公开诱导型I(overt induced I)、公开诱导型II(overt induced II)、隐蔽诱导型I(covert induced I)、隐蔽诱导型II(covert induced II)、自治型(autonomous)、无意机制型(unsolicited organic)、有意机制型(solicited organic)和纯机制型(organic)⑦。

国内关于目的地形象的研究始于20世纪90年代末,在研究内容上涉及到目的地形象的概念、形成机理、生命周期以及测量与评价等几个方面⑧。但总体上

---

① Crompton J L. An Assessment of the Image of Mexico as a Vacation Destination and the Influence of Geographical Location upon that Image [J]. Journal of Travel Research, 1979,17(1):18-23.

② Stephenkova M, Morrison A M. Russia's Destination Image among American Pleasure Travelers: Revisiting Echtner and Ritchie [J]. Tourism Management, 2008,29(3):548-560.

③ Gartner W C. Tourism image: Attribute Measurement of State Tourism Products Using Multidimensional Scaling Techniques [J]. Journal of Travel Research, 1989,28(4):16-20.

④ Echtner C. M, J. R. Brent Ritchie. The Meaning and Measurement of Destination Image [J]. The Journal of Tourism Studies, 2003,14(1):37-48.

⑤ Gunn C. Vacationscape [M]. Austin, TX: Bureau of Business Research, University of Texas. 1972.

⑥ Fakeye P, Crompton J. Image Differences between Prospective, First time and Repeat Visitors to the Lower Rio Grande valley [J]. Journal of Travel Research, 1991,29(2):10~16.

⑦ Gartner W C. Image Formation Process [J]. Journal of Travel and Tourism Marketing, 1993,2(2/3):191-215.

⑧ 臧德霞,黄洁. 国外旅游目的地形象研究综述——基于 Tourism Management 和 Annals of Tourism Research 近10年文献 [J]. 旅游科学,2007,21(6):12-19.

国内该研究领域在目的地形象的理论建构方面尚未取得较大进展,未能开发出一些被广泛认可和应用的分析框架,对此多数学者主要直接借鉴和引用国外成果。国内研究中最显著和丰硕的部分表现为以对一个具体目的地(主要是城市)的形象策划和设计为目标的目的地形象分析与评价①。但国内在目的地形象分析的视角和方法上与国外有很大不同,大多数文献都是从供给角度由专家学者通过地脉、文脉的定性分析总结得出一个目的地的形象概况,很少从旅游者感知形象的角度进行调查研究。这在很大程度上是由国内学者对目的地形象概念的理解方式所决定的,如有学者直接将目的地形象界定为:"旅游地对本身的各种要素资源进行整合提炼、有选择性地对旅游者进行传播的意念要素,是旅游地进行对外宣传的代表性形象"②。近年来,随着对这种形象分析方法主观性和不精确性的认识,国内逐渐出现了一些通过市场调查和定量统计分析来考查目的地形象的研究文献。这些文献的一般技术路径为:针对一个目的地让旅游者在预先设定的一系列形象属性上对其进行评分,进而通过处理所获数据确定其具体形象的优、劣势所在。这种方法虽然有所改进,但 Crompton 等指出因为它具有以下两个主要缺陷而对目的地在促销中究竟应该使用哪些属性的指导意义有限:①不清楚哪些属性是对目标市场出游而言的重要属性;②不清楚哪些属性是可以形成与竞争对手相区分的差异化属性③。鉴于此,本文拟突破这种局限,将关注重心放在旅游者需求和区域内竞争对手这两个当前国内目的地形象研究普遍容易忽视的要素上,将它们纳入研究设计之中,通过对重要性—表现分析法和对应分析法的综合应用来提供关于这两个方面的目的地形象测量和分析的信息。

二、研究方法

(一)案例目的地简介

因本文中涉及到的其他 4 个调研地主要是为从不同视角深入、详细解析南京的目的地形象感知服务的,这里只介绍焦点案例目的地南京的基本情况。

南京(简称"宁"),位于长江下游沿岸,是江苏省省会、副省级城市、国家历史文化名城、国家园林城市、国家综合交通枢纽、国家重要创新基地和科技创新中心、现代服务业基地和先进制造业基地、滨江生态宜居城市,亦是长三角辐射

---

① 宋子斌,安应民,郑佩. 旅游目的地形象之 IPA 分析——以西安居民对海南旅游目的地形象感知为例 [J]. 旅游学刊,2006,21(10):26 – 32.
② 谢朝武,黄远水. 论旅游地形象策划的参与型组织模式. 旅游学刊,2002,17(2):63 – 67.
③ Crompton J L,Fakeye P C,Lue C – C. Positioning:The Example of the Lower Rio Grande Valley in the Winter Long Stay Destination Market [J]. Journal of Travel Research,1992,31(4):20 – 26.

带动中西部地区发展的重要门户城市、联合国人居署特别荣誉奖获得城市和2014年第二届夏季青年奥林匹克运动会举办城市。南京襟江带河,依山傍水,山川秀美,古迹众多,旅游资源可谓极大丰富,其"六朝古都"的盛名享誉海内外。基于其丰富的资源禀赋,南京旅游局已开发、形成六朝怀古游、大明胜迹游、郑和遗踪游、民国文化游、宗教文化游、秦淮风情游、科教修学游、滨江风貌游、温泉度假游、乡村美景游等多元化的综合旅游产品体系。

(二)调研工具

本研究采用"自填式问卷(self-completed questionnaire)"作为调研工具,问卷共包括四个部分。第一部分是一个独立的问卷填写说明,介绍调研目的和基本程序。第二部分调查旅游者对南京和其他4个华东区域重要旅游城市(无锡、上海、苏州、杭州)在一系列形象属性上表现的比较评价情况。笔者在广泛回顾国内外目的地形象研究文献(尤其是有关我国华东旅游城市的文献)和咨询一组旅游营销专家的基础上共开发出33个形象属性用于此部分。对于其中的每一个属性,旅游者都被要求从包括南京在内的5个城市中选择出他/她认为在其上表现最佳的一个或多个城市。例如在自然风光方面,请勾画出您认为表现最好的一个或多个城市。第三部分考查旅游者对于南京等5个城市作为一个理想出游目的地的总体印象的评价。旅游者被要求对这5个城市分别在一个7分李克特类型量表(Likert-type scale)上进行打分,其中由1 = "非常差"逐渐过渡到7 = "非常好"。最后一部分测量旅游者的人口统计和旅游相关特点。

(三)调研实施和问卷回收

调研于2011年8月至9月进行,采取整群随机抽样的方法,向参加由康泰旅行社、君越旅行社、中达旅行社、南唐旅行社等共10家南京旅行社组织的华东5市游(南京、无锡、苏州、杭州、上海)旅行团的国内游客发放问卷。问卷由导游协助发放、解释和回收。事先对接团导游就调研过程和问卷题目等进行过网上视频培训,以确保他们在向游客解释相关问题时能保持一致性。问卷选择向5市的现实旅游者发放,并且在每个旅行团的全部行程结束之前进行,目的是为了获取关于5市形象准确的、一手的感知体验,因为先前研究显示,现实旅游者比潜在旅游者所持有的目的地形象更为真实和复杂[1]。本次调研总计发放问卷410份,回收385份,其中有效问卷320份,问卷的有效回收率为78%。

---

[1] Botha C, Crompton J L, Kim S S. Developing a Revised Competitive Position for Sun/Lost city, South Africa [J]. Journal of Travel Research, 1999, 37(4):341-352.

(四)分析方法

1. 重要性 – 表现分析法(IPA:Importance Performance Analysis)

重要性 – 表现分析法最初由 Martillia 和 James 提出,用于考核汽车经销商的表现①,后被广泛应用于服务、医疗营销、会展、教育、餐饮、休闲娱乐等行业,成为提高顾客满意度、优化服务质量的重要工具②。其基本思想为:以所考查变量重要性和表现均值的中值或总体均值为交叉点,以重要性和表现分别为纵、横轴,构建一个二维、四象限的方格图。根据各变量的实际重要性和表现情况,将它们分布于四个象限之内。第一象限为重要性高,表现也好;第二象限为重要性低,但表现好;第三象限为重要性低,表现也差;第四象限为重要性高,但表现差。相应的应采取的管理对策分别为:继续保持、不宜刻意追求、低优先和重点改进。

在以往应用此分析框架的文献中,研究者通常采用的都是一种被称之为"明确重要性(Explicit Importance)"的方法,即直接要求被访者对某属性的感知重要程度进行打分。本研究则采用由 Usyal 等提出的"隐含重要性(Implicit Importance)"方法③。如调研工具部分所示,该方法并不直接询问被访者哪些属性更重要,而代之以通过考查以下两方面信息来推断出各属性的重要性:①让旅游者就每个属性从 5 个城市中选出一个或多个在其上表现最佳的城市;②让旅游者对 5 个城市作为一个理想出游目的地的各自总体印象进行评价。其背后的思维逻辑为:旅游者评价的这两方面信息之间存在内在关联,即真正对旅游者出游目的地选择具有决定性作用的因素应该是被作为理想目的地总体印象评分均值最高的城市所具备,而不会被总体印象评分均值低的城市所具备。换言之,在那些重要性高的目的地属性上,作为理想出游目的地总体印象评分均值最高的城市被选作表现最好的人数比例应该较高。这样就可以通过一个属性与总体印象评分均值最高城市之间联系的强弱来推断出其对出游决策的实际重要性。Usyal 等指出该方法较之"明确重要性"方法有以下三个优点:①它有效规避了被访者回答"公认观点(Conventional Wisdom)"答案的倾向,便于揭示出真正影响旅游决策的因素;②它模拟了旅游者制定出游决策的情境,因为旅游者需要对属性的表现情况在几个目的地之间作比较。现实决策中极少有旅游者会只考虑一个目

---

① Martilla J A, James J C. Importance – Performance Analysis [J]. Journal of Marketing, 1977, 41(1):77 – 79.

② 王素洁,胡瑞娟,李想. 美国休闲游客对中国作为国际旅游目的地的评价:基于 IPA 方法 [J]. 旅游学刊, 2010, 25(5):44 – 50.

③ Uysal M, Chen J S, Williams D R. Increasing State Market Share through a Regional Positioning [J]. Tourism Management, 2000, 21(1):89 – 96.

的地,这样对目的地属性的考评就得以在一个类似于真实的而非假设的决策情境下进行;③它允许同时获取关于几个目的地在一系列属性上的表现情况而不必要求游客做对每个目的地在每个属性上评分的繁琐工作。也正因如此,它可以将较多的属性纳入问卷之中,使得对目的地形象的分析更为详细和透彻。

2. 对应分析法(CA:Correspondence Analysis)

对应分析法,又称最优量表法、交互平均法或同质性分析,是一种日益流行的用于降维和感知绘图(Perceptual Mapping)的多元相依变量统计分析技术①。它的基本模式是对由两个定性或分类变量构成的交互频数表进行分析,将卡方值转变为可度量的距离,通过分值距离来代表变量的各个类别,减少维度并做出分值分布图。在降维方面,它与因子分析相似;在制作分布图方面,它与多维量表法相似②。其优点是可以在一张感知图中以可视化的方式同时揭示同一变量各个类别之间的差异以及不同变量各个类别之间的对应关系。变量划分的类别越多,其优势就越明显。近年来,该统计技术在市场细分、产品定位、品牌形象以及满意度等研究领域正在得到越来越广泛的应用③。

三、研究发现

(一) 样本的描述性统计特征

被调查者中,男性占绝大多数(76%),女性仅占24%;25~44岁的旅游者比例在一半以上(62.3%);绝大多数者的当前家庭规模都在3人以下(92.6%);专科及以上学历者占一半以上(67%),这其中硕士及以上学历者占到34%;公务员(20.2%)、教师(16%)和企事业管理人员(14.7%)为数量最多的三类职业;税前月收入普遍在1001~5000元人民币的范畴内(78.5%),其中3000元以上者占到42%;旅行团队的规模主要在31~50人之间(64.3%);旅行团队的日程则以5日游(43.8%)和6日游(40.2%)居多。此外,在客源构成比例上,长三角游客占到48.2%,广东和北京的游客次之,分别占16.3%和14.8%,再接下来主要为华东其他及其临近省份(如山东、福建、安徽、河南、湖北)的游客,占12.6%,其他占8.1%,这与南京的历年国内客源市场构成比例基本上是相一致的。

---

① Hair J F, Black W C, Babin B J, Anderson R E. Multivariate data analysis [M]. Upper Saddle River, NJ: Prentice Hall, 2010.
② 郭志刚. 社会统计分析方法[M]. 北京: 中国人民大学出版社, 1999:459.
③ 郭娜, 刘新平, 刘宏盈. 影响旅华主要客源国来西安旅游因素的对应分析模型[J]. 江西农业学报, 2008, 20(3):155-156.

(二)重要性—表现分析法结果

IPA 框架图的构建需首先确定各变量的重要性和焦点目的地在其上的表现情况。如前所述,在本文中目的地属性的重要性由它们与作为理想出游目的地总体印象评分均值最高的城市之间的联系强弱来表征(即该城市在每个属性上被评为最佳的比例大小)。类似地,南京在这些属性上的实际表现程度也可根据它在其上各自被评为最佳的比例大小来确定。5 个城市中,旅游者对杭州作为一个理想出游目的地的总体印象评分均值最高(6.71,见表1),因此它被作为考核目的地属性重要性的参照城市。杭州与南京在各目的地属性上被选作表现最佳城市的人数比例见表2所示。粗略观之,南京各形象属性的优、劣势分布格局与杭州有较大不同,很多杭州在其上表现较好的属性,南京却有所逊色,反之亦然。以杭州和南京各自在各属性上被选作最佳城市的比例均值(57.5% 和 30.1%,分别代表重要性和表现均值)为交叉点,以重要性和表现为纵、横轴,构建 IPA 框架图(见图1所示),进一步明确南京在满足旅游者对各形象属性期望上的优、劣势。

表1 各城市作为一个理想出游目的地的总体印象评分均值

目的地	作为一个理想出游目的地的总体印象评分均值
无锡	5.24
南京	5.28
上海	5.89
苏州	6.02
杭州	6.71

表2 杭州和南京在各目的地属性上被选作表现最佳城市的比例

目的地属性	作为理想出游目的地总体印象评分均值最高的城市杭州最佳(%) N=320	南京最佳(%) N=320
自然风光	94.4	26.9
历史遗迹	73.8	90.3
轶事传说	98.1	43.4
人造景观	40.6	6.2

续表

目的地属性	作为理想出游目的地总体印象 评分均值最高的城市杭州最佳(%) N=320	南京最佳(%) N=320
文化设施	36.3	38.4
购物	73.8	14.1
民俗风情	66.3	10.0
住宿	65.8	3.4
餐馆	28.8	5.6
地方美食	23.4	42.8
夜生活/娱乐活动	21.6	3.8
生态环境	98.1	20.9
户外游憩活动	73.8	15.3
旅游信息	63.1	59.1
气候	93.4	1.9
服务质量	70.6	17.5
友善的当地人	52.8	48.8
价格物有所值	69.7	95.0
社会治安	36.3	91.3
会议及展览设施	67.2	3.8
节庆活动	83.1	5.6
康体疗养项目	81.9	5.9
卫生状况	73.4	10.0
旅游纪念品	40.3	11.3
交通基础设施	44.4	31.9
景点交通便利度	55.9	41.6
增长见识的机会	71.2	62.2

续表

目的地属性	作为理想出游目的地总体印象 评分均值最高的城市杭州最佳(%) N=320	南京最佳(%) N=320
多样的建筑风格	7.8	96.6
景区表演	80.3	0.94
轻松休闲的氛围	80.0	28.8
很多有趣的地方	41.3	26.9
城市化水平	75.6	40.6
主题公园	63.4	1.6

重要性高/表现差　　　　重要性高/表现好

自然风光　　　　　　　历史遗迹
购物　　　　　　　　　轶事传说
民俗风情　　　　　　　旅游信息
住宿　　　　　　　　　价格物有所值
生态环境　　　　　　　增长见识的机会
户外游憩活动　　　　　城市化水平
气候
服务质量
会议及展览设施
节庆活动
康体疗养项目
卫生状况
景区表演　　　Ⅳ　　　　　　　　Ⅰ
轻松休闲的氛围
主题公园

人造景观　　　　　　　文化设施
餐馆　　　　　　　　　地方美食
夜生活/娱乐活动　　　　友善的当地人
旅游纪念品　　　　　　社会治安
很多有趣的地方　　　　交通基础设施
　　　　　　　　　　　景点交通便利度
　　　　　Ⅲ　　　　　多样的建筑风格　Ⅱ

重要性低/表现差　　　　重要性低/表现好

图1　南京旅游目的地形象的 IPA 框架图

分布在第一象限中的属性有：历史遗迹、轶事传说、旅游信息、价格物有所值、增长见识的机会、城市化水平。说明这些属性对旅游者的出游选择来说重要性较高，而南京在其上也有不凡的表现。因此南京的旅游管理部门应继续关注对这些属性的培育，保持和强化其现有优势，使其成为自身目的地形象中的"蓝筹"指标。分布在第二象限中的属性有：文化设施、地方美食、友善的当地人、社会治安、交通基础设施、景点交通便利度、多样的建筑风格。这是一个重要性低但表现好的区域，意味着这些因素对旅游者的出游选择并不十分重要，但南京在其上的表现很好，超出了旅游者的期望值。从旅游管理的角度来讲，南京无需继续在这些因素上倾注精力，但也不能掉以轻心。因为可以看出这些属性大多属于一个目的地形象中的基础和保健性因素，尽管不足以激励旅游者做出选择，但如果不达标亦会使旅游者不满意。同时，应注意其中一些属性的重要性值已十分接近中线，说明它们在旅游者心目中还是有一定地位的。分布在第三象限的属性有：人造景观、餐馆、夜生活/娱乐活动、旅游纪念品、很多有趣的地方。这是一个"双低"的区域，说明尽管南京在这些因素上的表现平平，但它们目前也不是影响旅游者出游的关键因素，因而在管理上属于次要改进的对象，即为达到投入和目的地形象建设成果比的最优化应在确保需重点改进对象都得以改善的条件下再予以考虑。最后是落在第四象限内的属性：自然风光、购物、民俗风情、住宿、生态环境、户外游憩活动、气候、服务质量、会议及展览设施、节庆活动、康体疗养项目、卫生状况、景区表演、轻松休闲的氛围、主题公园。这一象限内的属性数目较多，且都对旅游者的出游决策具有重要影响，但南京在其上的表现却不尽如人意，低于旅游者的期望值。因此，这是一个应重点改进的领域，南京今后需将旅游规划、管理和资源配置的重心都放到这些属性上，以迅速提升其当前目的地形象中的"软肋"环节，避免使之阻碍旅游者访宁。而且特别值得注意的是这些属性中只有自然风光和气候属于难以改变的先在性禀赋条件，在一定程度上代表了南京在竞争中的固有劣势，其他方面都可以通过扩大旅游供给、促进多样化产品开发、加强行业管理和注重营销宣传来得到较大改善。尤其是像服务质量和卫生状况这样的因素，多加以注意和控制就可有效避免其不良形象；此外节庆活动、景区表演和康体疗养项目等都属短期内就易于开发和填补的内容；而民俗风情和轻松休闲的氛围则主要依靠宣传营造，由此可见南京目的地形象提升的空间还很大且总体上难度不高。

（三）对应分析法结果

本文应用对应分析法来直观地展示南京和其在华东区域内4个主要竞争对手（无锡、上海、苏州、杭州）目的地形象之间的相似点和不同点，即识别南京独特的差异化形象属性以及它与其他几个城市之间在目的地形象上的主要竞争领域。采用 SPSS13.0 统计分析软件对获取的数据进行了对应分析,得到两个能够反映对应分析结果的比较重要的图表(即表3 和图2)。表3 列出了各维度的奇异值和惯量,从中可以看出:第一维度的奇异值为0.513,惯量为0.263,解释的惯量比例为56.9%;第二维度的奇异值为0.412,惯量为0.177,解释的惯量比例为31.6%;两个维度累计解释惯量比例达到88.5%,可见只有较少的信息丢失,因此只取两个维度即可较好地展示变量之间的关系。

  图2 为5 个城市和33 个目的地形象属性的对应分析图。根据对应分析法的解释原则,感知图中同一变量各类别之间的距离代表它们之间的相似程度,距离越接近表示越相似;不同变量各类别之间的距离代表它们之间的联系程度,距离越接近表示联系越紧密。从图中可见,5 个城市总体上分布并不太集中,彼此基本上落在不同的象限,存在一定距离,只有杭州落在了横轴上,与苏州、无锡相对较为接近,因此可以认为5 个城市主要表现出不同的形象倾向点,其中以杭州和苏州之间的竞争最为激烈。具体而言,各个城市都有与自身最接近、联系最紧密的独特优势属性。如无锡与属性29(景区表演)和33(主题公园)距离最近,表明旅游者认为该市在这两个属性上表现得最出众,远超其他几个城市。上海与属性6(购物)、9(餐馆)和11(夜生活/娱乐活动)最接近,这3 个属性为其被感知最突出的优势属性。杭州被一群距离上非常接近的属性所包围,如属性12(生态环境)、13(户外游憩活动)、15(气候)、16(服务质量)、24(旅游纪念品),意味着它在这些属性上均有不凡的表现,这与杭州作为理想出游目的地总体印象评分均值最高的城市地位是相符的。苏州除了与属性3(轶事传说)和17(友善的当地人)较接近外,在很多方面都表现出与杭州相似的形象优势,这也进一步验证了二者之间的紧密竞争关系。

  在感知图中,与南京距离最近、最能使之与其他城市之间形成差异化区分的属性为2(历史古迹)、18(价格物有所值)、19(社会治安)和28(多样的建筑风格),这表明在国内旅游者感知中南京,的独特形象优势为:它是一座历史悠久、建筑艺术纷呈、并且旅游产品性价比较高的安全城市。尽管先前 IPA 分析结果识别出了南京在其上表现较好的一系列属性,但由此可知它在华东区域内的真正差异化竞争优势(即独自享有,其他4 个城市无法匹及的优势)则主要体现为以上四个方面,这便是同时将几个竞争目的地纳入分析框架的定位研究的特殊价值所在①。再将属性的重要程度也考虑在内,便会发现当前南京的差异化优势属性中对旅游者出游决策最具影响力的为:"历史古迹"和"价格物有所值"。因此,这两个属性代表了南京最重要的"独特卖点(Unique Selling Points)",应该成为其目的地形象策划和宣传的核心。最后审视一下南京与其他几个城市之间的主要竞争领域:属性3(轶事传说)和17(友善的当地人)位于南京和苏州之间(略偏向苏州),说明两市在这两个属性的提供上被感知有所相似,存在一定的竞争;在南京、杭州和上海之间有一个由6个属性组成的"属性群"(在图中已用椭圆形勾出),它与三个城市之间的距离相当(略偏向于杭州),是三市的主要竞争焦点所在,即:属性5(文化设施)、10(地方美食)、14(旅游信息)、25(交通基础设施)、26(景点交通便利度)、27(增长见识的机会);南京与无锡之间因在图上的距离较远,总体上资源相似度较小,竞争关系不明显。以上这些竞争领域一方面构成了南京与另几个城市之间建立竞、合关系的基础,另一方面也都是与南京距离较近、南京在其上本身就有不错表现的属性,因此可依它们被旅游者关注的程度选择作为南京进一步培育的后备差异化优势属性。

表3 对应分析的各项统计指标

维度	奇异值	惯量	卡方值	显著性概率	各维度解释的总惯量	
					百分比	累计百分比
1	0.513	0.263			0.569	0.569
2	0.412	0.177			0.316	0.885
3	0.275	0.076			0.085	0.970
4	0.212	0.045			0.030	1.000
合计		0.561	10534.466	0.000ᵃ	1.000	1.000

a:自由度 = 128

---

① Pike S, Ryan C. Destination Positioning Analysis through a Comparison of Cognitive, Affective and Conative Perceptions [J]. Journal of Travel Research, 2004, 42(4): 333 - 342.

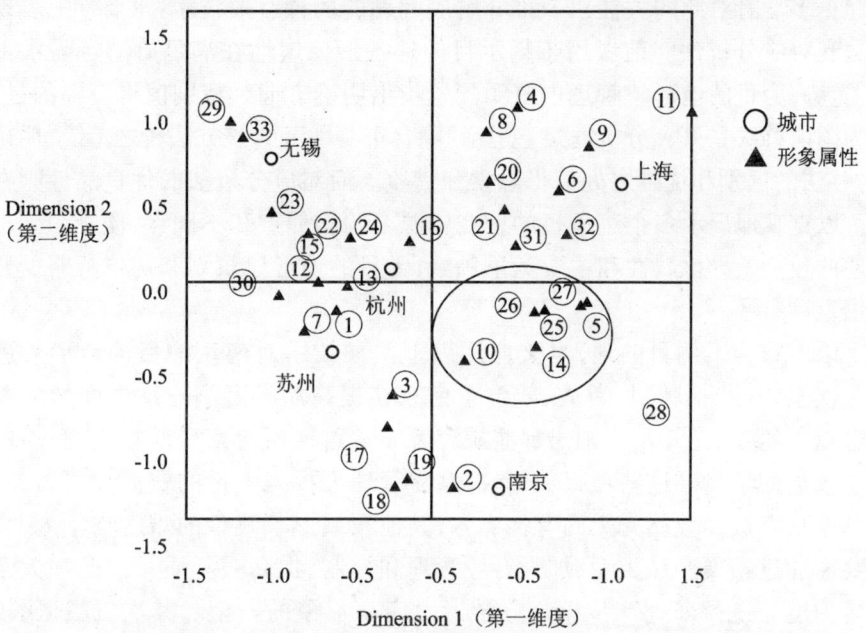

①自然风光 ②历史遗迹 ③轶事传说 ④人造景观 ⑤文化设施 ⑥购物 ⑦民俗风情
⑧住宿 ⑨餐馆 ⑩地方美食 ⑪夜生活/娱乐活动 ⑫生态环境 ⑬户外游憩活动
⑭旅游信息 ⑮气候 ⑯服务质量 ⑰友善的当地人 ⑱价格物有所值 ⑲社会治安
⑳会议及展览设施 ㉑节庆活动 ㉒康体疗养项目 ㉓卫生状况 ㉔旅游纪念品
㉕交通基础设施 ㉖景点交通便利度 ㉗增长见识的机会 ㉘多样的建筑风格
㉙景区表演 ㉚轻松休闲的氛围 ㉛很多有趣的地方 ㉜城市化水平 ㉝主题公园

图2 5个城市和33个形象属性的对应分析图

四、结论与建议

准确的目的地形象的测量与分析是了解目的地形象现状、继而开展科学目的地营销的前提和基础,因此成为旅游学者研究的重点内容之一。我国该领域的研究正在经历着从传统的基于定性总结提炼的模式向开展市场调查和定量统计分析过渡,并已取得较大进展。美中不足是在研究的视角和方法上还略显单一和局限,致使对一些重要问题的探讨被忽略或不够深入,典型的就如关于目的地现有形象如何满足旅游者需求以及与区域内竞争对手相比较的相对形象定位情况,而这两点恰恰对研究产生实际的营销价值至关重要。鉴于此,笔者在本文中将目的地形象测量和分析的重心放在对这两个问题的阐释上,旨在抛砖引玉,引起更多学者对此的关注以及推介解决问题的两种有效技术：重要性—表现分析法和对应分析法。前者用于揭示目的地各形象属性在满足旅游者需求上的优、劣势，为目的地形象管理的资源配置指出明确方向。特别值得一提的是，本文为国内首次在 IPA 分析框架下运用"隐含重要性"法，该方法较之传统"明确重要性"法的区别和优越之处值得思索和借鉴。而对应分析法的优良品性则在于它可以直观地展示多个竞争目的地在资源上的相似点和不同点，便于识别出目的地的独特差异化属性和主要竞争领域，为目的地形象策划和定位战略的开发提供直接启示。

以南京为案例目的地，本文应用以上两种技术对南京的目的地形象进行了一次系统的"把脉"。首先，辨清了南京在提高旅游者满意度方面形象管理的轻重缓急项，尤其是识别出那些旅游者非常重视而南京目前却表现较差、需重点改进的项目。这些项目数量较多，需管理方投入大量的资源和精力，但好在其中只有极少数属先天固有性劣势，其他领域形象改善的难度均不大，今后主要需通过拓展产品类型、加强行业管理和控制、提高服务质量以及加大营销宣传力度等途径来进一步满足旅游者对南京形象的期望。其次，通过比较分析识别了南京相对于其在华东区域内 4 个主要竞争对手的差异化优势属性和主要竞争领域。其中，以"历史古迹"和"价格物有所值"为旅游者最看重而形成了南京当前最具吸引力的独特卖点。这两个属性构成了南京旅游目的地品牌的内核，其今后的目的地形象策划和宣传应主要围绕二者来组织开展。总之，通过科学分析方法的运用，本文对南京的各形象属性进行了合理"归位"，明确了它们在提高南京整体旅游竞争力的形象规划中各自所应扮演的角色。

本文存在的一些不足之处可在今后的相关研究中被改进或拓展。第一，虽然笔者通过文献回顾和专家咨询汇总了关于华东区域旅游城市的广泛的 33 个形象属性，但仍有可能因考虑不周而遗漏了某些重要的属性，未来研究可在借助更多资料的基础上予以补充；第二，本文在应用对应分析法的过程中仅选取了南京在华东区域内最重要的 4 个竞争对手作为比较对象，未来研究可考虑将该区域内其他一些旅游发展水平较高的中小城市也纳入分析范畴（如常州、扬州等），以提高研究结论的精确性；第三，随着南京自身的调整以及竞争目的地所采取的一系列战略措施，旅游者的形象感知会逐渐发生一些变化[①]，本文对南京各形象

---

① Gartner W C, Hunt J. An Analysis of State Image Change over a Twelve - year Period (1971 - 1983) [J]. Journal of Travel Research, 1987, 26(2): 15 - 19.

属性所做的"归位"也必将随之改变,因此一次基于横截面研究设计的发现是远远不够的,后续的关于南京形象诊断和相对定位的历时性跟进研究是保障本研究结果可应用性的必要之举。

对旅游目的地社会化媒体营销行为的初步研究
——以新浪微博平台为例

刘建军[①]

一、引言

社会化媒体是指一组基于互联网的应用平台,可以实现用户生成内容的创造和交换[②]。传统媒体传播的形式是单向的,媒体向用户传送内容,其接收对象无论是读者、听众或观看者均处于被动的位置,而社会化媒体与传统媒体的不同之处在于其促进用户间的互动交流。社会化媒体的出现得益于 web 2.0 技术的应用,该项技术是对 web 1.0 技术的升级,新技术可以使互联网的应用程序和内容不再是单方面发布,取而代之的是众多参与者以不同合作形式的持续性改进,例如,大英百科全书的网络版是 web 1.0 技术平台的产物,而博客、维基百科则是 web 2.0 技术的产物。Web 2.0 技术的应用为社会化媒体构建了技术和思维模式上的平台,用户生成内容(User Generated Contents, UGC)是用户参与和使用社会化媒体的方式,在此意义下,社会化媒体可以进一步描述为:以 web 2.0 为技术和思维方式的用户生成内容的创造和交换平台。社会化媒体的雏形发端于 1979 年杜克大学 Tom Truscott 和 Jim Ellis 创建的 Usenet,互联网用户可以在其上发布公共信息,之后,Bruce 和 Susan Abelson 建立了开放日记,是一个早期的网络社区,用以在线发布成员日记,时称为 Weblog,后来,简称为 Blog(博客),随着互联网网速的提升,博客概念逐渐变为大众化概念,催生社会化网络网站 Myspace(2003)和 Facebook(2004),由此进入了社会化媒体的发展时期,诞生了随后的包括 Twitter、avatars、Pinterest、Instagram 等在内的多种社会化媒体。

我国社会化媒体的发展基于国内快速增长的网民群体规模和其在行业的应

[①] 刘建军,男,内蒙古呼和浩特人,内蒙古财经大学旅游学院、南开大学旅游与服务学院,副教授,系主任。研究方向为旅游目的地营销与管理,会展经济,社会化媒体。E-mail:liulaoshi_2011@163.com

[②] Andreas M. Kaplan, Michael Haenlein, Users of the world, unite! The challenges and opportunities of Social Media. [J]. Business Horizons, 2010;53,59-68.

用。据波士顿咨询集团专项数据统计报告①,2009 年,中国网民人数3.84 亿,2011 年达到5.13 亿,互联网在中国的渗透率(penetration rate)达到38%,到2015 年,中国网民人数将达到7.01 亿,渗透率达到51%。据 DCCI 互联网数据中心统计数据,2012 年,中国社会化媒体用户达到3.08 亿,到2014 年,将上升至4.15 亿,成为全球最大的社会化媒体用户群。

基于用户的不同需求和用户生成内容的分类,我国社会化媒体以多种形式呈现,社会化媒体的构成如下表(表1)所示。

旅游业是信息化程度最高的行业之一,IT 领域的技术变革都会在旅游业有先导性的全面应用,新技术的采用是旅游业提升运营效率和竞争力必经之路。网络技术的应用会迅速向旅游业扩展,任何一个环节都必然要适应新的技术环境下的业务流程调整②。从旅游消费者方面来看,社会化媒体应用在消费决策和消费过程中乃至行程结束之后的全过程中占有重要的位置,据美国消费研究网站 lab42 的旅游消费者行为报告显示,81% 的消费者会在出行时的交通、酒店、行程安排等方面使用社交媒体网站进行价格对比、阅读评价并作出旅行决策,52% 的旅游者信奉先社交,再上路(Getting Social Before Setting Sail)的观念,旅行过程中,72% 的游客会把旅行照片上传到社交网络,46% 的人会使用移动位置服务(Location Based Service),70% 的人会更新其社会化媒体的页面;旅行结束后,会及时阅读评论,并继续上传旅行经历到社会化媒体页面。社会化媒体及其派生的移动服务正在改变着传统的旅行方式,也对旅游业运用社会化媒体提出了新的要求。

本文的研究将基于2011 年10 月~2012 年4 月对我国旅游业社交媒体使用状况的跟踪分析,构建旅游业社会化媒体生态系统,并运用案例分析法提出社会化媒体背景下目的地营销的途径,在此基础上,对旅游消费者运用社会化媒体的决策行为进行分析,提出其对目的地营销的意义。文章最后,将提出社会化媒体快速发展态势下,本研究的后续研究课题,以期建立一个针对本课题的系统的和持续性研究。

---

① China's Digital Generations 3.0:The Online Empire,http://www.bcgperspectives.com/content/.[R],Accessed on April 22,2012.

② Eduardo Parra-López, Jacques Bulchand-Gidumal, Desiderio Gutiérrez-Taño a, Ricardo Díaz-Armas. Intentions to use social media in organizing and taking vacation trips [J]. Computers in Human Behavior,2011 (27):640-654.

表1 中国社会化媒体分类统计

大类	社会化媒体类别	举例
基础功能网络	在线问答	百度知道,爱问知识人,知乎
	在线百科	百度百科,互动百科
	博客	新浪博客,Blogbus,和讯博客
	文档分享	百度文库,道客巴巴,豆丁
核心网络	微博	新浪微博,腾讯微博,搜狐微博
	社交网站	人人网,QQ空间,开心网
	即时通讯	QQ,Skype,MSN,飞信
	视频音乐	优酷,56网,QQ Live
	电子商务	360buy,当当,拉手网,凡客
	论坛	猫扑,天涯社区,搜狐社区
	消费时评	大众点评网,口碑网
	在线分类网站	百姓网,58同城,赶集网
增值衍生网络	社会化内容聚合	鲜果网,网易阅读,扎克网
	社交游戏	人人,腾讯游戏
	社会化电子商务	花瓣网,最旅网,车齐齐
	签到位置服务	切客网,开开网,街旁网
新兴/细分网络	在线旅游	携程,芒果,驴评网,到到网,穷游网,去哪儿网,艺龙网,乐途网,驴妈妈网
	企业社交	明道,Joywork
	轻博客	点点网,推他网,
	商务社交	若比邻,优仕网
	移动/弹性社交	微信,陌陌,米聊
	婚恋	百合网,世纪佳缘

来源:根据相关网络资源整理.

二、文献综述

对社会化媒体在旅游业的应用研究尚处于起步阶段,从已有的文献检索结果看,这一领域的理论研究没有与产业领域的实践保持同步,在信息技术领域技术快速发展及其迅速应用趋势下,社会化媒体在旅游业的应用呈现出日新月异的变化。传统的旅游目的地营销理论与社会化媒体应用趋势的适时结合,对基于 Web 2.0 时代的 Travel 2.0 及相关的云计算、智慧城市建设等技术环境下旅游目的地营销的全面系统研究,应值得关注。

通过 Google Scholar、Wiley InterScience、Emerald、CNKI 系列全文数据库、Microsoft Academic 等工具,以 social media、social media ecosystem、social media tourism 和 social media destination marketing、社会化媒体、社交媒体、社交媒体旅游等关键字进行搜索,并参考近年来《旅游学刊》、《旅游科学》、《管理科学》等期刊相关学术论文,以下就已有学术研究情况作出综述。

(一) 社会化媒体的概念、机理及应用概述

关于社会化媒体的文献从 2010 年开始逐渐丰富,前期的文献集中于对社会化媒体的界定和工作机理的分析,Andreas M. Kaplan、Michael Haenlein 两位学者对什么是社会媒体、什么不是社会媒体进行了分析,并从两个维度:社会代表性/媒体丰富性和自我代表程度/自我信息披露程度对社会媒体进行了分类,从我国目前社会化媒体的发展路径来看,主要模式与国外类似,但也有许多创新的方面。Joachim Mathiesen 等人从技术的角度探讨了 web 2.0 时代在线交流的复杂模式,分析了社会化媒体背景下信息沟通是一个多变的状态,存在多层的链、网结构,Michelle B. Kunz 等人对美国零售业使用社会化媒体的统计分析并采用小样本进行了社会化媒体营销的绩效分析,Breffni M. Noone 则对饭店业做了类似的分析。国内相关文献较少,多见于传播类媒体的定性的社会化媒体介绍性分析,北京邮电大学余永生、王睿、陈祥兵做了企业微博营销效果和粉丝数量的短期互动模型分析,抓取国内使用微博的知名品牌进行实证,提出的主要结论是知名品牌在微博营销中具有先发优势,企业微博会随时间自然衰减,因此需要保持活跃。

(二) 社会化媒体对传统整合营销模式的影响

社会化媒体环境下,市场中消费者和企业一起共创市场信息,企业需要在社会化媒体生态环境中寻求在线顾客并与顾客形成互动,新的营销环境是新媒体

的组合、新媒体与传统营销媒介的集成①,消费者由传统营销模式下被动接受的旁观者变为信息寻求着和参与者。W. Glynn Mangold 和 David J. Faulds 提出,社会化媒体是传统的整合营销系统的新动力源,原有的企业信息控制力模式应该通过为客户提供网络信息平台、通过博客和社会化媒体平台参与顾客对话、提供及时信息、向目标市场提供排他性的信息,设计符合顾客关注的话题和符合顾客自我形象的产品等途径实现互动营销。

(三)目的地营销与信息技术的互动演变

旅游目的地营销始终与信息技术环境存在紧密的关联。Web 1.0 环境下,旅游目的地组织通过基于互联网的目的地营销系统作为分销工具,在特定的地理区域内,向潜在的旅游消费者提供全面的旅游信息,推广旅游产品。并从基于企业现有技术环境下的网站功能设计、网络推广、网络营销绩效和市场影响四个方面来衡量网络营销系统的总体效果②。随着技术环境的变化,搜索技术为目的地网络营销提供了新的渠道,Zheng Xiang 和 Bing Pan 分析了旅游者利用搜索引擎寻找信息的字段选择,对不同目的地的旅游业特性(Touristic)的差异性搜索方式,进而给出目的地利用网络引擎营销时的建议③。在此基础上,进一步探索了搜索引擎中社会化媒体内容呈现的特点,并通过实证分析,发现社会化媒体内容大量出现在搜索结果中,搜索引擎会自动把旅游者引导到社会化媒体的使用。南开大学于海波采用网络话题作为数据源,对旅游动机的关键字段进行了检索和分析,北京对外经济贸易大学冯捷蕴利用中西方旅游者博客对北京旅游目的地的形象感知进行了分析。Eduardo Parra - López 等人运用偏最小二乘回归法对旅游者度假时使用社会化媒体的动机进行了分析,其分析结论是旅游者使用社会化媒体的决策受功能、心理和愉悦感、社会因素影响,而使用社会化媒体的成本因素对作出旅游决策没有显著的负面影响。

三、数据分析与主要结论

(一)数据收集过程

本研究数据采集过程始于 2011 年 10 月,数据来源于目前用户群较为集中的

---

① W. Glynn Mangold, David J. Faulds. Social Media: The new hybrid element of the promotion mix [J]. Business Horizon. 2009:52,357 - 365.

② Youcheng Wang. Web-based Destination Marketing Systems: Assessing the Critical Factors for Management and Implementation [J], International Journal of Tourism Research, 2008:10,55 - 70.

③ Zheng Xiang, Bing Pan. Travel queries on cities in the United States: Implications for search engine marketing for tourist destinations [J], Tourism Management, 2011(32):88 - 97.

新浪和腾讯微博用户群,数据源的选取是在对相关网络平台综合考证的基础上,以用户群和活跃度的领先性确定,上述两种数据源显示了旅游业社会化媒体应用状况的主要特征,其他平台的数据和分析工具的可获得性目前尚不足以用于研究。数据采集截止日为4月22日。采集的方法是通过作者本人账户,使用微博搜索功能,获得旅游相关用户资料,并通过考察每一个用户资料,从其所关注和粉丝人群中通过链式查找方式不断扩展数据源,到数据截止日,共采集旅游相关认证用户1243个。

(二)社会化媒体平台下的旅游业

从目前数据观察,旅游业使用社会化媒体的普遍程度和在整个社会化媒体环境中的表现居于领先水平。在政务微博应用的前10位中,旅游政务类微博占据2席,旅游服务供应商、研究机构、旅游资讯类媒体等相关机构全面介入社会化媒体应用。社会化媒体环境下的旅游业结构如图1所示。

微博矩阵是具有从属关系或者处于产业链上下游关系的相关机构通过在社会化媒体网站建立链接,并在信息分享、转发和评论过程中进行协作,从而扩大信息传播范围的组合营销模式,以浙江旅游局为例,其微博平台包含了省属各区县市微博链接,构建了全省范围的社会媒体营销平台。在利用涉及全省旅游新闻宣传、重大活动、事件营销的过程中,可以通过相关机构开展集体宣传和营销。微博营销矩阵的组合方式在不同时段具有不同的组织形式,如国家旅游主管部门与地方旅游主管部门的联合营销,地方管理部门与本地旅游企业的促销等。

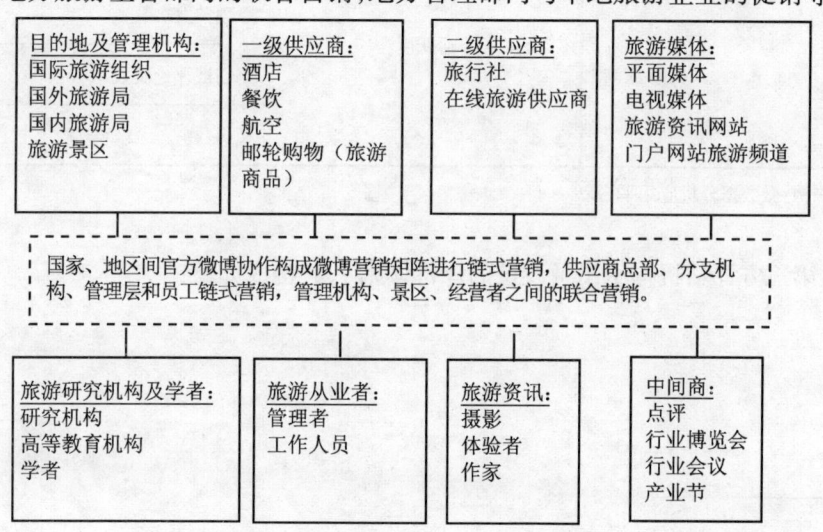

图1 社会化媒体环境下的旅游业结构

从数据收集截止日分析,社会化媒体平台的旅游业参与状况与现实世界行业结构接近同构状态,同时,由于网络平台的信息集成特点和 web 2.0 技术背景下的交互技术的采用,社会化媒体平台的沟通协作功能强于现实,信息密集度更高,信息构成(如多媒体内容)较现实世界更为丰富。

(三)现有分析模型的改进

关于如何衡量企业社会化媒体的应用效果,目前仍是一个在探讨中的问题,这主要缘于其诞生时间不长,尚处于培育阶段的特点。以新浪微博为例,现有的评级方法是以影响力指数来评价,企业微博的影响力计算是通过覆盖度、活跃度和传播力三项二级指标来加权计算。构成体系如下表:

表2 机构微博影响力指数评价指标体系

一级指标	二级指标	三级指标
影响力指数	覆盖度	新粉丝数
		新关注数
	传播力	原创被转发
		原创被评论
	活跃度	原创微博
		原创转发次数
		原创被评论次数
		私信数

来源:微数据分析应用平台.

第三方评估机构给出了改进的评价体系[1],其构成如下:

---

[1] Ruggero Sainaghi. From contents to process: Versus a dynamic destination management model(DDMM)[J]. Tourism Management. 2006 (27):1053 – 1063.

表3 第三方机构微博影响力指数评价指标体系

一级指标	二级指标	三级指标
影响力指数	覆盖度	新粉丝数
		活跃粉丝数量
		加V粉丝数量
		周新增粉丝数
		周活跃粉丝数
	传播力	评论数
		转发数
		互动率
	活跃度	微博数
		日均发布数
		周分布数
		月发布数
		原创率

为建立一个改进的模型,本文提出两个假设:①企业微博用户粉丝数呈递减趋势,即如果微博粉丝数为 F_1,其粉丝的粉丝数分别为 $F_{2j}(j=1,2,\cdots\cdots,F_1)$,简化起见,模型的设计按照两层粉丝量计算;②微博内容的转发具有一定的时限,其所包含的信息的热度会逐渐衰微直至消失,这个假设一方面是基于碎片化信息内容的特点,另一方面,在社会化媒体营销过程中,遵循注意—兴趣—搜索—分享的 AISAS(Attention,Interest,Search,Action,Share)路径[1],信息在 AI 阶段经过放大,之后信息接收者转入搜索和行动的 SA 阶段,碎片信息即完成其传播过程,但在社会化媒体平台,消费者产生购买行动之后的分享环节,再一次运用信息放大企业微博的影响力。

---

[1] Breffni M. Noone, Kelly A. McGuire and Kristin V. Rohlfs. Social media meets hotel revenue management: Opportunities, issues and unanswered questions [J]. Journal of Revenue and Price Management. 2011 (10).

对模型指标的进一步改进方法如下：

(1) 覆盖度。该指标用以衡量信息的可达范围,衡量覆盖度使用一级粉丝数指标 F_1,二级粉丝数均值 F_2,粉丝标签与企业经营业务的关联度定性分析指标。

(2) 传播力。该指标衡量企业微博在一定时段内的影响力,按照数据观察期内信息的转发率平均值来计算,设定一级转发率为 r_1,二级转发率均值为 r_2,用 T 表示各次转发的次数,则可计算信息接收者人数为：

$$F_1 + \sum_{i=1}^{F_1 r_1} T_i + \sum_{j=1}^{F_1 r_1 r_2} T_j$$

鉴于转发信息的同时,多数用户附加评论,所以评论数不单独设计计算公式,用转发数和评论数的统计百分比进行计算。

(3) 活跃度。衡量企业微博在社会化媒体平台的参与程度。设立四个三级指标:① 微博总数;② 微博数量分布的均匀性,通过数据观察期的微博数标准差来衡量;③ 原创率;④ 关注分析,以其关注用户数与同类企业微博关注数的平均值比较,建立定性评价方法。

企业微博影响力指标体系与权重分配方法如下表：

表4　社会化媒体影响力评价模型

一级指标	二级指标	权重	三级指标	权重
影响力指数	覆盖度	0.4	一级粉丝数	0.45
			二级粉丝数	0.55
	传播力	0.3	转发数	0.5
			评论数	0.2
			粉丝微博数均值	0.3
	活跃度	0.3	微博总数	0.5
			微博发布数分布均匀性	0.2
			原创率	0.2
			关注分析	0.1

(三) 旅游目的地营销行为与影响力分析

社会化媒体环境下目的地营销利用及时信息传播的方式,通过 JHJ 话题 JHJ 形式,展开目的地形象宣传、政策动态、景区信息等方面的全方位宣传和互动,内容关键字段构成如下(表 5)：

从旅游机构信息发布的特征来看，目的地和企业形象宣传、专题活动占据信息总量 70% 以上，日常内容以目的地和企业形象维护、提升为主，旨在提高消费者对目的地的了解和认同，在旅游市场上，竞争的主要方面在于目的地之间的竞争，而非企业间的竞争[①]。产品类信息多见于旅游企业的信息发布，并结合特定的时间段如节假日、节事活动等推出促销型活动。在线调查从旅游机构信息发布的特征来看，目的地和企业形象宣传、专题活动占据信息总量 70% 以上，日常内容以目的地和企业形象维护、提升为主，旨在提高消费者对目的地的了解和认同，在旅游市场上，竞争的主要方面在于目的地之间的竞争，而非企业间的竞争[②]。产品类信息多见于旅游企业的信息发布，并结合特定的时间段如节假日、节事活动等推出促销型活动。在线调查和有奖转发活动则是旅游机构常见的促销手段，其实施的方案是在系统规划后在较短的时间段内密集发布。

表 5　旅游目的地社会化媒体营销关键字段

目的地形象宣传	印象,风光,影像,旅游重点项目,旅游新闻,旅游政务,文化
专题类	校园风光,旅游百科,展览节事活动,影视,驴友原创,长假,突发事件应急处理,建议与提醒,气候,娱乐,汇率
产品类	旅舍,美食,专题旅游,机票
互动类	每日一送,有奖转发,微访谈,专题投票,旅游体验,调查问卷,攻略

社会化媒体促销需要在时间段选取、合作方选择、传播跟踪分析等多方面进行系统的规划。仅以 2012 年 4 月份青岛旅游交易会微博宣传为例，旅交会期间，@ 中国旅游、@ 山东旅游局官方微博、@ 威海旅游局官方微博以及@ 威海刘公岛景区联合开展有奖转发，转发次数达到 24941 次，再经粉丝转发，接收信息人数达到 7 396 896 人，实现了短期内对旅游交易会、山东旅游、威海旅游和景区的精准营销。2012 年 4 月 19 日，酒店管家(快捷酒店集成在线预订服务供应商)分别在 10:00、10:30 和 14:00 三个时段，与@ 实用小百科、@ 创意家居、@ 最神奇的视频、@ 精彩电影等官方微博合作，利用三个时段的微博浏览高峰期，在不同的时

---

① Ruggero Sainaghi. From contents to process: Versus a dynamic destination management model (DDMM) [J]. Tourism Management. 2006 (27):1053–1063.

② 同上。

段针对不同特征的客户群进行转发推广,到 2012 年 4 月 20 日,其宣传视频从推广前的 53 次播放增加到 602 000 次,实现了短期内快速传播了品牌和服务。

按照上述评级指标体系,选取行业旅游局、景区、在线旅游服务供应商和旅游研究者小样本,进行对比分析。在数据采集截止日,得到基础数据如下表:

表6 旅游机构社会化媒体指标数据

机构	一级粉丝数	二级粉丝数	转发数	评论数	粉丝微博均值	微博总数	均匀性	原创率	关注分析
中国旅游	1 742 790	21 021 962	52	17	29	3620	11	1	114
浙江旅游	837 371	81 029 500	38	13	391	4987	13	1	585
英国旅游	210 820	15 160 138	539	179	292	1066	3	1	350
鄂尔多斯旅游	102 601	5 581 494	8	3	166	2531	7	0.9	279
九寨沟	297 042	36 609 071	28	10	207	2255	13	0.9	459
携程	641120	46502861	513	171	305	5590	16	0.9	168
艺龙	1 239 675	69 462 663	273	91	271	5609	11	0.8	242
布丁连锁	43 987	10 744 904	228	76	130	7325	11	1	1197
学者	29 668	5 734 528	397	132	505	8500	16	0.7	831
到到网	153 114	37 385 185	200	67	260	5360	18	0.9	620

数据来源:表列机构新浪官方微博(二级粉丝数剔除了互粉因素).

对各项指标进行对比分析,并按照指标最高值折算为 100 分,得到上表旅游机构得分情况如表7。

从选取的样本数据观察,旅游企业由于面向一线市场,与消费者互动频率相对较高,其微博平台的影响力相对较高;旅游管理部门因其覆盖范围大,占有一定的资源优势,公信力强,其社会化媒体营销平台具有较大的影响力,值得关注的现象是,南方沿海地区活跃程度优于北方地区,这也与社会化媒体运用状况南方较北方活跃显示出一致性,国外旅游局在中国开辟社会化媒体营销平台的热度和国内旅游部门不相上下,如英国旅游局,借着今年伦敦奥运会的机会,适时地利用了社会化媒体营销平台的互动优势,从传播力方面可见,其具有绝对的优势。样本分析数据选取了成长期的在线住宿供应商,在其利用社会媒体营销的过程中,虽然粉丝基础尚小,但也显示了其积极与顾客互动,尽可能贴近市场的营销理念,在表中所选样本数据的指标中,关注对象较其他机构多。旅游研究学者也在积极参与社会化媒体背景下的行业互动,学者所发布的国内外旅游研究动态、业界热点问题、旅游服务的体验、旅游规划的方向等话题得到了业界的认可和传播,从上表的指标体系中,学者微博因其内容的权威性和学术研究的前瞻性以及在业界的影响,传播力显示出了明显的优势。

表7 样本机构社会化媒体影响力评价结果

机构	覆盖度	传播力	活跃度	影响力
中国旅游	58.66	7.18	44.45	39
浙江旅游	76.62	27.24	56.82	56
英国旅游	15.73	73.99	29.79	37
鄂尔多斯旅游	6.44	10.71	36.62	17
九寨沟	32.52	15.27	37.70	29
携程	48.12	72.05	55.49	58
艺龙	79.16	44.80	53.22	61
布丁连锁	8.43	31.69	75.29	35
学者	4.66	71.73	74.14	46
到到	29.33	36.48	58.31	40

四、社会化媒体背景下旅游消费者决策行为分析

从消费者一方来看,旅游目的地及相关旅游机构的消费环境也在随着社会化媒体的广泛使用而发生深刻变化,旅游消费活动中互动性成为一种趋势,传统的口碑宣传演变为电子化的口碑宣传(e-Word-of-Mouth),社会化媒体成为传统营销组合中的构成部分之一,社会化媒体背景下的营销组合变换为广告、人员销售、公共关系与宣传,直销,销售促进加社会化媒体,包含诸如博客(公司主办或者消费者自发形成)、社会化网站,视频共享等新的营销媒介[1]的组合。

旅游消费者在作出旅游消费决策时,对待社会化媒体的使用可从利益、成本

---

[1] W. Glynn Mangold, David J. Faulds. Social media:The new hybrid element of the promotion mix [J]. Business Horizons,2009:52,357-365.

和激励因素几个方面来分析,利益方面包括,社会化媒体可以使旅游消费者得到最新的景区信息和活动信息,可以实现旅游消费最好的性价比,同时在旅游过程中接收和分享景区和活动的动态信息;从心理和个人愉悦的层面上看,随时随地互动化的社会化媒体平台交流,使旅途变得富有趣味,可在参与、获取、分享内容的过程中体验快乐并且可以获得一种成就感;从社交的角度看,旅程也是一个社交的过程,与具有同样经历和兴趣的人们保持联系,并共同分享彼此的经历和感受,会使游客有一种团体的归属感。

消费者使用社会化媒体也是基于几个激励因素,包括利他心理,易用性,环境,意愿和信任。利他心理体现为,人们都愿意或者急于向同事朋友分享自己旅游过程中发现的新景点,有趣经历和经验,认为一个人的旅游经历会对他人有所帮助,旅游者乐于把其在景区游历的经验以及对景区、活动等方面的感受告知以后的游客,或者对别人提出的疑问做出解答,对别人的游历作评价。易用性体现为网络环境,个人技术能力具备使用社会化媒体的条件,而他人的示范效应、鼓励和使用所带来的便利、收获都是激励一个人使用社会化媒体的因素。

所社会化媒体的广泛使用需要环境的支持,诸如一个地区的技术环境,互联网接入便利性,使用的人数和社会环境对新媒体的认可和推广情况等。个人的意愿对社会化媒体的使用也是一个影响因素,包括其对新事物的态度,个人与技术进步是否能够保持同步,工作环境和社会环境中的普及程度等。最后一点是,社会化媒体因其多点传输信息,每个人都可能成为一个内容源头的特点,环境中的信任至关重要,一方面是内容发送者发布的内容是可信的,另一方面,使用者能够感觉到他人所分享的内容是可信的。

社会化媒体的使用也存在成本的问题,体现三个方面,①个人精力的付出,如信息搜寻时间成本、设备与服务的支出、动态跟踪媒体内容的难度等;②隐私的保护。参与社会化媒体可能发生的个人信息的公开化和所发信息在网络平台的透明性和公开化可能导致的不便;③操作方面的困难。社会化媒体的发展日新月异,消费者面临选择的困难,在使用前后的注册、登陆、发布、转发、私信等功能需要使用者一定的时间来熟悉,而且在选定某一种平台之后,平台本身也在快速发展,诸如功能的扩展,新的应用接口(Application Program Interface,API)的添加,都要求使用者不断地适应。

从社会化媒体的发展趋势来看,消费者的便利性和激励因素会越来越多,移动端应用的推广和普及使得随时随地的浏览、分享和互动变得更为容易,越来越多便利性和人性化的应用程序将加入到社会化媒体的应用中来,"弱关系"模式下的社交网络日趋成为一种消费环境。旅游行业作为信息技术集成度最高的行业之一,需要全面利用社会化媒体带来的机会。

五、本研究的局限及进一步研究建议

社会化媒体的发展和应用尚在成长阶段,平台的功能和应用接口正在不断充实。在进行本项研究的过程中,数据的采集、分析方法和深度存在进一步优化的空间,采用数据样本所在平台的分析工具时发现存在误差,就本人关注对象的特征进行分析时,关键字段与实际不符,社会化媒体平台数据分析系统尚待完善。在后续的研究中,需要借助数据挖掘技术,优化数据源并扩大样本,实施更全面的研究。在社会化媒体的网站选择上,鉴于目前数据的可获得性,忽略了对其他网站的比较研究,网站间的对比研究也是需要进一步探讨的问题。

社会化媒体的营销绩效和投入产出效应(ROI)也是值得研究的领域,这一点在国外的研究中已有一些成果。这方面的研究在现阶段还存在一定的困难,因为旅游目的地和相关企业使用社会化媒体平台的时间尚短,关联的收益数据暂时欠缺。

移动用户端的社会化媒体应用在我国旅游行业的应用将逐步开展,智慧旅游框架下云计算应用、移动用户端的使用将会成为一个新的趋势,数字化媒体的屏幕化、互动性、共享功能、流动性、信息生成性和可获得性发展趋势将在旅游业的应用将越来越普遍。国外关于移动旅游(Mobile Tourism)的概念成为旅游研究领域的一个日益重要的部分,社会化媒体在从固定设备终端向移动终端过渡中的新特征、营销模式变化乃至技术手段应是值得关注的课题。

参考文献

[1] Richard Hanna, Andrew Rohm, Victoria L. Crittenden. We're all connected: The power of the social media ecosystem [J]. Business Horizons, 2011:54, 265 – 273.

[2] Zheng Xiang, Ulrike Gretzel. Role of social media in online travel information search, [J]. Tourism Management, 2010(31):179 – 188.

[3] Michelle B. Kunz, Brittany A. Hackworth. Are consumers following retailers to social networks? [J]. Academy of Marketing Studies Journal, 2011 (15):2.

[4] H. R. Seddighi, A. L. Theocharous. A model of tourism destination choice:a theoretical and empirical analysis [J]. Tourism Management, 2002(23):475 – 487.

[5] 金永生,王睿,陈祥兵.企业微博营销效果和粉丝数量的短期互动模型

[J]. 管理科学,471-83.

[6] 于海波. 网络话题作为定性数据来源的研究方法探讨——以旅游动机研究为例 [J]. 旅游科学.

[7] 中国旅游研究院,艾瑞咨询集团. 旅游官方微博运营效果评估及案例分析,R http://www.ctaweb.org/html/ztyj/index_2.html. accessed on April 20.

旅游目的地形象定位方法体系探讨

凌善金[①]

一、引言

旅游目的地形象定位方法是指导旅游目的地形象设计的基础理论。一套好的旅游目的地形象定位方法可以帮助设计者理清定位设计思路，激发创新设计灵感，设计出具有新意的旅游目的地形象，有效推动旅游目的地的发展。从本质上看，旅游目的地形象设计理论与企业形象设计理论同出一脉，它们设计原理相同，设计方法相近[②]。现有的旅游目的地形象定位方法不少是借鉴了企业形象设计理论而形成。从现有的研究成果看，国内外在旅游目的地形象定位方法方面多为实证研究，理论性研究较缺乏。国外学者不太重视定位方法研究，而热衷于定位指标的研究[③④⑤⑥⑦]，国内学者则比较重视定位方法研究，李蕾蕾是国内最早论述旅游形象定位方法的学者，她提出了领先定位法、比附定位法、逆向定位法、空隙定位法、重新定位法等五种旅游目的地形象定位法[⑧]，奠定了旅游目的地形象定位方法的理论基础。多年来，这套方法在旅游目的地形象设计实践中发挥了重要指导作用，一直被沿用至今。但是，如果从旅游目的地形象定位方法体系角度来看，这套方法显得不够完备，需要补充和完善。鉴于此，本文就旅游目的地形象定位方法体系做一些探讨。

---

① 凌善金(1959—)，男，教授，硕士生导师，安徽师范大学国土资源与旅游学院教师。研究方向：旅游形象设计学，旅游美学，旅游地图学。本文为安徽省高等学校人文社会科学重点研究基地安徽师范大学旅游发展与规划研究中心资助项目。
② 凌善金.旅游地形象与企业形象设计比较研究[D].安徽师范大学,2009.
③ 汪克会.国内城市旅游形象研究综述[J].宁夏大学学报(人文社会科学版),2004,26(5):78-82.
④ 乌铁红.国内旅游形象研究述评[J].内蒙古大学学报(人文社会科学版),2008,38(2):98-103.
⑤ 纪丽萍.国外旅游形象研究综述[J].四川林勘设计,2006(2):15-19.
⑥ 曲颖,李天元.国外旅游目的地定位研究文献综述[J].旅游学刊,2011(2):41-49.
⑦ 李飞.旅游形象定位方法与实践——以重庆都市旅游为例[D].中南林学院,2003.
⑧ 李蕾蕾.旅游目的地形象策划：理论与实务[M].广州：广东旅游出版社,1999.121-124.

二、构建定位方法体系的意义及现有定位方法体系的评价

在构建旅游目的地定位方法体系之前,首先应当明确方法体系构建的意义,分析现有定位方法体系存在的问题,为构建新的方法体系做铺垫。

(一) 构建定位方法体系的意义

方法是用于解决某些问题法门路、程序等[①]。毋庸置疑,做任何事只要有正确的方法,就能提高工作效率,效果也会更好;相反,如果方法不成熟,便会影响应用效果。因此不同学科都会根据所要解决的问题,有针对性地提出解决相关问题的一套方法,旅游目的地形象定位设计就需要有自己的旅游地定位方法体系。由于旅游目的地特色、规模等情况各不相同,旅游目的地发展阶段以及所面对的市场状况变化无常,不同层次、不同特色、不同市场背景的旅游目的地需要采用不同的定位方法来定位,因此,一套定位方法必须能尽最大可能满足各种特色的旅游目的地去应对复杂旅游市场状况,有效进行形象定位设计,不能出现方法上的空缺。总之,旅游目的地形象定位方法应当具有系统性,以便设计者用于应对各种复杂情况下的定位设计的需要,更加有效地做好定位设计。

(二) 现有定位方法体系的分析

根据旅游目的地定位方法体系的意义,为了构建方法体系,下面从方法体系角度对现有的定位方法体系作简要评价。

领先定位法是要在某类形象中占据第一位置。本方法适用于某种特性占有第一位的旅游目的地。比如,在建筑类、海滨类、山岳类、洞穴类等中说明自己是最大、最多、最强、最具魅力等。此方法定位思路很明确,也比较容易操作,只要在某一类或某一特性上具有领先的位置即可,因此此方法应用十分广泛。

比附定位法是借用在市场上知名度高的产品及其特色来宣传自己,也被称为"借光法"。本方法在企业或产品形象设计中被广泛应用,适用于某些特色与现有知名度和美誉度都很高的某旅游目的地相似的旅游目的地。这里采用的是类比方法,比较的是特色。这样定位,不需更多的解释就很容易让认知者联想到该旅游目的地的特色,同时还可以借别的旅游目的地的知名度来提高自己的知名度,一举两得,具有很好的传播效果。例如,周庄被誉为"东方威尼斯",很容易让公众联想到该旅游目的地景观特色。这种方法向公众传达了这样的信息:说明自己与比较对象具有很大的相似性,可以与之相媲美,品位相当或相近,只是所处的地域不同。在现实中,此方法有较好的表达效果,应用也较为广泛。

---

① 中国社会科学院语言研究所词典编辑室.现代汉语词典[M].北京:商务印书馆,1999:1318.

逆向定位法是按照逆向思维方式来定位,为的是与参照对象形成极端对比。因为极端的事物容易引起人们的关注,处在中间的或平常的事物不容易引起人们注意。当形象的这一头已经被人占据了,而如果能站在另一头,就可以与参照对象构成强烈的对比。客观世界对立因素很多,例如,最大与最小、最南与最北、最东与最西、最长与最短、最新与最古老、最美与最丑、最冷与最热等,需要设计者发挥联想与想象来构思。运用对立因素树立形象,对比强烈,能满足公众的好奇心,关注度高。设计者应当展开自己的想象力,寻找各种对比的要素,来定位旅游目的地的形象。这是凸显自己的很好方法,不失为一种很好的定位方法。

空隙定位法是在公众心中已有的形象的类型基础上,另辟蹊径,建立一个新的形象类型系列,先占领该类型的有利位置。这种定位方法实际上是在原有类型基础上有建立一个新的类型或者是在原有类型中以旅游目的地的某一个属性建立参照标准来进行对比,具有标新立异的效果。在形象定位中应用广泛,它适用于同一区域同类旅游目的地较多的情况。

重新定位法只提示旅游地管理者,需要根据旅游目的地发展阶段特征或旅游市场变化对旅游目的地进行重新定位,并没有告诉设计者如何进行定位。因此,重新定位法并非一种独立的定位方法,而是旅游目的地管理者应对市场变化所要采取的策略。因此我们可以不将其当做一种方法来看待。

从前文可以看出,目前的定位方法体系只有四种方法构成,它是建立在把握一定的旅游形象分布与识别规律之上,每一种方法都有自己的作用,总体上有一定的涵盖度,能够一定程度上满足定位设计的需要,实践价值较高。但是,从体系构建角度看,却不能涵盖或解释各种旅游目的地形象定位现象。比如,排在第二或第三位的形象;某些具有唯一性的旅游资源的旅游目的地的定位,只说明旅游目的地一般特色的定位(不排在第一位),难以说明属于哪一种定位方法,过去有人讲此定位说成是领先定位是不妥的。因此,目前的定位方法体系的系统性还不够强,定位方法体系不够完善,需要补充新的方法,使得方法体系更为完善。

三、旅游目的地形象定位新方法探索

如前文所述,目前所用的定位方法体系并不完善,这就需要我们对此做深入思考,探索新方法,充实到定位方法体系中来,使定位方法体系更为完备。

(一)旅游目的地形象体系的结构特征和认知规律分析

一个事物的位置是相对于其他事物而言的,定位必须要有参照对象才能明确自己的位置。一种旅游产品形象要想在旅游市场上找到理想的位置,必须从认识旅游市场产品形象体系的结构特征,了解消费者诉求,以及全面了解现有相

关旅游产品形象体系入手,因此,形象定位方法应当建立在旅游目的地形象体系的结构特征及形象认知规律分析的基础之上。

1. 旅游目的地形象体系的结构特征

旅游目的地是一个可供人们进行旅游活动的区域,也可以看做是广义的旅游产品,每一个旅游产品都会有一个形象。旅游目的地形象定位是要在现有旅游目的地形象体系中确立理想的位置,也可以看作是对旅游目的地这种广义的旅游产品的形象的定位,不论是总体形象,还是具有代表性的部分形象,都是对旅游产品形象的定位。产品特征与产品形象之间具有对应关系,对产品体系特征的把握就是对产品形象体系特征的把握,产品形象是认知者对产品特征的印象。因此,抓住了产品体系的特征也就相当于抓住了产品形象体系的特征。旅游业有一个专业市场,该市场上有一系列可供选择的产品,这些产品构成一个体系,形象体系对应于产品类型体系而存在,旅游目的地形象定位设计就是要为旅游产品在市场上确立有利的位置。旅游产品是为满足旅游需要而设计的,尽管旅游产品的属性形象是多方面的,但是与消费者关系最密切的、传播者所要传达的是旅游产品的性能形象,也就是与消费者的旅游需要或目的相对应的那部分性能的形象。如果将现有旅游产品按照一定的性能指标分类排列,就可以获得相应的产品类型结构体系,以此为基础,还可以将各类旅游产品按照等级进行排列,建立等级结构体系。这便是旅游产品体系的结构特征。旅游产品体系存在于由纵向与横向坐标构成的一个无形的坐标系中,市场上的每一种产品都能在此系统中找到其相应的位置。任何旅游产品都可以按此方法建立产品体系来确定自己的位置。一个旅游产品在旅游产品体系中的位置是依据产品特色及等级来确立的,当定位坐标系指标确定后,产品形象的定位也就很容易明确。因此,产品形象体系与产品体系一样,也是按照类型和等级这两个相互垂直坐标轴构成,这便是产品形象体系的结构特征。旅游目的地管理者都希望通过形象设计使得自己的旅游产品在某个产品坐标系上占据更理想的位置,以便拥有更多的消费者。在形象设计中,不仅可以按不同划分指标划分旅游产品类型来建立类型体系,还可以通过分类等级不同构成类型体系。这就需要设计者灵活掌握,选择最有利于自己的分类方法,建立最有利于凸显自己的坐标系来定位。

2. 旅游目的地形象的认知规律分析

旅游目的地形象是公众对旅游目的地的总体印象,形象的市场定位实质上是消费者心中的定位,因此,形象定位必须符合形象认知规律,才能达到理想的形象传播效果。产品性能是符合消费诉求的特性,消费者认知旅游目的地形象主要是认知产品性能形象。消费者在选择旅游产品时,首先要根据自己的需要和偏好确定选择哪一类的产品,同时还要按照自己的消费层次和能力来确定选择哪一等次的产品,因此,人们在认识旅游目的地形象时,大多是从分类和分级两个维度来把握。旅游产品性能形象在人们心中的排列也有一定的规律,它也是按照两个维度来排列的:一方面,公众要知道旅游目的地是属于哪种类型的;另一方面,要知道旅游目的地哪一个等次的旅游产品。将一个产品的这两方面的信息加入到自己所熟知的产品形象体系中去,与心中已知的旅游目的地形象所构成的参照对象相比较,一个旅游目的地的形象位置也就确定了。从大量旅游目的地形象定位设计案例中也能看出,无论形象表达语言如何变化,但万变不离其宗,所包含的内容不外乎类型和等级两方面,因此,在形象认知主体心中也同样存在一个与之相对应的无形的坐标系统,对每一个旅游产品都会有一个相应的位置。当我们对旅游目的地进行形象定位时,只要建立一个二维的旅游产品形象参照系就很容易明确自己旅游目的地的位置,并发现其位置是有利还是不利,也会知道如何避免自身的不足,避开竞争对手对自己的不利影响。

(二)旅游目的地形象定位新方法

把握了旅游目的地形象体系结构特征与认知规律以后,我们便知道了采用什么方法才能突出自身的形象,怎样才能在市场占据有利的位置,这样形象定位方法体系的构建也就有了针对性。企业和产品形象的定位方法比较多,值得借鉴,通过对旅游目的地形象体系结构特征与认知规律的认识和企业形象定位方法的借鉴,笔者认为以下几种方法对旅游目的地形象定位有重要指导意义,可以加入到方法体系中来。

1. 横向定位法

横向定位法是根据旅游目的地总体特征或某一种旅游目的地的属性将自身定位于某一类旅游目的地的定位方法,也可以称之为类型定位法。横向定位法是根据类型、风格、特色等对比要素来表明特点,它是建立在形象体系构成特点基础之上,适用范围很广,因为旅游目的地所属分类是所有旅游目的地形象均包含的基本信息,也是公众必须获取的旅游目的地信息。例如,长城属于古建筑旅游目的地,青城山属于宗教旅游目的地,黄山属于自然景观的山岳型旅游目的地,都需要通过一定的语言表达出来。如"问道青城山"说明了该处属于道教旅游胜地。"佛教圣地"、"泉城"、"水城"、"江南水乡"、"湿地公园"、"地质公园"等语言都具有表述类型的功能,只要用一定的语言传达这些信息,旅游目的地特色也就很明确,未必所有的旅游目的地都要抢占领先位置。一旦明确所属类型,旅游目的地的特色也就被大家所了解。旅游产品类型不仅可以从不同角度的划分,而且可以从不同层次的划分,给形象设计者留下了更多发挥的空间。横向定位可两方面入手:其一,从选择分类方法入手。选择最有利于显示自身特色的分类方法建立形象参照系来占据有利位置。其二,从分类级别入手。首先定位于某一种分类体系中一级分类中的某一类,如果不能显示出自身的优势或特色,就需要在二级分类中寻找位置,如果仍然不能显示出自身的优势或特色,就需要继续在三级分类中寻找位置。越是低级分类,越容易显示出自身的个性。

2. 纵向定位法

纵向定位法是将旅游目的地放在某一类旅游目的地中来表明自己的等级的定位方法,符合于形象分布规律。它与横向定位法所比较的内容不同,这也是被广泛应用的树立形象的最有效的方法之一。本方法是依据规模、等级、品位等属性来表明在同类中是处在领先位置,还是第二、第三等其他位置。领先定位法可以看做是其中的一种特殊情形。该定位方法设计思路也很明确:首先是选择适当的分类来建立参照系,然后确定在该类中所处地位。先找第一位,等级上不仅可以有绝对的第一,还可以有并列第一。若不能定在第一位,可以定在第二位,或者加附加条件来争取第一位,如果等级太低,则应当用其他定位方法另找突破口。如某旅游目的地在某一方面不是第一位,可能在另一方面是第一位,这就需要形象设计者去思考。形象定位中经常用"某某之都"、"某某王国"、"某某大世界"等语言来描述旅游目的地形象,都是用于说明旅游目的地的等级较高的。同类型的旅游产品相比,按一定指标可以划出等级,通常级别高的旅游产品关注度也高。旅游目的地的分类有多种方式:有学术上的分类,如按照成因、旅游动机、审美特征、资源性状分类;有按照行政管理层面的,如自然或文化遗产分为世界级和国家级,在中国设立了国家历史文化名城、文明城市、森林公园、自然保护区、文物保护区,文物保护单位、地质公园、湿地公园等名称,它们都有国家级和省级(有些类型有县级)之分。在形象定位时,应当选择有利于自己的分类方式。将一定地域内的旅游形象按照一定旅游目的地类型进行排序,观察自己所在的地位是否较高。如果所在地区处在优势地位,就应当以此来定位;如果不利于凸显自己,就应当利用旅游产品的其他属性来定位,以便达到理想的定位效果。

横向与纵向定位参照系往往互相配合用于旅游目的地的形象定位,纵横两条线交叉,其位置更加明确。可以用单个指标来建立坐标,也可以综合多个对比要素建立坐标。以某个对比要素来建立坐标,并梳理一下某一类现有的旅游目的地品牌形象现状,并进行排序,自己所在位置便显而易见了。横向与纵向定位方法能在很大程度上体现了形象分布规律,因此对旅游目的地形象定位体系构建来说有特殊意义。

3. 独立定位法

独立定位法是以唯我独有、不可再生或复制的旅游资源来确立自身的地位的定位方法。现实中很多旅游资源是唯我独有的。利用独特的旅游资源,不必排序,不问类别,可以自立门户,例如,大熊猫之乡(卧龙自然保护区),包公故里(合肥)等,这种定位方法最能体现差异化定位理念,也易于操作,是被广泛应用的一种定位方法。虽然这种定位未直接表明分类概念,却包含旅游目的地类型信息。采用此定位方法能达到很好的效果,但是并非适用于任何地方,必须是在某种资源具有较高旅游价值的情况下,否则,即使是唯我独有,也毫无意义。

4. 抢先定位法

抢先定位法是采取先下手为强来占领有利的位置的定位方法。当市场上某产品体系不成熟,某类产品等次尚不明确,衡量标准、比较依据很模糊或者不易明确的前提下,要先入为主,抢先占领最高或最前位置,只要合情合理,别人也无法否定,具有虚实相生的效果。例如,"江南第一漂",不知是开发时间最早,还是规模第一,但是这样容易凸显自己,引起公众关注。有些事物定性的描述是不能量化的,正好为这种定位方法的应用提供了有利条件。比如最美、最具魅力、最精彩等都是非定量非精确的表述,只要有这方面的条件即可使用。比如,"中国最美的乡村(婺源)",其他地方也有很多最美的乡村,如果有的地方先用了,其他地方就不宜再使用,先下手为强也是一种可行的、有效的定位方法。发展旅游就应当有这种竞争意识,总而言之,目的都是为了扩大旅游目的地的影响力。但这种定位法必须有个前提,就是没有对比的指标必须是软的,或者是在某一方面市场产品尚不成熟,说不清谁是第一,否则,难以自圆其说,得不到公众认可。

四、旅游目的地形象定位方法体系的构建

为了构建较为完备的旅游地形象定位方法体系,本文在分析旅游目的地形象体系结构特征、旅游目的地形象认知规律以及现有的定位法存在问题的基础上,提出了横向定位法、纵向定位法、独立定位法、抢先定位法等四种旅游目的地形象新定位方法。每一种方法都能发挥其特有的作用,适合于不同特色的旅游目的地及其市场背景。横向定位法和纵向定位法与旅游目的地形象体系结构特征和认知规律相对应,其重要特点是:其一,可以帮助设计者认识市场规律,理清定位思路;其二,具有很大的包容性。纵向定位法和横向定位法往往结合起来运用,因为等级是建立在一定类型基础之上。独立定位法适用于具有特殊旅游资源的旅游目的地,用于强调"人无我有"。抢先定位法可以看成是纵向定位法的一种特殊情形,是启发设计者把握旅游市场规律和时机的方法,有着特殊的意

义,它特别强调市场竞争意识,可以激发形象设计者的创新思维。

不过,上述新的形象定位方法并不是一个完整的定位方法体系,还需要将新旧的定位方法加以整合来构成一个比较完整的形象定位方法体系。原来的领先定位法适用于在某一方面能排在第一位的旅游目的地,用于强调"人有我优",可以看成是纵向定位法的一种特殊情形,应归属于纵向定位法。原来的空隙定位法和比附定位法也可以看做是横向定位法的特殊情形,也可归属于横向定位法,因为它是说明旅游目的地类型特征的。空隙定位法有别于独立定位法,前者是在新设立的系列产品中除了自身以外还有其他同类产品,而后者则是表明自己旅游目的地的特色绝无仅有的。比附定位法的意义不仅是表明类型,还有"借光"的一层意义,有着特殊的价值,因此也可以将其单独作为一种方法看待。逆向定位法对于某些有特殊资源的旅游目的地是一种很好的定位方法,能启发设计者的逆向思维。重新定位法不应看作是一种定位方法。如果将上述新旧的旅游目的地形象定位方法整合一下,可归纳为六种:横向定位法、纵向定位法、独立定位法、逆向定位法、比附定位法、抢先定位法。由这六种方法构成的旅游目的地定位方法体系具有较大的涵盖能力,可以用于应对各种复杂情况下的定位设计需要。旅游目的地形象定位设计是一种创造性劳动,没有固定模式,却有一定的目标,设计者应当在一定目标前提下,灵活应用各种定位方法,或单独使用某一方法,或联合使用两种方法,才能做得更好。

第五部分
典型学校案例

世界旅游组织 TedQual 认证经验分享

王瑾　邹统钎[①]

"TedQual"认证体系是由联合国属下的世界旅游组织(UNWTO)设立、联合国 Themis 基金会发起,主要负责联合国旅游组织的教育实施、培训和调研,并在全球范围内对高等旅游教育机构的教育质量做出评定与认证。北京第二外国语学院旅游管理学院于 2008 年开始筹备 TedQual 认证工作。在学校及学院领导的带领下,由多名教师及学生组成认证工作小组认真细致地开展准备工作,并于 2011 年 4 月迎接世界旅游组织官员现场认证。2011 年 6 月学院正式获得世界旅游组织颁发的 TedQual 教学质量认证证书。最终认证结果显示,学院在认证评定的各个环节均获得较高分数,综合分数位于全球认证教育机构前列并超越众多知名院校取得全球最高的四年认证年限。

TedQual 认证工作的成功是世界旅游组织对北京第二外国语学院旅游管理学院在旅游教育领域专业能力的重要肯定,将有助于学院国际声誉的提升及未来的持续发展。这一殊荣的获得,与学校各级领导、各职能部门的支持及广大师生的辛勤努力密不可分。现将 TedQual 认证工作的经验总结如下,期待与其他旅游教育学院及机构分享。

一、认证报告(TedQual Report)的准备

认证报告的准备工作是 TedQual 认证工作的首要环节,也是最为重要的组成部分。报告可全面反映认证单位的教育实施及教学管理情况,因此对认证结果有着举足轻重的影响,需给予充分重视。根据世界旅游组织要求,认证报告应严格按照六部分进行书写:学院介绍、学生工作、课程及教学系统、师资、基础建设及学院管理。TedQual 对报告各部分均设定了统一的评定标准,从而保证对旅游教育机构的教学品质及管理效率做出公正测评。在审核初期阶段,认证官员将

[①] 王瑾,北京第二外国语学院旅游管理学院讲师,香港理工大学酒店管理专业博士,主要研究方向:酒店人力资源管理、组织行为学;邹统钎,北京第二外国语学院旅游管理学院院长,教授,南京大学管理学博士,中国人民大学管理学博士后,主要研究方向:旅游目的地开发与管理、战略管理、旅游学术思想史等。

认真翻阅报告并根据各部分的完成情况给予初步评分。对于报告中显现的问题认证官员将在现场认证过程中提出并重点检查。世界旅游组织对认证报告各组成部分的具体要求如下所述。

(一) 学院介绍

学院介绍部分共由三个主要章节构成:学院目标、战略方针及行动计划。这一部分旨在评定全球旅游教育院校在不同的产业背景及教育环境下对目标使命的界定及为保持行业领先地位所采用的竞争战略。

首先,各认证机构应针对其教育使命、所提供的教育产品、教学对象、产业定位以及重要的社会经济影响等重要问题做出清晰阐述。同时,认证机构通过何种有效沟通方式向教职工及学生传达教育使命、是否具备完善的文献资料或记录存档、教育目标的制定是否客观、公正、科学以及是否充分反映了产业需求等问题也需明确解释。其次,关于战略方针的制定,认证官员将从以下方面进行评定:认证机构是否针对其教育目标制定了有效的战略方案;认证机构对其目标、资源、优势劣势、市场定位、教育产品等是否充分了解;认证机构是否拥有可持续的竞争优势、其执行方案是否可以应对所在产业环境下的机遇与挑战等。由于SWOT分析法有助于深度剖析认证机构的优势劣势、竞争对手、机遇与挑战(经济环境、旅游产业与旅游教育发展趋势分析)、发展战略等重要问题,因此建议在本章节采用。同时,认证机构需建立有效渠道向各利益方传达其战略方案,并由机构领导、教职工、学生、旅游业内人士代表组成战略制定与执行小组,不定期对战略的实施情况进行评估与分析。最后,行动计划是认证机构实现其既定目标的具体执行方案。行动计划应充分体现认证机构现有的资源与经营状况,与教育目标相一致、与竞争战略相吻合,并形成系统完善的行动方案。在这一部分,认证机构应具体解释其设施设备、财务预算、人力资源等方面的优势劣势,从而突出其行动计划的可行性与有效性。

举例说明,北京第二外国语学院旅游管理学院的教育使命定义为"坚持国际化与产学研一体化,推行全球产业领袖培养模式,努力把旅游管理学院建设成为世界旅游管理教研重地、中国会展管理教研高地与首都服务管理教研要地";发展战略的核心在于"高质量教学、国际化、产学研一体化"。教育使命是发展战略的基础、发展战略是实现教育使命的必要途径,二者相互依存、缺一不可。

(二) 学生工作

优秀的旅游教育机构应将培养业内专才视为最重要的战略目标。在学生工作部分,世界旅游组织要求认证单位对三个方面进行阐述:教育机构对学生的吸引力、与学生的关系与沟通、学生评估。

首先,认证机构需详细说明其招募与选拔学生的体系与制度、录取学生的标准(包括学位要求、考分要求等)及录取流程。在招募过程中,认证机构应及时公开颁布其学费水平、费用支付方式、教学安排、主要课程、师资、学生福利、实习与交换留学项目、入学培训等重要信息,通过有效渠道与考生及家长沟通从而获得良好的宣传推广效果。在这一章节,各部分信息均需系统阐述并辅以相关的支撑材料。例如,学生福利主要由医疗服务、住宿服务、心理咨询中心、体育设施、校内餐厅、助学贷款及助学金六方面构成,认证机构在各方面所提供的服务内容都应一一列明。

图1　学生福利的主要构成

另一方面,旅游产业是一个竞争激烈、充满机遇挑战与变化的行业,这对旅游教育机构人才培养提出了更为严格的要求。因此,认证机构需对旅游业的人才诉求及其培养对象的接受水平进行深入的分析,从而说明其教育实施的有效性。这一章节的报告中应对学生成绩、出缺勤率及退学率、学费缴纳情况、毕业生就业情况、在校生满意度调查等多方面进行说明,并提供相关证明资料。此外,行业满意度也是衡量旅游教育机构教学质量的重要指标之一。认证单位是否与行业保持紧密联系、是否清晰了解行业的人力资源需求、是否充分掌握毕业生的就业情况、是否对雇主满意度进行了持续调研关注也是测评的重点所在。在最终的实地认证过程中,UNWTO认证官员可以随时要求约见行业代表及毕业生代表进行访问,从而侧面了解上述信息。

(三)课程与教学系统

课程与教学系统是旅游教育机构的精髓与核心,教学计划、教学方法及教学资源可充分反映认证机构整体教学体制的科学性与有效性。旅游行业的特质要求从业人员不仅拥有卓越的知识与技能,同时应具备正确的服务理念与态度。因此,旅游教育机构应提供相应的课程与培训,以保证学生满足行业的人才需求,在竞争中保持领先地位。其中,学科设置及课程设计是否具有科学性、是否能够达到行业标准及满足行业需求是认证的重要条件之一。认证机构需提供课程设置的流程(是否征求业内雇主、学科专家及学生意见)、教学方法、课程内容、学生满意度与接受度调研结果、课程综合评估结果等文件资料进行说明。北京第二外国语学院旅游管理学院采用的主要教学方法如图2所示。

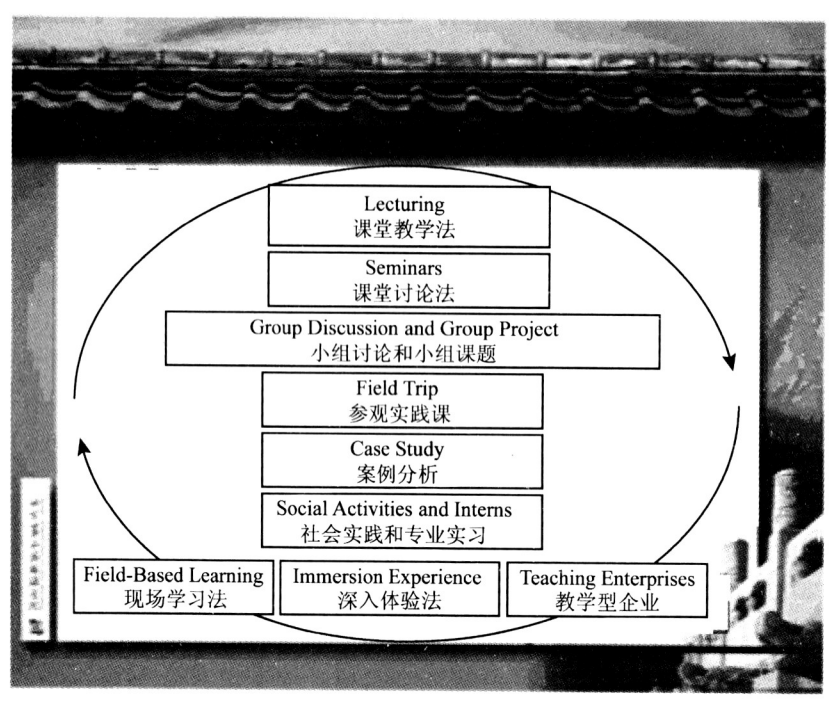

图2　北京第二外国语学院旅游管理学院教学方法总结

此外,课时安排、理论教学与实践培训的比例、学生要求(年级及已修课程要求)、课程安排(教师资质、教室分配等)等具体问题也需要在报告中说明。总之,旅游教育机构的教学系统应以教学目标为基础、以实现教学计划为前提、通过持续评估而不断完善。教学系统是否具备国际水平、是否符合行业要求、是否可以满足培养具有良好知识技能水平、团队精神、服务态度的行业领袖目标,是测评的重要标准。教学评估系统应具备科学标准并使用有效的质化与量化指标。同时,UNWTO 将对认证机构的相关教育资源进行评估,包括旅游相关图书文献及影像资料、教学设施设备(教室、实验室、图书馆等)、电子数据资料等。

(四)师资

作为教育机构的主要人力资源组成部分,师资的重要性不言而喻。在师资章节中,认证单位需围绕师资结构、提升、科研与发展三方面给予说明。首先,高质量的师资团队是确保教育品质的重要因素,教师的专业知识、沟通能力、教学方法缺一不可。为确保师资水平,教育机构应从甄选、合作、教学环境等方面加强管理,以实现教师结构的合理性。在甄选方面,针对所授课程需求而设定的标准、公正的甄选流程、持续的评估程序是通过 TedQual 认证的关键。认证机构应设立由重要成员及教师代表所组成的甄选委员会,严格执行甄选程序。师资队伍应在机构管理及教育流程中扮演重要角色,积极参与到每一个环节中。同时,教育机构应定期召集学生代表参与会议,及时倾听学生对学科及授课教师的反馈与评估。与上述师资管理有关的所有支撑材料都应整理以供认证官员检阅。其次,报告中应对认证机构的师资管理策略进行具体说明。具体而言,认证机构如何持续提升师资队伍的教育水平、如何与教师进行有效沟通、如何保证教师对授课方式及授课内容的自主权、如何提供教师所需的学术及社会活动机会(如社会实践及学术会议)、如何制定有效的激励措施、如何提供持续的岗位培训等重要问题需书面陈述。第三,认证机构需要在报告中体现其教师团队现有的科研成果、科研项目、纵向及横向科研课题,从而证明其可持续的科研竞争能力。认证机构对其教师的学术发展应有着明确的规划与目标,以实现师资整体科研水平的不断提升。

(五)基础建设

设施设备对教学效果与教育机构整体运营的影响不容忽视,教育机构的基础设施建设可对其整体教育目标的实现起到重要支撑作用。本章节中,认证单位应全面介绍其内外部硬件设施如教室、辅助设备、体育设施等与教学直接或间接相关的硬件基础。每项设施设备的功能、成本控制、维修管理、负责人员等需要详细阐述。在实地认证环节中,认证官员会提出现场审核基础设施建设情况的要求,并给予评定。

(六)学院管理

学院管理章节共由三个部分组成:战略信息管理、管理系统及质量管理。其中,信息系统的建立与完善可帮助旅游教育机构搜集数据、建立数据库系统、分析数据及整合资源,从而提高管理效率并最终实现管理目标;管理系统以学生管理及教师管理为主要目标,通过信息搜集、整理、分析对重点问题如学生满意度、教师满意度、管理效率、课程设置等进行深入探索;质量管理系统针对教学目标、方针、策略进行综合分析,以实现教学质量的不断提升。认证机构需对其上述三类系统的建设及使用情况进行全面阐述。

二、书面报告的书写原则

如上所述,TedQual 认证报告的书写是认证工作的重要环节,世界旅游组织评审官员可通过报告中各主要章节初步了解与认证单位运营管理、组织结构、目标战略、人力资源、教学系统等相关的重要信息。这些信息将对最终认证结果产生巨大影响,报告中所显示的关键问题也将在实地认证环节中被重点提问。如图3所示,认证报告书写应注意以下几点:

(1)结构合理:书面认证报告应严格遵照世界旅游组织提供的报告书写指南要求。认证开展初期,世界旅游组织相关部门会通过书面方式向认证单位提供报告书写指南。该指南对报告每一章节的大纲结构、主要内容、注意事项等均有详细说明,这充分体现了 TedQual 认证在全球范围内所坚持的统一评估标准与公正性原则。各认证单位需对其六方面的工作进行总结及陈述,包括学院介绍、学生工作、课程及教学系统、师资、基础建设及学院管理。

(2)内容完整:在遵守 TedQual 认证报告基本格式的基础上,报告应全方位体现认证机构为实现其教育目标做出的不懈努力。内容的真实、充分、完整将帮助认证官员全面掌握有关信息,从而做出公正测评。

(3)支撑材料全面:认证报告应做到有据可查,每一章节都需要相应的支撑材料进行补充说明。支撑材料可包括文献、会议记录、邮件、图片、新闻报道、宣传图册等证明文件,并按照顺序编码附于附录表中。现场认证的环节中,认证官员会根据报告内容随时对支撑材料进行抽检,缺乏支撑材料的论述可被视为无效。为表述清晰及便于查阅,建议主报告与附录分别印刷装订。

(4)报告形式多样:认证报告主要通过书面形式表述,然而过多的文字性描述难免有冗长之感,同时降低报告内容的逻辑性及清晰度。因此,书写过程中应善于总结比对并有效运用图片、图表等形式加强表达。

(5)高质量的书写与翻译:根据 Tedqual 认证要求,认证机构提供的书面报告必须以英文书写。对于中国旅游教育机构而言,语言要求在某种程度上极大地增加了工作难度与强度。一方面,日常工作中的相关文件大部分都使用中文;另一方面,报告内容中存在许多有中国特色的制度、规章及相关术语,比较难以转换英文。有鉴于此,报告书写团队与翻译团队应紧密配合,翻译团队必须对报告内容完全掌握,且具有较高的英文书写能力与翻译能力。

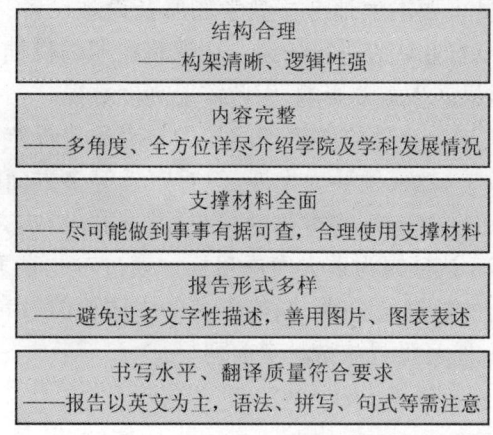

图3 认证报告的书写要点

三、认证的相关准备工作

TedQual认证是对于旅游教育机构运营管理的全面检验、且在全球设有统一的评估标准,这对认证的准备工作提出了较高要求。以北京第二外国语学院旅游管理学院为例,认证工作经历了前期、中期及后期三个准备阶段,每个阶段的侧重点各有不同。首先,在认证的初期准备阶段,学院多次召开动员大会,向教师与学生宣传TedQual认证的重要性,成立由校级领导、学院领导、专业教师、行政人员、学生代表等多人组成的认证工作小组,并呼吁各部门积极配合工作开展。认证工作小组针对报告中的重点章节如学院及学科发展、课程设置、学生工作及师资管理等,开展初步的搜集与整理工作。认证中期,学院加强了对教师及学生的培训工作,培训内容主要涉及TedQual认证的目的、流程、报告主要内容、重点事项等。同时,认证工作小组成员初步完成报告的书写与修改,定稿后统一翻译为英文。由于报告中各部分涉及的主要内容均需要支撑材料作为证明,准备报告之余工作小组也花费大量时间认真整理支撑材料作为报告附件提交。在最后的准备阶段,认证工作小组定期召开工作会议、落实具体工作并明确各认证环节的负责人及其职责。认证报告及支撑材料需印刷排版,相关资料需以纸质版或电子版形式整理归档,以便于认证官员抽查评定。同时,工作小组指派专人与世界旅游组织密切联络,确认认证日期及认证官员行程,做好相应的准备与安排。特别需要指明的是,实地认证过程分为报告审核与现场考察两部分。认证官员阅读报告后在召开的认证会议上提出问题由认证机构现场解答及提供证明文件。之后,认证官员可要求实地考察教学场所及设施设备、旁听课程、并约见教师代表、学生代表及行业代表进行访谈。访谈将按照随机抽取受访者的方式,访谈结果将对评估结果产生重要影响,因此需要高度重视。

总之,TedQual 认证为全球旅游管理院校的教育质量设定了统一标准,侧重与旅游教育相关的教学方法、领导力发展、教育宗旨等多方面的评定,属全球最高级别的旅游教育认证,具有极为重要的权威性与国际影响力。全球旅游教育机构均将获得 TedQual 认证视为重大发展目标。通过对北京第二外国语学院旅游管理学院认证经验的总结与分享,期待更多的中国旅游教育机构通过世界旅游组织 TedQual 认证,跻身世界旅游教育前列。

国际酒店管理人才培养模式的创新与实践
——天津商业大学中美合作酒店管理项目的探索与实践

王文君[①]

国际化是我国高等学校建设发展的必由之路,是中国高校提高办学水平、走向世界的一条标准,更是一个奋斗过程,换句话说,国际化就是教育生产力。在实现学校的发展目标中,开放是改革的近路、是创新的第一步,通过办学国际化促进学校发展的现代化。为此,天津商业大学确立了办学国际化的基本思路,即通过与国外知名的交流,引进先进的办学理念、优质的教育资源、先进的管理方式,以国际化的资源培养国际化人才,从而全面推动学校的改革创新和快速发展。

一、国际酒店管理人才培养模式创新的前期工作基础

(一)充分的国内外调研,丰富的教改成果

天津商业大学酒店管理专业成立于1985年,天津商业大学是全国第一批设有该专业的高校之一,是在美国纽约州立大学的指导下建立的。目前,该专业有研究生和本科两个层次的教育,酒店管理一直是我们的特色方向,在全国享有很高的知名度。

25年来,学院努力探索适合市场需要的中、高级酒店管理人才的培养模式,先后考察了美国、瑞士、加拿大、法国、新加坡等知名的旅游高校和国际著名的酒店集团,了解了欧美旅游高等教育的特点和办学经验,以及国际酒店集团的人才需求特点,深入调查了中国旅游高校的发展及存在的问题,并在此基础上开始培养适合中国特点的国际酒店管理专业人才的探索与实践。我们先后承担了《二十一世纪高等旅游管理人才培养模式研究》等3个省部级教改课题的研究,"二十一世纪旅游高等教育人才培养的模式研究与实践"获得"2000年天津市教学

[①] 王文君,博士,教授,天津商业大学 TUC – FIU 合作学院院长,美国佛罗里达国际大学酒店与旅游管理学院副院长。

成果二等奖","国际酒店管理人才培养模式的研究与实践"获得2009年天津市教学成果二等奖;2007年获得"教育部旅游管理专业一类特色专业建设基地"、2009年获得"教育部国际酒店人才培养创新实验区建设基地"称号;发表相关教研论文40余篇,为改革提供了理论基础。

(二)与美国排名前五的酒店管理专业合作进一步推进了改革的进程

2003年,天津商业大学(以下简称TUC)与美国酒店管理专业排名前五的州立佛罗里达国际大学(以下简称FIU)合作成立了TUC-FIU合作学院,联合培养国际酒店管理本科人才。该项目于2004年获得教育部批准,开始在全国计划内本科生源中招生,目前在校生已逾千人。学院基于中国的特点,整合美国的优质教育资源,学习美国的教育理念,借鉴美国的教育及管理模式,从2004年开始尝试培养国际酒店管理人才模式的创新与实践。

(三)先进的硬件设施为改革提供了坚实的基础

学校根据人才培养目标对教学的要求,本着"美国人开方,我们抓药"的原则,力争"原汁原味",考虑美方的要求,先后投资2.2亿元,按照国际一流酒店学院的标准设计建造了集教学、实验、办公、住宿、餐饮于一身的现代化的国际合作学院。学院建立了教学观摩实验室、西餐实验室、亚洲厨房、葡萄酒鉴赏实验室、酒窖、实习餐厅6个实验室,还建有酒店管理信息技术中心、语音实验室、多媒体教室、计算机中心、哈佛案例研究室等,为培养专门人才提供了一流的硬件支撑。学校领导高度重视该项目的研究与探索,为了保证人才培养目标的实现,积极支持合作学院在管理机制、人事制度、师资培养、教学改革、学生管理等方面尝试改革与创新,搭建了良好的改革平台。

二、国际酒店管理人才培养模式的创新尝试

学院从国际酒店业市场对管理人才的需要出发,整合中美双方的优势,借鉴美国优质教育资源,构建并实践了素质教育与专业教育结合,理论与实践教育融合的国际酒店管理人才培养模式的创新。

(一)对本领域人才培养规律的认识

1. 学科性

酒店管理专业的根基应先扎根于工商管理学科的沃土之中,但由于旅游业及酒店业又是服务性、文化性很强的产业,决定了该专业应是一个与服务经济、行为科学、文化学、人类学、自然科学等有着更紧密联系的特殊工商管理学科,这也是本专业独立存在的重要依据之一,该专业人才的培养也理应符合其交叉性学科的特点。

2. 行业性

它是一个应用性较强的专业,具有明显的行业指向性,同时,酒店业是最先与国际接轨的行业,具有国内市场国际化的特点。酒店行业要求本专业培养具有行业业务操作能力、行业所需知识及能力结构和较高职业素养的应用型、复合型的国际化管理人才。因此,实践性、实用性、专业性是本专业生存的基础。作为本科层次的人才培养,则应更多的考虑企业对管理人才要求的特殊性,加强学生职业精神、职业能力和职业素质的培养,使学生了解行业、喜欢专业并勤于实践,敬业乐业,以适应企业对管理人才的要求。

3. 宽适性

无论是酒店管理人才市场需求特征还是从本科教育的培养层次上看,都不宜将本专业过分地小口径和专门化,应有一定的适应面。强调厚基础、强能力、广适性的素质教育是高校改革的方向。本专业应在工商管理的背景下,加强酒店管理与整个接待业管理教学的共性设计,使其最能够依次适应酒店业、旅游业和服务业三个不同层面对管理人才的需求特征,其中对酒店及旅游业内部应有着优先适应性,而对服务业也应具有不同程度的特色适应性。

4. 引导性

酒店业和旅游业对高校该专业的现实评价不应是指导办学的唯一标准。酒店业对人才的需求特征往往具有很强的短效功利性,我们的人才培养如仅仅适应其当前的需求,不仅可能降低办学层次,而且也可能使毕业生缺乏后劲。本专业的人才培养应有一定的高标准和适度的超前性,在尽可能适应现实需求的基础上,要能够引入新观念、新知识、新技术,引导行业持续健康的发展。

(二)人才培养目标定位

1. 培养目标定位

坚持以国际市场需求为导向,培养身心健康、人品优秀、作风严谨、基础扎实、勇于实践与创新、具有现代旅游企业所需知识结构、业务操作能力、较高职业素养、具有国际酒店经营管理潜质的中、高级专门人才。

2. 服务面向定位

人才培养目标要首先服从和服务于天津市经济建设与天津滨海新区及旅游业发展需要,为其提供强有力的人才和智力支持,即立足地方,服务行业,辐射全国甚至走向世界。

3. 专业特色定位

国际化与职业化特色。借助旅游国际化的大背景,通过国际间的学术交流,特别是通过我们与美国 FIU 的全方位紧密合作、人才交流,突出该专业人才培养的国际化特色。在夯实基础教育的同时,与国际知名企业合作,强化学生职业理想、职业能力和职业素质的养成教育,突出职业能力的培养特色。

4. 人才培养规格

在人才培养方案的设计上,我们始终以国际旅游企业发展对人才需求及未来发展需要为导向,构建学生合理的知识、能力和素质结构。

知识结构:具有宽厚的自然、社会、人文、科学、艺术等领域的相关知识;较扎实的管理科学、经济学及现代商务理论基础;掌握有关旅游管理学科的基础理论,受到经营管理方面的基本训练;掌握有关酒店管理问题研究的定量与定性分析方法以及搜集信息、分析数据的基本方法;熟悉国内外有关酒店及相关行业发展的方针、政策与法规;具有计算机应用的基本知识。

能力结构:注重学生思辨能力、口头表达能力、书面表达能力、搜集信息能力、运用知识能力和服务社会六种能力的培养。具体地讲,要熟悉酒店等相关旅游企业经营管理的主要运转业务和操作规范,具备酒店服务的基本操作技能;具备酒店及相关旅游企业经营与管理的初步能力;具备熟练利用计算机及英语进行工作的能力;具备良好的沟通协调能力;具备正确的语言文字表达及处理文字的能力;具有搜集国内外文献检索及一般的科研能力和服务社会的能力。

素质结构包括身心素质和职业素质两个方面。其中,身心素质是指具有健康的心智模式和情趣、坦诚的胸怀、坚强的意志和良好的个性品质,有较强的环境适应能力和耐受挫折的顽强意志,有健康的体魄、较高的情商和良好的行为习惯。职业素质是指具有良好的职业道德和职业习惯,具有较强的现代服务、公关与营销意识;责任心强,做事认真,能团结协作,能跟踪现代酒店管理的发展;具有创新精神和开拓意识。

(三) 人才培养方案的创新与实践

在人才培养方案的设计上,学院始终以国际旅游企业发展对人才的需求和行业未来发展需要为导向,努力构建学生合理的知识、能力和素质结构。坚持"一条主线,两个体系"的酒店管理人才培养理念,即以基本素质、职业能力、创新能力和品格培养为主线,构建理论教学体系和职业能力培养体系,把获取知识、培养能力和提高素质有机地结合起来。

1. 夯实基础教育,拓宽知识视野

在前两年的基础课程体系中,学院在人文、社会、科学、文化、艺术等领域设计了基础课,在夯实学生的管理学、经济学、统计学、会计学、法律等理论基础的同时,强化学生科学和文化素质,将数学和统计学整合,强化学生分析问题能力的培养;同时加大英语基础课的比例,强化英语能力训练,以保证学生通过第二年的托福考试以及能够顺利完成后两年全英语的专业课学习。

2. 强化专业教育，注重能力培养

在后两年的专业课程体系中，瞄准国际旅游企业管理特点与发展趋势设计教学内容，着力培养学生的观察、分析和解决问题的能力，注重学生职业应用能力的培养，激发学生的主动性和创造力，解决企业经营管理中的实际问题。在夯实学生的酒店管理理论基础的同时，从国际酒店业经营管理的效益出发，系统设计了酒店经营管理中重要领域的课程，同时，开设了亚洲酒店业当代问题、酒店业企业家精神、度假场所管理、市场调研、领导力团队能力训练、酒店业特许经营、葡萄酒鉴赏与营销、旅游发展、邮轮管理以及对会展管理、服务组织管理、等选修课，拓宽学生的专业口径。

3. 职业能力培养贯穿学生四年的学习

围绕人才培养目标及职业能力培养的要求，制定四年学生职业素质培养规划，并贯穿学生四年学习的始终。学院与国际知名酒店集团合作，在学生四年的学习中，融入职业养成教育，培养学生的职业理想，提高学生的职业素质。通过课堂内外、校内校外的训练和各种活动的参与以及对学生日常行为的管理达到职业素质培养的目标。通过开设职业生涯规划课程、拓展训练、企业家论坛、课程学习、各种实践活动，以及学生四年职业指导和管理来提升学生的职业基本素质；通过校内实验课、第二课堂的基本技能训练、国内外行业认可的职业证书考取，以及到企业实习来完成行业基本能力的培养；通过课题研究、创业大赛、各种专业活动的策划与组织来培养学生的综合运用能力。

在专业课的课堂教学中，学生们通过大量的案例讨论，专题研究并结合企业实习的经验，对一些业界经营管理的实际问题进行研讨并提出建设性方案。如在初级和高级食品生产两门专业课中，分成理论教学、实验室训练和对外经营（按教学计划要求，每学期有24次实验课对社区开放，由学生按照现代餐厅的标准，负责提供正规的餐饮制作、服务与现场管理）三部分，学生以小组为单位，通过不同的角色轮换，从基本的西餐原料识别、制作技巧、菜单设计、成本控制、餐饮服务、现场管理等各个环节得到严格的训练。

该项目的学生在进入专业课学习之前，除了校内课堂内外的实践锻炼外，还有不少于500小时的酒店实习，从餐厅摆台、清扫客房等最基础的工作学起，其目的是使学生通过实践了解行业的基本特点，为专业课学习奠定基础。在专业课学习阶段，高级实习作为一门必修课，有不少于300小时的管理实习要求，由专业课教师和企业主管共同负责指导学生，要求学生在完成专业课学习后，结合所学理论课，针对行业的实际问题进行专题研究、系统操作，使理论与实践结合的培养目标落到实处。在学期间,还为学生提供较多的业界成功人士讲座、业界实习、各种国际会议接待、业界课题研究以及中美文化交流的机会,使学生受到良好的职业素质训练。

4. 注重学习过程的管理和考核

在课程考核中,强调和突出平时学习的积累,期末考试成绩在总成绩中的比例在10%~40%不等,由教师决定,因此对于学生来说,每份作业、每次表现、每个环节都很重要。如西餐的"对外营业实践",要求学生独立经营西餐,市场调研、餐厅的布置、菜单设计、产品制作、餐饮服务与管理以及对外营销等各环节都由学生在外籍教师的指导下通过团队合作来完成。学生在轮岗的过程中,在西餐原料识别、制作技巧与鉴赏、菜单设计、成本控制、餐饮服务、现场管理等各个环节均得到严格的训练。

5. 与企业紧密合作共同培养学生

为加强学生的职业养成教育,我们与国际著名的美国万豪国际酒店集团紧密合作,联合制订并实施学生职业养成训练计划。万豪集团在我校设立了"万豪集团酒店管理人才培养基地",并为学生提供其在全国范围内万豪品牌星级酒店实习的机会。学生从一入校就开始了职业养成的教育过程;学院在一年级开设了"职业生涯规划"课程,引导学生了解和热爱所选择的专业,理性的规划自己的职业发展;学院定期邀请业界成功管理者来校讲座,激发学生的学习兴趣,增强学习动力和责任感。

学院还制定了万豪集团—合作学院学生四年实习目标规划,为每位学生建立了实习档案,由企业和学校对学生的实习进行全方位的跟踪与指导,对实习优秀者,由企业颁发奖学金,并作为企业管理人员后备力量重点培训,以此督促和鼓励学生进行实习锻炼,使学生了解行业特点,热爱专业,掌握相关技能,具备经营管理酒店及旅游企业的基本能力。

2008年和2012年,学院又与英国洲际酒店集团和美国希尔顿全球签订了长期合作协议,共同培养学生。

另外,我们还在企业捐赠助学的模式上进行了创新尝试,收到了良好的效果。目前学院获得了美国万豪基金会捐赠的175万美元的中国学生奖学金,浩华酒店顾问公司在学院设立了优秀学生奖学金,西班牙TORRES和澳大利亚FOSTER葡萄酒集团捐赠的实验课所需酒品及葡萄酒窖,保证了学院实验课所需材料的高质量,开阔了学生眼界并节省了学院的办学成本。

6. 将学生日常管理融入专业教育中,注重管理育人

以学生为本的思想贯穿人才培养的各环节,学生日常管理是实现人才培养目标的重要环节，全院工作均服务于人才培养这条主线。建立学生 E-mail 系统，确保与学生的有效沟通；设立英文阅览室、学生活动中心和学生专业俱乐部，为学生搭建沟通平台，培养学生的社交能力，对学生的学业和职业发展实施一对一指导。同时，注重学生日常管理，如着装、礼貌、优秀品格培养；以彼此服务和帮助为宗旨，管理人员言传身教做表率，关心和服务学生；强调学生要为自己的选择承担责任。

三、创新师资队伍建设及教学管理模式

（一）按照美方标准要求教师

学院在全校范围内整合资源，优选副高级及以上的师资担任前两年基础课和部分英语课程的教学；聘请外教强化学生英语能力；后两年专业课教学的师资全部由美方派出，美方负责聘任、培训、管理和考核，实行与美国校区同步的师资队伍管理模式；目前，FIU 派一名助理院长来负责中国项目的教学和师资管理。

所有教师均要接受迈阿密校区时间不等的培训，指定美国导师进行教学指导，最后，由 FIU 酒店学院的学术委员会考核通过后上岗；部分师资暑假到美国校区任教，通过网络或面对面指导和培训现有师资；要求专业教师具有业界经验、可指导学生专业俱乐部和高级实习；邀请业界管理人员来课堂讲座、与学生一起参与社会实践活动，如 FIU 美酒美食节、奥运会等。

（二）创新课程管理模式

FIU 校本部与天津的师资组成课程组，尝试了由美国教授担任组长的课程组管理模式：统一教学大纲、统一出题和评价规则、统一教学评价体系、统一的网上教学管理；全部采用与美国 FIU 校本部相同的原版教材，全英文授课；课堂教学上，强调教师与学生的课堂互动，通过案例研究、课程论文、小组专题研究等形式，培养学生分析问题和创造性地解决问题的能力。

在学习效果评价的方式上，我们确立了学生学习效果评价体系，首先教师要严格按照要求撰写大纲、指定教材、按照进度和教学目标授课及进行各种训练和考试，试卷严格按照教学目标设计，并按照学生学习效果评价标准，根据学生的学习效果对所教的课程进行效果分析，及时发现和改进教学中存在的问题，保证教学质量。课程结束后，由学生在网上对教师授课进行评估并及时反馈到教师本人，保证了教学目标的实现和学生的学习效果。我们采用 Panther Soft 系统进行教学管理，包括课程管理、学籍管理、成绩管理等；采用 WebCT 系统支持教学过程，包括课程大纲发布、课件上传下载、作业布置与提交、在线测试、成绩发布、分析和统计及教学评估等，实现了与 FIU 同步的网上教学管理。

四、阶段性成果

管理机制和制度的创新为改革探索搭建了良好的平台。在学校领导的大力支持和帮助下,我们积极探索适合项目发展的学院管理机制以及建立科学的管理制度,首先建立了中美双方校级和院级的沟通机制,定期的工作沟通与交流,发现问题共同协商解决,尽量避免因文化的差异以及体制的不同造成的合作困境,这是人才培养目标达成的保证;同时根据培养目标的要求,借鉴 FIU 的经验,学院在管理岗位人员安排上尝试改革,加大了与培养目标密切相关的关键岗位人员的配备,如学业指导、职业生涯规划与指导、英语学习指导等,以保证各阶段人才培养目标的实现。管理规范、人性化和有效性是学院追求的管理目标,根据工作目标设计组织机构,由在编、代理和外聘三部分组成学院的管理队伍,机制灵活,实行目标管理。

新的人才培养模式是以国际酒店业市场需要为背景,借鉴了美国酒店管理专业的教育经验,根据中国酒店管理专业的现状进行的改革探索。该模式打破了传统的酒店管理专业的教育理念,突出了国际化、职业化人才培养理念的创新,强化了学生职业能力和职业素质的养成教育,同时,在人才培养模式与方案、教学及管理模式、师资队伍建设、学生职业能力培养、与企业双赢的合作模式等多方面实现了突破,收到了良好的效果,使人才培养质量明显提高,毕业生深受企业欢迎,呈现供不应求的局面。

(一)来自学生的变化

1. 学生对行业有了较充分的了解,对未来的职业发展有了清晰的认识,学习目标明确,学习的主动性增强

学生四年要获得两个学位,其中一个是美国学位,中途要通过托福考试;后两年是英文教学,学习压力很大,还要参与大量的校内活动和社会实践。所以,加强学生的职业理想教育,让学生了解行业特点、发展趋势、业界的成功人士,进而爱上这个行业是学院首要做的工作。在一年级,学院就开设了职业生涯规划课程,邀请世界知名酒店集团的成功企业家来校讲座与座谈,带领学生实地考察酒店,学生们能够充分了解未来职业的发展方向和努力方向,对该专业逐渐有了浓厚的兴趣,使得他们能够积极面对各种压力,接受各种挑战,平衡好各种关系,顺利完成学业。

2. 学生的职业态度、职业能力和综合素质有了明显提高

学生在学期间,夯实了基础理论教育,拓宽了知识视野,加强了专业知识的学习,提高了职业能力。该专业学生从一入校就开始了职业素质养成教育,并贯穿到四年本科教育全过程,强化了职业理想、职业能力和素质养成教育。学院为学生进行了拓展训练,让学生懂得感恩、尊重、负责、合作、欣赏与共赢。学生参与了各种国内外会议和大型活动的服务,与业界高级管理者接触,考取相关职业资格证书,参加校内及酒店的基础和高级实习,参与业界课题的研究和各种俱乐部的策划活动等,使得他们热爱酒店管理专业,有职业理想,以积极的态度争取各种实践机会。在实践中,他们学会了尊重、珍惜、服从、勤于思考、不抱怨、肯吃苦、合作共赢。一些国际著名酒店集团高层管理团队在与学生座谈时,学生们对专业的热爱、对行业发展的思考、积极的态度、流利的英语沟通能力、较丰富的实践经验给他们留下了深刻印象。

(二)来自业界的好评

学生良好的职业态度和较强的业务能力以及流利的英语沟通能力得到了业界的一致好评,并纷纷前来邀请学生,为学生提供了很多的锻炼机会:学生连续四年为浩华酒店顾问公司的"酒店融资与开发国际论坛"提供会议服务,得到充分肯定,并专门为学生设立了"浩华中国学生奖学金",这是该公司在中国设立的唯一奖学金。

美国万豪国际集团总裁来学校考察,对学校的办学理念、教育模式以及学生良好的职业素质给予了充分肯定,并选定我院为美国万豪国际集团唯一指定的"万豪国际酒店管理人才培养基地",万豪在全国的38家酒店为学生提供实习和就业机会,并捐赠175万美元设立FIU中国学生奖学金。

520名学生应美国爱玛克餐饮公司的邀请,为北京奥运会运动员村和媒体村等提供英文的专业服务与管理。学生们以其职业精神与良好的专业素养,吃苦耐劳、积极合作的精神,流利的英语沟通能力获得美方管理团队的交口称赞,很多学生成为优秀员工,在奥运村传为佳话。

学生们又先后为上海世博会、天津夏季达沃斯论坛、世界大学生滑水赛、洲际酒店集团亚太高层管理者论坛、全球旅游城市展览等提供了专业服务,得到了一致的好评。

(三)毕业生去向喜人

在该项目四届608名毕业生中,考取国外大学研究生的有201人,如美国的康奈尔大学、内华达州立大学、休斯敦大学、英国帝国理工大学、伯明翰大学、曼彻斯特大学、澳大利亚的悉尼大学、墨尔本大学等,绝大部分被FIU录取,研究生考取率占毕业生总数的33%,其余大部分毕业生被国际著名企业,如美国万豪国际集团、喜达屋集团、凯悦集团、希尔顿集团、爱玛克餐饮集团、皇家加勒比邮轮公司、英国洲际酒店集团等录用,毕业生供不应求。

（四）获得的奖励

在天津市委、市政府、市教委和学校的大力支持和具体的指导下，学院在项目管理模式和人才培养方式改革上，取得了一系列成果：

2007年12月，被教育部确立为"教育部一类特色专业建设基地"；

2008年9月，顺利通过美国南方教育委员会（SAC）的评估并获好评；

2009年5月，"国际酒店管理人才培养模式的创新与实践"获2010年天津市教学成果二等奖；

2009年6月，获得"中国旅游和酒店优秀人才培养基地"称号；

2009年12月，获得"教育部国际酒店管理人才创新实验区建设基地"；

2010年，在迈点网酒店人最喜爱的十大品牌大型网络评选活动中荣获"十大最受酒店人欢迎的国际院校奖"；

2010年12月，被新华网评为"中国最知名的十大国际合作学院"；

2011年11月，被新浪网评为"2011中国最有影响力中外合作院校"；

2012年初，被天津市教育协会评为"天津十佳国际合作项目"合作项目的成果得到得到媒体的高度关注，新华社、光明日报、人民日报海外版、中国教育报、天津日报、美国迈阿密太阳报、中央电视台和天津电视台等媒体的广泛报道。

总之，天津商业大学酒店管理项目学习美国高等教育的酒店管理人才培养理念和模式，利用美国优质教育资源，整合中美双方优势，探索中美联合酒店管理人才的培养模式，改变了学院固有的传统教育观念，使学院从自我发展为主转变为以社会需求为主，根据企业的需要培养人才；建立开放的办学体系，充分整合社会资源，调动企业的积极性，探索企业捐赠助学，尝试双赢互动的人才培养，提高办学质量和效果；转变以知识传授为中心的教育思想，注重学生的智力、非智力因素及能力的培养及协调发展。经过9年的探索与实践，达到学生、家长、合作双方学校和企业多赢的目标，希望对中国旅游高校改革与发展起到积极的借鉴作用。

建设特色应用型旅游本科院校，打造四川旅游人才培养高地
——四川烹饪高等专科学校创建四川旅游学院之路

黄维兵　邱萍[①]

2012年3月，教育部根据《高等教育法》和《普通本科学校设置暂行规定》的有关规定以及全国高等学校设置评议委员会六届一次会议的评议结果，经研究，同意四川烹饪高等专科学校与四川省农业管理干部学院合并，在此基础上筹建四川旅游学院，筹建期限为1年。[②]

《中国旅游业"十二五"发展规划纲要》已明确提出："推动旅游学科地位提升，组建全国性综合旅游高校，积极培养旅游教育教学骨干、学科带头人。"四川作为旅游大省，应当发挥富饶的资源优势，走在旅游学科建设和人才培养的前面，把四川旅游学院建设成为国内第一所独立设置的旅游本科院校，填补国内空白。这对推动中国旅游高等教育发展，具有里程碑式的意义。

一、八年艰辛创建历程

在四川创建国内首个独立设置的旅游本科院校，既是四川旅游业发展对四川旅游教育人才培养的需要，也是中国旅游业和旅游高等教育发展的需要。

从四川旅游本科院校设置的必要性看，至少有两点：

一是四川人才强旅的必然选择。从经济发展看，四川旅游的资源优势还远远没有发挥。四川是旅游资源大省，但还不是旅游经济强省。《四川省"十二五"旅游业发展规划》把旅游业作为战略性支柱产业，积极将旅游业打造成四川经济新的增长点和人民群众更加满意的现代服务业。四川具有得天独厚的旅游资源

[①] 黄维兵，男，教授，博士，山东金乡人，四川旅游学院（等）领导小组组长，研究方向：餐饮管理和高等教育研究；邱萍，女，绵阳人，教授，四川旅游学院（等）旅游发展研究中心主任，研究方向：旅游企业（旅行社、饭店）经营管理和高等教育研究。

[②] 教发函[2012]58号.

优势，旅游总收入连续保持西部排名第一，去年四川旅游总收入已占 GDP 的 11.2%。四川被国家旅游局确定为全国唯一的旅游标准化建设试点省。成都被国家发改委和国家旅游局确定为全国首批四个旅游综合改革试点城市之一，也被联合国教科文组织命名为亚洲唯一的"美食之都"。川菜在全国、全世界都享有盛名，是四川旅游发展难得的文化和产业资源，是四川撒向世界的一张不可多得的名片。此外，四川的休闲农业与乡村旅游发展也走在全国前列。不过与发达国家相比，甚至与云南等省市相比，四川旅游业的经济贡献率仍很低。

从产业发展看，四川旅游正处于转型升级的关键阶段。产业交叉融合，新兴旅游类型和旅游业态大量涌现，如文化休闲、运动休闲、生态旅游、红色旅游、乡村旅游、中医药养生、会展旅游、自驾旅游、修学科考等，它们在原来传统旅游业的基础上不断发展、演变、融合、创新，进而逐渐成为构建整个"大旅游业"的新生力量和主力军。四川旅游业转型升级和新兴旅游业态的多样化，从结构类型、知识背景和应用能力上对旅游人才提出了新的更高要求。

从旅游学科建设看，四川旅游学科建设严重滞后于产业发展现实。具体表现为旅游学科地位不高，概念不清，学科体系不健全，人才培养、科学研究与产业需求严重脱节。2010 年《四川省旅游人才发展报告》指出，5 年内四川旅游从业人员缺口在 35 万人以上，其中尤其缺乏高级管理和技术人才。四川现在每年旅游本科毕业生仅有 1300 多人，远远不能满足旅游产业发展对高层次管理与技术人才的需求。旅游从业人员素质偏低、结构不合理是一个严重问题。独立设置的四川旅游学院，将成为旅游学科建设和人才培养的主力军，是四川实现旅游经济强省战略目标的一个决定性因素。

二是有利于优化四川高等教育结构，填补空白。四川省"十二五"规划指出：优化高等教育结构，重点支持优势学科和特色专业发展。从四川高等教育布局结构现状看，建立四川旅游学院具有唯一性和不可替代性。另外，建立四川旅游学院，对优化四川旅游高等教育结构将产生集聚效应，优化办学资源，凝聚和吸引国内外优秀旅游专家学者，形成合力，克服分散和单一的问题，这样才可能真正提高旅游高等教育质量，从人才培养、科学研究、行业服务、文化传承等方面带动全省，促进旅游业转型升级和管理创新。

2003 年 6 月，四川省人民政府《关于加快四川旅游产业发展的实施意见》明确提出："积极创办四川旅游大学，促进我省旅游人力资源开发和旅游人才培养"（川府发[2003]19 号）。同年 7 月，省人民政府召开专题会议决定：以四川烹饪高等专科学校为基础，创建四川旅游学院；成立了以时任省长为组长、两位时任副省长为副组长的四川旅游学院筹备工作领导小组。此后，创建四川旅游学院的工作一直在省委、省政府的领导下有序推进,四川烹专全体师生为贯彻落实省政府决议,八年来一直为创建四川旅游学院不懈努力。

2003年,为了加快龙泉新校区的建设,四川省人民政府将四川旅游学院校区(四川烹专龙泉新校区)建设列入全省重点项目,加快推进,同时决定给学校新校区建设提供贷款贴息。2004年,省委、省政府将创建四川旅游学院列为政府工作任务,并写入省政府工作报告。

2004年和2008年,四川烹专创建四川旅游学院的工作,两次通过四川省高校设置评议委员会的评议,并两次以四川省政府的名义正式向国家教育部申报。

2006年4月和2010年12月,省政府分别批准四川烹专清江校区土地变性和置换方案,并明确指出:置换所得收益用于四川旅游学院建设。

2011年,四川省人大《关于优先规划,大力推进四川旅游学院建设的建议》被省人大常委会列为2011年重点督办的建议。

国家旅游局和四川省旅游局对创建四川旅游学院也给予了充分肯定和大力支持。2004年,时任国家旅游局局长何光暐指出:"四川正在创办旅游大学,这是件好事。建成后,受益的不仅是四川,对全国旅游业的人力资源开发和人才培养都将产生积极的作用。"四川省旅游局领导也多次到四川烹专调研,协调省内旅游专家为四川旅游学院的发展定位、建设规划等进行了科学论证。

省级相关部门和成都市、龙泉驿区政府鼎力支持。按照省政府关于创建四川旅游学院的有关精神,2003年以来,四川省各级有关部门从政策、投入等方面给四川烹专以大力支持。

根据省政府关于龙泉新校区"土地价格原则上比照我省其他大学在成都周边征地的价格确定,不能高于其他同类学校"的指示精神,省国土资源厅、成都市人民政府、龙泉驿区人民政府对四川烹专龙泉新校区的征地给予了政策优惠,极大地支持了四川旅游学院的创建工作。至2010年10月,四川烹专已完成四川旅游学院校区一期工程建设,实现了一地办学。

二、注重突出办学特色

四川烹饪高等专科学校建立于1985年5月,原为商业部(国内贸易部)部属院校,1998年因高校体制改革,划转四川省人民政府主管,是全国唯一一所以烹饪命名,专门培养旅游、餐饮人才的公办普通高校。现有教师445人,其中教授40人,具有副高级以上职称的教师146人,具有研究生学历的教师159人,有国家级优秀教学团队1个,省级优秀教学团队4个;享受国务院特殊津贴专家2人,四川省学术与技术带头人1人、后备人选2人;四川省有突出贡献专家5人,四川省教学名师4人。

　　学校现建有烹饪科学四川省高等学校重点实验室、食品安全检测与分析实验室、食品营养实验室、食品微生物实验室、快餐实验室、烘焙实验室等食品科学与烹饪工艺类实验室；有西部旅游培训中心、四川著名景点微缩景观、导游模拟实验室、旅行社模拟实验室、旅游资源基础教学实验室等旅游类实验实训场所；有休闲运动功能一体化实验室、休闲运动综合训练馆、攀岩壁和高尔夫练习场等休闲运动实验实训场馆；有酒店实验实训教学中心、四星级标准的教学实习综合酒店、企业管理模拟实验室等酒店管理类实验实训场所；还有陶艺工作室、计算机辅助设计实验室、ERP实验室、多媒体技术实验室、川菜国际化网络培训平台、学生英语自主学习中心等实验实训场所。学校在海内外建有100多个稳定的实习实训教学基地。

　　为准确定位，突出特色，明确学科发展方向，学校要正确理解与处理好两个关系：

　　一是传统与现代的关系

　　我们认为，随着经济社会的不断发展，烹饪和旅游已成为现代服务业，其传统内涵已发生了根本性的变化。烹饪早已不仅只是一门技术，而是科学、文化、艺术，它与自然科学、社会科学的许多学科都有着密切的关联。中国饮食文化源远流长，是重要的非物质文化遗产，迫切需要传承和发展。而旅游既能满足群众精神与物质的享受需求，又能满足发展需求，已成为一个几乎覆盖经济和社会生活各个方面的活动，是能够带动相关产业发展的支柱产业和综合产业。餐饮业、旅游业的现代化是大势所趋。

　　在科学不断发展、技术不断更新的背景下，餐饮旅游产业不断升级，对人才不断提出新的需求。发展应用型本科教育，培养有较强技术思维能力、较强实践能力，特别是擅长技术和管理创新的高层次应用型人才，已经成为餐饮旅游行业发展对教育的客观要求。因此，在学科内涵建设方面，根据学校的专业特色和餐饮旅游产业发展要求，我们把重点放在用现代科技和文化对传统产业的提升上，以培养适应行业进步所需的高素质人才。

　　二是烹饪与旅游的关系

　　现代旅游业包括吃、住、行、游、购、娱等六大要素，"吃"排在首位。目前，从全国设置旅游专业的高校看，烹饪专业成为旅游学科发展的一个瓶颈。而四川烹专根据本校专业特点，把烹饪与旅游有机结合，以烹饪带动旅游，以旅游强化烹饪。在学科建设上，既注意使传统烹饪向现代食品科学方向转变，又主动向酒店和旅游方向拓展，形成了较合理的大旅游学科专业结构。可以说，以四川烹专为基础建立旅游学院，真正发挥了学科专业的长处，克服了短处。

四川烹专在专业和学科建设上，突出烹饪专业特色的同时，主动向旅游学科拓展，学校现有烹饪系、食品科学系、酒店管理系、旅游系、工商系、外语系、信息技术系、艺术系、运动与休闲系、思想政治理论教学部等10个教学系、部，开设了旅游管理、酒店管理烹饪工艺与营养、食品营养与检测、导游、旅游电子商务、运动休闲服务与管理、旅游英语等旅游及相关专业，形成了旅游类、食品科学类、管理类及语言与艺术类几大专业群互相支撑、互为依托、内涵互补的专业格局。在课程设置、教学模式上，已建立起了一套科学、成熟、特色鲜明的烹饪与旅游教学体系。其中，烹饪原料学、西点制作技术2门课程为国家级精品课程；饭店管理、餐饮市场营销、烹饪营养卫生学、烹饪工艺、中国烹饪概论、西菜制作技术、定向运动等9门课程是四川省精品课程；旅游经济学、中国旅游地理、管理运筹学、旅游信息化、旅行社经营管理、餐饮管理与服务等22门课程为校级精品课程。在校生7178人。

学校以市场需求为导向，走扩大规模与拓展内涵相结合的办学路子，通过27年的建设与发展，逐步形成了五大办学特色。

一是学科专业的独特性。按照"人无我有、人有我优"的思路，积极开设针对餐饮旅游行业实际应用的、错位发展的新专业、新方向，确立比较优势和核心竞争力，像西餐工艺、餐饮食品安全、烹饪工艺营养、运动休闲服务与管理等，学校不少专业为国内首创。四川烹专作为全国唯一独立设置的烹饪普通高校，一直把烹饪类专业作为主干专业进行重点建设，在烹饪教育特别是烹饪高等教育上处在领先位置。

二是人才培养的开放性。人才培养模式上，一是向企业开放，大力开展校企合作，与洲际、万豪、雅高、温德姆、喜来屋等世界排名前五的酒店集团均有合作。二是向国外开放，与美国、法国、新加坡、德国、挪威、澳大利等发达国家和地区的同类专业接轨，结成数个姊妹学校，实现人才培养模式再造。成为四川省第一个具有接收外国留学生资格的高专院校。通过多年的实践和探索，学校国际化战略取得了良好的效果，《光明日报》、美国《纽约时报》、英国BBC、加拿大国家电视一台、日本广播公司、巴西环球电视台等多家媒体对学校进行了报道。

三是校园功能的综合性。用全新的理念，将校园与景区高度融合，教学与产业双向互动。校园建设围绕学科建设，突出四大亮点，即微缩仿真旅游会展实训区、亚洲最大的厨房群——中西餐实训区、国内领先的运动与休闲实训区、校店结合的酒店实训区，初步实现了"校中店店中校"的良好人才培养环境。

四是行业地位的权威性。主动服务行业和地方，通过贡献奠定在行业发展中的地位。四川烹专一批专家在中国烹饪协会、中国饭店协会、中国快餐专业委员会、教育部餐旅管理与服务教指委等国家级团体中担任重要职务,有一批教师经常参与餐饮业、旅游业星级评定工作,制定一批如《中国川菜烹饪工艺规范》、《四川省旅游餐馆质量等级划分与评定标准》等影响广泛的行业标准和地方标准。依托四川省旅游协会餐饮分会、西部旅游会展实训中心、烹饪科学四川省高校重点实验室和四川省人文社科重点研究基地——川菜发展研究中心、旅游资源保护和开发研究所等科研机构,出版了《中国川菜》(中英文标准对照版)等一大批学术专著,不断推动旅游餐饮业和川菜产业标准化、科学化、规范化研究,开发了一系列旅游产品和川菜调味品,四川烹专正在成为四川餐饮旅游业科技进步的"发动机"。

五是改革创新的开拓性。坚持以改革和创新作为发展的不竭动力。在投资体制层面上,为弥补资金不足,大胆引进企业投资。近五年来,四川烹专仅采取企业 BT 和 BOT 方式投入龙泉校区的建设资金就达二亿多元,尤其是全真性的校内教学实习酒店和国内领先的校内高尔夫练习场的合作,为学校今后深化体制和机制改革作了有益探索。强化干部教师的激励和压力机制,真正实现了中层干部能上能下,全面推行非领导职务教职工竞聘上岗制度,设立 ABCD 四个岗,打破论资排辈,对不合格教师调整岗位,拉开收入分配差距。

三、加强学科内涵建设

在我国高等教育由传统的精英教育迈向大众化教育的时代,随着办学规模的持续扩张和招生规模的不断扩大,当前高校之间同质化现象十分严重。在激烈竞争的形势下,四川烹专坚持把加强学科内涵建设作为办学的首要任务,逐步形成了自己独有的学科特色和优势,从而为建立四川旅游学院奠定坚实基础。

经过多年不懈努力,学校围绕大旅游产业形成了涉及三大学科的专业结构:一是以管理学为主线,构建大旅游专业群,形成了包括在工商管理下的相应专业,如酒店管理、餐饮管理、旅游管理、运动休闲服务与管理、文化市场经营与管理、连锁经营管理、人力资源管理、财务信息管理等;二是以工学为主线,用现代科技作为主干专业群建设的重要支撑,形成了包括在食品科学与工程、计算机科学与技术下的相应专业,如食品加工技术、烹饪工艺与营养、食品安全与检测、餐饮食品安全、食品生物技术、计算机信息管理、应用电子技术等;三是以人文学科为主线,丰富主干专业群建设中的文化艺术内涵,形成了包括在语言文学和艺术学下的专业群,如应用英语、应用法语、商务日语、装潢艺术设计、电脑艺术设计、会展技术与艺术等。

学科特色最主要体现在两方面：一是"人无我有"，也就是在学科整体结构上，努力形成若干个针对行业实际的、错位发展的新学科、新方向，我们实施差异化竞争战略也正是基于这一点；二是"人有我优"，也就是在学科总体质量上，突出学科建设的比较优势，强调在与同类院校综合竞争中脱颖而出，在同类专业中保持领先位置，创造学科的核心竞争力。

学校结合自身办学专长，在注重学科基础理论研究的同时，更加侧重学科的应用性探索，努力形成以理论研究为基础、密切联系行业和地方经济建设实际的学科特色。

在管理类学科建设上，重点在旅游管理、酒店管理、餐饮营销与管理、餐饮物流管理、酒店财务管理等领域展开，除继续强化烹饪食品特色外，旅游学科是我们今后发展的重点。旅游产业正处于转型升级阶段，对人才培养提出了新的更高的要求。尽管全国开设旅游专业的院校众多，但与旅游产业发展的现实需要和国际先进水平相比，无论是教育体系还是人才培养模式，都还存在很大差距。我们实事求是地分析自身的优势和劣势，从策略上讲，要想有所突破，在与对手竞争中取得优势，就一定要跳出旧的思路，具有系统和整体的思维，将旅游人才培养、科学研究、队伍建设、实习就业基地建设、管理模式等方面统筹考虑，相互促进，共同发展，才能真正做到后发制人，走出一条旅游学科发展的特殊道路。

食品科学与工艺类学科建设方面，在形成中国烹饪、西餐工艺、现代食品、营养膳食等四个专业群的基础上，继续用现代食品科技对传统烹饪技术加以改造提升，加强对烹饪技术的科学化和烹饪产品的标准化、工业化、规范化研究，努力使学校的食品学科既不同于轻工类院校，也不同于医学院校，而是逐步形成独有的学科专业特色。我们在川菜的产业化、标准化研究方面加大工作力度，为推动川菜发展、成都"美食之都"建设做出应有贡献，争取政府支持，取得行业认可。我们还结合贯彻落实党的十七届六中全会精神，注重保护和传承中国饮食文化，努力使学校成为餐饮文化高地、旅游人才摇篮。

人文社科类学科是我们整个学科的重要支撑，是我校能否可持续发展的重要因素。我们重点围绕旅游酒店和餐饮行业实际，适应建设小康社会需要，按照把人文与社科注入吃、住、行、游、购、娱，提高人民群众生活质量和健康水平的办学理念，摆脱传统办学模式，形成一批独具特色的应用性专业。

四、创新人才培养模式

能否培养出具有其他学校无可替代的、带有本校深刻印记的优秀人才，是我校建立核心竞争力的关键因素。随着学校的不断发展和水平的提高，必须加强理论创新和实践创新,在人才培养模式上探索出自己的特色,坚决克服与其他院校的雷同现象。因此,我们在人才培养整个过程中,体现独特性、自主性和创造性,根据我校的办学特点和发展定位,敢于创新,大胆实践,努力探索一种有独特价值的人才培养模式。

我校第四次教学工作会议以来,经过全校上下努力,人才培养模式改革已初见成效。教育教学改革,最核心的是看人才培养模式创新是否到位。下一步,我们把重点放在综合改革、整体推进、构建新体系上,把重点放在搞好顶层设计、建立创新人才培养模式上。创新人才培养模式,从狭义上说,就是要在既定培养目标、培养规格的基础上,侧重对人才培养途径和过程、培养方式方法等进行大刀阔斧的革新,着力解决好"怎样培养人"的问题。从广义上说,创新人才培养模式可以涵盖教育教学改革的方方面面,就是要围绕全面实施素质教育,多出创新人才,大力更新人才培养观念,全面革新教育教学实践,包括重新审视办学定位、质量层次规格,重新设计教学计划和程序,对学科布局、专业设置、教学内容及课程体系、培养途径及方法、质量评价及保障体系等进行全方位变革,以使学校更好地适应就业市场和经济社会发展的新需求,使"培养什么样的人"和"怎样培养人"科学有机地统一起来。

人才培养模式创新上,我们主要强化两点:一是向企业开放,大力开展校企合作。强调学术性与应用性、操作性的有机结合。在基础理论教学中以学术性为重点,在实验实训教学中以应用性为重点,在实习教学中以操作性为重点。按照这种培养模式,我们培养的学生有理论、懂业务、会操作,又有管理才能,进入企业就能胜任工作。二是向国外开放,与发达国家和地区的同类专业接轨,向发达国家同类院校看齐,实现人才培养模式再造。我们已与法国的三所同类院校结成姊妹学校,十几年来,不断吸收国内发达国家行业最新成果,更新教学内容。

注重学生创新能力培养,是我国高等教育发展的方向。通过灵活的课程教学培养学生的创新能力,重视实践性教学环节,开展丰富多彩的校园活动,营造良好的校园文化环境,注重学生实际能力培养,发挥学生在学习过程中的主导性作用,对我校人才培养模式改革起到重要的作用。

今后,我们必须着力提高学生的创新精神和实践能力,实施创新教育,培养大批符合时代需要的创新型人才。当前,大学生就业的竞争,实际上就是以专业能力为核心、以综合素质为基础的竞争。而在综合素质中,创新能力被提高到前所未有的地位。学校要通过专业基础课程和思想政治理论课,训练学生树立正确的思维方法。还要通过广泛开展社会实践,锻炼学生适应社会的能力。学生管理也是培养学生综合素质的大舞台。要多开展与专业有关的学生活动,发挥学生社团等组织的作用。另外,在条件具备时,要在校内建立学生创业园区,鼓励学生结合所学专业开办实体,同时也方便师生,活跃校园气氛。

五、认真谋划学校未来

今年是四川烹专和四川农业干部学院联合筹建四川旅游学院最重要的一年,两校师生必将牢牢把握这一契机,按照教育部文件精神,在今年和以后相当长的一个时期,结合旅游产业发展新情况,着眼未来,心存长远,认真规划,积极筹建。

(一)理清发展思路

紧密结合旅游产业升级对高级管理和技术人才的新要求、新机遇,以科学发展观为指导,立足餐饮旅游业,强化办学特色,确立差异化竞争战略,努力成为四川区域经济社会发展特别是旅游产业发展的生力军,使学校逐步成为本省和西部乃至全国旅游、餐饮行业人才培养、科学研究、社会服务、文化传承的重要基地。

(二)明确办学定位

立足四川、面向西部,以市场需求为导向,以本科教育为主体,同时举办特色专科教育,多层次、多形式办学,以管理学为重点,工学、文学、农学门类协调发展,突出发展旅游类、食品科学类、休闲体育类和语言与艺术类专业,把四川旅游学院建成一所特色鲜明、培养应用型高级管理与技术人才的本科院校。

(三)加快学科建设

到2016年,全日制在校学生达7800人,其中,本科专业达到15个,逐步减少专科类招生,保留特色专科专业。转变教育观念,深化教学改革,把握本科教育教学规律,积极探索人才培养模式,确保本科人才的培养质量。到2016年,力争建成一批特色鲜明、在国内有较大影响的本科优质课程,不断提高教学质量和办学水平。加强学科建设,经过5~10年努力,争取建成1~2个省级重点学科,注意培养学术梯队特别是学术带头人,通过重点学科建设带动学科群建设和旅游管理、食品科学等本科专业的建设。

(四)强化师资队伍

以优化结构和提高整体水平为主,适当增加师资数量。根据学科建设需要,培养和引进知名专家、学者和高职称教师;继续鼓励在职教师攻读博士或硕士学位,培养一定数量的学科带头人和学术(技术)骨干,造就一批有影响和较高知名度的专家学者,并面向国内外聘请一批高水平的大师、名师。通过深化人事管理体制改革、完善竞争激励机制和人才流动机制,使师资队伍形成合理的学科结构、职称结构和学历结构,形成学院办学的资源优势与核心竞争力。

（五）注重科学研究

以旅游、食品科学为科研重点，突出应用性开发研究。到2016年，新建3~5个研究机构，力争将川菜发展研究中心建成国家级重点研究基地，将旅游资源保护与开发研究所建成省部级重点研究基地；形成一支以学科带头人和知名专家为龙头的科研队伍；争取国家级科研项目1~2项、省部级科研项目15~20项；确保每年科技成果获奖数量、专利申报数量、国内外核心刊物上发表的论文以及专著、教材数量逐年稳步增长。

加强现有实验室建设，新建一批实验室。力争将旅游资源规划与设计实验室建成省内有一定影响的实验室，将烹饪学科四川省高等学校重点实验室打造成为西部地区具有较大影响的食品安全与营养测试中心，建设成为国家级重点实验室。增加图书经费投入和藏书总量，完善和新建烹饪与旅游两大特色书库；新建图书信息大楼，建成网络化科技信息中心。

（六）打造校园景区

校园与景区高度融合，教学与产业双向互动，融旅游文化、烹饪文化与教学资源为一体，体现旅游学院的办学特色。进一步争取省、市政府的支持，力争在2016年完成龙泉新校区二期建设，认真规划，建设旅游餐饮产业园区、师生创业园区，打造四川省公办高校第一个国家AAA级景区校园。

（七）增强服务能力

紧紧围绕四川和国家大局，加大应用技术研究，切实为地方经济社会发展提供科技支撑；充分发挥学院在餐饮、旅游业的人才优势，注重科技创新，增强科研的针对性和应用性，大力推进科研成果转化，满足四川旅游业需要；通过短期培训、承担社会活动、项目开发和智力支持等方式，不断提升社会服务能力，为四川经济社会发展和我国旅游产业发展作出更大贡献。

参考文献

[1] 四川烹饪高等专科学校创建办.四川烹饪高等专科学校和四川省农业管理干部学院申报四川旅游学院汇报材料.2011(12).

[2] 四川烹饪高等专科学校创建办.四川旅游学院申报材料.2011(6).

[3] 黄维兵.加强内涵建设 突出办学特色.四川烹饪高等专科学校学报，2012（1）.

[4] 卢一，周世中，杨君强.烹饪旅游类专业国际化技能型人才培养的实践与探索.四川烹饪高等专科学校学报，2009(1).

广东省旅游职业技术学校校企合作经验

冒超球　曾小力[①]

区位优势、经济基础、居民收入结构、消费习惯以及"敢为天下先"的创新精神等诸多因素合力催生了广东旅游职业教育独特的发展方式,决定了旅游职业教育发展的质量与层次。广东省旅游职业技术学校(简称"学校")在与行业企业深度合作、资源共享、携手发展方面,起到了良好的引领、辐射作用。

综观学校校企合作各项举措,核心在于创设校企合作平台,重在把握教育发展密切联系行业企业发展需要、教育发展遵循人才培养职业技能养成基本规律等两方面因素。以下稍作介绍:

一、校企共建合作平台,夯实资源共享基础

学校重视加强校企合作平台建设。自 2003 年建立"校企合作理事会机制"以来,学校不断探索校企合作深层次发展的有利机制。2011 年,为适应校企深度融合发展需要,将"校企合作理事会机制"升格为"广东旅游职业教育集团"。每年召开两次会议:一是 3 月份的校企合作理事会年会暨人力资源座谈会,通过会议对学校人才培养模式及成效开展交流探讨,制订年度实习生和毕业生的供需计划;二是 6 月份的毕业生供需见面会,数百家企业来校与毕业生见面,开展现场招聘,双向选择,98% 的学生能实现首次就业。

经过近十年校企合作携手发展,该平台已吸引了以国有企业、外资企业为主体的,社会责任感强、社会美誉度高、资金实力雄厚、发展能力强劲的旅游企业总数达 150 家。每年吸纳实习生人数约为 1800 人,接纳毕业生规模达 1500 人。

规模化发展的办学共同体既能满足学生实习就业的需要,又是校企合作、资源共享的稳定基础。

[①] 冒超球,高级讲师,广东省旅游职业技术学校校长;曾小力,高级讲师,广东省旅游职业技术学校副校长。

二、校企共建师资队伍，构建多元培训主体

校企合作办学还突出师资队伍建设"职业化"培训，提高教师的职业能力。学校实行"走出去"和"请进来"相结合的办法，满足教师"职业化"训练的需要。

学校实行教师每两年需到企业顶岗锻炼一个月的"走出去"培训办法。通过训练，教师对旅游行业发展的基本情况、岗位能力基本要求形成初步认知，完成知识更新。

学校实行聘请企业高级管理人员以及能工巧匠到学校举行"讲座"、"带班上课"。通过"请进来"的举措，形成行业企业最新管理思想和经验输送进校园的活力通道。同时，通过办学共同体机制，学校积极鼓励教师到行业企业从事讲学，担任评委专家、培训讲师等。

通过上述措施，实现学校和企业在人力资源共享与知识体系更新过程的紧密结合。

三、校企共建专业与课程，构建适时性知识体系

职业教育发展的生命力培养重点在于社会适应能力培养；适应能力培养的关键在于培养更多的适应社会经济发展需要的高素质人才；高素质人才培养能力建设关键在于专业设置与教学理念的适时更新。

学校坚持以瞄准旅游行业发展新趋势、新动态，以旅游行业的人才需求为导向，在巩固原有的酒店服务与管理、旅游服务与管理、中餐烹饪和旅游外语等四大核心专业，做强旅游艺术、航空服务、会展等专业的基础上，加强行业调研，根据行业发展新要求，设置新的专业，培养行业亟须的各类专业技能人才。

坚持以旅游产业链各行业运作具体状况、职业技能训练为目标，充分利用校企双方优势资源，编写各类实用教材和教学辅导以及培训资料，满足校内教学与企业培训需要，实现校企互惠互利。

四、校企共建教学基地，构建学生职业技能训练真实情境

职业教育教学成功的关键在于对职业意识和职业能力形成的基本规律有深刻认识。根据现行学制，学生完成从"象牙塔"向"职场"转化，思想有准备、技能过得硬，学校教育必须着眼于职业意识养成和技能训练的基本规律，循序渐进、有效推进。

学校根据学生心理、身体素质基本情况和旅游专业人才成长基本规律，实施"四级递进"综合职业能力培养模式。即旅游考察实践一日、校内模拟职业实训

一周、企业岗位实习一月、综合职业能力顶岗实习一年。"旅游实践考察一日"，是指第一学期以班为单位组织学生到旅游城市、景区、旅游企业观摩学习一日，培养学生对旅游业的兴趣，形成对行业的基本认知。"校内模拟职业实训一周"，是指第二学期以班为单位组织学生在校内教学楼、行政楼、饭堂、宿舍等场所提供接待、会务、餐饮等服务，通过一周的时间达到强化学生基本服务意识的目的。"企业岗位实习一月"，是指第三或第四学期以班为单位组织学生到校企合作理事会成员企业（如酒店、中国进出口商品交易会等），或学校模块化教学基地进行一个月的专项技能实践。"综合职业能力顶岗实习一年"，即第三年的毕业顶岗实习。是指统筹安排学生到校企合作理事会成员单位开展为期一年的毕业实习，通过顶岗实习，全面提升学生的综合职业素质和职业能力。

"四级递进"综合职业能力培养模式遵循"感性认识—业务实操—理性认识"的基本教育规律，实现了学生职业能力成长从简单到复杂、从单一到综合、从感性认识到理性认识的递进式发展。

学校花大力气建设"3A 景区"、"酒店大堂"等模拟实训设施；在企业建立"企业校企"。近年来，学校与广州白云湖畔酒店、地质山水酒店合作，打造两个"模块化教学基地"，承载相关专项职业技能训练。实现"环境怡人"、"环境育人"的"双结合"良好局面。

五、校企共建"企业课堂"，构建学生实习管理"零距离"模式

"2+1"模式下的学生职业能力训练的关键在于学程的有效管理和指导，从而保证职业能力训练的质量。

在第三年实习教学过程中，学校充分利用旅游行业企业的各种资源，如师资、教学场所，打造"企业校企"。实现校内教师担任"文化导师"，承担理论课程教学，"送教上门"；企业专家担任"技能导师"，承担专业技能训练课程，实"学徒制"。

学校还从历届毕业生中选聘技能强、素质高的优秀毕业生担任实习企业顶岗实习带队师。实习带队师既是旅游企业的员工，又是在校学生的学长。实习带队师以优秀的表现在工作方面为在校生作示范、做榜样；以校友的共同情感归属在生活方面给予实习生无微不至的关怀。学校每年的实习带队师规模保持在30人以上。实践证明，实习带队师制度是"先进带后进"育人机制的重要保障。

六、校企共建能力评估机制，保证学生职业能力训练有效性

学校教育的成功与否，话语权在于行业和企业。学校培养的人才质量好坏

要适应行业企业的需要,才能生产适销对路的人才产品。

近年来,学校把人才质量评价的话语权交给行业、交给企业,坚持以人才培养模式改革目标为核心,建立"以岗位能力为核心、校企共同参与"的质量评价指标体系。以学生"行业企业适应能力"、"实际问题解决能力"等指标体系为标准,开发学生职业能力评价模式;根据评价反馈意见,调整人才培养建设方案。根据学生职业能力评估基本情况,积极开展研讨,对人才培养方案进行调整,保证人才培养质量。

学校积极践行理论课程学习与专业技能训练相结合的"知行一体"教学理念,并逐渐实现"专业对接产业、课程对接岗位、教材对接技能、教学过程对接生产过程"的旅游人才培养良好局面。